Baden-Württemberg



# Deutschbuch

## Differenzierende Ausgabe

Sprach- und Lesebuch

3

Herausgegeben von
Christa Becker-Binder und Christian Weißenburger

Erarbeitet von
Carolin Bublinski (Durmersheim), Carmen Collini (Karlsbad), Dorothea Fogt (Mannheim), Agnes Fulde (Gütersloh), Andreas Glas (Stuttgart), Peter Heil (Freiburg), Bettina Hofmann (Stuttgart), Isabelle Kunst (Freiburg), Tanja Seidelmann (Ottersweier), Yvonne Streb (Rastatt), Ina Trog (Karlsruhe), Christian Weißenburger (Ludwigsburg) und Michaela Wenk (Bietigheim-Bissingen)

Cornelsen

Teile einiger Kapitel dieses Bandes wurden erarbeitet von Gerd Brenner, Dietrich Erlach, Ute Fenske, Heike Frädrich, Heinz Gierlich, Cordula Grunow, Alexander Joist, Markus Langner, Angela Mielke, Deborah Mohr, Norbert Pabelick, Christoph Schappert, Klaus Tetling

Zu diesem Lehrwerk gibt es:

- E-Book zum Schülerbuch (ISBN 978-3-06-067464-0)
- Arbeitsheft (ISBN 978-3-06-067461-9)
- Arbeitsheft mit interaktiven Übungen (ISBN 978-3-06-067462-6)
- Interaktive Übungen (ISBN 978-3-06-067463-3)
- Interaktive Übungen Schullizenz (ISBN 978-3-06-067524-1)
- Onlinediagnose (ISBN 978-3-06-100101-8)

Redaktion: Birgit Wernz, Dirk Held, Frederike Schlünder

Illustrationen:
Friederike Ablang, Berlin: S. 241, 253
Uta Bettzieche, Leipzig: S. 185, 186, 292
Volkhard Binder, Telgte: S. 235, 239 oben, 240, 242 oben, 243, 251, 252, 254, 255
Maja Bohn, Berlin: S. 16, 21-25, 74, 78-82
Michael Fleischmann, Waldegg: S. 84–105
Nils Fliegner, Hamburg: S. 26, 28, 37, 41–47, 157, 158, 164
Christiane Grauert, Milwaukee (USA): S. 50 unten, 51, 53, 54, 58, 60-64, 73 rechts, 74
Sylvia Graupner, Annaberg-Buchholz: S. 8, 123, 124, 125 Mitte, 126-133, 134 oben, 135–139
Kristine Heldmann, Berlin: S. 7, 107–121
Jutta Melsheimer & Kai Hofmann, Berlin: S. 12, 153, 191, 196, 211–231
Peter Menne, Potsdam: Vorsätze, S. 18, 207, 236, 246, 249, 256, 257, 266, 267 unten, 269

Gesamtgestaltung und technische Umsetzung: werkstatt für gebrauchsgrafik, Berlin
Umschlagfoto: © Shutterstock / Tom Wang

**www.cornelsen.de**



1. Auflage, 1. Druck 2017

Alle Drucke dieser Auflage sind inhaltlich unverändert und können im Unterricht nebeneinander verwendet werden.



Druck: Mohn Media Mohndruck, Gütersloh

ISBN 978-3-06-067460-2

PEFC
PEFC/04-31-1033

**PEFC zertifiziert**
Dieses Produkt stammt aus nachhaltig bewirtschafteten Wäldern und kontrollierten Quellen.

**www.pefc.de**

# Euer Deutschbuch auf einen Blick

Das Buch ist in **vier Kompetenzbereiche** aufgeteilt.
Ihr erkennt sie an den Farben:

- Schreiben, sprechen und zuhören
- Texte und Medien
- Sprachgebrauch und Sprachreflexion
- Arbeitstechniken und Methoden

Jedes **Kapitel** besteht aus **drei Teilen:**

**1 Hauptkompetenzbereich**
Hier wird das Thema des Kapitels erarbeitet, z. B. in Kapitel 4
Was ist passiert? – Berichten

4.1 Rund um den Naturschutz – Von Ereignissen berichten

**2 Verknüpfung mit einem zweiten Kompetenzbereich**
Das Kapitelthema wird mit einem anderen Kompetenzbereich verbunden und vertiefend geübt, z. B.:

4.2 Nur mal kurz die Welt retten – Berichte sprachlich überarbeiten

**3 Fit in ...? oder Projekt**
Hier überprüft ihr das Gelernte anhand einer Übungsklassenarbeit und einer Checkliste oder ihr erhaltet Anregungen für ein Projekt, z. B.:

4.3 Fit in ...? – Einen Bericht schreiben

Folgende Kennzeichnungen werdet ihr im Buch entdecken:

●○○ Diese Aufgabe ist eher leicht.
●●○ Diese Aufgabe ist schon etwas kniffliger.
●●● Diese Aufgabe ist etwas für Profis.
Ihr könnt das Niveau der Aufgabe selbst wählen. Wenn euch eine Aufgabe sehr leicht gefallen ist, probiert euch an einem höheren Niveau. Braucht ihr noch mehr Unterstützung, dann greift auf das nächst tiefere Niveau zurück.

4 Zusatzaufgabe
Partnerarbeit
Gruppenarbeit
Rollenspiel
Arbeit mit dem Computer

► Der Pfeil sagt euch, auf welcher Seite ihr etwas nachschlagen könnt.

**Information** Das Orientierungswissen erkennt ihr an diesem Symbol. Am Ende des Buchs ist das Orientierungswissen aller Kapitel übersichtlich zusammengefasst (► S. 279 ff.).

**Stärken stärken** Hilfen zu diesen Aufgaben findet ihr direkt darunter oder auf der nachfolgenden Seite.

# Inhaltsverzeichnis

Kompetenzschwerpunkte

**prozessbezogen**
- Gesprächsformen praktizieren
- Gespräche moderieren
- Gesprächsverhalten beobachten, reflektieren und bewerten
- situationsangemessen auf (non-) verbale Äußerungen reagieren
- Gegenargumente formulieren
- Argumentationsketten bilden
- Texte, Situationen szenisch gestalten

**zentrale Schreibformen**
- argumentierend (z. B. begründete Stellungnahme)



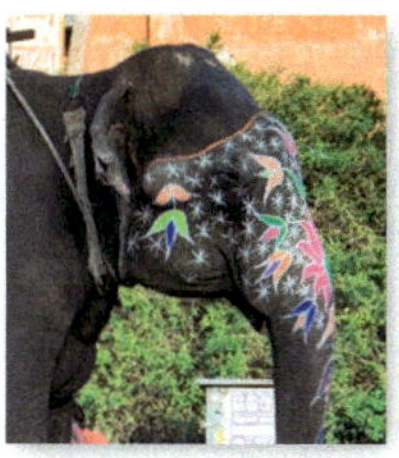



**inhaltsbezogen**
- Texte erschließen
- Deutungen eines Textes entwickeln
- Lebenswelten vergleichen
- Lernwege dokumentieren
- Tempora richtig anwenden
- Komposita erkennen
- Texte mithilfe sprachlicher Mittel kohärent gestalten
- Aktiv und Passiv in ihrer Funktion verwenden
- Formen bildlicher Ausdrucksweise benennen
- Fehlersensibilität entwickeln

**prozessbezogen**
- Inhalte adressatenorientiert wiedergeben
- Schreibplan erstellen
- Stoffsammlung erstellen
- differenzierten Wortschatz verwenden
- informieren: Gegenstände, Vorgänge, Bilder und Personen beschreiben
- kritisch zu Texten Stellung nehmen
- Texte überarbeiten

**zentrale Schreibformen**
- beschreibend (z. B. Gegenstand, Person, Vorgang)

Kompetenzschwerpunkte

- informieren: Inhalte adressatenorientiert wiedergeben
- produktionsorientiert schreiben
- sprachliche Mittel gezielt einsetzen
- sprachliche Richtigkeit prüfen
- Texte überarbeiten

**zentrale Schreibformen**
- informierend (z. B. Inhaltsangabe)

Texte und Medien

## 6 „Eulen" – Einen Jugendroman lesen und verstehen 107

**inhaltsbezogen**
- Texte erschließen
- Textinhalte herausarbeiten
- aussagekräftige Textbelege auswählen und zitieren
- Textelemente bestimmen und ihre Funktion beschreiben
- mit Fachbegriffen Texte beschreiben
- Deutungen eines Textes entwickeln
- Handlungen und Verhaltensweisen von Figuren beschreiben
- Beziehungen von Figuren beschreiben
- Textverständnis produktionsorientiert herausarbeiten
- Lernwege dokumentieren
- Tempora richtig anwenden
- Vortragstechniken anwenden

**prozessbezogen**
- Lesetechniken anwenden
- Methoden der Texterschließung anwenden
- handlungsorientierte Verfahren anwenden
- Schreibanforderungen erfüllen
- Texte überarbeiten
- informieren: Inhalte adressatenorientiert wiedergeben
- produktionsorientiert schreiben
- Informationen aus Texten kohärent darstellen
- Texte adressatengerecht gestalten

**zentrale Schreibformen**
- gestaltend (z. B. umschreiben, weiterschreiben, ausgestalten)

Kompetenzschwerpunkte



**inhaltsbezogen**
- Lesetechniken anwenden
- Vorwissen aktivieren
- Sachtexte und literarische Texte unterscheiden
- Leseerwartungen formulieren
- Texte erschließen
- Leseeindrücke und Textverständnis erläutern
- Balladen nach Gattungsmerkmalen bestimmen
- mit Fachbegriffen Texte beschreiben
- bildliche Ausdrucksweisen benennen
- Wirkung von Gestaltungsmitteln erkennen
- eine literarische Vorlage medial umformen (z. B. Fotostory)
- Texte handlungs- und produktionsorientiert erschließen
- Vortragstechniken anwenden

**prozessbezogen**
- Methoden der Texterschließung anwenden
- flüssig und sinnbezogen vorlesen
- Gestaltungsmittel erkennen
- Texte frei vortragen
- Texte szenisch erschließen
- Texte vergleichen
- produktionsorientiert schreiben
- Emotionen ausdrücken
- Schreibanforderungen erfüllen
- sprachliche Mittel gezielt einsetzen
- Tempusformen gezielt verwenden
- Schreibformen unterscheiden

**zentrale Schreibformen**
- gestaltend (z. B. umschreiben, weiterschreiben, ausgestaltend)

Texte und Medien

Kompetenzschwerpunkte

# 8 „Träum weiter!“ – Theaterträume 141

**inhaltsbezogen**
- Lesetechniken anwenden
- zentrale Textinhalte herausarbeiten
- Textverständnis produktionsorientiert herausarbeiten
- Handlungen und Verhaltensweisen von Figuren beschreiben
- mit Fachbegriffen Texte beschreiben
- wesentliche Elemente eines Textes bestimmen
- Text mit Autor und Entstehungszeit verbinden
- verbale und nonverbale Ausdrucksmittel verbinden
- Texte szenisch umsetzen
- Standard- und Umgangssprache beschreiben
- Sprache als Mittel der Identitätsbildung erkennen und beschreiben

**prozessbezogen**
- Texte szenisch erschließen
- Texte szenisch gestalten
- produktionsorientiert schreiben
- Emotionen ausdrücken
- außerschulische Lernorte aufsuchen

**zentrale Schreibformen**
- gestaltend (z. B. umschreiben, weiterschreiben, ausgestaltend)

Texte und Medien

# 9 Erfindungen – Sachtexte untersuchen 155

**inhaltsbezogen**
- Lesetechniken anwenden
- Methoden der Texterschließung anwenden
- Vorwissen aktivieren
- Thema eines Textes benennen
- Inhalte von Texten wiedergeben
- Textinformationen in Alltagswissen einordnen
- Verstehensschwierigkeiten benennen
- für das Textverstehen Quellen nutzen
- lineare und nichtlineare Texte auswerten
- Texten Informationen entnehmen, strukturiert darstellen
- Informationen aus nichtlinearen Texten linear darstellen
- Informationen in Print- und digitalen Medien suchen
- Funktionen von Sachtexten unterscheiden
- Präsentationstechniken anwenden

Sprachgebrauch und Sprachreflexion

# 11 Grammatiktraining – Wortarten 189

Kompetenzschwerpunkte

**inhaltsbezogen**
- Textverständnis formulieren
- Wortarten entsprechend ihrer Funktion verwenden
- Genus und Numerus korrekt verwenden
- Komparationsformen bilden
- Tempusformen gezielt verwenden
- Konjugationsformen bilden
- Modi kennen und nutzen
- Aktiv und Passiv in ihrer Funktion verwenden

**prozessbezogen**
- sprachliche Richtigkeit prüfen
- sprachliche Gestaltungsmittel und ihre Wirkung kennen
- Schreibanforderungen erfüllen

# 12 Grammatiktraining – Sätze und Satzglieder 211

Kompetenzschwerpunkte

**inhaltsbezogen**
- Texte erschließen
- Textinhalte wiedergeben
- Bedeutung des Prädikats benennen
- adverbiale Bestimmungen verwenden
- Attribute verwenden
- Sätze im Feldermodell analysieren
- Satzarten unterscheiden und verwenden
- Stellung des Verbs im Satz bestimmen
- Nebensätze als Satzglieder erkennen und verwenden
- Gleich- und Unterordnung von Sätzen unterscheiden
- Formen der Textkohärenz verwenden
- Satzzeichen verwenden
- Fehlersensibilität entwickeln
- Umstell- und Ersatzprobe anwenden

**prozessbezogen**
- sprachliche Richtigkeit prüfen
- Texte sprachlich überarbeiten

# 13 Sprachgebrauch und Sprachreflexion

## Rechtschreibtraining – Strategien erarbeiten 233

Kompetenzschwerpunkte

**inhaltsbezogen**
- Textinhalte wiedergeben
- Textverständnis formulieren
- Lebenswelten vergleichen
- Schärfung und Dehnung
- Schreibung des *s*-Lauts
- Groß- und Kleinschreibung
- Getrennt- und Zusammen-schreibung
- Zeichensetzung bei Auf-zählungen, Satzreihen, Neben-sätzen und Redewiedergabe
- Rechtschreibstrategien und -regeln anwenden
- Fehlersensibilität entwickeln

**prozessbezogen**
- Rechtschreibprüfung strategisch anwenden
- Texte sprachlich überarbeiten
- Schreibanforderungen erfüllen
- aktiv zuhören

Arbeitstechniken und Methoden

Kompetenzschwerpunkte

## 14 Engagiert euch! – Teamarbeit organisieren 265

**inhaltsbezogen**
- Absichten schriftlich formulieren
- Informationen in Print- und digitalen Medien suchen
- Zuverlässigkeit und Glaubwürdigkeit von Informationen aus Medien prüfen
- die Grenzen digitaler Rechtschreibprüfung erkennen und beachten
- Gestaltungsmittel eines Textes und deren Wirkung erkennen und beschreiben

**prozessbezogen**
- Lesestrategien anwenden
- Methoden der Texterschließung nutzen
- appellative Texte sach- und adressatenspezifisch verfassen
- Textverarbeitungsprogramme nutzen
- Texte inhaltlich und sprachlich überarbeiten (Schreibkonferenz)

**zentrale Schreibformen**
- appellierend

## Orientierungswissen 279

# 1 Wer bin ich? Wer will ich sein? – Andere über mich informieren

**1** Wie verständigt ihr euch mit Freunden? Welche sozialen Netzwerke nutzt ihr zum Austausch?

**2** Berichtet von einem besonderen Erlebnis, das ihr im Zusammenhang mit sozialen Netzwerken hattet.

**3** Diskutiert, ob ihr euch online genauso gebt und unterhaltet wie im persönlichen Kontakt mit eurer Mutter, eurer Lehrerin oder einer Freundin. Verändert sich eure Rolle oder bleibt sie gleich?

### In diesem Kapitel ...

– informiert ihr euch über Möglichkeiten und Gefahren bei der Selbstdarstellung in sozialen Netzwerken,
– denkt ihr über euch und die Rollen nach, die ihr in eurem Alltag einnehmt,
– erfahrt ihr, was Jugendsprache ausmachen kann,
– lernt ihr, Streit zu schlichten.

# 1.1 Ich bin viele – Rollen einnehmen

## Plakate auf dem Schulhof – Zu viel preisgegeben?

**1** Clara widerspricht Noah. Formuliere ihre Entgegnung mit Hilfe der folgenden Stichworte aus:
- Schutz der Privatsphäre
- Kontrolle

# Mein Profil im Netz – Das digitale Ich

**mybook** 1 2 6 Suche

## Tina Müller

Ist hier zur Schule gegangen: Erich-Kästner-Realschule
Wohnt in: Karlsruhe Geburtstag: 13. März 2005

**Kontaktinformationen:**

Am Seeblick 1, 76135 Karlsruhe, Germany
Mail: cooletina@web.de Handy: 0179–1234567

**Schule**

Ich bin: Lehrerschreck
Lieblingsfach: Pause
Hassfach: Mathe, Englisch
Nebenjob: Arbeiten? Ist doch voll doof und nichts für mich!
Was ich mache: schlafen, fernsehen, chillen, surfen, abhängen

**Persönliches**

Politische Richtung: unpolitisch
Hobbys: Fernsehen, Computerspiele, schlafen, shoppen
Lieblingsmusik: Hip-Hop
Lieblingsfilme: Avatar, Fluch der Karibik, Twilight
Was ich mag: Partys, Ferien, meine Freundinnen, süße Jungs
Was ich nicht mag: Hausaufgaben
Über mich selbst: Ich habe keine Macken, das sind Extras!

**Gruppen**

**Abschreiben? Wir nennen das Teamwork**
**Auf der Suche nach: netten Leuten, Freunden, Partys, was sich so ergibt ...**

**Freunde (596)**

Than-Cong Vui

Patricia Morau

Julia Müller

Sven Bender

Michael Süß

Francesca Pisu

**1** a Schaut euch das Profil von Tina Müller genau an.
b Beschreibt mit Hilfe des Wortspeichers, welchen Eindruck ihr von Tina gewinnt. Begründet eure Meinung anhand der Angaben in ihrem Profil.
*Auf mich macht Tina den Eindruck, dass sie ...*
*Dafür sprechen z. B. die Angaben zu ...*
*Außerdem erscheint sie mir ..., weil ...*

bescheiden • faul • interessant • kontaktfreudig • ernst • schüchtern • selbstbewusst • klug • engagiert • langweilig • dumm • unkritisch • fleißig • unzuverlässig • leichtsinnig • sportlich • unsportlich

**2** a Überlegt, welches Bild ein Erwachsener, z. B. ein Lehrer, von Tina bekommt, wenn er Tinas Netzwerk-Profil sieht.

b Nennt Dinge, die Tina in ihrem Profil ändern sollte. Begründet, warum.
*Tina sollte die Angaben unter der Überschrift ... unbedingt ändern, weil ...*
*Auch ihre Angaben ... sollte sie noch einmal überdenken, denn ...*

**3** Was gebt ihr in sozialen Netzwerken von euch preis? Ergänzt die Tabelle in eurem Heft.

| Sichtbar für ... | niemanden | Freunde | jeden |
|---|---|---|---|
| *Meine Adresse* | *X* | | |
| *Meine Handynummer* | | | |
| *Mein Profilbild* | | | |
| *Welche Musik höre ich gern* | | | |
| ... | | | |

**4** Überdenkt euren Umgang mit sozialen Netzwerken. Wählt a, b oder c und vergleicht anschließend eure Ergebnisse.

●●● a Erstellt einen Regelkatalog für den richtigen Umgang mit sozialen Netzwerken.
*In einem sozialen Netzwerk sollte man bestimmte Regeln beachten:*
*1. ...*

●●○ b Beantwortet die folgenden Fragen:
- Wie geht ihr mit Freundschaftsanfragen von unbekannten Personen um?
- Wie könnt ihr euer Profil schützen?
- Welche Regeln für einen respektvollen Umgang im Netzwerk kennt ihr?

●○○ c Vervollständigt die folgenden Sätze in eurem Heft.
- *Man sollte nur Freundschaftsanfragen von Personen annehmen, die ...*
- *In den persönlichen Einstellungen lege ich fest, ...*
- *Alle Nutzer sollten ... miteinander umgehen.*

**Methode** **Ein Profil in einem sozialen Netzwerk erstellen**

- Legt nach der Anmeldung in den **persönlichen Einstellungen** fest, welche Informationen unsichtbar sein sollen und welche Angaben nur Freunde sehen sollen.
  **Tipp:** Mit der Profilvorschau könnt ihr jederzeit einsehen, wie euer Profil mit den persönlichen Einstellungen für andere aussieht.
- Gebt auf eurem Profil auf keinen Fall **private Daten** wie euren vollständigen Namen, euer Geburtsdatum, eure Adresse, eure Telefonnummer und eure Passwörter an.
- Bedenkt genau, welche Wirkung Informationen, Statusmeldungen, Kommentare oder Fotos auf andere haben. Wenn auf den **Fotos** außer euch noch andere Personen zu sehen sind, müsst ihr sie vorher um Erlaubnis fragen, ihr verletzt ansonsten das **Persönlichkeitsrecht.**
- **Bestätigt** auf jeden Fall **nur** Freundschaftsanfragen **von Personen, die ihr wirklich kennt,** und trefft euch nicht mit fremden Personen.

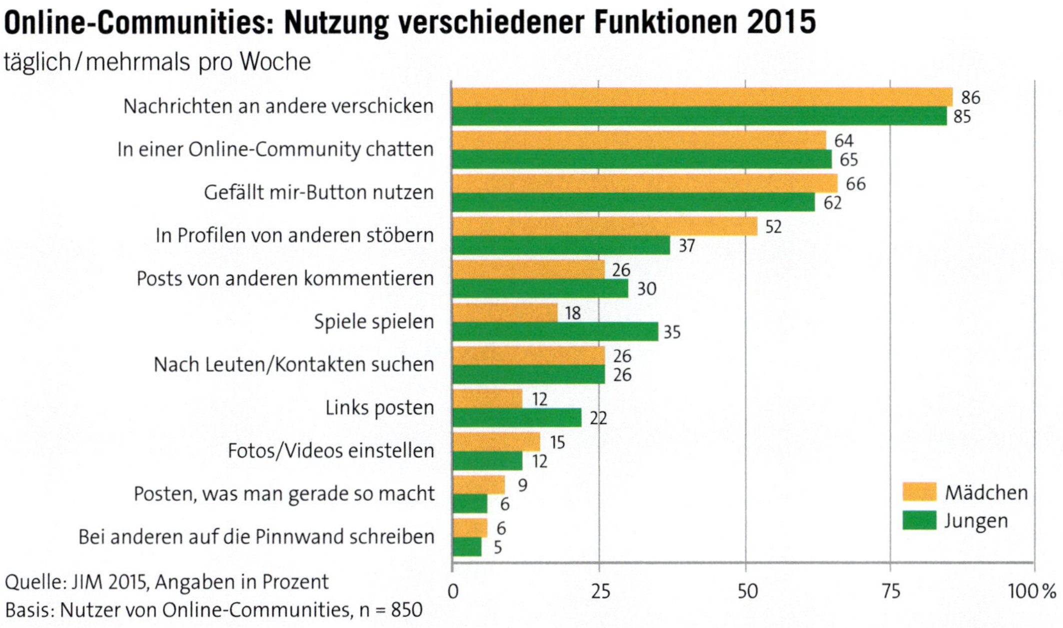


**1** Untersucht das Balkendiagramm. Wählt a, b oder c und vergleicht anschließend eure Ergebnisse.

●●● **a** Klärt, worum es in diesem Diagramm geht. Übernehmt dann die folgende Tabelle in euer Heft. Ergänzt zuerst die Kopfzeile und übertragt anschließend die Ergebnisse des Diagramms in die Tabelle. Markiert zum Schluss die interessantesten Ergebnisse.

| Nutzung ... | Mädchen Angaben in ... | ... |
|---|---|---|
| ... | ... | ... |

●●○ **b** Beschreibt das Diagramm in einem zusammenhängenden Text. Beantwortet dazu die folgenden Fragen:
- Worüber informiert das Diagramm?
- Wofür stehen die unterschiedlichen Farben?
- Was fällt euch besonders auf, wenn ihr die angegeben Zahlen vergleicht?

●○○ **c** Beschreibt das Diagramm. Ergänzt dazu die folgenden Sätze.
*Das Balkendiagramm informiert über ...*
*Der Vergleich der unterschiedlichen Nutzungsarten zeigt, ...*
*Mehr als 85 % der Befragten verschicken täglich oder mehrmals pro Woche ...*

**2** Notiert, welche Nutzungsarten ihr dem Stichwort „Kontakte knüpfen“, welche dem Stichwort „Selbstdarstellung“ zuordnet.

**3** Führt in eurer Klasse eine eigene Umfrage durch.
**a** Entwerft ein Arbeitsblatt, auf dem ihr eintragen könnt, wie oft ihr welche Funktionen nutzt.
**b** Legt fest, über welchen Zeitraum ihr eure Untersuchung durchführen wollt, z. B. einen Monat.
**c** Wertet eure Untersuchungsergebnisse aus und veranschaulicht sie in einem Balkendiagramm.

# Ich über mich – Eine Ich-Collage anfertigen

Hans Manz

## Ich

*Ich:* Träumerisch, träge,
schlafmützig, faul.

Und *ich:* Ruhelos, neugierig,
hellwach, betriebsam.

Und *ich:* Kleingläubig, feige,
zweiflerisch, hasenherzig.

Und *ich:* Unverblümt, frech,
tapfer, gar mutig.

Und *ich:* Mitfühlend, zärtlich,
hilfsbereit, beschützend.

Und *ich:* Launisch, gleichgültig,
einsilbig, eigenbrötlerisch. –

Erst wir alle zusammen sind *ich.*

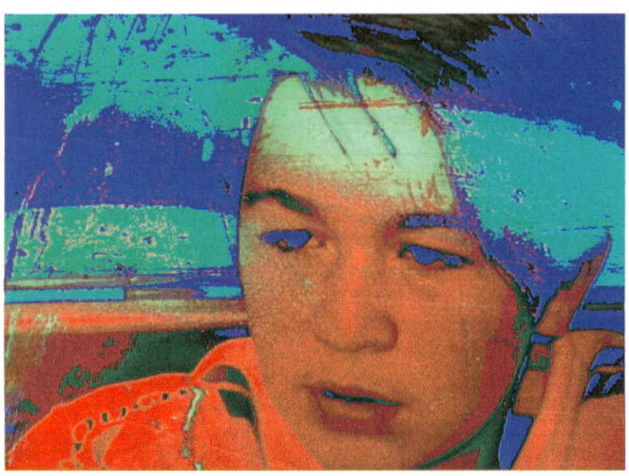

Ernst Jandl

## my own song
(mein eigenes lied)

ich will nicht sein
so wie ihr mich wollt
ich will nicht ihr sein
so wie ihr mich wollt
ich will nicht sein wie ihr
so wie ihr mich wollt
ich will nicht sein wie ihr seid
so wie ihr mich wollt
ich will nicht sein wie ihr sein wollt
so wie ihr mich wollt

nicht wie ihr mich wollt
wie ich sein will will ich sein
nicht wie ihr mich wollt
wie ich bin will ich sein
nicht wie ihr mich wollt
wie *ich* will ich sein
nicht wie ihr mich wollt
ich will *ich* sein
nicht wie ihr mich wollt will ich sein
ich will *sein*

**1** Lest die Gedichte leise für euch. Welches spricht euch mehr an? Beschreibt die Wirkung des von euch ausgewählten Gedichts.

**2** Bildet für jedes Gedicht eine Gruppe und tauscht euch aus.
**a** Überlegt:
– An wen richtet sich das Gedicht?
– In welcher Situation könnte es entstanden sein?
**b** Tragt euer Gedicht wirkungsvoll vor. Übertragt es dazu auf ein Blatt Papier und kennzeichnet, wie ihr es betonen wollt. Probiert mehrere Möglichkeiten aus.
**c** Präsentiert der Klasse die Version, die euch am besten gefällt.

kurze Pause: |
lange Pause: ||
betontes Wort: unterstreichen
lauter: ◄
leiser: ►
schneller lesen: →
langsamer lesen: ←

**3** Das Gedicht von Hans Manz enthält sehr viele Adjektive und Partizipien.
- a Beschreibt die Wirkung, die so entsteht.
- b Schreibt ein Ich-Parallelgedicht. Sammelt dazu Ideen in einem Cluster.

offen – neugierig – Jch – verplappert – mitteilsam

**4** Gestaltet ein Plakat mit eurer persönlichen Ich-Collage. So entsteht eine Art Selbstporträt.
- a Sammelt dazu Fotos, Zitate, Gegenstände usw. von euch.
- b Greift auf euer Gedicht aus Aufgabe 3 zurück.
- c Fertigt die Collage an. Ihr könnt sie in einem Museumsgang eurer Klasse präsentieren (▸ S. 278).

# Toleranz und Vielfalt – Figurenbeziehungen untersuchen

Marie-Aude Murail

## Über kurz oder lang

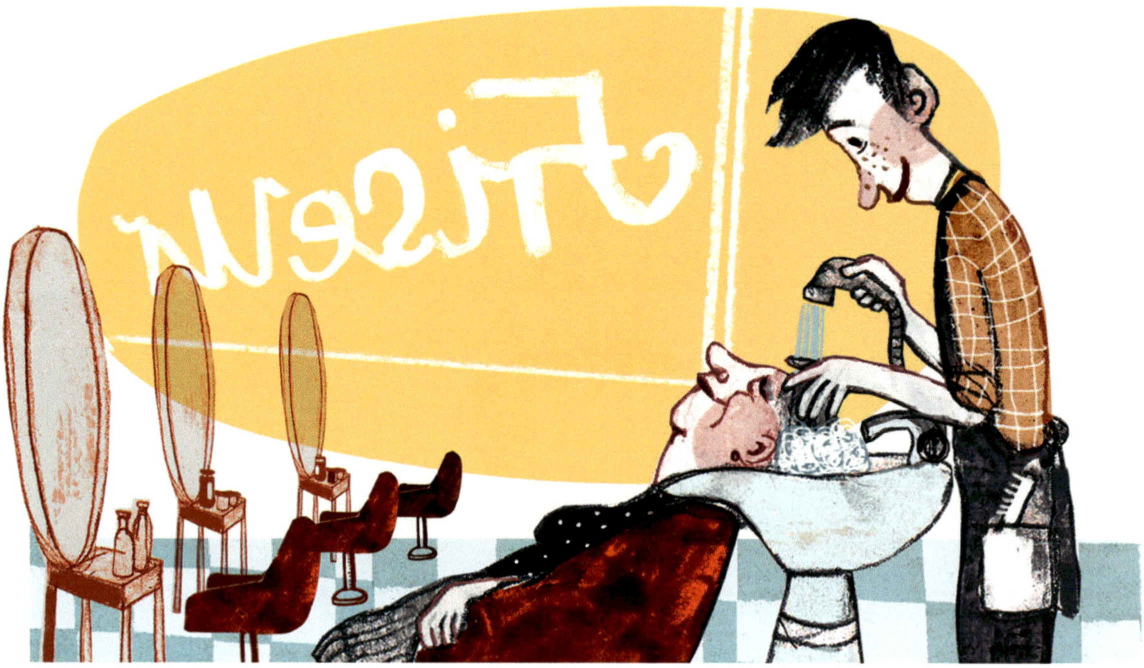


*Der 14-jährige Louis muss ein Schulpraktikum absolvieren. Er entscheidet sich auf Anraten seiner Großmutter für den Salon „Marielou" und ist von seiner Wahl begeistert. Ganz im Gegensatz zu seinem Vater. Doch gegen dessen Willen hält Louis an seinem Berufswunsch fest.*

„Sag mal, du kommst ja gut zurecht ... Haben Sie gesehen, Madame Marielou?" Alle machten ihm Komplimente. Seine gesamte Schulzeit über hatte Louis nie so viel Lob eingeheimst.

„Was muss man für eine Ausbildung machen, um Friseur zu werden?"

„Die Ausbildung dauert drei Jahre", sagte Fifi.

„Nach der neunten?"

„Ja, und dann kommt die Ausbildung zum Meister. Noch mal zwei Jahre. Dann kannst du einen Salon aufmachen und Lehrlinge nehmen. Und dann hast du noch zwei Jahre, bis du die Ausbilderprüfung machen kannst. Die braucht man, um unterrichten zu können."

„Soll ich dir das Zeug zeigen, das ich in der Schule machen muss?", mischte Grance sich ein. Aus ihrem kleinen Rucksack zog sie ein völlig verknittertes Aufgabenblatt, das Louis überflog.

Madame Marielou runzelte die Stirn. Louis überraschte sie. Im Grund war er hilfsbereit, aufgeweckt und ruhig. Fifi behauptete, er sei für das Friseurhandwerk begabt. Warum nicht? Madame Marielou sah ihm einen Moment hinterher.

„Gehen Sie gern zu Schule, Louis?"

Er hatte sich gerade gebückt, um eine Ausgabe von Elle aufzuheben, die unter einen Stuhl gerutscht war. Er richtete sich auf.

„Nein." Er überlegte, wie er seine Antwort etwas relativieren könnte, ihm fiel aber nichts ein. Sie lautete nein.

Gegen elf gab es eine hübsche Überraschung für Louis. Großmama betrat den Salon. Sie hatte einen Termin bei Clara.

„Garderobe, Louis“, scherzte Madame Marielou. Aber der Junge nahm die Sache ernst. Er nahm seiner Großmutter den Mantel ab und legte ihr einen Umhang um. Dann fragte er um die Erlaubnis, sie shampoonieren zu dürfen. Als Großmama auf dem Sessel saß, beugte Louis sich über das Waschbecken und flüsterte ihr zu.

„Wusstest du, dass Madame Marielou im Rollstuhl sitzt?“

An Großmamas weit aufgerissenen Augen erriet Louis, dass das neu für sie war. Er lachte leise.

Als Clara mit der Wasserwelle anfing, setzte Louis sich auf den Hocker.

„Hast du dich hier auch nicht zu sehr gelangweilt?“, fragte Großmama.

Louis hatte so viel zu antworten, dass er nicht wusste, womit er beginnen sollte.

„Nur noch einen Tag durchhalten“, fügte Großmama hinzu. „Danach hast du Ferien und kannst dich ausruhen.“

Ja, nur noch einen Tag. Die Zeit drängt, er musste reden. Rede, Louis. Jetzt.

„Es gefällt mir“, sagte er.

„Was denn, mein Liebling?“

„Hier!“

„Eine nette Atmosphäre, nicht?“

„Nein. Na, doch, ja“, ächzte Louis. „Aber das ist es nicht ... Ich meine ... Friseur. Anscheinend ist die Ausbildung gar nicht so einfach. Sie geht drei Jahre bis zur Prüfung, und dann kann man noch den Meister machen. Fifi hat's mir erklärt.“ Beim Reden knackte Louis mit den Fingern. Großmama hörte zu, zögerte noch, ihn zu verstehen.

„Meinst du damit, du hättest Interesse, eine ... Würdest du gern Friseur lernen?“

„Ich lasse sie zwei Minuten allein“, flüsterte Clara. „Eine Tasse Tee?“

Großmama willigte ein und hustete, um die Stille aufzulösen, die langsam unangenehm wurde.

Louis saß mit gesenktem Kopf da. Er brauchte Hilfe. Hilfe, um zu reden.

„Weiß du, ich war in der Bäckerei sehr glücklich.“

Louis warf heftig den Kopf nach hinten: „Friseur werden nur Versager!“

„Aber nein, Louis, Friseur wird man, weil man das mag.“

„Es ist ein handwerklicher Beruf.“

„Was soll das denn heißen? Handwerklicher Beruf!“, rief Großmama empört. „Ein Chirurg hat doch auch einen handwerklichen Beruf – und ein Bildhauer und ein Zahnarzt, arbeiten die etwa nicht mit ihren Händen?“

Louis hörte auf, mit den Fingern zu knacken. „Ich will was mit meinen Händen machen.“

Er lächelte seinem Spiegelbild zu. So, er hatte es gesagt.

„Ihr Tee!“ Clara stellte das Tablett vor ihrer Kundin ab und fügte hinzu: „Entschuldige, Louis, ich glaube, du wirst gebraucht.“

„Geh, mein Großer“, sagte Großmama. „Und wenn du mich brauchst, weißt du, wo du mich findest ...“

An diesem Abend fragte Madame Feyrières ihren Sohn beim Abendessen, wie sein Praktikum zu Ende gegangen sei.

„Gut“, antwortete er.

Monsieur Feyrières hatte den Eindruck, die Zimmerdecke würde ihm auf den Kopf fallen.

„Louis weiß jetzt ganz tolle Sachen“, bemerkte Floriane.
„Ganz tolle Sachen, die zu nichts nutze sind“, erwiderte Monsieur Feyrières und fasste sich wieder.

Louis sah seinen Vater schmerzerfüllt an. Ihm war, als würde ihm ein Nagel ins Herz gerammt.

**1** Untersucht den Romanauszug.
- a Was vertraut Louis seiner Oma an?
- b Warum fällt es Luis schwer, mit seiner Oma zu reden? Erklärt sein Zögern.
- c Was hält der Vater vom Friseurberuf? Belegt eure Antwort mit einer Textstelle.
- d Erklärt die Metapher (▸ S. 27) „einen Nagel ins Herz rammen“ aus dem Textzusammenhang.

**2** Beschreibt das Verhalten der Figuren und ihre Beziehungen untereinander (▸ S. 113 ff.)
Wählt a, b oder c und vergleicht anschließend eure Ergebnisse.
- ●●● a Übertragt die folgende Figurenkonstellation in euer Heft. Notiert in den Rahmen die Namen der drei wichtigsten Figuren und beschriftet die Pfeile so, dass klar wird, wie sie zueinander stehen.

- ●●○ b Beschreibt das Verhalten des Vaters gegenüber Louis und bewertet es.
Überlegt anschließend, welche Erklärung es für das Verhalten des Vaters geben könnte.
- ●○○ c Wie reagiert die Großmutter auf Louis’ zögerliches Geständnis?
Beschreibt ihr Verhalten mit Hilfe des Textes. Hat die Großmutter Louis’ Vertrauen verdient?

**3** Louis schlüpft in unterschiedliche Rollen. Wie verhält er sich gegenüber seinem Vater und wie im Salon, wenn er seinem Praktikum nachgeht? Beschreibt seine Rollen.

**4** Welche Rollen nehmt ihr selbst in eurem Alltag ein? Tauscht euch aus.

**Information** **Im Alltag Rollen übernehmen**

Unser Alltag besteht aus verschiedenen Situationen (z. B.: Familienleben, Unterricht, Training im Sportverein), in denen wir bestimmte **Rollen** einnehmen (Tochter/Sohn, Schülerin/Schüler, Mannschaftskapitän/-in).
Rollen sind nicht angeboren, sondern man übernimmt sie unter dem Einfluss der Umwelt (Eltern, Schulkameraden/-innen, Clique).
An jede Rolle werden besondere **Rollenerwartungen** geknüpft, z. B. ein bestimmtes Verhalten, Sprechen und Aussehen. Werden diese Erwartungen nicht erfüllt, kann es zu **Rollenkonflikten** kommen.

# Testet euch!

## Sicher im Netz?

**1** Ein Erwachsener, der Mona nicht kennt, stößt im Internet auf ihr Profil. Welchen Eindruck erhält er? Bewertet Monas Profil anhand der Kriterien im Kasten.

Privatsphäre • unüberlegt • offen • schlechtes Bild • negativ • beleidigend

| | |
|---|---|
| **Fotos** | 5 Strandbilder im Bikini; 10 Partybilder<br>30 Porträts, 20 gemeinsam mit Freunden |
| **Name** | Mona Schmidt |
| **Alter** | 14 |
| **Adresse** | Hauptstraße 23, 76135 Karlsruhe |
| **Geburtstag** | 14. Juli |
| **Schule** | Insel-Gemeinschaftsschule Karlsruhe |
| **Kontakt** | Nur für coole Boys ☺, bezauberndemona@gmx.de<br>Handy: 017a / 987654<br>Telefon: 06 35 / 12a 45<br>ICQ 983473473478 |
| **Hobby** | Shoppen, Reiten, Lehrer ärgern |
| **Lieblingsfach** | Musik, Sport, BK |
| **Hassfach** | Alle anderen, besonders die bei der ollen Müller |
| **Musik** | Hip-Hop, Pop; alles, was laut ist |
| **Gruppen** | Schule, nein danke |

**2** Gebt auf folgende Fragen zum Umgang mit sozialen Netzwerken eine begründete Antwort. Schreibt ins Heft.
– Meldest du Verstöße gegen die Verhaltensregeln in einem sozialen Netzwerk?
– Sollte man vor der Anmeldung in einem sozialen Netzwerk die Verhaltensregeln durchlesen?
– Gibst du deine Telefon- oder Handynummer in deinem Profil bekannt?
– Stellst du Fotos von der Klassenfahrt sofort ins Netz?
– Wie kannst du herausfinden, wer dein Profil sehen kann?
– Bestätigst du alle Freundschaftsanfragen?
– Ist es sinnvoll, sich mit einem falschen Namen in einem sozialen Netzwerk anzumelden?

**3** Erstellt anhand eurer Antworten zu Aufgabe 2 einen Regelkatalog für den sicheren Umgang mit sozialen Netzwerken.

Formuliert im **Imperativ Singular** oder **Plural,** z. B.: *Melde/Meldet Verstöße gegen die Verhaltensregeln!*

# 1.2 Spiel oder Provokation? – Jugendsprache

Susanna Nieder

**Sechsmal „gut“: fett, krass oder knorke?**

Ist euch schon mal aufgefallen, dass die wenigsten Leute einfach „gut“ sagen, wenn ihnen etwas gefällt? Für das Wörtchen „gut“ gibt es jede Menge Ausdrücke, die sich ständig verändern. Deshalb werden sie nicht von allen benutzt, sondern immer nur von einer bestimmten Altersgruppe. Wenn ihr mal nicht wisst, wie alt Erwachsene sind, weil über 20 sowieso alle graue Haare, Runzeln und falsche Zähne haben, dann horcht einfach, was die Leute sagen, wenn sie etwas gut finden. Daran erkennt ihr sie bestimmt. Wenn zum Beispiel Zwölfjährigen etwas gefällt, dann finden sie es „voll fett“. Das ist der allerneueste Ausdruck, haben wir uns sagen lassen. 15-Jährige würden „voll krass“ dazu sagen. „Voll krass“ kann aber auch heißen, dass man etwas total blöd findet. Das kommt ganz auf den Zusammenhang an. „Cool“ ist ein Wort, das vor etwa 15 Jahren in Mode kam, als heute 25-Jährige in eurem Alter waren. Kurz davor hatten plötzlich alle angefangen, alles Mögliche „geil“ zu finden. Die meisten Eltern fanden dieses Wort ganz furchtbar. Viele sind wahrscheinlich heute noch nicht begeistert davon. Als ich vor 20 Jahren zur Schule ging, sagten wir „stark“, wenn uns etwas gefiel. „Echt stark.“ Das sage ich manchmal heute noch und daran könnt ihr erkennen, dass ich Mitte 30 bin. Vielleicht findet ihr den Ausdruck auch komisch. Ich jedenfalls muss immer bei einem Wort grinsen, das Leute benutzen, die etwa 15 Jahre älter sind als ich. Manche Leute, die um die 50 Jahre alt sind, sagen nämlich „dufte“. Oder auch „spitze“. „Spitze“ sagte früher immer ein gewisser Showmaster mit Namen Hans Rosenthal. Und jedes Mal, wenn er „spitze“ rief, sprang er dabei in die Luft. In grauer Vorzeit, als Oma und Opa oder sogar deren Eltern klein waren, gab es auch schon Ausdrücke, die vor allem Kinder benutzten. Wenn ihr zum Beispiel „Emil und die Detektive“ von Erich Kästner lest, werdet ihr feststellen, dass Gustav mit der Hupe immerzu „eisern!“ ruft. Das soll heißen: Wir halten zusammen. Wenn Kinder wie Emil und Gustav etwas richtig gut fanden, sagten sie „knorke“ oder „schnafte“. Es könnte sogar sein, dass sie „töfte“ gesagt haben.

**1** a Erklärt, worum es in dem Artikel geht.

b Notiert die verschiedenen Bezeichnungen von „gut“ in der richtigen zeitlichen Reihenfolge. Ergänzt dafür den folgenden Überblick in eurem Heft.

*Bezeichnungen für „gut“*

*Oma/Opa* — *Mitte 30* →

*echt stark* — *voll fett*

**2** Tragt zusammen, welche Wörter für „gut" heute unter Jugendlichen benutzt werden. Welche verwendet ihr?

**3** Durch was zeichnet sich Jugendsprache aus? Wie unterscheidet sie sich von der Standardsprache? Wählt a, b oder c und vergleicht anschließend eure Ergebnisse.

●●● **a** Beschreibt, was mit dem Begriff „Standardsprache" gemeint sein könnte. Geht dabei von dem Wort „Standard" aus und überlegt wie sich dieser Standard von der Jugendsprache unterscheidet? Erklärt anschließend, in welchen Situationen es euch angemessen erscheint, die Standardsprache zu verwenden.

●●○ **b** Ordnet die jugendsprachlichen Ausdrücke in die Tabelle ein. Klärt ihre Bedeutung und ergänzt in Partnerarbeit in jeder Tabellenzeile mindestens vier weitere Beispiele.

flashen • dissen • resetten • lol • voll der Pro • endkrass • Achselmoped

| Merkmal | Beispiel |
|---|---|
| Anglizismen (Übernahmen aus dem Englischen) | *checken, …* |
| Neologismen (Wortneubildungen) | *Motzkeks, …* |
| Wortverstärker/Übertreibungen | *mega, …* |
| Abkürzungen | *cu, …* |

●○○ **c** Übersetzt die jugendsprachlichen Ausdrücke aus Aufgabe b in Partnerarbeit. Verwendet die Ausdrücke anschließend jeweils in einem Beispielsatz, z. B.:
*flashen = begeistern, umhauen → Das Konzert hat mich geflasht.*

**4** „Eine einheitliche Jugendsprache gibt es nicht. Es gibt nur Sprachen einzelner Szenen, zum Beispiel die der Hip-Hopper, der Skater, der Computerfreaks usw."
Diskutiert diese Ansicht.

**Information** **Jugendsprache**

Die **Jugendsprache** unterscheidet sich durch bestimmte Wörter, Wendungen oder den Satzbau von der **Standardsprache,** z. B.: *fett* (Jugendsprache) = *gut* (Standardsprache). Sie ist sehr unterschiedlich, denn je nach Jugendgruppe finden sich ganz verschiedene Äußerungsformen, z. B.: *die Sprache der Computerfreaks, der Raver, der Skater.* Zudem ist die Jugendsprache sehr schnelllebig und verändert sich oft innerhalb weniger Jahre oder Monate.
Die Jugendsprache ist häufig durch bestimmte **sprachliche Merkmale** geprägt, z. B.:
- Anglizismen (Übernahmen aus dem Englischen), z. B.: *chillen, Connections.*
- Metaphern/bildhafte Ausdrücke, z. B.: *ätzend, null Bock haben.*
- Neologismen (Wortneubildungen), z. B.: *Achselmoped* (für *Deoroller*).
- Wortverstärker/Übertreibungen, z. B.: *krass, fett.*
- Abkürzungen, z. B.: *Spezi* (für *Spezialist*).

# Stärken stärken: Jugendsprache

Ihr alle kennt wahrscheinlich „Psychotests" in Zeitschriften oder im Internet. Drei Auswertungen aus drei verschiedenen Tests findet ihr hier.

**A Test: Wie ehrlich bist du zu deiner Freundin?** *83–105 Punkte:*

Bei dir weiß jede Freundin, wo sie dran ist! Wer dich zu seinen Freundinnen zählt, der weiß, dass Ehrlichkeit großgeschrieben wird und die Freundschaft durch und durch fair ist und nicht aus Lästereien besteht. Das wünscht sich doch jede Freundin. Du weißt zur richtigen Zeit mit guten Argumenten deinen Standpunkt zu vertreten und hasst nichts mehr als Ungerechtigkeiten und falsche, hinterlistige Spiele! Hervorragend! Doch ab und zu solltest du über eine Situation nachdenken, bevor du sie ansprichst.

**B Test: Bist du ein Supergirl?** *27–39 Punkte:*

Mal Fun-Girl, mal Zicke, mal Tussi – du zeigst viel von dir. In der Clique oder wenn deine BF dabei ist, fühlst du deine Power und bist echt oberlässig. Allein bist du voll uncool und hast ab und zu einen Hänger. Zur Info: Zu einem echten Super-Girl fehlt dir noch ein bisschen dein eigenes Standing. Das solltest du hinkriegen.

**C Test: Wie wirkst du auf andere? Mach den Test!** *34–48 Punkte:*

Du wirkst fröhlich und unkompliziert. An deiner Seite ist das Leben easy und soft und diese positive Sicht der Welt strahlt auch auf andere ab. Ob Fremde oder Kumpel: Du hast für jeden ein Lächeln, jokst gerne herum und wirkst immer freundlich und zugewandt. Vor allem in schwierigen Situationen bist du tough, laberst nicht lange um den heißen Brei herum und machst klare Ansagen. Das kommt supergut an.

**1** Bringt die drei Texte (A, B, C) in eine Reihenfolge, die die Nähe zur Jugendsprache ausdrückt. Ordnet so:
1 = sehr nah an der Jugendsprache (jugendsprachlicher Text);
2 = Text mit Standard- und Jugendsprache;
3 = Standardsprache.

**Hilfe zu Aufgabe 1:**
Ihr sollt die drei Texte daraufhin überprüfen, ob sie jugendsprachliche Ausdrücke enthalten. Finden sich in den Texten
– Anglizismen,
– Neologismen,
– Wortverstärker,
– Abkürzungen?

# 1.3 Streit schlichten – Offline und online

## Interview mit einem Streitschlichter

**Interviewerin:**
Du bist Streitschlichter an eurer Schule. Was genau ist da eure Aufgabe?

**Streitschlichter:**
Wir helfen den Streitenden, ihren Konflikt zu lösen und für beide Parteien eine gute Lösung zu finden. Wir sind absolut neutral und stellen uns auf keine der beiden Seiten.

**Interviewerin:**
Wo finden diese Gespräche denn statt und wie wird man Streitschlichter?

**Streitschlichter:**
An vielen Schulen gibt es „Streitschlichterräume“, in denen Gespräche mit den am Konflikt Beteiligten stattfinden. Um Streitschlichter zu werden, muss man eine spezielle Streitschlichterausbildung absolvieren.

**Interviewerin:**
Wie läuft denn so ein „Schlichtungsgespräch“ genau ab?

**Streitschlichter:**
Ein Schlichtungsgespräch kann man grob in vier Phasen unterteilen:
*1. Phase:* Begrüßung und Vorstellung: Nachdem wir die Streitenden begrüßt und uns vorgestellt haben, erklären wir ihnen die wichtigsten Regeln für den Ablauf eines Schlichtungsgesprächs. Bevor es zur zweiten Phase übergeht, wird der Konflikt, der sich zwischen den Streitenden ergeben hat, genannt.
*2. Phase:* Den Sachverhalt klären: In der zweiten Phase tragen die Streitenden nacheinander ihre Sichtweise vor. Wir hören aktiv zu. Wenn es Unklarheiten gibt, dann fragen wir nach und fassen am Ende die jeweiligen Aussagen zusammen. Wichtig ist hier, dass die am Konflikt Beteiligten Ich-Botschaften formulieren, also nicht: „Du hast mir ein Bein gestellt!“, sondern: „Ich bin über dein Bein gestolpert.“
*3. Phase:* Eine Lösung suchen: Wir helfen den Streitenden eine für beide Seiten zufriedenstel-

**Aktives Zuhören:**
- alles ignorieren, was nicht zum Gespräch gehört
- sich in andere Personen hineinversetzen
- Gesprächsregeln beachten: ausreden lassen
- Gefühle und Gedanken des anderen wiedergeben
- Gehörtes wiederholen

lende Lösung zu finden. Dazu gehört auch, dass Erwartungen und Wünsche formuliert werden.
*4. Phase:* Vereinbarungen treffen: In der letzten Phase werden die gesammelten Lösungsvorschläge in einem Vertrag festgehalten und unterzeichnet.

**Interviewerin:**
Vielen Dank für das aufschlussreiche Interview.

**1** Gibt es an eurer Schule auch eine Streitschlichter-AG?
a Berichtet darüber.
b Ladet Streitschlichter ein und befragt diese zu ihrer Aufgabe.

**2** Ein Schlichtungsgespräch ist in vier Phasen eingeteilt. Benennt die vier Phasen einer Streitschlichtung.

**3** a Der Streitschlichter spricht davon, dass Ich-Botschaften für eine Verständigung wichtig sind. (► Z. 36 ff.) Formuliert die folgenden Du-Botschaften in Ich-Botschaften um.
– Du hast die Tafel wieder beschmiert. Wegen dir ist immer alles schmutzig.
– Du lässt mich nie ausreden.
– Du hast mich überhaupt nicht beachtet und mich nicht ausreden lassen.

b Welche Gefühle lösen Ich-Botschaften aus, welche Du-Botschaften?
Tragt die Sätze jeweils in der Ich- und in der Du-Form szenisch vor.

**4** a Lest die beiden Fallbeispiele.

**Beispiel 1:**
Luca ist schockiert. Wie jeden Mittag loggt er sich auch heute in ein soziales Netzwerk ein. Doch er traut seinen Augen nicht. Auf dem Bildschirm erscheint eine Luca-Hass-Gruppe, die wohl von einem Klassenkameraden gegründet wurde. Luca klickt die Mitgliederliste der Gruppe durch und stellt mit Entsetzen fest, dass er die Namen fast alle kennt, sogar sein bester Freund ist dabei.

**Beispiel 2:**
Selina hat das Gefühl, dass die ganze Schule über sie redet. Alle starren sie an. Als sie nachfragt, erfährt sie, dass eine SMS mit einer gemeinen Lüge über sie in der ganzen Schule kursiert.

b Beantwortet anschließend folgende Fragen:
– In welchen Bereich fallen diese zwei Beispiele?
– Kann hier Streitschlichtung, wie sie oben beschrieben wird, vermitteln?
– Was würdet ihr Luca und Selina raten?

**Wörterliste** ► S. 313

| | | | |
|---|---|---|---|
| Phase | Rolle | Profil | Konflikt |
| Streitschlichtung | Botschaft | digital | Kontakt |
| Gefühl | Netzwerk | Standardsprache | absolvieren |

# 2 Mehr Respekt –
## Strittige Themen diskutieren

**1** Beschreibt das Foto: Welche Situation wird dargestellt?

**2** a Kennt ihr in eurem Alltag ähnliche Situationen? Sprecht darüber.
b Diskutiert gemeinsam:
- Was versteht ihr unter einem respektvollen Umgang?
- Wann sind euch Respekt und Benehmen besonders wichtig?

**3** Versetzt euch in eine der beiden Personen: Welche Begründungen fallen euch ein, um die Position des einen oder anderen Schülers zu unterstützen?

### In diesem Kapitel ...

- trainiert ihr, eure Meinung durch Argumente sachlich zu begründen,
- übt ihr, in Pro-und-Kontra-Diskussionen eure Position zu vertreten,
- lernt ihr, euren Standpunkt in einem Leserbrief überzeugend zu formulieren.

# 2.1 Sich fair verhalten – Argumentieren und überzeugen

## Wie wirkt mein Verhalten? – Sprechen und handeln

**1**

*Emilie kommt an ihren Platz im Klassenzimmer.*
**Emilie** *(schubst Jakob)*: Mach mal Platz, ich sitz hier!
**Jakob:** Ich erkläre Sina aber gerade Mathe.
**Emilie:** Na und? Ich will da jetzt sitzen.
**Jakob:** Ach, du bist doch auch froh, wenn dir jemand bei den Hausaufgaben hilft.
**Emilie:** Du nervst, jetzt hau endlich ab hier.
*(Jakob schüttelt den Kopf und geht schweigend weg.)*

**2**

**Felix** *(wird gestoßen)*: He, was soll das? Pass gefälligst auf, Kleiner.
**Tim:** Ich schreib gleich eine Mathearbeit. Lass mich einfach durch, du Idiot.
**Hannes:** Boah, die Kleinen werden immer frecher. Mich hat er auch gerade getreten! Du musst eben früher losgehen.
**Tim:** Ging nicht, wir hatten gerade Sport beim Fischer. Bitte, ich muss mich echt beeilen.
**Felix:** Na also, geht doch. Lasst den Zwerg mal durch, der schiebt die Panik!

**3**

*Deniz und Sinem aus der 7a gehen hinüber zur Parallelklasse.*
**Sinem** *(nachdem sie angeklopft hat)*: Entschuldigen Sie bitte, Frau Mayer. Könnten wir für die 7a bitte den Beamer ausleihen?
**Frau Mayer:** Natürlich, gern! Aber nächste Stunde brauchen wir ihn dann wieder, ja?
**Deniz:** Danke, wir bringen ihn gleich in der Pause wieder zurück.

**1** Bildet Teams und spielt die drei Szenen in verteilten Rollen.
Welche Szene wurde besonders überzeugend dargestellt? Begründet.

**2** Probiert aus, wie sich Mimik (Gesichtsausdruck), Gestik (Körperbewegungen) und Lautstärke in einem Gespräch auswirken.

a Spielt die Szene lautlos. Beschreibt, welche Rolle die Körpersprache spielt.
b Sprecht die Szenen in unterschiedlicher Lautstärke (z. B. sehr laut, laut, leise, sehr leise).
Wie wird die Wirkung der Aussagen durch die Lautstärke beeinflusst?

**3** Fast immer verfolgt man eine bestimmte Absicht, wenn man mit anderen spricht. Hier findet ihr verschiedene Möglichkeiten:

um etwas bitten • jemandem drohen • sich entschuldigen • etwas befehlen • um Verständnis bitten • jemanden loben • etwas begründen • sich beklagen • etwas wünschen

a Welche Absichten haben die Personen in den drei Szenen auf Seite 32 jeweils? Ordnet den Schüleraussagen passende Vorgaben aus dem Wortspeicher zu.
b Sprecht den folgenden Satz unterschiedlich betont, sodass verschiedene Absichten deutlich werden.

Das hast du ja wirklich prima gemacht!

**4** In den Szenen 1 und 2 läuft einiges verkehrt. Wählt eine der beiden Szenen aus und überarbeitet sie.
a Schreibt das Gespräch neu auf:
– Formuliert die Aussagen so um, dass sie höflich klingen.
– Notiert in Klammern jeweils Hinweise zu Mimik, Gestik und Lautstärke.
b Präsentiert eure Szene vor der Klasse und lasst die Zuschauer erklären, was sich verändert hat.

**5** a Wählt eine der drei folgenden Situationen aus und entwerft ein Gespräch dazu.
**Tipp:** Notiert in Klammern auch Hinweise zu Mimik, Gestik und Lautstärke.

A Ein Schüler begleitet seinen Mitschüler zum Hausmeister, weil dieser das Portemonnaie mit der Schülerfahrkarte verloren hat. Der Hausmeister bittet die beiden, nach der sechsten Stunde wiederzukommen. Aufgeregt erwarten die Schüler das Unterrichtsende und gehen dann noch einmal gemeinsam zum Hausmeister, um nach dem Portemonnaie zu fragen.
B Zwei Schülerinnen kommen zu spät aus dem Sportunterricht in die nachfolgende Stunde und werden von der Lehrkraft nach dem Grund gefragt. Eine der Schülerinnen erklärt, man habe ihre Schuhe im Umkleideraum versteckt, daher hätte das Anziehen länger gedauert.
C Ein Schüler muss wegen vergessener Hausaufgaben seinen Eltern einen Eintrag im Hausaufgabenheft zeigen und unterschreiben lassen. Diese reagieren unterschiedlich: Ein Elternteil schimpft, der andere versucht zu schlichten.

b Spielt die Szene in der Klasse vor und lasst euch eine Rückmeldung geben.

**Information** **Mit Sprache bestimmte Absichten verfolgen**

- Eine sprachliche Äußerung wird durch die **Mimik** (den Gesichtsausdruck), die **Gestik** (Körperbewegungen), die **Betonung** und die **Lautstärke** beeinflusst.
- Aussagen verfolgen meist eine **bestimmte Absicht.** Die Frage „Kannst du mal das Fenster schließen?“ kann z. B. eine **Aufforderung,** eine **Bitte** oder ein **Befehl** sein.

# Mehr Respekt in der Schule – Sachlich diskutieren

*Die neu gewählte Schülersprecherin Nele aus der 10b stellt in der Klasse 7a ein neues Schulprojekt zur Verbesserung des Schulklimas vor.*

Ich möchte in der Schule für mehr Respekt und Höflichkeit werben.

In einigen Klassen herrscht zum Beispiel morgens zu Unterrichtsbeginn und nach den Pausen eine wahnsinnige Unruhe. Viele grüßen überhaupt nicht, weder die anderen in der Klasse noch die Lehrkräfte. Unser Vorschlag daher: Die Tischnachbarn mit Handschlag begrüßen wäre doch schon einmal eine nette Geste. Auch der Lehrerin oder dem Lehrer könnten wir morgens die Hand geben – was haltet ihr davon?

Auf den Gängen oder auf dem Schulhof hört man immer öfter beleidigende Ausdrücke wie „Hey, du Opfer“ oder Schlimmeres. Wir finden, das muss aufhören! Dazu könnte man die Klassensprecher als Schulhof-Ordner einsetzen. Wenn jemand einen anderen beleidigt oder mobbt, bekommt er einen Strich. Hat jemand drei Striche, wird das an den Klassenlehrer weitergegeben. Die Person muss dann etwas für die Klasse tun, zum Beispiel den Tafeldienst eines anderen übernehmen.

Als absolut störend empfinden viele auch das Gedränge beim Brötchenverkauf in der Pause und bei der Mensa-Essensausgabe. Immer wieder drängeln sich Schüler vor und schubsen sich gegenseitig. Diese Drängelei ließe sich durch „Mensa-Lotsen“ unterbinden, die immer nur ein paar Schülerinnen und Schüler durchlassen. Die „Mensa-Lotsen“ sollten aus der Mittelstufe kommen und könnten klassenweise eingesetzt werden.

So, das sind unsere Vorschläge. Beratet euch bitte in der Klasse und gebt uns über die Klassensprecher kurz eine schriftliche Rückmeldung, was ihr davon haltet. Vielen Dank fürs Zuhören!

**1** Welche Vorschläge macht Nele zur Verbesserung des Schulklimas? Nennt sie.

**2** Die Klasse 7a spricht aufgeregt durcheinander. Stellt fest, wer für und wer gegen die Vorschläge ist.

**Luis:** Spinnen die? Allen die Hand geben?
**Sara:** Das finde ich auch komisch. Es reicht doch, die Lehrer gemeinsam zu begrüßen.
**Noah:** Ich find's nett, so nimmt man alle wahr und die Stimmung ist gleich viel freundlicher.
**Lena:** Nee, also ich möchte nicht jedem die Hand geben. Stellt euch mal vor, jemand ist krank. Dann erwischt's bestimmt gleich alle.
**Nancy:** Schulhof-Ordner finde ich auch schwierig. Petzen ist ja nicht gerade positiv.
**Tim:** Die würde ich mir erst recht vornehmen, wenn die mich aufschreiben.
**Eileen:** Ich finde Schulhof-Ordner schon sinnvoll. Rempeleien und Beschimpfungen in der Pause sind echt blöd.
**Andy:** Mensa-Lotsen brauchen wir dringend, dann geht die Essensausgabe viel schneller.
**Adrian:** Ist doch total ätzend, wenn man überall Aufpasser dabei hat!
**Andy:** He, du Idiot, ich war noch nicht fertig! Alles würde viel geordneter laufen. Einige Schüler drängeln sich doch immer total vor.
**Melissa:** Aber eigentlich müssten sich doch die Lehrer darum kümmern, dass nicht gedrängelt wird, oder?

**3** Einige Schülerinnen und Schüler der 7a verstoßen gegen Diskussionsregeln.

a Untersucht, welche Regeln nicht eingehalten wurden.

b Welche weiteren Diskussionsregeln sind euch wichtig? Sammelt sie auf einem Plakat und hängt dieses im Klassenraum auf.

**4** Wählt drei unsachliche Äußerungen aus und formuliert sie in sachliche Sprache um, z. B.:
*Spinnen die? Allen die Hand geben? → Ich denke, dass nur wenige von uns sich morgens gegenseitig die Hand geben wollen.*

Eine Diskussion kann man durch sein Verhalten fördern oder blockieren. Zu einer guten Diskussion gehören das **Einhalten von Gesprächsregeln,** das Nachfragen, wenn man etwas nicht verstanden hat, und das **Vermeiden von Killerphrasen,** die den Gesprächspartner unter Druck setzen, z. B.: *Du immer mit deinem ... Jedes Kind weiß doch, dass ...*

**5** Untersucht die Vorschläge zur Verbesserung des Schulklimas aus Aufgabe 1 genauer: Was spricht jeweils dafür, was dagegen?

a Legt eine Tabelle an. Ergänzt die Begründungen der Klasse 7a für oder gegen die Vorschläge in Stichworten. Achtet dabei auf sachliche Formulierungen (▸ Aufgabe 4).

| | pro (dafür) | kontra (dagegen) |
|---|---|---|
| die Hand geben | *freundliche Stimmung (Noah), ...* | ... |
| Schulhof-Ordner | ... | ... |
| Mensa-Lotsen | ... | ... |

b Fallen euch noch weitere Begründungen ein? Ergänzt sie in der Tabelle.

**6** Stellt euch vor, ihr könntet einen der drei Vorschläge für eure Schule auswählen.

a Einigt euch in der Kleingruppe auf einen der Vorschläge. Diskutiert dann gemeinsam mit Hilfe der Begründungen aus Aufgabe 5. Achtet auf ein faires Gesprächsverhalten und versucht, aufeinander einzugehen. Knüpft dazu an den Beitrag eures Vorredners an. Begründet auch eure Meinung:
- *Ich gebe dir recht, dass ...*
- *Da bin ich anderer Meinung, weil ...*
- *Ich finde, dass ...*

b Überlegt gemeinsam, wie die Diskussion abgelaufen ist: Wurden die Diskussionsregeln eingehalten? Gebt euch gegenseitig Rückmeldung.

c Fallen euch weitere Vorschläge zur Verbesserung des Schulklimas ein? Schreibt sie auf.

**Information** **Argumentieren**

Beim Argumentieren versucht man, seine Meinung überzeugend zu begründen. Man äußert eine **Behauptung,** die man durch **Begründungen** stützt und durch **Beispiele oder Belege** veranschaulicht bzw. erklärt, z. B.:
- **Behauptung:** *Zum Schulbeginn am Morgen sollte man sich die Hand geben.*
- **Begründung:** *..., weil es eine freundliche Stimmung schafft.*
- **Beispiel:** *Ist jemand neu in der Klasse, fühlt er sich gleich aufgenommen.*

**Tipp:** Begründungen könnt ihr mit den folgenden Konjunktionen einleiten: *da, weil, denn.*

# Benimmkurs als Schulfach? – Eine Pro-und-Kontra-Diskussion führen

Die Schülerinnen und Schüler fit zu machen für das Leben ist unsere Aufgabe. Dazu gehören auch ein höflicher Umgangston und angemessene Umgangsformen. Durch höfliches Auftreten wird man z. B. von anderen positiv wahrgenommen. *(Herr Mayer, Lehrer)*

Ich finde es nicht gut, einen Benimmkurs an der Schule einzuführen. Es ist die Aufgabe der Eltern, die Kinder zu erziehen. Und wenn die Schüler ohnehin keine Lust auf einen zusätzlichen Kurs haben, was sollte er dann bewirken? *(Doris Schmitt, Mitglied des Elternbeirats)*

Wenn es einen Benimmkurs an unserer Schule gibt, müssen wir bestimmt noch für ein weiteres Fach lernen. Aber mir bleibt jetzt schon am Nachmittag wenig Zeit für meine Freunde und meine Hobbys. Deshalb bin ich gegen einen Benimmkurs als Unterrichtsfach. *(Katharina, 13 Jahre)*

Ich habe an meiner alten Schule an einem solchen Benimmkurs teilgenommen. Ich bin der Meinung, dass sich der Kurs positiv auf das Schulklima ausgewirkt hat. *(Tim, 13 Jahre)*

**1**
- a Lest die oben stehenden Argumente zum Thema „Benimmkurs".
- b Wer ist für, wer ist gegen den Benimmkurs? Ordnet die Aussagen zu.
- c Welchem Argument könnt ihr euch anschließen? Begründet.

**2** An manchen Schulen wird in Klasse 7 nach dem Unterricht ein „Benimmkurs" angeboten. Wäre das auch für eure Schule sinnvoll? Wählt a, b oder c. Vergleicht anschließend eure Ergebnisse.

●●● a Sammelt Pro- und Kontra-Argumente, die die Vor- und Nachteile aus der Sicht der Schülerinnen und Schüler, der Lehrkräfte und Eltern berücksichtigen. Legt dazu eine Tabelle in eurem Heft an:

| | **Vorteile (Pro)** | **Nachteile (Kontra)** |
|---|---|---|
| ... für die einzelne Schülerin / den einzelnen Schüler | ... | ... |
| ... für die Lehrkräfte | ... | ... |
| ... für die Eltern | ... | ... |

●●○ b Ordnet die Argumente unten in die passenden Spalten der Tabelle von Aufgabe a ein und ergänzt eigene Argumente.

können gutes Benehmen in verschiedenen Situationen lernen • zeitliche Zusatzbelastung • fürs Leben lernen • Experten von außen können Umgangsformen besser vermitteln • höflicher Umgang untereinander • respektvoller Umgang wird selbstverständlicher • bessere Unterrichtsatmosphäre • Aufgabe der Eltern, nicht der Schule • sicheres Auftreten bei Bewerbungen • klare Regeln, die für alle gelten

●○○ c Übertragt die Tabelle von Aufgabe a in euer Heft. Ordnet die Argumente oben in die passenden Spalten ein.

**3** Soll es an unserer Schule für alle 7. Klassen einen Benimmkurs am Nachmittag geben? Bereitet in Gruppen eine Pro-und-Kontra-Diskussion zu der Frage vor.

a Bildet zwei Gruppen: Die eine vertritt die Pro-Seite, die andere die Kontra-Seite.

b Erstellt **Argumentkarten** für eure Diskussion:
- Notiert eine Behauptung zu eurer Meinung.
- Ergänzt eine überzeugende Begründung, die eure Behauptung stützt.
- Sucht anschauliche Beispiele für eure Begründungen.

*Argumentkarte*
*1. Behauptung:*
*Ein Benimmkurs an der Schule ist sinnvoll, ...*
*2. Begründung:*
*... weil wir dort wichtige Verhaltensregeln für die Zukunft lernen, ...*
*3. Beispiel:*
*... z. B.: jemandem die Tür zu öffnen.*

**4** Bereitet euch gut auf die Gegenseite vor: Wenn ihr einen möglichen Einwand der anderen Seite vorwegnehmt und entkräftet, nehmt ihr euren „Gegnern" sozusagen den Wind aus den Segeln.

a Überlegt, welche Einwände die andere Seite nennen könnte und schreibt sie auf.

b Notiert neben jeden Einwand, wie man ihn entkräften könnte, z. B.:
*Es stimmt schon, dass man bereits ohne den zusätzlichen Kurs wenig Freizeit hat. Allerdings ...*

**5** Bereitet für die Diskussion einen kurzen Eingangsvortrag (Statement) zu eurer Meinung vor: Notiert eure Meinung und ein Argument. Bestimmt in eurer Gruppe eine Sprecherin / einen Sprecher.

**6** Ein Benimmkurs an unserer Schule? Führt in der Klasse eine Pro-und-Kontra-Diskussion durch:

a Verteilt die Rollen: Diskussionsleitung, Pro-Gruppe, Kontra-Gruppe und Beobachter.

b Führt nun mit Hilfe des Merkkastens unten die Diskussion durch.

c Wertet die Diskussion gemeinsam aus: Welche Argumente haben euch mehr überzeugt? Entscheidet euch als Klasse für einen gemeinsamen Standpunkt zum Benimmkurs.

**Information** **Eine Pro-und-Kontra-Diskussion führen**

Die Sprecher der **Pro-** und der **Kontra-Gruppe** tragen nacheinander ihren kurzen Eingangsvortrag (Statement) vor. Danach beteiligen sich alle an der Diskussion.
**Diskussionsleitung:** eröffnet die Diskussion, erteilt den Sprechern der Statements das Wort, leitet und beendet die Diskussion.
**Beobachter:** notieren während der Diskussion, was ihnen auffällt, z. B.:
- Meinung gut begründet?
- Auf andere eingegangen?
- Bei der Sache geblieben?
- Gesprächsregeln eingehalten?

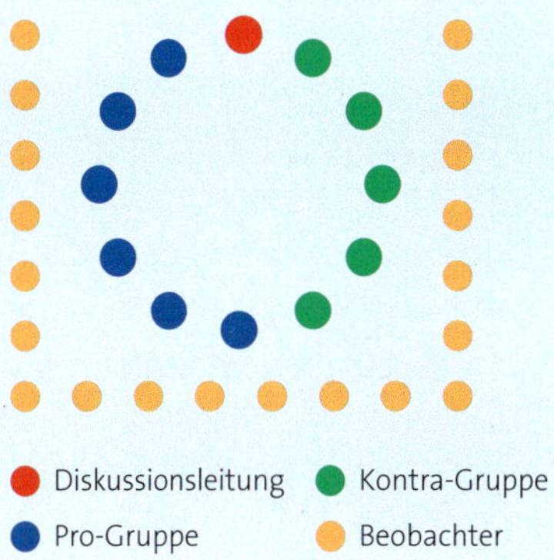

# Eine Kultur des Beleidigens? – Einen Leserbrief schreiben

## „Das war nicht schlecht, das war richtig gruselig!“

**16. September**
*Von oneworld2share*

Jury und Kandidat in der 3. Staffel der Castingshow „DSDS“ (2005)

Mit dem Respekt voreinander geht es anscheinend bergab. Manchmal habe ich das Gefühl, dass jeder nur darauf aus ist, den anderen als Idioten dastehen zu lassen. Auch bei uns an der Schule passiert es immer wieder, dass Mitschüler peinliche Situationen im Sport oder auf dem Schulhof fotografieren oder filmen. Dann stellen sie die Aufnahmen mit verletzenden Kommentaren ins Netz. Selbst die Lehrer sind manchmal Zielscheibe solcher Aktionen.

Wundern müsste ich mich eigentlich nicht darüber. Die Medien liefern uns schließlich genügend schlechte Vorbilder. Dieter Bohlen steht mit seinen fiesen Sprüchen zum Beispiel als Held da. Er hat bei „Deutschland sucht den Superstar“ schon Hunderte Nachwuchsmusiker vor aller Welt lächerlich gemacht. Bei einem Kandidaten ging er sogar so weit, dass der einen Nervenzusammenbruch erlitt.

Das Fernsehen ist voll von Sendungen, in denen Beleidigungen und Respektlosigkeit völlig normal sind und als tolle Show verkauft werden. Wenn Journalisten die Fernsehmacher deswegen kritisieren, tun diese ganz unschuldig. Die Teilnahme sei ja freiwillig und die Zuschauer wollten solche Unterhaltungsshows sehen. Außerdem helfe den wirklich Guten eine originelle Kritik. Bohlen behauptet sogar, dass eine solche Show junge Menschen auf die harten Realitäten des Showbusiness vorbereiten würde.

Das ist aber nicht der Fall: Erst kürzlich habe ich im Internet eine Studie entdeckt, in der ca. 1 200 junge Zuschauer von „Deutschland sucht den Superstar“ befragt wurden. Das Ergebnis: Obwohl die Jugendlichen denken, dass Tugenden wie Disziplin, Üben oder Kritik annehmen eine wichtige Rolle im Leben spielen, finden sie die blöden Sprüche von den Jurymitgliedern eher nervig.

Aber in Wirklichkeit geht es den Sendern nur um die Quote. Sie spielen mit den Träumen Zehntausender Jugendlicher, die auf ein Leben als Star hoffen. Aber die Fernsehmacher verschweigen, dass solche Träume in der Realität praktisch nie in Erfüllung gehen. Wer kann sich noch an den ersten Gewinner von „DSDS“ erinnern? Echte Stars werden woanders gemacht.

Am wenigsten verstehe ich, dass praktisch alle in unserer Schule sich diese Shows ansehen. Vielleicht liegt es daran, dass wir Jugendlichen von der Welt nicht wirklich ernst genommen werden. Und deshalb fühlen wir uns besser, wenn wir dabei zusehen können, wie sich jemand zum Affen macht. Stattdessen sollten wir aber denjenigen Respekt erweisen, die selbst aktiv werden. Jeder Versuch kann schließlich schiefgehen. Aber es ist mutiger, etwas auszuprobieren, als nur zuzusehen und zu grinsen, wenn dann etwas nicht klappt.

**Kommentare:**

**1. Die Leute haben selbst Schuld** (fabi2000, 17.09., 16:53)
Ich finde es richtig, dass die Jury schlechte Kandidaten hart rannimmt. Denn wenn Leute ihre Fähigkeiten überschätzen, haben sie deutliche Kritik verdient. Sie werden doch nicht gezwungen, bei „DSDS“ aufzutreten. Das Ganze ist meiner Meinung nach doch sowieso nur eine Show und das wissen auch die Kandidaten und die Zuschauer. Außerdem muss man im späteren Leben Kritik einstecken können. **[Weiterlesen ...]**

**2. Super Beitrag** (XoliX, 17.09., 17:15)
Ich bin der Meinung von oneworld2share. Wir haben uns an diese Kultur des Beleidigens gewöhnt. Von mir aus müsste es Sendungen wie „DSDS“ nicht geben, weil viele Leute sich dort die Respektlosigkeit abgucken. Sie glauben, es sei cool, sich wie Bohlen zu verhalten. Zum Glück gibt es auch andere Castingshows, zum Beispiel „The Voice of Germany“. Dort funktioniert eine Musikshow ohne dämliche Sprüche. Sie gehen mit ihren Kandidaten respektvoll um und fahren super Quoten ein. **[Weiterlesen ...]**

**1** Lest den Artikel „Das war nicht schlecht, das war richtig gruselig!“ aus einem Internet-Forum. Worum geht es in dem Artikel? Welche Frage wird hier diskutiert?

**2** a Wie denkt der Verfasser des Beitrags über Castingshows? Welche Argumente nennt er? Ergänzt folgende Aussage: *Der Verfasser findet Castingshows (nicht) problematisch, weil ...*
b In welchen Bereichen des Alltags mangelt es laut des Verfassers an Respekt? Und welche Beispiele nennt der Verfasser jeweils?

**3** a Lest die beiden Kommentare 1 und 2 oben. Wie äußern sich die Verfasser zum Thema Castingshows?
b Welcher Position könnt ihr euch spontan anschließen?
c Erläutert, wie ihr den Einfluss der Medien auf Respektlosigkeit im Alltag einschätzt.

**4** Ein Internet-Forum ist eine Plattform (Ort) im Internet, auf der Meinungen, Gedanken und Erfahrungen schriftlich ausgetauscht werden. Berichtet von euren Erfahrungen mit solchen Foren.

**5** Nehmt in einem Leserbrief Stellung zu dem Internetartikel „Das war nicht schlecht, das war richtig gruselig!“. Legt zunächst eine Stoffsammlung an.
a Schreibt eure Meinung auf zu der Diskussionsfrage:
„Gefährden Castingshows den respektvollen Umgang miteinander?“
- *Ich bin der Meinung, dass ...*
- *Meiner Ansicht nach ...*

b Sammelt Argumente, die für eure Position sprechen: Behauptungen, Begründungen und Beispiele. Ihr könnt hierzu den Internetartikel und die Kommentare oben aus dem Forum zu Hilfe nehmen.

| Behauptungen | Begründungen | Beispiele |
|---|---|---|
| ... | ... | ... |

**6** Bildet ein Schreibteam mit einer Schülerin oder einem Schüler, die/der eure Meinung vertritt.
a Findet gemeinsam weitere Argumente für eure Position und ergänzt eure Tabelle.
b Teilt euch eure Meinung gegenseitig mit und begründet sie mit Hilfe eurer Argumente.
c Formuliert gemeinsam einen Einwand, der gegen eure Position spricht und entkräftet ihn, z. B.:
*Obwohl ... denken, muss man berücksichtigen, dass ...*

zudem • weil • da • besonders wichtig ist ... • daher • noch wichtiger ist ...

**7** Formuliert für den Schluss eures Leserbriefs einen Appell: Was schlagt ihr vor? Was wünscht ihr euch für die Zukunft? Wozu möchtet ihr andere Leser aufrufen?
*Daher schlage ich vor / wünsche ich mir, dass ...*

Mit einem **Appell** möchte man andere für etwas gewinnen. Appelle findet man unter anderem in der Werbung oder auf Plakaten.

**8** Verfasst euren Leserbrief mit Hilfe eurer Ergebnisse von Aufgabe 5 bis 7. Lest den Merkkasten unten und wählt Aufgabe a, b oder c.
●●● a Schreibt euren Leserbrief mit Hilfe des Musters am Rand. Bedenkt auch die Bestandteile eines Briefs.
●●○ b Verwendet für euren Leserbrief das Muster am Rand. Beginnt so:
*Beitrag „Das war nicht schlecht, das war richtig gruselig!“, Internet-Forum vom 16.09.*
*Liebes Redaktionsteam,*
*ich habe mit Interesse Ihren Artikel über den negativen Einfluss der Medien auf den Umgang miteinander gelesen, in dem das oft respektlose Verhalten in Castingshows thematisiert wird. Meiner Meinung nach ...*
●○○ c Verfasst euren Leserbrief mit Hilfe des Musters am Rand. Beginnt mit der Einleitung oben. Ergänzt dann die folgenden Sätze.

**Einleitung**
Anlass des Leserbriefs
Meinung
**Hauptteil**
Argumente (Behauptungen, Begründungen, Beispiele)
Einwand entkräften
**Schluss**
Zusammenfassung
Appell

Ein Argument für/gegen ... ist, dass ... • Das ist besonders wichtig, weil ... • Aus diesen Gründen denke ich, ... • Ich wünsche mir, dass ... • Mit freundlichen Grüßen

**9** Überarbeitet eure Leserbriefe jetzt in Vierergruppen. Nutzt dazu die Textlupe (▶ S. 318):
– Ist die Meinung klar formuliert? Überzeugen die Argumente und Beispiele?
– Sind die Teile der Argumentation sprachlich gut verknüpft?

**Information** **In einem Leserbrief Stellung nehmen**

In einem Leserbrief nehmt ihr persönlich Stellung zu einem Thema oder einem Artikel aus einer Zeitung, Zeitschrift oder einem Internetbeitrag.
- **Einleitung:** Hier nennt ihr kurz den Anlass eures Leserbriefs. Dann formuliert ihr eure Meinung zum Thema.
- **Hauptteil:** Ihr begründet eure Meinung mit Argumenten: Äußert Behauptungen und stützt sie mit Begründungen und Beispielen. Verknüpft eure einzelnen Argumente gut miteinander. So entsteht eine Argumentationskette und eure Meinung wird nachvollziehbar.
- **Schluss:** Fasst euren Standpunkt noch einmal gut zusammen und formuliert einen Appell.

# Testet euch!

## Argumentieren und Stellung nehmen

**1** a Bestimmt bei jeder Aussage, ob sie eine Meinung (M), eine Behauptung (BEH), eine Begründung (BEG) oder ein Beispiel (BEI) ist. Schreibt die Ziffern der Aussagen in euer Heft und notiert daneben: **M** für Meinung, **BEH** für Behauptung, **BEG** für Begründung oder **BEI** für Beispiel.

**1** Ein Schulvertrag sorgt für ein besseres Schulklima und stärkt die Schulgemeinschaft.
**2** Ich finde, dass wir einen Schulvertrag einführen sollten.
**3** Ich habe zum Beispiel mehr Spaß in der Schule, wenn wir freundlicher zueinander sind.
**4** Alle würden sich gegenseitig helfen.
**5** Die Schiller-Realschule hat schon seit zwei Jahren einen Schulvertrag. Eine Schülerin berichtete, dass es seitdem keinen Mobbing-Fall mehr gegeben hätte.
**6** Es würde weniger Streitigkeiten auf dem Schulhof geben.
**7** Schulhof-Ordner würden darauf achten, dass alle respektvoll miteinander umgehen.

b Entwickelt eine Argumentationskette:
Verknüpft dazu die Meinung mit den Argumenten (Behauptungen mit Begründungen und Beispielen) aus dem obigen Kasten miteinander. Verwendet geeignete Verknüpfungswörter.

*Meinung* — *1. Argument* — *2. Argument*

c Überprüft und korrigiert eure Ergebnisse aus den Aufgaben 1a und b in Partnerarbeit.

**2** In der Schülerzeitung wurde ein Artikel abgedruckt, in dem ein Schüler für die Einführung eines Schulvertrags wirbt. Lino hat den Artikel gelesen und will nun an die Redaktion der Schülerzeitung einen Leserbrief schreiben.

a Überarbeitet den Anfang des Leserbriefs, sodass die Anrede und die Einleitung sachlich klingen.

VORSICHT FEHLER!

*Hi, ich bin der Lino!*

*Euren Artikel über den Schulvertrag fand ich echt krass. Ist man da denn echt vertraglich verpflichtet, sich zu benehmen?*
*Also die Idee ist auf alle Fälle klasse, denn Teamgeist ist echt wichtig, so für später.*
*Jetzt möchte ich euch aber mal meine Meinung zu der ganzen Sache sagen.*

b Vergleicht und prüft eure Überarbeitung in Partnerarbeit.

# 2.2 Auf den Ton kommt es an! – Argumente im Streitgespräch

Jacques Couvillon

## Chicken Dance

*Der 11-jährige Don lebt mit seinen Eltern im Städtchen Horse Island, Louisiana, auf einer Farm, die sie unter einer Auflage von einem Onkel geerbt haben: Sie müssen immer mindestens 25 Hühner halten. Dabei hasst Dons Mutter Hühner über alles. Und auch sein Vater ist nur begrenzt begeistert von dem Federvieh. In seiner Klasse ist Don ein Außenseiter und seine Eltern sind auch keine guten Zuhörer.*

„Dick“, sagte sie, „kannst du morgen in Lafayette bei einem Nagelstudio anhalten und mir roten Nagellack mitbringen?“ Mein Vater sah meine Mutter an und machte seine Augen zu, und dann machte er sie weit auf, als sei er überrascht, und sagte: „Ich fahre morgen nicht nach Lafayette. Ich fahre nach Baton Rouge zu einem Kongress[1] über Aluminiumverkleidung, und ich werde auch ein paar Tage dort bleiben müssen.“ „Wann hattest du vor, mir das zu sagen?“, fragte meine Mutter. Mein Vater starrte meine Mutter mit leerem Gesicht an, bis sie brüllte: „Antworte mir, Dick!“

Dann ging *Happy Days*[2] weiter. Ich fragte mich, ob mein Vater sich umdrehen und Fernsehen schauen oder die Regel brechen würde, nie während des Fernsehprogramms zu sprechen, und meiner Mutter antworten würde. Er schaute hin und her, zum Fernseher und zu meiner Mutter, als würde er sich ein Tennismatch ansehen. Nach fast zehn Sekunden antwortete er: „Ich wollte es dir heute Abend sagen. Ich hatte es bloß vergessen.“ „Also nehme ich an, das bedeutet, dass ich mich um diese Mistviecher kümmern muss“, sagte meine Mutter ziemlich laut. „Ja, Liebes“, antwortete mein Vater. „Du wirst die Hühner füttern müssen.“

Die nächsten fünfzehn Minuten lang sagten meine Mutter und mein Vater gar nichts. Ich wusste, dass meine Eltern Krach haben würden, weil meine Mutter die Hühner füttern musste. Sie hatten nämlich immer Krach, wenn meine Mutter die Hühner füttern musste.

Deshalb stand ich von meinem Platz auf, als *Happy Days* zu Ende war, warf meine Aluminiumschale weg, klappte mein Fernsehtablett[3] zusammen und verabschiedete mich in mein Zimmer. Aber bevor ich noch in meinem Zim-

1 der Kongress: Tagung

2 Happy Days: US-amerikanische Fernsehserie (1974-84)

3 das Fernsehtablett: kleiner Tisch, auf dem man vor dem Fernseher essen kann

mer angekommen war, hörte ich meine Mutter schreien: „Ich hasse es hier!" „Still", sagte mein Vater. „Er hört dich doch."
Dann schrie meine Mutter lauter: „Es ist mir egal, ob er mich hört. Man muss sich das mal vorstellen, dass ich den Tanz-Job in Las Vegas aufgegeben habe, um dich zu heiraten und auf einer Hühnerfarm zu enden. Früher war ich Janice Remington, Tänzerin. Jetzt bin ich Janice Schmidt, Hühnerzüchterin. Ich wäre jetzt berühmt, wenn du nicht gewesen wärst."
Meinem Vater gefiel das wohl nicht, denn nun brüllte er: „Du warst keine Tänzerin! Du warst Kellnerin in einem Drive-in[4], in dem dich der Manager hat tanzen lassen, wenn jemand Geburtstag hatte. Ich bin hier derjenige, der auf dem College[5] war und alles hinschmeißen musste und der seinen Anstand unter Beweis gestellt und dich geheiratet hat!"
Ich hörte etwas, das klang, als würde jemand eine Ohrfeige bekommen, und gleich danach eine Hundefutterwerbung und dann den Titelsong von *Laverne and Shirley*[6].
Unmittelbar nach dem Titelsong von *Laverne and Shirley* hörte ich meinen Vater jedenfalls sagen: „Tut mir leid, dass ich so geschrien habe. Aber du weißt genau, dass wir nicht zurück nach Shreveport gehen können." „Warum nicht?", fragte meine Mutter ziemlich laut. „Warum kannst du nicht um deinen alten Job bitten?" „Also," sagte mein Vater, „erstens stellen Betriebe für gewöhnlich keine Leute wieder ein, die sie gefeuert haben; zweitens fangen wir gerade an, aus den Schulden herauszukommen, und können es uns nicht leisten umzuziehen; und drittens könnte ich keinem unserer Freunde gegenübertreten, weil mir alles, was passiert, so peinlich ist."
„Du weißt, dass es deine Schuld ist!", schrie meinte Mutter zurück. „Wenn du mit uns zur Familientanzstunde gegangen wärst, wäre das alles nicht passiert." „Komm schon, Janice!", rief mein Vater. „Es ist meine Schuld, weil ich nicht herumgerannt bin in einem Trikot mit großen Punkten drauf und in hochhackigen Schuhen und dazu gestampft habe wie ein angeschossener Satyr[7]?" „Ein angeschossener Satyr?", brüllte meine Mutter. Und mein Vater schrie zurück: „Ich sag nur, wie's ist!"
Dann hörte ich noch eine Ohrfeige und Schritte, die klangen, als würden sie auf die Küche zugehen. Also öffnete ich meine Tür, trat hinaus auf den Flur und schlich auf Zehenspitzen ins Wohnzimmer. Ich konnte hören, wie Töpfe auf dem Boden landeten und Teller in die Spüle knallten: Das passierte meistens, wenn sie stritten, obwohl wir immer aus den Fertiggerichtschalen aßen und die Töpfe und die Teller nie benutzten. Ich kniete mich hinter ein Bücherregal, und genau in diesem Augenblick hörte ich, wie mein Vater sagte: „Hör zu, es tut mir leid, Janice, aber gib mir nicht die Schuld für das, was passiert ist. Das ist grausam, und ich bin genauso aufgebracht wie du."
Dann hörte es sich an, als fielen hundert Gabeln und Löffel auf den Boden, und meine Mutter ließ so einen echt lauten Schrei los. Dann sagte mein Vater: „Ich verspreche dir, nächstes Jahr, wenn uns das Haus gehört, verkaufen wir es und ziehen in eine andere Stadt. Bis dahin ist es alles, was wir haben. Wenn du also ein bisschen Geduld hast, wird sich das bezahlt machen und ich kann dir das Cabrio kaufen, das du immer haben wolltest." Meine Mutter fing an zu weinen, und mein Vater sagte: „Es wird schon alles, Janice. Das verspreche ich."
Ein paar Minuten lang sprach niemand, und dann fragte mein Vater: „Würdest du dieses Wochenende gern nach New Orleans fahren und dir in einem von diesen schicken Salons die Haare machen lassen?" „Könnten wir in einen Tanzclub gehen?", fragte meine Mutter. „Ja", sagte er. „Wir können in einen Tanzclub gehen." „Oh, danke dir, Dick", sagte meine Mutter. „Das würde ein bisschen von dem Druck abbauen, unter dem ich stehe."

4 der Drive-in: Schnellrestaurant, in dem der Kunde vom Auto aus bestellen kann

5 das College: weiterführende Schule

6 Laverne and Shirley: US-amerikanische Fernsehserie (1976-83)

7 der Satyr: Sagengestalt, halb Bock, halb Mensch

**1** Lest den Textauszug aus dem Roman „Chicken Dance". Was erfahrt ihr über Dons Eltern? Sammelt Informationen über die Mutter und den Vater:

| *Dons Mutter:* | *Dons Vater:* |
| --- | --- |
| *– mag keine Hühner* | *– …* |
| *– war mal Tänzerin* | |
| *– …* | |

**2** Die Situation zwischen Dons Eltern spitzt sich immer mehr zu. Schnell entsteht ein Streit, der auch schnell wieder vorbei ist. Untersucht ihn genauer: Wie verläuft er? Wie wird er gelöst?
*1. Die Familie sitzt beim Abendessen vor dem Fernseher; Die Mutter bittet den Vater um einen Gefallen …*
*2. …*

**3** Untersucht das Diskussionsverhalten der Eltern: Welche Äußerungen fördern die Diskussion, welche blockieren sie? Wählt Aufgabe a, b oder c. Vergleicht anschließend eure Ergebnisse.

●●● **a** Übertragt die Tabelle in euer Heft und ergänzt die Absichten, die jeweils hinter den Aussagen stecken. Findet dann zwei weitere diskussionsfördernde und -blockierende Textstellen und ergänzt sie mit der jeweiligen Absicht in der Tabelle.

**Äußerungen, die …**

| **die Diskussion fördern** | **die Diskussion blockieren** |
| --- | --- |
| *– Jch wollte es dir heute Abend eigentlich sagen. Jch hatte es bloß vergessen. (Z. 22–23; Vater)*<br>*Absicht: Erklärung, Entschuldigung* | *– Wann hattest du vor, mir das zu sagen? (Z. 10–11; Mutter)*<br>*Absicht: …* |
| *– Tut mir leid, dass ich so geschrien habe. (Z. 64; Vater)*<br>*Absicht: …* | *– „Jch bin hier derjenige, … der seinen Anstand unter Beweis gestellt hat und dich geheiratet hat!" (Z. 54–57; Vater)*<br>*Absicht: …* |

●●○ **b** Übertragt die Tabelle oben in euer Heft und ordnet die Absichten im Rand den Textstellen zu. Ergänzt dann zwei weitere Textstellen mit den jeweiligen Absichten.

Vorwurf • Entschuldigung • Beschwichtigung • Versprechen • Wunsch • Erklärung

●○○ **c** Übertragt die Tabelle oben in euer Heft.
Ordnet den Äußerungen passende Absichten aus dem Rand zu.
**Tipp:** Manchmal sagt man etwas und meint damit etwas anderes:
Möchte die Mutter oben wirklich nur eine Uhrzeit erfahren? Sprecht die Äußerungen unterschiedlich betont, sodass die jeweilige Absicht deutlich wird.

**4** Überlegt gemeinsam: Wie könnte das Gespräch verlaufen, wenn sich beide Elternteile an die Gesprächsregeln halten und ihren Konflikt sachlich diskutieren würden?

# Stärken stärken: Stellung nehmen

In dem Jugendbuch „Chicken Dance“ von Jacques Couvillon wird Don häufig Zeuge der Streitgespräche seiner Eltern, in denen Vorwürfe gemacht werden und Geschirr geworfen wird. Seinem Vater ist das unangenehm, er möchte nicht vor seinem Sohn streiten.

Wie ist eure Meinung dazu?
Nehmt Stellung zu der Frage:
Sollen Eltern auf Streit in Anwesenheit ihres Kindes verzichten?

So könnt ihr vorgehen:

**1** Findet ihr es problematisch, wenn Eltern vor ihren Kindern streiten? Notiert eure Meinung.

**2** Sammelt Argumente (Behauptungen, Begründungen und Beispiele) für eure Position. Welche Vor- oder Nachteile kann es für die Kinder haben, wenn sie Auseinandersetzungen der Eltern miterleben?

| Streiten vor Kindern ist ein Problem ... | Streiten vor Kindern ist kein Problem ... |
|---|---|
| – *schlechtes Vorbild* | – *lernen, Konflikte auszutragen* |
| – ... | – ... |

**3** Notiert auch ein Argument, das gegen eure Position spricht. Entkräftet es mit einer passenden Begründung.

**4** Formuliert nun eure Stellungnahme. Leitet eure Argumente sinnvoll ein und verknüpft sie miteinander, sodass sich ein zusammenhängender, überzeugender Text ergibt.

| | |
|---|---|
| **Einleitung:** | *Ich finde ...* |
| **Argumente:** | ... |
| **Einwand entkräften:** | *Es ist zwar richtig, dass ..., aber ...* |
| **Schluss:** | *Streit vor Kindern ist meiner Meinung nach ..., ich würde daher vorschlagen ...* |

▷ Hilfen zu den Aufgaben 1–4 findet ihr auf der nächsten Seite.

**5** Überarbeitet eure Stellungnahmen mit Hilfe der Formulierungsbausteine auf Seite 40.

**6** Lest eure Stellungnahme in der Klasse vor und diskutiert anschließend eure Positionen zu der Frage: Sollen Eltern auf Streit in Anwesenheit ihres Kindes verzichten?

## Hilfe zu Aufgabe 1:

Findet ihr es problematisch, wenn Eltern vor ihren Kindern streiten? Notiert eure Meinung.

- *Ich finde es problematisch, wenn Eltern vor ihren Kindern streiten, weil …*
- *Meiner Ansicht nach ist es nicht schlimm, wenn …, weil …*

## Hilfe zu Aufgabe 2:

Sammelt Argumente (Behauptungen, Begründungen und Beispiele) für eure Position. Welche Vor- oder Nachteile kann es für Kinder haben, wenn sie Auseinandersetzungen der Eltern miterleben?

| Streiten vor Kindern ist ein Problem … | Streiten vor Kindern ist kein Problem … |
|---|---|
| - *Eltern geben ein schlechtes Vorbild ab.*<br>- *Kinder können sich erschrecken, wenn …*<br>- *Es entsteht die Angst, dass sich die Eltern nicht mehr vertragen …*<br>- *Das Kind wird in den Konflikt der Eltern mit hineingezogen.*<br>- … | - *Kinder lernen auf diese Weise, Konflikte anzusprechen und auszutragen.*<br>- *Die Einhaltung der Gesprächsregeln kann ein gutes Vorbild sein.*<br>- *Respektvoller Umgang mit einer anderen Meinung wird eingeübt.*<br>- … |

## Hilfe zu Aufgabe 3:

Notiert auch ein Argument, das gegen eure Position spricht. Entkräftet es mit einer passenden Begründung.

- *Es wird zwar oft behauptet, dass …*
- *Obwohl viele Jugendliche der Meinung sind, dass …*

## Hilfe zu Aufgabe 4:

Formuliert jetzt schriftlich eure Stellungnahme. Leitet eure Meinung und die Argumente (Behauptungen, Begründungen und Beispiele) sprachlich gut ein und verknüpft sie miteinander, sodass sich ein zusammenhängender Text ergibt.

| | |
|---|---|
| **Einleitung:** | - *Meiner Meinung nach sollten Eltern nicht vor ihren Kindern streiten.*<br>- *Ich finde Auseinandersetzungen von Eltern vor ihren Kindern (nicht) problematisch, weil …* |
| **Argumente:** (Behauptungen, Begründungen und Beispiele) | - *Zunächst …*<br>- *Außerdem spielt eine Rolle, dass …*<br>- *Hinzu kommt folgender Punkt: …*<br>- *Besonders wichtig ist, dass …* |
| **Einwand entkräften:** | - *Es ist zwar richtig, dass …, aber aus meiner Sicht …*<br>- *Viele meinen vielleicht, dass …* |
| **Schluss:** | - *Streit vor Kindern ist meiner Meinung nach …*<br>- *Ich würde daher vorschlagen …* |

**5** Überarbeitet eure Stellungnahme mit Hilfe der Formulierungsbausteine auf Seite 40.

# 2.3 Fit in ...? – Einen Leserbrief schreiben

Stellt euch vor, ihr bekommt in der nächsten Klassenarbeit folgende Aufgabenstellung:

Auf Klassenfahrten kommt es immer wieder zu Zwischenfällen, die den Ablauf und die Atmosphäre der Reise stören. Daher soll in die Hausordnung eurer Schule eine gesonderte Seite zu Verhaltensregeln auf Ausflügen und Klassenfahrten aufgenommen werden.
Der Entwurf der Schulleitung wurde in der Schülerzeitung abgedruckt.
Schreibe einen Leserbrief an die Schülerzeitung. Nimm dabei Stellung zu einzelnen Regeln: Stimme ihnen zu, lehne sie ab oder schlage einen Kompromiss vor.

### NEUE REGELN FÜR DAS VERHALTEN AUF KLASSENFAHRTEN

Um Konflikten vorzubeugen und das Klima auf Klassenfahrten und Ausflügen freundlich zu gestalten, wollen wir neue Regeln in unsere Schulordnung aufnehmen.

**A. Für alle sind höfliche und gute Umgangsformen selbstverständlich:**

1. Alle Schüler/-innen sind verpflichtet, pünktlich am vereinbarten Treffpunkt zu erscheinen.
2. Bei der ersten Begegnung am Tag grüßen sich sowohl die Schüler/-innen gegenseitig als auch die Lehrer/-innen freundlich.
3. MP3-Player, Handys und andere Unterhaltungsmedien dürfen während der gemeinsamen Unternehmungen nicht benutzt werden.

**B. Jeder verhält sich anderen gegenüber tolerant, respektvoll, rücksichtsvoll und friedlich:**

4. Wir behandeln uns mit Respekt. Niemand darf herabsetzende oder beleidigende Bemerkungen über das Verhalten, das Aussehen oder die Kleidung anderer machen.
5. Jede Form von Gewalt ist untersagt. Meinungsverschiedenheiten sollen sachlich und fair gelöst werden.
6. Jede Art von unnötigem Lärm ist zu vermeiden. Dies schließt bei Ausflügen insbesondere die Einhaltung der Nachtruhe ein. Lautes Lachen und Kreischen sind untersagt.

## Die Aufgabenstellung richtig verstehen

**1** Lest die Aufgabenstellung gründlich. Erklärt euch gegenseitig, was ihr bei eurem Leserbrief beachten müsst. Beantwortet hierzu die folgenden Fragen:
- Zu welchem Thema sollt ihr eure Meinung äußern?
- Zu wie vielen Einzelregeln sollt ihr Stellung nehmen?
- Wie drückt ihr Zustimmung, Ablehnung oder einen Kompromiss bezüglich einer Regel aus?

## Ideen sammeln (Stoffsammlung)

**2** a Lest die sechs neuen Regeln zu den Umgangsformen auf Klassenfahrten.
b Entscheidet, welche Regeln ihr für sinnvoll haltet und welche nicht. Fertigt im Heft eine Tabelle an.

| Regeln, die ich sinnvoll finde | Regeln, die ich nicht sinnvoll finde |
| --- | --- |
| *1. pünktlich am vereinbarten Treffpunkt zu erscheinen* | *3. MP3-Player, Handy und andere …* |

**3** Bereitet eure Stellungnahme vor. Wählt dazu Aufgabe a, b oder c.

●●● a Entscheidet euch für drei Regeln, zu denen ihr Stellung nehmt. Markiert sie in eurer Tabelle. Formuliert im Anschluss zu jeder der drei Regeln eine Argumentationskette mit Beispielen.

●●○ b Markiert in eurer Tabelle die drei Regeln, zu denen ihr Stellung nehmen wollt. Notiert jeweils eure Meinung und begründet sie mit Argumenten: *Ich finde es (nicht) sinnvoll, dass, … weil …*

●○○ c Lest die zwei Meinungsäußerungen unten. Welche Äußerung passt zu welcher Regel? Markiert die passenden Regeln im Heft. Schreibt die Äußerungen dazu und ergänzt Beispiele.

Ich kann verstehen, dass man unnötigen Lärm bei Klassenfahrten vermeiden möchte. Aber ich finde es nicht sinnvoll, Lachen zu verbieten. Denn das Lachen zeigt doch, dass alle Spaß an der Reise haben und die Stimmung gut ist. Das stärkt die Klassengemeinschaft. *(Lea, 8. Klasse)*

Ich wünsche mir auch, dass Meinungsverschiedenheiten gewaltfrei gelöst werden. Denn so fühlen sich alle wohl und niemand muss Angst haben. *(Sinem, 7. Klasse)*

## Den Leserbrief schreiben und überarbeiten

**4** Schreibt nun euren Leserbrief an die Redaktion der Schülerzeitung, in dem ihr Stellung zu den Regeln nehmt.

**5** Überarbeitet eure Leserbriefe in Partnerarbeit. Nutzt dazu die Checkliste unten.

*Liebes Redaktionsteam,*
*vielen Dank für eure Informationen zu neuen Regeln. Die Idee, auch bei Ausflügen für bessere Stimmung zu sorgen, gefällt mir. Aber es werden auch Regeln genannt, die …*

**Checkliste**

### In einem Leserbrief Stellung nehmen

- **Einleitung:** Habt ihr den Anlass genannt, der euch zum Schreiben eures Briefes bewegt? Habt ihr eure Meinung klar formuliert?
- **Hauptteil:** Begründet ihr eure Meinung mit Argumenten? Stützt ihr eure Behauptungen mit Begründungen und Beispielen? Sind eure Argumente sprachlich miteinander verknüpft?
- **Schluss:** Habt ihr eure Position zusammengefasst oder einen Appell formuliert?

**Wörterliste** ► S. 313

| | | | |
| --- | --- | --- | --- |
| Position | Schülersprecherin | Schulhof-Ordner | Sichtweise |
| Auseinandersetzung | störend | Benimmkurs | Argumentation |

# 3 Gegensätze in Indien – Beschreiben und erklären

**1** Auf dem Foto seht ihr eine Straßenszene in Indien. Beschreibt euren Eindruck.

**2** Was wisst ihr bereits über Indien? Tragt eure Kenntnisse zusammen.

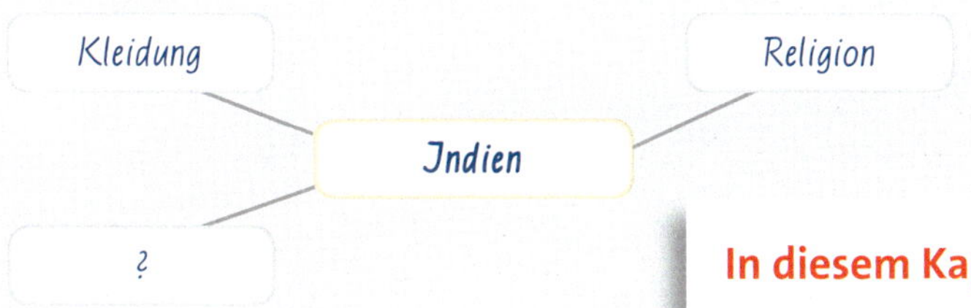


**3** Sammelt Fragen: Was möchtet ihr über das Land Indien und seine Menschen erfahren?

## In diesem Kapitel ...

- beschreibt ihr indische Personen, Gegenstände, Bilder und Kochrezepte,
- legt ihr ein Portfolio mit Informationen über Indien an,
- lest und untersucht ihr Geschichten aus Indien.

# 3.1 Eine spannende Reise – Personen, Bilder und Vorgänge beschreiben

## Ein Portfolio erstellen

### Indien

**Was möchte ich erfahren?**

Bisher weiß ich, dass Indien am Indischen Ozean liegt und dass in dem Land sehr viele Menschen leben. Auch habe ich schon mal gehört, dass Kühe dort heilig sein sollen. Indisches Essen habe ich noch nie probiert, das würde ich jedoch gern.
Es gibt aber noch viel mehr, was ich über Indien erfahren möchte:

Indien
- Speisen/Getränke
- Sehenswürdigkeiten
- Sprachen
- Religion
- Feste
- Schule
- Kleidung

**Mein erstes Rechercheergebnis**

Sprachen in Indien
- In Indien werden über 1600 Sprachen gesprochen. Davon gelten allein 18 als Amtssprachen, d. h., sie sind offizielle Sprachen.
  - Die Sprachen Hindi und Englisch sind am weitesten verbreitet.
  - Sanskrit hat eine besondere Bedeutung, ähnlich wie Latein in Europa ist es eine klassische Sprache.

Quellen:
www.planet-wissen.de
www.kinderzeitmaschine.de

**1** Schaut euch die Portfolioseite auf Seite 50 an. Erklärt, wie sie aufgebaut ist.

**2** Legt eine Sammelmappe (ein Portfolio) an, in der ihr eure Materialien zu Indien sammelt. Orientiert euch dabei an den Informationen im Methodenkasten unten.

**3** In einem Portfolio könnt ihr auch eure Lernergebnisse bewerten.

**a** Schaut euch den folgenden Bewertungsbogen an und erklärt, auf welche Weise hier das eigene Lernen und Arbeiten bewertet wird.

| Was ich gelernt habe: | Das beherrsche ich ... ☺ | 😐 | ☹ | Was mir geholfen hat (z. B. Regeln, Tipps): | Üben sollte ich noch: |
|---|---|---|---|---|---|
| *eine Person beschreiben* | | *X* | | ... | *statt „hat" und „ist" treffende Verben verwenden* |
| *einen Vorgang beschreiben* | | *X* | | ... | *wie man ...* |
| ... | | | | ... | ... |

**b** Erstellt für euer Portfolio einen eigenen Bewertungsbogen und füllt ihn nach und nach aus.

**Methode** **Ein Portfolio zusammenstellen**

Ein Portfolio ist eine selbst zusammengestellte Sammelmappe, in der ihr Materialien zu einem Thema, z. B. Beschreibungen rund um Indien, sammelt und einheftet. Diese Mappe wird während einer Unterrichtseinheit nach und nach ergänzt. Euer Portfolio könnte z. B. Folgendes enthalten:

**Inhalt**
- ein ansprechendes Deckblatt, das zum Thema passt
- ein Inhaltsverzeichnis, in dem alle Materialien aufgeführt sind
- selbst geschriebene Texte rund um das Thema (z. B. Beschreibungen von Personen, Bildern oder Vorgängen, die einen Bezug zu Indien haben)
- recherchierte Materialien, die ausgedruckt und ausgeschnitten wurden (z. B. Texte und Bilder aus Zeitungen oder dem Internet); notiert jeweils die korrekte Quellenangabe

**Bewertung**
Außerdem könnt ihr auch eure Lernergebnisse bewerten. Ihr könnt z. B. festhalten,
- was ihr bereits gelernt habt und wie gut ihr das Gelernte beherrscht,
- welche Regeln und Tipps euch geholfen haben und
- was ihr noch üben solltet.

# Menschen in Indien – Personen beschreiben

**1** Betrachtet die Fotos genau. Wie sollte man eine Person am besten beschreiben, damit sich ein anderer diese gut vorstellen kann? Beispiel: *Geschlecht, Alter ...*

**2** a Lest die folgende Beschreibung. Auf welches der beiden Fotos bezieht sie sich?
b Übertragt die Beschreibung in euer Heft und füllt dabei die Lücken mit Wörtern aus dem Wortspeicher unten. Vorsicht: Ihr müsst eine Auswahl treffen!

*Die Frau sitzt am Schreibtisch, vor ihr liegt ein Laptop, an dem sie arbeitet. Sie ist ungefähr zwanzig Jahre alt. Ihr ? Haar fällt ? über die Schulter. Sie hat ein ? Gesicht. Ihre ? Augen sind auf den Laptop gerichtet. Sie ist geschminkt und lächelt ? . Ihre Nase ist ? . Einen starken Akzent setzen die ? gebogenen Augenbrauen. Die Frau trägt eine ? Bluse mit ? Muster, besonders die ? Blütenmotive fallen auf. Der Stoff sieht sehr ? aus und könnte aus Seide sein. Die ? Jeans bildet dazu einen guten Kontrast. Das ? Knie ist angewinkelt, der linke Oberarm stützt sich darauf ab.*
*So wirkt die ? Inderin zugleich ? und ? .*

schmal • klein • füllig • jung • voll • linke • schwungvoll • schlicht • farbenfroh • auffällig • hellrot • edel • einfach • konzentriert • locker • fein • buschig • blau • gerade • schlank • rund • oval • breit • dunkel • leuchtend • freundlich • rot • lang

**3** Untersucht, wie die Beschreibung aufgebaut ist.
Womit beginnt die Beschreibung? In welcher Reihenfolge wird das Aussehen der Frau beschrieben?

**4** Erstellt eine Beschreibung der Frau auf dem rechten Foto (▶ Seite 52). Wählt a, b oder c.

●●● **a** Formuliert einen einleitenden Satz, der auf den Standort der Frau und ihre Tätigkeit eingeht. Beschreibt dann ihr Aussehen in einer nachvollziehbaren Reihenfolge. Erklärt zum Schluss, wie die Frau auf euch wirkt. **Hinweis:** Den orangefarbenen Umhang der Frau nennt man „Sari".

●●○ **b** Ergänzt zuerst die folgende Stoffsammlung. Beginnt die Beschreibung dann mit einem Einleitungssatz (Standort und Tätigkeit der Frau) und achtet auf einen sinnvollen Aufbau.

*Gesamteindruck*
*Geschlecht: ...*
*Alter (geschätzt): etwa*
*Figur: ...*

*Haare und Gesicht*
- *Haarfarbe und Frisur: ...*
- *Gesichtsform: ...*
- *Augen: schwarz*
- *Nase: ...*
- *Mund: ...*

*Wirkung*
*...*

*Besondere Kennzeichen*
- *Mehndi (Körperbemalung)*
- *...*

*Kleidung und Schmuck*
*Kleidungsstil: traditionell*
- *orangefarbener Sari*
- *...*

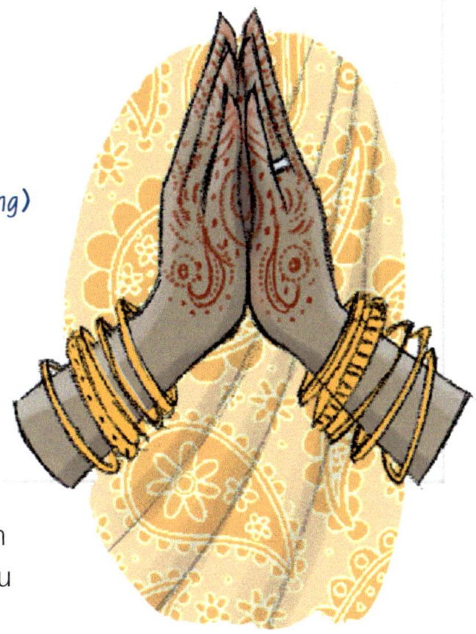

●○○ **c** Bringt die Sätze in eine sinnvolle Reihenfolge. Dabei kann euch die Beschreibung auf Seite 52 helfen. Ergänzt die Sätze dann zu einer vollständigen Personenbeschreibung.

**A** Ihr ... Haar ist in der Mitte ... Sie hat ein ... Gesicht. Ihre Augen sind ...
**B** Die schlanke Frau ist ungefähr ...
**C** Insgesamt wirkt ...
**D** Sie trägt einen orangen Sari mit ... Auch ihr Kopf ist von einem Tuch gleicher Farbe ...
**E** Das Foto zeigt eine junge indische Frau, die bis zu den Oberschenkeln ... und ...
**F** Ihre Handflächen sind zum ...

**5** Überarbeitet eure Beschreibung mit Hilfe der Checkliste auf Seite 66 und nehmt sie in euer Portfolio über Indien auf.

**Methode** **Eine Person beschreiben**

- **Einleitung:** Macht in der Einleitung allgemeine Angaben zur Person (z. B. *Geschlecht, Alter, Nationalität*).
- **Hauptteil:** Beschreibt im Hauptteil das Aussehen der Person in einer geordneten Reihenfolge, z. B. von oben nach unten.
- **Schluss:** Hier könnt ihr beschreiben, wie die Person auf euch wirkt.
- Sucht **aussagekräftige Adjektive,** um die Person zu beschreiben, z. B.: *schlank, tiefschwarz.*
- Verwendet an Stelle der Wörter „ist", „sind", „hat" und „haben" **treffende Verben,** z. B.: *tragen, aussehen, besitzen, aufweisen, wirken.*
- **Vermeidet persönliche Wertungen** wie *schön, süß, lieb* oder *hässlich.*
- Schreibt im **Präsens.**

# Hallo, Rikscha! – Gegenstände beschreiben

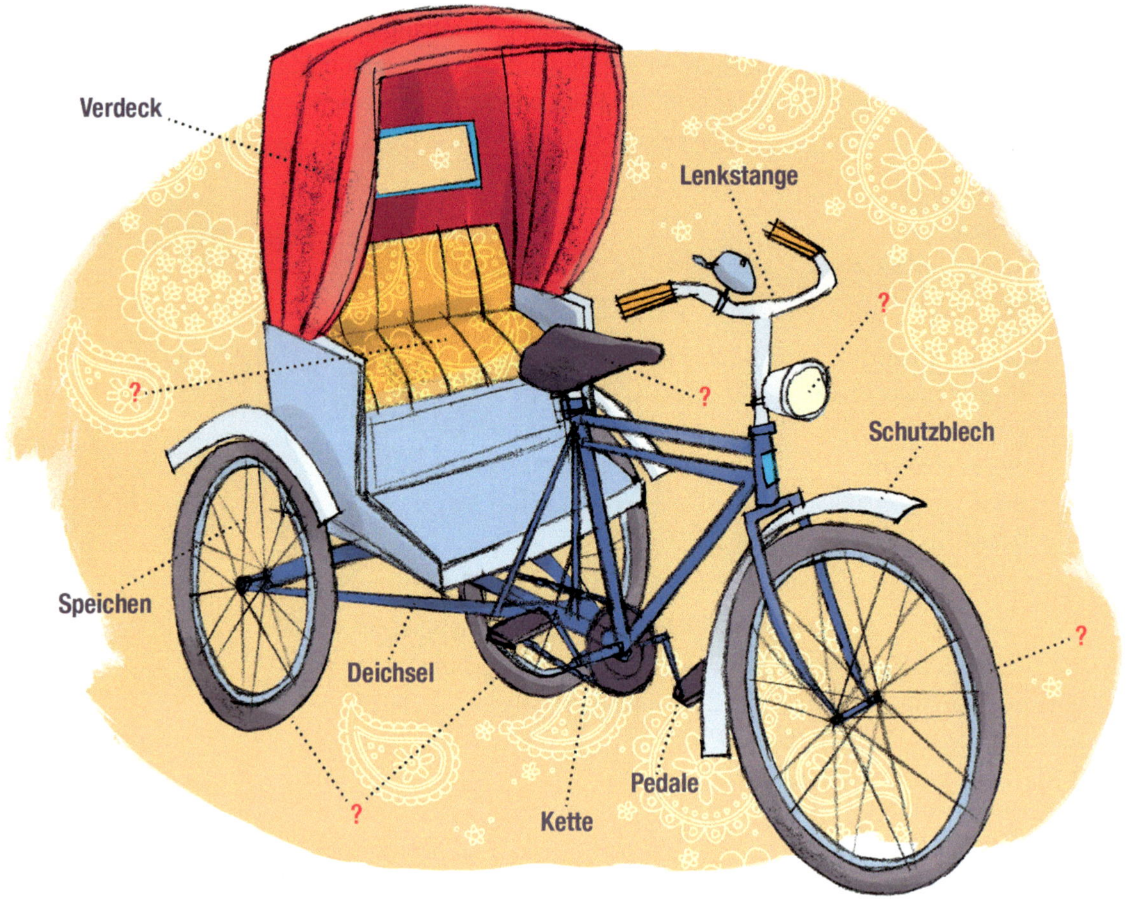


**1** „Rikscha" – was bedeutet dieses Wort? Schlagt in einem Lexikon nach.

**2** Erklärt, was die Fachbegriffe im Bild genau bezeichnen.
Wählt vier Fachbegriffe aus und umschreibt sie in eurem Heft, z. B.:
*Die Schutzbleche verhindern, dass Schmutz von der Straße in Richtung des Fahrers spritzt.*

**3** Beschreibt die Rikscha nun genauer. Geht so vor:

a Übertragt die Tabelle in euer Heft.

b Betrachtet das Bild und ergänzt im Kopf die fünf fehlenden Fachbegriffe. Notiert dann alle Einzelteile der Rikscha in der linken Tabellenspalte.

c Macht euch in der rechten Spalte Notizen zu Aussehen, Material und Funktion, z. B.:

| Einzelteile | Angaben zur Beschreibung |
|---|---|
| *Verdeck* | *rot; Stoff; Regen- und Sonnenschutz* |
| *Schutzblech* | *silbergrau; ...* |

**4** In welcher Reihenfolge wollt ihr die Rikscha beschreiben? Vom Allgemeinen zum Besonderen? Von oben nach unten? Von links nach rechts? Begründet eure Entscheidung.

**5** Verfasst auf der Grundlage eurer Vorarbeiten (▶ Aufgaben 2–4) eine vollständige Beschreibung der Rikscha. Wählt a, b oder c.

●●● **a** Formuliert einen einleitenden Satz. Beschreibt die Rikscha dann im Hauptteil in einer sinnvollen Reihenfolge. Verwendet dabei auch treffende Adjektive und Verben (▶ Tippkasten). Geht zum Schluss auf die Bedeutung der Rikscha in Indien ein. Informiert euch dazu falls nötig im Internet.

> Verwendet an Stelle von „ist", „sind", „hat" und „haben" treffende Verben wie z. B. *bestehen, wirken, sich befinden* oder *aufweisen*.

●●○ **b** Beschreibt die Rikscha mit Hilfe treffender Adjektive möglichst genau. Geht so vor:
- Schreibt in der Einleitung, woran eine Rikscha stark erinnert und wozu sie dient. Das Foto hilft euch dabei.
- Beschreibt die einzelnen Teile der Rikscha. Beginnt mit der vorderen Hälfte.
- Ergänzt den folgenden Schluss: *Die Rikscha nutzen viele Menschen in Indien als günstiges ...*

●○○ **c** Übertragt den folgenden Anfang in euer Heft. Beschreibt die Rikscha dann von vorne nach hinten vollständig. Schreibt im Präsens und verwendet passende Adjektive.

*Eine Rikscha dient der Personenbeförderung und ist eine Art Fahrradtaxi. Die vordere Hälfte der Rikscha entspricht auch tatsächlich der eines Fahrrades: Das Vorderrad ...*

**6** Überarbeitet eure Gegenstandsbeschreibungen mit Hilfe des Methodenkastens unten und heftet sie in eurem Portfolio ab.

**Methode** **Einen Gegenstand beschreiben**

- Nennt in der **Einleitung** den Gegenstand und gebt einen Gesamteindruck wieder.
- Im **Hauptteil** beschreibt ihr den Gegenstand genau. Ihr geht dabei auf alle wichtigen Bestandteile ein, z. B.:
  - Form und Größe
  - Material, Eigenschaften/Farben, besondere Kennzeichen
- Beschreibt in einer **sinnvollen Reihenfolge,** z. B.: von oben nach unten, von links nach rechts ...
- Zum **Schluss** könnt ihr etwas zur Bedeutung des Gegenstands schreiben oder auf den Verwendungszweck eingehen.
- Schreibt im **Präsens.**

# Kunst in Indien – Ein Bild beschreiben

Reiter auf einem Elefanten entführt seine Geliebte, unbekannter Maler, 18. Jahrhundert (Gouache auf Papier)

**1** a Schaut euch das Bild eine Weile in Ruhe an.
b Äußert euch spontan: Was ist euch als Erstes ins Auge gefallen?
c Beschreibt, welche Szene das Bild festhält und welche Stimmung es vermittelt.

**2** Betrachtet das Bild jetzt genauer. Übertragt dazu die Tabelle in euer Heft und ergänzt weitere Beobachtungen.

| Bildinhalte | Meine Beobachtungen |
|---|---|
| Hauptmotiv (Was wird dargestellt?) | *nächtliche Entführung der Geliebten mit deren Einverständnis* |
| Umgebung (z. B. Gebäude, Himmel) | *Nachthimmel, Schlafraum, …* |
| Figuren (z. B. Kleidung, Aussehen) | *Elefant, Diener, prächtige rote Decke, Turban, …* |
| Handlungen/Tätigkeiten | *ausgestreckte Arme, …* |

**3** Untersucht den Bildaufbau. Beschreibt das Bild dafür von vorne nach hinten: Was ist im Vordergrund, d. h. nah am Betrachter des Bildes, zu sehen? Was befindet sich in der Bildmitte? Was ist im Hintergrund zu erkennen?

- *Im Vordergrund steht ein mächtiger, ... Elefant, auf dessen Rücken ...*
- *In der Mitte erhebt sich das palastartige Haus der Geliebten. Man sieht ...*
- *Der Hintergrund wird ganz von einem nachtschwarzen ... ausgefüllt.*

**4** Wichtig bei einer Bildbeschreibung sind genaue Farbbezeichnungen.

a Notiert in Partnerarbeit verschiedene Rot-, Grün-, Gelb- und Blautöne, z. B.:
*rostrot, blutrot, orangerot, hellrot, ...*

b Beschreibt die Farben des Bildes mit Hilfe eurer Farbbezeichnungen.

**5** Fertigt auf der Grundlage eurer Vorarbeiten (▸ Aufgaben 1–4) eine Beschreibung des Bildes an. Wählt a, b oder c.

●●● a Nutzt die folgende Einleitung und setzt die Beschreibung dann selbstständig fort. Beschreibt zum Schluss, wie das Bild insgesamt auf euch wirkt.
*Das hochformatige Bild eines unbekannten Künstlers mit dem Titel „Reiter auf einem Elefanten entführt seine Geliebte“ stammt aus dem 18. Jahrhundert. Die Maltechnik bezeichnet man als „Gouache auf Papier“. Wie der Titel bereits sagt, zeigt das Bild ...*

●●○ b Nutzt die Einleitung aus Aufgabe a und führt die Beschreibung selbstständig fort. Der Tippkasten rechts hilft euch bei der Formulierung. Beschreibt zum Schluss, wie das Bild insgesamt auf euch wirkt.

●○○ c Nutzt die Einleitung aus Aufgabe a und die Verben aus dem Tippkasten. Beschreibt das Bild dann beginnend mit dem Vordergrund. Greift für den Schluss auf diese Formulierung zurück:
*Durch die Farbtöne wirkt das Bild ruhig und friedlich. Das entspricht auch der Handlung, denn die Geliebte wird nicht geraubt, sondern mit ihrem Einverständnis „entführt“.*

**Treffende Verben:**
abgebildet ist/sind, gezeigt wird/werden, zu sehen ist/sind, umgeben, aussehen, wirken, stellt dar, aufweisen, zu erkennen ist/sind

**6** Überarbeitet eure Beschreibungen mit Hilfe der Textlupe (▸ S. 318) und nehmt sie in euer Portfolio auf.

**Methode** **Ein Bild beschreiben**

- **Einleitung:** Macht mit Hilfe der Informationen, die ihr zu einem Bild erhaltet, Angaben zum Titel, zur Künstlerin oder zum Künstler, zum Erscheinungsjahr, zur Technik (z. B. Aquarell, Öl auf Leinwand) und zum Format des Bildes (Hochformat oder Querformat). Gebt einen allgemeinen Hinweis zum Bildinhalt.
- **Hauptteil:** Geht vom **Gesamteindruck** des Bildes oder vom **Hauptmotiv** aus (was ist abgebildet?). Dann erwähnt ihr die **Einzelheiten.** Geht dabei geordnet vor, ohne zu springen, z. B. von vorne (Vordergrund) über die Mitte (Mittelgrund) nach hinten (Hintergrund). Macht auch genaue Angaben zur Farbgestaltung.
- **Schluss:** Hier könnt ihr beschreiben, wie das Bild insgesamt auf euch wirkt.

Die Bildbeschreibung wird im **Präsens** in einer **sachlichen Sprache** verfasst.

# Ein indisches Dessert – Vorgänge beschreiben

**Indische Mangocreme** für vier Personen

**Zutaten**

| | | |
|---|---|---|
| 4 reife Mangos | 250 ml Kokoscreme | 3 EL Vanillezucker |
| 2 Orangen | 5 TL Puddingpulver Vanille | ¼ TL Zimt |
| 4 EL Zucker | 250 ml Wasser | 200 ml Schlagsahne |

Mango schälen, würfeln > Orangen auspressen > Wasser und Zucker einkochen (mittlere Hitze) > Mango und Orangensaft hinzugeben > weiterkochen (5–10 min) > Zimt zugeben > Puddingpulver, Kokoscreme und Schuss Sahne vermengen > Masse mit Schneebesen zugeben > alles aufkochen > Mangocreme abkühlen > restliche Sahne steif schlagen > vorsichtig unterziehen > Mangocreme auf vier Dessertschalen verteilen

**1** Die indische Küche ist sehr vielfältig. Habt ihr schon mal indisch gegessen? Berichtet.

**2** Kennt ihr Mangocreme? Ein beliebter Nachtisch, der leicht und schnell zubereitet werden kann. Beschreibt die Zubereitung. Geht so vor:

a Formuliert eine ansprechende Überschrift.

b Schreibt einen Einleitungssatz, in dem ihr die nötigen Zutaten nennt, z. B.: *Für die Zubereitung der Mangocreme braucht man …*

c Beschreibt im Hauptteil Schritt für Schritt, wie man bei der Herstellung vorgehen muss. Macht die Abfolge der Arbeitsschritte deutlich und wechselt zwischen Aktiv- und Passivformulierungen, z. B.: *Zuerst werden die Mangos geschält und gewürfelt. Anschließend presst du die Orangen aus.*

d Gebt zum Schluss einen weiterführenden Hinweis, z. B.: *Die Mangocreme lässt sich ideal mit einem Minzblatt oder ein wenig braunem Zucker dekorieren.*

Aktiv: *Du schälst die Orange.*
Passiv: *Die Orange wird geschält.*

zunächst • bevor • dann • als Erstes • danach • anschließend • schließlich • während • als Nächstes • zum Schluss

**3** Sucht für euer Portfolio nach Gewürzen und traditionellen indischen Speisen. Nehmt sie im Portfolio auf.

**Methode** **Einen Vorgang beschreiben**

- **Einleitung:** Nennt die Materialien und Vorbereitungen, z. B.: *Man braucht vier Mangos …*
- **Hauptteil:** Beschreibt den Ablauf des Vorgangs, z. B.: *Zuerst wird die Mango geschält, dann …*
- **Schluss:** Gebt einen weiteren Hinweis, z. B.: *Ein Pfefferminzblatt eignet sich gut als Deko.*
- Verwendet nur **eine Form der Ansprache:** *Man schält …* oder *Du schälst.*
- **Wechselt zwischen Aktiv- und Passivformulierungen,** z. B.: *Die Orange wird ausgepresst. Danach kocht man sie ein.*
- Schreibt im **Präsens** und wählt passende Wörter, die die **Reihenfolge** der einzelnen Schritte deutlich machen, z. B.: *zuerst, dann, zum Schluss.*

# Testet euch!

## Eine Person beschreiben

In einer Personenbeschreibung ...

**O** soll man die Person in einer geordneten Reihenfolge (z. B. von oben nach unten) beschreiben.
**R** muss man das Aussehen der Person persönlich bewerten.
**E** soll man möglichst wenig Adjektive verwenden.
**N** soll man das Präsens verwenden.
**A** soll man genaue Angaben machen.
**P** kann man verschiedene Zeitformen einsetzen, je nachdem, ob die Person noch lebt oder nicht.
**L** gebraucht man möglichst oft die Verben „haben“ und „sein“.
**M** macht man auch allgemeine Angaben zur Person (z. B. Alter, Geschlecht).
**G** nennt man auch die besonderen Merkmale einer Person, z. B. Tätowierungen, Piercing.

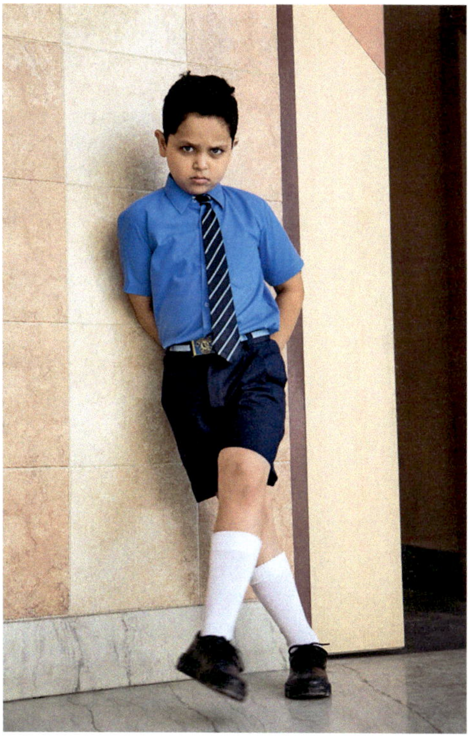

**1** Nicht alle Aussagen in dieser Checkliste zur Personenbeschreibung sind richtig. Schreibt die Buchstaben der richtigen Aussagen in euer Heft. Richtig zusammengesetzt ergeben sie ein Lösungswort. Auf Seite 321 könnt ihr es prüfen.

**2** Seht euch den Jungen auf dem Foto genau an. Entscheidet dann, zu welchem Teil der Personenbeschreibung (Einleitung – Hauptteil – Schluss) die folgenden Sätze gehören:
- *Zu seinen schwarzen Lederschuhen trägt er weiße Strümpfe.*
- *Sein Gesichtsausdruck lässt vermuten, dass er mit etwas unzufrieden ist.*
- *Das Foto zeigt einen indischen Jungen in seiner Schuluniform.*
- *Sein Alter schätze ich auf etwa zwölf Jahre.*

**3** Die folgenden Sätze aus einer Beschreibung des Jungen sind noch nicht gelungen.
**a** Benennt die Punkte, die nicht gelungen sind.
**b** Überarbeitet die Sätze und schreibt die verbesserte Fassung in euer Heft.

VORSICHT FEHLER!

*Sein Alter schätze ich auf ungefähr zwölf Jahre. Er ist etwas kleiner als ich. Er hat kurze schwarze Haare. Er hat ein ovales, schmales Gesicht. Er hat dunkle, mandelförmige Augen. Er hat eine kleine Nase und volle Lippen. Sein Kinn ist eher eckig. Er trägt ein Hemd ...*

# 3.2 Verliebt in Indien – Literarische Beschreibungen

Kashmira Sheth

## Schwarzer Vogel, süße Mango

*Die 16-jährige Jeeta lebt mit ihren Eltern und vier Geschwistern in Bombay[1]. Jeetas Mutter möchte ihre Töchter gut verheiratet wissen, doch Jeeta hat ganz eigene Vorstellungen. Sie will nicht heiraten und schon gar nicht jemanden, den ihre Mutter für sie ausgesucht hat.*

„Jeeta, genug getrödelt. Beeil dich! Wenn du nicht sofort rauskommst, musst du die nächsten zwei Stunden da drinbleiben.“ Jedes Mal wenn ein möglicher Bräutigam kam, um Nimita, meine einundzwanzig Jahre alte Schwester, zu begutachten, schickte Mami Mohini, meine andere Schwester, und mich so lange aus dem Haus. Wir sollten ein bisschen in den Straßen von Bombay herumspazieren. Das sei nötig, behauptete sie, damit Nimita und der junge Mann Zeit alleine miteinander verbringen konnten. Klar – so alleine wie Bienen in einem Bienenkorb. Der Typ erschien normalerweise mit drei oder vier seiner Verwandten, was machte es da schon, wenn Mohini und ich auch dabei waren? Aber vielleicht hatte es ja damit zu tun, dass Mohini neunzehn war und ich sechzehn und so viele Mädchen auf einmal den armen Jungen wohl völlig verwirren würden.

„Arme Nimita! Ich weiß nicht, wie sie das durchsteht – siebzehnmal dieselbe Prozedur!“ Schon seit Jahren suchte meine Mutter zusammen mit Vaters Schwester, meiner Foi, nach einem passenden Ehemann für Nimita. Inzwischen war meine Mutter völlig verzweifelt. Nimita hatte zwar ein College[2] für junge Frauen besucht und einen Abschluss in Hauswirt-

1 Bombay: Die Stadt heißt seit 1996 Mumbai

2 College: weiterführende Schule

schaft gemacht, aber sie sah schlecht mit ihren graugrünen Augen und bei schwacher Beleuchtung war sie so gut wie blind.

„Wenn ich Nimita wäre, würde ich Papa sagen, er soll diese Ehemännerparade abbrechen“, sagte ich. „Du schon, aber Nimita ist nicht du. Ich weiß nicht, was ich an ihrer Stelle tun würde. Es wäre schön, wenn mir gleich der Erste oder Zweite, der mir vorgestellt wird, gefiele und ich ihm.“ „Du“, sagte ich und schnipste mit den Fingern, „du bekommst ein chut mangani, putt shadi – eine schnelle Verlobung und eine noch schnellere Hochzeit.“ „Meinst du?“ „Du bist nicht nur klug, du bist auch hübsch und hast eine helle Haut. Du brauchst dir doch wirklich keine Sorgen zu machen.“ „Aber du?“ „Natürlich. Alle Jungen wollen doch eine hübsche Frau mit perfekten Zähnen, die fünf Zentimeter kleiner und drei Jahre jünger ist als sie und aus einer reichen Familie kommt und einen weißen oder wenigstens einen hellen Teint[3] hat.“ „Das stimmt doch gar nicht!“ „Ach nein? Dann zeig mir einen Jungen, einen einzigen, der nicht das perfekte Mädchen sucht. Erinnerst du dich noch an das Mädchen von nebenan? Drei Jungen haben sie abgelehnt, weil ihre Zähne ein klein bisschen schief waren.“ „Jeeta, glaubst du das wirklich?“ „Und ob. Und komm mir nicht damit, dass du das nicht glaubst.“ Sie lächelte. „Du wirst jeden Jungen einwickeln.“ „Kann sein, aber das müsste dann schon ein ganz besonderer Typ sein, wenn er sich nicht an meiner Zimthaut stört.“

Wieso eigentlich müssen Mädchen immer vollkommen sein? Ein Junge konnte dunkle Haut haben und trotzdem gut aussehen – warum galt ein Mädchen mit dunkler Haut nicht als schön?

*Purnima, Jeetas Mutter, gelingt es, einen weiteren möglichen Ehemann für ihre älteste Tochter Nimita zu finden. Er heißt Girish Mehta und ist in einem Waisenhaus in Bombay aufgewachsen.*

Girish Mehta kam, um Nimita vorgestellt zu werden, und Mohini und ich schafften es, einen kurzen Blick auf ihn zu erhaschen, als er gerade den Garten unseres Wohnblocks betrat. Anders als die übrigen Bewerber konnte er nicht mit seinen Eltern erscheinen, aber er brachte auch keinen Onkel oder Freund mit, nicht einmal den Direktor des Waisenhauses. Er war ein mutiger Mann. Am nächsten Abend führte Girish Nimita zwei Stunden lang aus, und als sie zurückkamen, redete er lange mit meinen Eltern. Danach durften auch wir ihn kennen lernen. Er hatte ein spitzes Kinn und große, offene Augen, die ihn so aussehen ließen, als suchte er etwas.

Bevor Girish ging, brachte Mami etwas braunen Zucker, und wir aßen jeder ein Stückchen davon. Das hieß, dass alles beschlossen war. Meine Eltern würden am nächsten Tag in einer kleinen Zeremonie die Verlobung bekannt geben. Um Girish Respekt zu erweisen, nannte Mami ihn nun Girishji, und wir anderen taten es ihr nach.

Später lag ich noch lange wach und dachte über das Heiraten nach. Es war alles so anders als in den vielen Bollywood-Filmen[4], die wir uns angeschaut hatten. Da verliebten sich junge Leute, sangen Lieder, tanzten, und ganz gleich, was sonst noch passierte, am Ende heirateten der Held und die Heldin. Wo würde in Nimitas Ehe die Liebe sein? Vielleicht gab es im Alltag ja keine Liebe. Vielleicht flüsterte die Liebe nur in den Herzen von Dichtern, Schauspielern und Musikern. Und dann kam mir ein schrecklicher Gedanke: Wenn Girishji Nimita nun niemals lieben würde?

---

3 Teint: Hautfarbe

4 Bollywood-Filme: zusammengesetzt aus Bombay und Hollywood

**1** Sammelt eure ersten Eindrücke zu dem Text: Was ist euch aufgefallen? Was hat euch erstaunt? Was hat euch gut oder weniger gut gefallen? Was ist euch unklar?

**2** Untersucht Jeetas Gedanken zum Thema Heirat. Beantwortet dazu die folgenden Fragen:
a Wie beurteilt Jeeta die Versuche ihrer Eltern, Nimita zu verheiraten?
b Wie schätzt sie ihre eigenen Heiratschancen ein?
c Wie empfindet Jeeta die hohen Ansprüche an das Aussehen eines Mädchens?

**3** Am Ende des Textausschnitts fallen Jeeta die vielen Bollywood-Filme ein, die sie gesehen hat. Dabei kommt ihr ein schrecklicher Gedanke. Erklärt, warum dieser Gedanken für Jeeta so schrecklich ist.

**4** Stellt euch vor, eure Eltern dürften darüber entscheiden, wen ihr heiratet. Könntet ihr das akzeptieren? Diskutiert.

**5** An einer anderen Stelle im Jugendbuch „Schwarzer Vogel, süße Mango" findet sich die folgende Textstelle. Jeeta ist traurig. Ihre Tante Foi will sie mit diesen Worten trösten:

> „Jeeta, bei deinen strahlenden Augen und deinen langen Wimpern finden wir auf jeden Fall eine gute Partie für dich, trotz deiner dunklen Haut." Es war, als hätte Foi ein Glückshuhn mit tausend Federn gerupft und mir dann nur eine einzige überreicht.

Was will Jeeta mit dem Vergleich zum Ausdruck bringen? Versucht, das sprachliche Bild in euren Worten wiederzugeben.

**Vergleiche** können etwas veranschaulichen: *schön wie ein Bild, stark wie ein Bär.*

**6** Die Autorin beschreibt so, dass wir uns Situationen oder das Aussehen von Figuren gut vorstellen können. Untersucht, welche sprachlichen Mittel sie dafür nutzt. Wählt a, b oder c und vergleicht anschließend eure Ergebnisse.

●●● a Im ersten Absatz des Textes (Seite 60) verwendet die Autorin einen Vergleich. Schreibt den Vergleich heraus und gebt ihn mit eigenen Worten wieder. Erklärt, was die Autorin mit dem Vergleich ausdrücken will.

●●○ b In dem folgenden Satz nutzt die Autorin zwei Wörter, um den Satinrock genau zu beschreiben.

> Zur garba, einem Fest mit Volkstänzen, das zwei Tage vor der Hochzeit stattfand, trug ich einen fast köchellangen, rubinroten Satinrock [...].

Notiert, zu welcher Wortart die beiden Wörter zählen, und erklärt anschließend, aus welchen beiden Wortarten sie sich zusammensetzen. Notiert dann weitere Wortzusammensetzungen dieser Art, z. B.: *kristallklar, zimtbraun, ...*

●○○ c Um Jeetas Rock genau zu beschreiben, verwendet die Autorin einmal das treffende Adjektiv „rubinrot". Erklärt aus welchen beiden Wortarten sich dieses Adjektiv zusammensetzt, z. B.:
*Das Adjektiv „rubinrot" setzt sich zusammen aus dem ? und ?*
Findet selbstständig drei weitere zusammengesetzte Adjektive, z. B.: *messerscharf, ...*

**7** Jeeta lebt mit ihrer Familie in Bombay.
a Schaut im Atlas nach, wo die Stadt, die heute Mumbai genannt wird, liegt.
b Recherchiert im Internet und erstellt einen Steckbrief der Millionenstadt. Heftet die Ergebnisse in eurem Portfolio ab.

# Stärken stärken: Hennapaste selbst herstellen

„Mehndis", mit Henna gemalte Muster, haben einen festen Platz in der indischen Heiratstradition. Hier erfährst du, wie du Hennapaste herstellen kannst, um deine Hände ebenfalls kunstvoll zu schmücken.

**Zutaten**

1 Packung Hennapulver aus der Drogerie (davon werden 3 EL benötigt), 1 Teebeutel Schwarztee, ½ Zitrone, 1 TL Zucker

**Materialien**

eine verschließbare Schüssel, eine Tasse, ein Wasserkocher, ein Teelöffel, ein Esslöffel, ein Schneidebrett, ein Messer, eine Zitronenpresse

**1** Verfasst eine ausführliche Vorgangsbeschreibung zur Herstellung der Hennapaste.
- a Beschreibt jedes Bild in einem vollständigen Satz. Entscheidet euch für eine Anredeform.
- b Formuliert eine Einleitung und beschreibt im Hauptteil Schritt für Schritt, wie ihr vorgeht.
- c Gebt zum Schluss einen weiterführenden Hinweis.

Bleibt bei der einmal gewählten **Anredeform.** Das kann sein:
- der Imperativ: *legt,*
- die 2. Pers. Sing.: *du legst,* oder
- die unpersönliche Form: *man legt.*

### ●○○ Hilfe zu Aufgabe 1 a:

Beschreibt jedes Bild in einem vollständigen Satz. Nutzt die folgenden Stichwörter.
Ihr könnt so beginnen:
*Legt das Schneidebrett auf eine feste Unterlage …*

> Schüssel an einen warmen Ort stellen • Tasse mit Wasser füllen • Zitrone halbieren • Wasser in den Wasserkocher füllen • drei Esslöffel Hennapulver in eine Schüssel geben • die Paste gut vermengen • Schüssel luftdicht verschließen • Schneidebrett auf fester Unterlage • Zitrone auspressen • so lange rühren, bis sich die Zuckerkristalle auflösen

### ●○○ Hilfe zu Aufgabe 1 b:

Formuliert eine Einleitung und beschreibt im Hauptteil Schritt für Schritt, wie ihr vorgeht. Nennt in der Einleitung alle Zutaten und Materialien, z. B.:
*Für die Herstellung der Hennapaste benötigt ihr …*

> Schreibt im **Präsens** und behaltet die von euch gewählte Anredeform bei.

Macht im Hauptteil die Reihenfolge der Arbeitsschritte durch die entsprechenden Satzanfänge deutlich:
*Als Erstes legt ihr euer Schneidebrett auf eine feste Unterlage. Anschließend …*

> zuerst • dann • danach • zuletzt • anschließend • als Nächstes

Achtet darauf, zwischen Aktiv- und Passivsätzen abzuwechseln, dann wird eure Beschreibung nicht eintönig. Beispiel:
*Füllt die Tasse mit Wasser, erst danach wird die Zitrone halbiert.*

### ●○○ Hilfe zu Aufgabe 1 c:

Gebt zum Schluss einen weiterführenden Hinweis, z. B.:
*Fertigt euch am besten vorher eine Schablone an, dann könnt ihr diese gut auf eure Handflächen übertragen und euer Mehndi gelingt garantiert.*

# 3.3 Fit in ...? – Eine Person beschreiben

Die 18-jährige Schülerin Rachel Blaekly aus Mumbai beim Fußballtraining (2014)

**1** In einer Klassenarbeit wurde die Aufgabe gestellt, die oben abgebildete junge Frau zu beschreiben. Tolga hat seine Arbeit mit Anmerkungen der Lehrerin zurückerhalten.
Lest seine Beschreibung, den Infokasten (▶ S. 66) und den Kommentar der Lehrerin am rechten Rand. Überarbeitet dann die markierten Stellen und schreibt den Text verbessert in euer Heft.

**Eine Personenbeschreibung**

*Das Foto zeigt eine junge, vielleicht 18-jährige Inderin in ihrem Fußballtrikot. Sie steht vor einer Betonmauer, die sich möglicherweise am Rand eines Fußballplatzes befindet, und lächelt in die Kamera.*

*Gute Einleitung!*

Die junge Frau trägt ihr Haar im Nacken zu einem Zopf zusammengebunden. Sie hat ein rundes Gesicht. Jhre dunklen, freundlichen Augen lagen eng beieinander. Jhr Blick ist nach vorne gerichtet. Sie hat geschwungene Augenbrauen und eine etwas breitere Nase. Jhre vollen Lippen sind zu einem großen Lächeln geformt, das ihre weißen Zähne zeigt.

*Verwende Adjektive!*
*falsch*
*Präsens!*
*Mehr Abwechslung im Satzbau!*

Jhre Sportkleidung besteht aus Trikot und Shorts. Das Trikot des FC Barcelona ist leuchtend türkisblau gestreift und zeigt auf der Brust den Schriftzug und das Logo der Kinderhilfsorganisation UNICEF und das Vereinslogo. Die schwarzen Shorts reichen ihr bis über das Knie. An den Füßen hat sie weiße Stollenschuhe aus Leder mit zwei dunkelblauen Streifen, darüber Stulpen, ebenfalls in Dunkelblau. Diese haben an den oberen Enden drei weiße Streifen. Die beiden äußeren Streifen sind sehr schmal, der mittlere um einiges breiter.

*Genauer!*
*Verwende treffende Verben!*

Unter ihrem linken Arm hält die Frau einen beigefarbenen Fußball. Jhren rechten Fuß hat sie auf einen Betonklotz gestellt, sodass das Bein stark angewinkelt ist.

*falsch*
*Genauer! falsch*

Mit ihrer lockeren Sportkleidung und ihrem fröhlichen Gesichtsausdruck erscheint die junge Frau sehr sympathisch, selbstbewusst und lebensfroh. Auf mich macht es den Eindruck, als stünde sie mit beiden Beinen im Leben und würde sich mutig und entschlossen für ihre Ziele einsetzen.

*Guter Schluss!*

## Checkliste

### Eine Person beschreiben

- Habt ihr in der **Einleitung** allgemeine Angaben zur Person (z. B. Geschlecht, Alter, Nationalität) gemacht?
- Habt ihr im **Hauptteil** das Aussehen der Person in einer geordneten Reihenfolge, z. B. von oben nach unten, beschrieben?
- Habt ihr im **Schluss** festgehalten, wie die Person auf euch wirkt?
- Habt ihr **aussagekräftige Adjektive** und treffende Verben verwendet?
- Habt ihr im Hauptteil **persönliche Wertungen** wie z. B. *süß*, *lieb* oder *hässlich* vermieden?
- Habt ihr durchgehend das **Präsens** verwendet?

### Wörterliste

▶ S. 313

| | | | |
|---|---|---|---|
| Dessert | Mangocreme | oval | Stupsnase |
| Tradition | Portfolio | Sammelmappe | Rikscha |
| Hochformat | Querformat | Hintergrund | Vordergrund |
| Satinrock | rubinrot | Zeremonie | orangerot |

# 4 Was ist passiert? – Berichten

1 Sammelt Gründe dafür, warum es wichtig ist, sich für die Natur einzusetzen.

2 Habt ihr euch schon einmal für den Naturschutz engagiert? Berichtet darüber.

3 Überlegt gemeinsam: Wo findet man Texte, die über Aktionen rund um den Naturschutz berichten?

**In diesem Kapitel ...**

- berichtet ihr sachlich und genau über Aktionen rund um den Naturschutz,
- verfasst ihr Berichte, die sachlich über Ereignisse informieren,
- überarbeitet ihr einen Bericht über die Schülerinitiative „Plant-for-the-Planet“.

# 4.1 Rund um den Naturschutz – Von Ereignissen berichten

## Aktiv für den Naturschutz – Erzählen und Berichten unterscheiden

### Tatkräftiger Einsatz!

Findet ihr es auch wichtig, sich für den Naturschutz zu engagieren? Kennt ihr den NABU, den Naturschutzbund, in eurer Region? Umweltschutz war bisher nicht wirklich ein Thema für mich, doch als unsere Klasse sich zusammen mit unserer Lehrerin Frau Erhard für ein Naturschutzprojekt des NABU angemeldet hatte, war ich gleich dabei. Endlich nahte der Projekttag!
Wir waren super vorbereitet: Im Biounterricht hatten wir in den letzten Wochen einiges über die Arbeit des NABU erfahren. Wir wussten jetzt auch, wann man am besten Baumsetzlinge pflanzt und wie wichtig es ist, Bäume zurechtzuschneiden, damit sie im nächsten Jahr wieder Früchte tragen.
Mein Rucksack war prallvoll mit Proviant, als ich zu unserem Tag in der freien Natur aufbrach. Frau Bohl und Herr Diehl, zwei ausgebildete Führer des NABU, begleiteten uns. Eben wurden wir noch über das Baumwachstum informiert, schon suchten sie einen Freiwilligen, der als Erster beim Zurechtschneiden helfen sollte. Erwartungsvoll blickte Herr Diehl in die Runde. „Traut sich denn keiner von euch, einen Apfelbaum zu stutzen? Ist eigentlich gar nicht so schwer, wie es aussieht“, ermutigte er uns. Schließlich nahm ich meinen ganzen Mut zusammen und meldete mich. Die an den Baum angelehnte Leiter war ganz schön lang. Frau Bohl reichte mir die Schere. Mutig erklomm ich die ersten Sprossen. Doch, was war das? Knackte da etwa eine Sprosse? Ich ließ mir nichts anmerken und stieg höher. Ganz oben angelangt, war mir mulmig zu Mute. Tapfer schnitt ich jedoch den ersten Zweig ab. „Gut gemacht“, lobte mich Herr Diehl. Angespornt wuchs ich über mich hinaus und entfernte in Windeseile die von Herrn Diehl bezeichneten Äste. Und was soll ich sagen? Die Leiter hielt!
Anika und Jonathan machten es mir nach und beschnitten die restlichen Bäume. Ohne uns eine Pause zu gönnen, setzten wir unsere Arbeit auf der Außenanlage des Schulsportplatzes fort. Hier sollten Bäume gepflanzt werden. Unermüdlich holten wir die kleinen Setzlinge von der Ladefläche des Anhängers und pflanzten sie behutsam in die schon vorbereiteten Setzlöcher ein. Am Ende des Projekttages waren die NABU-Leute und auch Frau Erhard rundum zufrieden mit unserer Arbeit. Wir übrigens auch! Und das, obwohl ich eigentlich gar keinen grünen Daumen habe!

**Schüleraktion mit dem Naturschutzbund**

**Grafenhausen,** 13. 03. 2016 – Gelungene Pflanzaktion des Naturschutzbunds zusammen mit der Lise-Meitner-Realschule

Kurz vor den Osterferien trafen sich Schülerinnen und Schüler einer siebten Klasse mit Mitarbeitern des Naturschutzbunds NABU, Ortsgruppe Grafenhausen, pünktlich um 9:00 Uhr zu einer gemeinsamen Obstbaumbeschneidung und Baumneupflanzung. Begleitet von der Klassenlehrerin Frau Melanie Erhard, die die Klasse im Rahmen der Wahlpflichtfächer „Natur und Technik" auf die Pflege von Lebensräumen vorbereitet hatte, konnten die Schülerinnen und Schüler die Arbeit des Naturschutzbunds vor Ort kennen lernen. Finni Bohl und Klaus Diehl, langjährige Mitarbeiter des NABU, leiteten die jungen Umweltschützer engagiert und sachkundig an und standen für alle Fragen bereit. Als erste praktische Maßnahme vor Ort wurden kleinere Obstbäume fachgerecht beschnitten, sodass die Obsternte im Herbst gesichert sein dürfte. Nach einer stärkenden halbstündigen Pause begab sich die Gruppe zur Außenanlage des Schulsportplatzes, um dort Setzlinge auszubringen. Zuletzt wurden die Weiden an der Schlucht im Gewann Lange Matt zurückgeschnitten.

Alle Teilnehmer der Aktion zeigten sich hochzufrieden mit dem Einsatz. Schule und Naturschutzbund wollen die Kooperation fortführen, ein weiterer Projekttag ist schon in Planung.

**1** Lest die zwei Texte. Welches Thema haben beide Texte?

**2** Untersucht beide Texte genauer: Wie wird das Ereignis jeweils dargestellt? Stellt die Unterschiede in einer Tabelle gegenüber. Berücksichtigt hierbei:
- Sprache
- wörtliche Rede
- Gedanken und Gefühle
- Spannung
- genaue Angaben (Beantwortung der W-Fragen)
- Ausführlichkeit

| **Erzählung: Tatkräftiger Einsatz!** | **Bericht: Schüleraktion mit dem Naturschutzbund** |
| --- | --- |
| *Sprache: ...* | *Sprache: sachlich, nüchtern, informativ* |
| ... | ... |

**3** Überlegt gemeinsam: Welche Absicht hat jemand, der erzählt, welche jemand, der berichtet? Begründet eure Antworten.

**4** Welche Überschrift passt zu welchem Text? Ordnet die nebenstehenden Überschriften den beiden Texten zu. Begründet eure Wahl.

Schüler unterstützen den NABU • Schnipp, schnapp, der Ast ist ab! • Projekt aktiver Umweltschutz. • Ein gutes Gefühl!

**5** Ein Bericht gibt bereits in der Überschrift und in der Einleitung Antworten auf die wichtigsten W-Fragen zu einem Ereignis: Was?, Wann?, Wo?, Wer?
Beantwortet die W-Fragen mit Hilfe des Textes, z. B.:

*Was fand statt? → Die Schüleraktion mit dem Naturschutzbund*
*Wann ..?*

# Aktiv im Wald – Einen Bericht für die Schülerzeitung verfassen

*Nistkastenaktion im Löffinger Stadtwald! Kommt und macht mit!*

**Wer:** **Alle, denen die Natur nicht egal ist**
**Wann:** **Samstag, 15. Oktober, 10 Uhr**
**Wo:** **Realschule Löffingen**

Wir wollen im Stadtwald Nistkästen anbringen, um Vögeln eine Brutstätte zu bieten.

Denkt daran, euch wetterfest anzuziehen!

- Schönes Herbstwetter. Mindestens 15° C. Wir werden also weder schwitzen noch frieren. Ideal für unser Vorhaben!
- Abschluss: Simon und Mona danken allen für ihren Einsatz; wir sind zuversichtlich, dass jetzt jedes Vogelpaar einen Nistplatz findet; wir sind mächtig stolz auf uns.
- Um 10 Uhr sind fast alle schon da; ein paar Nachzügler haben den Bus verpasst. Klar, dass wir auf sie warten; immerhin sind wir 31 Schülerinnen und Schüler aus den Klassenstufen 5–10.
- Gleich nach der Begrüßung geht's mit den Fahrrädern weiter in den Stadtwald.
- Fast alle sind gut ausgerüstet, manche haben sogar Handschuhe und Gummistiefel als Arbeitskleidung.
- Am Nachmittag, gleich nach einer Stunde Vesperpause: Wir finden in einem Nistkasten – muss wohl von einer früheren Aktion stammen – eine Fledermausfamilie; Mann, sind die niedlich!
- Vorsichtiger Umgang mit dem Nistkasten, Fledermäuse nicht aufwecken!
- Nistkästen dienen im Frühjahr den Meisen als Brutstätte.
- Aufsuchen geeigneter Plätze für die Nistkästen; drei Stunden in Gruppen durch den Wald, eine davon hat nichts begriffen: machen Lärm und spielen Räuber Hotzenplotz; total durch den Wind!
- Resultat unseres Einsatzes: 89 Nistkästchen hängen jetzt im Wald, 24 davon von Grund auf gereinigt.
- Höhepunkt: um 16 Uhr: Alle Teilnehmer finden sich am Grillplatz im Stadtwald ein; zum Glück habe ich daran gedacht, mir Würstchen mitzunehmen!
- Begrüßung aller Teilnehmer an der Aktion durch die Organisatoren Simon Kraft und Mona Minus von der Umwelt-AG.
- Die Aktion war krass! Hab' jetzt echt Lust, mich beim Umweltschutz zu engagieren. Auf jeden Fall werde ich Mitglied bei der Umwelt-AG.

**1** Martin hat sich während der Umweltaktion Notizen gemacht, denn er will in der Schülerzeitung über die Nistkastensäuberung berichten.

a Lest den Aufruf und Martins Notizen aufmerksam.

b Tragt zusammen, was ihr über den Projekttag erfahrt. Beantwortet hierbei die W-Fragen.

**2** In der Schülerzeitung sollt ihr nun über das Umweltprojekt berichten.

a Überlegt, welche Informationen ihr für diesen Bericht verwenden könnt und welche nicht. Begründet eure Meinung.

b Sucht aus den Notizen von Seite 70 die wichtigsten Informationen für euren Bericht heraus und bringt sie in die richtige Reihenfolge.
Übertragt dazu folgende Tabelle in euer Heft:

| **W-Fragen** | **Information** |
|---|---|
| Was? | *Umweltaktion: Nistkastensäuberung* |
| Wann? | … |
| Wo? | *Stadtwald Löffingen* |
| Wer? | … |
| Wie und warum? (Verlauf des Geschehens) | … |
| Welche Folgen? (Ausblick) | … |

**3** Ein Bericht informiert knapp und genau. Seine Sprache ist sachlich.
Formuliert die folgenden Sätze so um, dass sie zu einem Bericht passen.
Wählt a, b oder c und tragt eure Ergebnisse anschließend zusammen.

●●● a Formuliert die unterstrichene Textstelle mit Hilfe der Informationen auf Seite 70 genauer.

*Am 15. Oktober gab es bei uns eine von der Umwelt-AG geplante Nistkastenaktion.*

●●○ b Der folgenden Satz enthält zwei wertende Äußerungen. Kürzt oder formuliert sachlicher.

*Während der unglaublichen Aktion haben wir die besten 89 Nistplätze ausfindig gemacht.*

●○○ c Verbessert die folgenden Sätze. Formuliert in einer angemessenen Sprache.

*Als wir die komplett verdreckten Nistkästen checkten, passierte etwas Krasses. Jn einem Nistkasten pennten Fledermäuse.*

**4** Schreibt nun für die Schülerzeitung einen Bericht über die Nistkastenaktion in euer Heft.

a Überlegt: Welche Fragen beantwortet ihr in der **Einleitung?** Lest unten im Merkkasten nach und nehmt die Tabelle von Aufgabe 2 auf Seite 71 zu Hilfe. Ihr könnt so beginnen:

> Überlegt, für wen ihr den Bericht schreibt. Wenn ihr z. B. einen **Unfallbericht** für die Polizei schreibt, beschränkt ihr euch auf die nötigsten Informationen. Schreibt ihr einen **Bericht für die Schülerzeitung** oder **Schulhomepage,** könnt ihr im Schlussteil auch eure persönliche Meinung wiedergeben.

*Am Samstag, dem 15. Oktober, fand im Stadtwald Löffingen eine von der Umwelt-AG organisierte Umweltaktion statt. Zu der Nistkastensäuberung trafen sich morgens um 10 Uhr 31 Schülerinnen und Schüler aus den Klassenstufen 5–10, um vorhandene Nistkästen zu säubern und neue anzubringen.*

b Im **Hauptteil** geht ihr auf den Ablauf der Ereignisse ein. Macht die Reihenfolge der Vorgänge durch passende Satzanfänge deutlich. Der Wortspeicher rechts hilft euch dabei.

> **Satzanfänge:**
> zuerst • anschließend • danach • nachdem • später • schließlich • zum Schluss

c Formuliert einen **Schluss.** Hier nennt ihr Ergebnisse oder geht auf mögliche Folgen ein. Schreibt den folgenden Schluss zu Ende:
*Die Nistkastenaktion war ein Erfolg. Voraussichtlich werden alle Meisenpärchen einen sicheren Nistplatz finden.*

d Findet für euren Bericht eine treffende **Überschrift**, die das Ereignis genau benennt.

**5** a Lest eure Berichte vor. Überprüft mit Hilfe des folgenden Merkkastens, was an euren Texten gelungen ist und was ihr noch verbessern könnt.

b Überarbeitet eure Berichte.

**Information** **Einen Bericht verfassen**

Ein Bericht **informiert knapp und genau** über ein vergangenes Ereignis, z. B. eine Veranstaltung, einen Unfall. Er beschränkt sich auf die wesentlichen Informationen und **beantwortet** in Einleitung, Hauptteil und Schluss jeweils bestimmte **W-Fragen:**

- In der **Einleitung** informiert ihr knapp, worum es geht:
  *Was geschah? – Wann geschah es? – Wo geschah es? – Wer war beteiligt?*
- Im **Hauptteil** stellt ihr den Ablauf der Ereignisse in der zeitlich richtigen Reihenfolge dar:
  *Wie geschah es? – Warum geschah es?*
- Im **Schlussteil** nennt ihr Ergebnisse oder gebt einen Ausblick:
  *Welche Folgen hat das Ereignis?*
- Der Bericht steht gewöhnlich im **Präteritum.** Verwendet das Plusquamperfekt, wenn etwas vorher passiert ist, z. B.:
  *Nachdem die Organisatoren alle begrüßt hatten, teilten wir uns in Gruppen ein.*
- Das Geschehen wird möglichst **genau, knapp** und **sachlich** wiedergegeben.
  Gefühle, Meinungen und Aussagen in wörtlicher Rede gehören nicht in einen Bericht.
- Findet eine **knappe** und **treffende Überschrift,** die das Ereignis genau benennt.

# Aufregung bei der Krötenwanderung – Der Unfallbericht

Typisch Jan und Oliver. Die zwei Schülerlotsen machen bloß Quatsch!

Der hätte Lisa sehen müssen, wir trugen ja alle reflektierende Schutzwesten.

So früh am Morgen, es war noch nicht mal sieben, war es noch ganz dämmrig.

Die Jungs hatten den Radfahrer übersehen.

Der Radfahrer hat Lisa mit ihrem Kröteneimer gestreift. Kein Wunder, so schnell wie der fuhr!

Also, der Radfahrer stürzte, Lisa verlor das Gleichgewicht und die Kröten fielen aus dem Eimer.

Sie wurde mit dem Rettungswagen ins Krankenhaus gebracht.

Den Krötenzaun zu errichten war echt mühsam.

**1** a Beim Umweltprojekt der Klasse 7b ist ein Unfall passiert. Lest die Schüleraussagen und fasst kurz zusammen, was geschehen ist.
b Fertigt in eurem Heft einen Berichtsplan nach dem Beispiel rechts an.
c Lest noch einmal die Schüleraussagen und beantwortet so viele W-Fragen wie möglich.

*Berichtsplan*
*Was passierte? → Unfall*
*Wer war beteiligt? …*
*Wann geschah es? …*
*Wo geschah es? …*
*Warum geschah es? …*
*Wie ging es vor sich? …*
*→ 1. …; 2. …; 3. …*
*Welche Folgen hatte es? …*

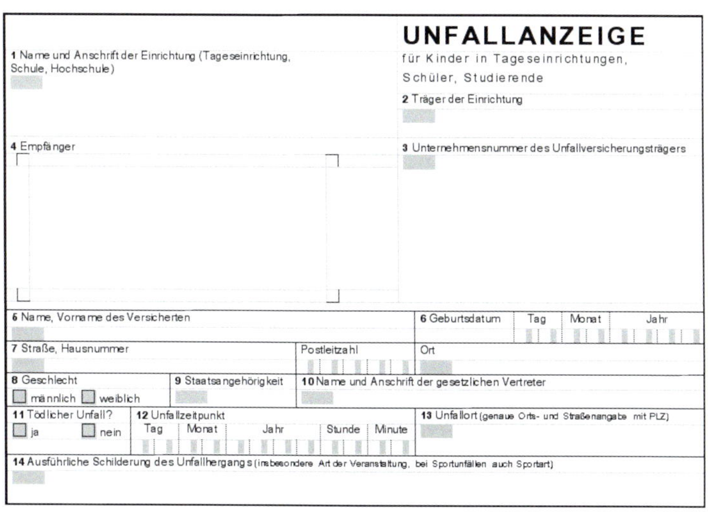
UNFALLANZEIGE
für Kinder in Tageseinrichtungen, Schüler, Studierende

1 Name und Anschrift der Einrichtung (Tageseinrichtung, Schule, Hochschule)
2 Träger der Einrichtung
3 Unternehmensnummer des Unfallversicherungsträgers
4 Empfänger
5 Name, Vorname des Versicherten
6 Geburtsdatum: Tag | Monat | Jahr
7 Straße, Hausnummer | Postleitzahl | Ort
8 Geschlecht: ☐ männlich ☐ weiblich
9 Staatsangehörigkeit
10 Name und Anschrift der gesetzlichen Vertreter
11 Tödlicher Unfall? ☐ ja ☐ nein
12 Unfallzeitpunkt: Tag | Monat | Jahr | Stunde | Minute
13 Unfallort (genaue Orts- und Straßenangabe mit PLZ)
14 Ausführliche Schilderung des Unfallhergangs (insbesondere Art der Veranstaltung, bei Sportunfällen auch Sportart)

**2** Bei Unfällen muss man für die Krankenversicherung meist ein Formular ausfüllen.
a Seht euch das abgebildete Formular gemeinsam an. Was muss eingetragen werden?
b Übt das Ausfüllen einer Unfallanzeige auf einer Kopie. Ihr könnt z. B. den Punkt 1 und die Punkte 5 bis 10 um die Wette ausfüllen. Tragt die Anschrift eurer Schule und eure persönlichen Daten ein.

**3** Schreibt für Lisas Versicherung eine Darstellung des Unfallhergangs. Wählt a, b oder c.

●●● **a** Formuliert den Unfallbericht auf der Grundlage eures Berichtsplans aus Aufgabe 1. Schreibt sachlich und nüchtern. Beachtet auch die folgenden Informationen:

> Lisa Winter • Umweltprojekt „Krötenwanderung" der Klasse 7 b am 14. 3.

●●○ **b** Geht so vor:
- Wählt aus den Vorschlägen A–E jeweils die geeignete Formulierung aus.
- Bringt die Formulierungen in die richtige Reihenfolge.
- Schreibt euren Unfallbericht, indem ihr die Formulierungen sprachlich verknüpft.
- Ergänzt zum Schluss selbstständig einen weiteren Satz zu den Folgen des Unfalls.

**A**
- Die beiden Schülerlotsen waren abgelenkt und übersahen den Radfahrer.
- Die beiden Schülerslotsen machten Quatsch und sahen den Radfahrer nicht.

**B**
- Unsere Klasse führte im Biounterricht das Umweltprojekt „Krötenwanderung" durch.
- In Biologie führte die Klasse 7 b am 14. 3. das Umweltprojekt „Krötenwanderung" durch.

**C**
- Der Radfahrer fiel auf die Straße. Die Schülerin knickte mit dem vollen Kröteneimer um. Beide hatten sich ganz sicher wehgetan.
- Der Radfahrer stürzte und zog sich dabei Schürfwunden an den Beinen zu. Die Schülerin Lisa Winter verstauchte sich durch den Zusammenstoß mit dem Radfahrer das Bein.

**D**
- Der Radfahrer streifte die Schülerin mit überhöhter Geschwindigkeit.
- Der Radfahrer war eindeutig zu schnell und fuhr die Schülerin um.

**E**
- Die Schülerlotsen Jan und Oliver informierten über die Hilfsaktion.
- Die Schülerlotsen Jan und Oliver machten Verkehrsteilnehmer auf die Krötenaktion aufmerksam und forderten sie auf, in Schrittgeschwindigkeit zu fahren.

●○○ **c** Geht so vor:
- Sucht aus den Formulierungsvorschlägen A bis E jeweils den aus, der zu einem Bericht passt.
- Ordnet die Formulierungsvorschläge.
- Verknüpft die Formulierungsvorschläge und schreibt im Präteritum, z. B.:

*Im Biologieunterricht führte die Klasse 7b am 14.3 das Umweltprojekt „Krötenwanderung" durch. Um die Sicherheit der Teilnehmer zu gewährleisten, informierten die Schülerlotsen ... Weil sie jedoch abgelenkt waren, übersahen sie ...*

**4** Die Klassensprecherin Ina soll Lisas Freundin telefonisch über den Unfall informieren.
*„Ich bin's. Es ist etwas Schlimmes passiert – Lisa liegt im Krankenhaus! Sie kann aber nichts dafür. Hier die Nummer von Frau Fuß, falls du mehr wissen willst."*

**a** Was hätte Ina bei ihrem Anruf besser machen sollen? Notiert Tipps in Stichpunkten.

**b** Übt ein angemessenes Telefongespräch. Nutzt euren Berichtsplan (▸ S. 73), haltet die Gesprächsregeln ein (▸ S. 279) und achtet auf angemessene Formulierungen, z. B.:
*Hallo Maja, hier spricht Ina ...*

# Testet euch!

## Sachlich und genau berichten

**1** Welche Aussagen zum Berichten treffen zu, welche nicht?

a Schreibt die Sätze mit den richtigen Aussagen in euer Heft.

**Berichte ...**

- werden überwiegend in der Zeitform Präsens/Präteritum verfasst.
- geben Antworten auf W-Fragen/die Gedanken und Gefühle der Beteiligten wieder.
- informieren knapp und sachlich/anschaulich und lebendig über ein Ereignis.
- gliedern sich manchmal/immer in Einleitung, Hauptteil und Schluss.
- geben den Ablauf des Geschehens/die Meinungen der Zeugen in einer zeitlich richtigen Reihenfolge wieder.
- dürfen keine sachliche Sprache/keine Umgangssprache enthalten.
- haben eine knappe, informative/spannende, fesselnde Überschrift.
- werden häufig in Jugendbüchern/in Tageszeitungen veröffentlicht.
- sollen die Leser informieren/unterhalten und belustigen.

b Überprüft eure Ergebnisse in Partnerarbeit. Nehmt den Merkkasten von Seite 72 zu Hilfe.

**2** Der folgende Bericht ist nicht gut gelungen.

a Überarbeitet den Bericht und schreibt eine verbesserte Fassung in euer Heft.

b Besprecht eure Texte mit Hilfe der Textlupe (▶ S. 318).

VORSICHT FEHLER!

**Svenja und Tim**

Am Dienstagmorgen kurz vor 8 Uhr ist bei uns an der Schule ein Unfall passiert. Svenja hat sich dabei den Arm gebrochen und Tim hat eine Platzwunde. Das passierte so:
Svenja kam wie immer auf den letzten Drücker mit ihrem Fahrrad in die Schule gedüst. Eigentlich ist ja das Fahrradfahren auf dem Schulhof verboten. Mit einem Wahnsinnstempo ist Svenja von der Hauptstraße direkt nach rechts in den Schulhof eingebogen. Da stand Tim mit seinem Fahrrad und quatschte mit ein paar Leuten. Svenja ist dann voll in Tim reingefahren. Sie flog in hohem Bogen vom Rad und Tim knallte auf den Boden. Beide haben dann auf dem Boden gelegen und geheult. Wir haben dann Herrn John, unserem Hausmeister, Bescheid gesagt. Der hat einen Krankenwagen gerufen. Und im Krankenhaus haben die Ärzte festgestellt, dass Tim eine riesige Platzwunde an der Stirn hat und Svenja den Arm gebrochen hat. Aber beides heilt wieder und alle waren froh, dass nichts Schlimmeres passiert ist.
Aber Svenja bekam nachher noch eine Rüge von unserem Direktor, Herrn Nau. Sie musste sich bei Tim entschuldigen und versprechen, nicht mehr mit dem Fahrrad auf den Schulhof zu fahren.

# 4.2 Nur mal kurz die Welt retten – Berichte sprachlich überarbeiten

VORSICHT FEHLER!

## Plant-for-the-Planet – Kinder pflanzen für ihre Zukunft

Der 13-jährige Schüler Felix Finkbeiner aus dem oberbayerischen Pähl hatte eine ganz besondere Einladung in seinem Briefkasten. Die UNO wollte mit einer Kampagne ein Jahr lang auf die Bedeutung der Wälder und auf ihre Gefährdung aufmerksam machen. Der Gründer der Initiative Plant-for-the-Planet (Pflanzen für den Planeten) sollte am 01.02.2011 bei der Eröffnungsveranstaltung des Internationalen Jahres der Wälder eine Rede vor den Vereinten Nationen halten.

Mit Begeisterung folgte Felix der Einladung und hatte am Mittwoch seinen großen Auftritt in New York vor der UN-Vollversammlung.

In perfektem Englisch forderte Felix in seiner zehnminütigen freien Rede die Vertreter der 192 UN-Nationen zum Handeln auf.

„Die Erwachsenen wissen Bescheid über die Armutskrise und Naturkatastrophen, aber wir Kinder verstehen einfach nicht, warum sie nicht handeln“, sagt Felix in leidenschaftlichem Tonfall. Die Wissenschaftler verdienten mehr Gehör. Reden allein veränderte auch nichts.

Deshalb hatte Felix auch schon viele berühmte Persönlichkeiten wie Al Gore, Kofi Annan oder den bayrischen Ministerpräsidenten Horst Seehofer getroffen. Für die Kampagne hielt Felix einigen von ihnen den Mund zu. Die Zeit des Redens war vorbei. Es war Zeit zu handeln.

Felix war erst neun Jahre alt, als er die Initiative Plant-for-the-Planet ins Leben rief. Er hielt ein Referat über die Klimakrise und schloss mit dem Aufruf: „Wir Kinder sollten in jedem Land der Erde eine Million Bäume pflanzen.“ Kurz darauf wurde von seiner Schule eine Baumpflanzaktion gestartet. Dank Internet und vieler Konferenzen des 13-Jährigen in der halben Welt hatte er viele Mitstreiter gewonnen. Es gibt die Initiative jetzt in über 100 der 192 UN-Staaten. Mit E-Mail und Skype wurde Kontakt zu vielen Kindern auf der Welt gehalten. Auch die Homepage seiner Initiative mit einem weltweiten Baumzähler erfreute sich bisher großer Beliebtheit und auf YouTube wurde seine Rede vor der UNO schon millionenfach angeklickt. Aber all das ließ Felix auf dem Teppich bleiben. Er verfolgte hartnäckig sein Ziel: 1000 Milliarden Bäume auf der ganzen Welt zu pflanzen für ein besseres Weltklima.

**1** Dieser Zeitungsbericht informiert über ein außergewöhnliches Projekt. Wofür steht Plant-for-the-Planet? Stellt das Projekt vor.

**2** Der Text „Plant-for-the-Planet" soll ein Zeitungsbericht sein. Aber hält er sich auch an alle Regeln, die für das Schreiben eines Berichts gelten?

a Lest noch einmal den Informationskasten auf Seite 72.

b Notiert die Fehler, die der Bericht enthält, z. B.:

- *nicht durchgängig im Präteritum geschrieben*
- *Reihenfolge der Ereignisse nicht eingehalten*
- ...

**3** Schreibt den folgenden Satz in der richtigen Zeitfolge in euer Heft. Beachtet den Tipp.

Mit Begeisterung folgte Felix der Einladung und hatte am Mittwoch seinen großen Auftritt vor der UN-Vollversammlung.

Einen Bericht verfasst ihr im **Präteritum.** Wenn ihr aber von etwas berichtet, das noch vor dieser Zeitebene passiert ist, müsst ihr das **Plusquamperfekt** verwenden.

**4** Ein Bericht ist knapp und sachlich formuliert. Sucht die wesentlichen Informationen aus dem Text heraus, indem ihr auf die W-Fragen antwortet. Übertragt die Tabelle in euer Heft und ergänzt sie.

| W-Fragen | Wesentliche Informationen |
|---|---|
| *Was?* | *Felix Finkbeiner hält eine Rede vor der UN-Vollversammlung* |
| *Wer?* | *Felix Finkbeiner, Gründer der Initiative ...* |
| *Wann?* | ... |
| *Wo?* | ... |
| *Wie? Warum?* | *Rede in Englisch; Appell an Politiker, ...; ...* |
| *Welche Folgen?* | ... |

**5** Mit passenden Konjunktionen kann man den inhaltlichen Zusammenhang von Sätzen verdeutlichen. Verbindet die Sätze mit passenden Konjunktionen aus dem Wortspeicher.

**Konjunktionen**
nachdem • aber • da • weil • obwohl • denn

- Die Wissenschaftler verdienten mehr Gehör. Reden alleine veränderte auch nichts.
- Für die Kampagne hielt Felix einigen von ihnen den Mund zu. Die Zeit des Redens war vorbei.
- Aber all das ließ Felix auf dem Teppich bleiben. Er verfolgte hartnäckig sein Ziel

**6** Überarbeitet den Bericht auf Seite 76 auf der Grundlage eurer Vorarbeiten (▶ Aufgabe 2–5).
Wählt a, b oder c und vergleicht anschließend eure Ergebnisse.

●●● **a** Überarbeitet den Bericht. Geht so vor:
- Fasst den Bericht mit Hilfe der W-Fragen deutlich kürzer.
- Berichtet von den Ereignissen in ihrem zeitlichen Ablauf. Springt nicht zwischen Gegenwart, Vergangenheit und Zukunft hin und her.

●●○ **b** Überarbeitet den Bericht bis Zeile 28. Geht so vor:
- Fasst den Bericht wesentlich kürzer. Eure W-Fragen aus Aufgabe 4 helfen euch dabei.
- Streicht alle unsachlichen oder wertenden Textstellen, z. B. in Zeile 2: „eine ganz besondere Einladung in seinem Briefkasten".
- Verzichtet auf wörtliche Rede.
- Ordnet die Inhalte. Der zweite Satz des Textes z. B. unterbricht den Bericht über Felix.

●○○ **c** Überarbeitet den Bericht bis Zeile 28. Geht so vor:
- Schreibt den Anfang der Überarbeitung in euer Heft und füllt dabei die ersten beiden Lücken.
- Setzt die Überarbeitung fort. Ihr solltet nicht mehr als drei weitere Sätze schreiben und ganz auf die wörtliche Rede verzichten.

*Der 13-Jährige Schüler Felix Finkbeiner aus dem oberbayrischen Pähl wurde von der UNO nach ... eingeladen. Er setzt sich mit seiner Umweltorganisation Plant-for-the-Planet seit Jahren für den Schutz ... Am 01.02.2011 hielt er vor den 192 ...*

**7** Kontrolliert eure Berichte in einer Schreibkonferenz. Geht so vor:

**a** Erstellt gemeinsam eine Checkliste zum Berichten. Berücksichtigt hierbei den Aufbau und die Sprache eines Berichts. Der Merkkasten auf Seite 72 hilft euch dabei.

**b** Besprecht eure Texte nun in einer Schreibkonferenz. (▶ Methodenkasten unten)

**Methode** **Texte überarbeiten: Eine Schreibkonferenz durchführen**

In einer Schreibkonferenz tauscht ihr eure Texte aus, korrigiert Fehler und gebt euch gegenseitig Tipps für die Überarbeitung. Organisiert euch wie auf **Seite 275** beschrieben.

Legt gemeinsam fest, wie ihr den Text korrigieren wollt, z. B.:
- Anmerkungen nur mit Bleistift und gut lesbar an den Rand schreiben.
- Folgende Korrekturzeichen verwenden:
  **R** = Rechtschreibfehler (Wort in der richtigen Schreibweise am Rand notieren)
  **Z** = Zeichenfehler (Satzzeichen einfügen bzw. streichen)
  **T** = Tempusfehler (richtiges Tempus notieren)
  **?** = Hier ist etwas unklar (= Bitte um Rücksprache).
  **–** = Hier ist etwas nicht gut formuliert (Formulierungsvorschlag notieren).

# Stärken stärken: Einen Bericht schreiben

**Eiskalt erwischt!**

Am letzten Ferientag beschlossen mein Freund Max und ich, am Erlenbachsee ein bisschen Fußball spielen zu gehen. Dort war an diesem Oktobernachmittag nicht viel los, da es zu kalt zum Baden war. So freuten wir uns darüber, dass wir die Wiese am Südufer ganz für uns alleine hatten. Wir konnten ja nicht ahnen, dass dieser Tag im Bühler Krankenhaus enden würde! Wir kickten also den Ball eine ganze Weile hin und her, bis er irgendwie im Wasser landete.

„Puh, ich gehe ihn nicht holen, das ist mir zu kalt!", rief ich. Max dagegen lachte nur und erklärte großspurig, dass ihm kaltes Wasser gar nichts ausmache. „Wetten, doch!", erwiderte ich. Max grinste, zog sich bis auf die Unterhose aus und meinte: „Du wirst schon sehen, Jonas ..." Dann nahm er Anlauf und war kurz darauf im Wasser. Er fing gleich zu schwimmen an, damit ihm warm wurde. Es hatte tags zuvor heftig geregnet, sodass das Wasser bitterkalt gewesen sein muss. Auf einmal stockte Max, tauchte kurz ab und kreischte: „So ein Mist, jetzt hab ich einen Krampf in der Wade."

„Ahhh, tut das weh." Und schon tauchte er wieder ab. Ich war ziemlich erschrocken und schrie um Hilfe, so laut es ging. Da sah ich plötzlich einen Spaziergänger, der ins Wasser hechtete und zu Max schwamm. Er packte ihn und schleppte ihn aus dem Wasser. Max' Lippen waren blau angelaufen und er zitterte am ganzen Körper. Ich legte ihm meine Jacke über und versuchte, ihn zu beruhigen, obwohl mir selbst das Herz bis zum Hals schlug vor Angst. Der Mann verständigte mit seinem Handy sofort einen Rettungswagen, dieser traf nur wenige Minuten später mit Blaulicht und Sirene ein. Weil Max immer noch stark zitterte und völlig unter Schock stand, nahmen die Sanitäter ihn gleich mit ins Krankenhaus. Ich bedankte mich bei Max' mutigem Retter, der sich freundlich von mir verabschiedete und mir für alle Fälle noch schnell seine Adresse aufschrieb. Am Abend durfte ich Max schon kurz im Krankenhaus besuchen. Erleichtert stellte ich fest, dass er schon wieder viel besser aussah. „In zwei Tagen bin ich wieder fit, dann können wir wieder kicken gehen", sagte er und grinste. Was für ein Glück, dass sein Sprung ins Wasser nur eine Unterkühlung zur Folge hatte!

**1** Formt die Erlebniserzählung zu einem Zeitungsbericht um.
- **a** Prüft, welche Informationen ihr übernehmen könnt und welche ergänzt werden müssen.
- **b** Verfasst zu Jonas' Erzählung einen Berichtsplan.
- **c** Schreibt den Bericht.
- **d** Formuliert einen geeigneten Schluss.

## ●○○ Hilfe zu Aufgabe 1a:

Prüft, welche Informationen ihr übernehmen könnt und welche ergänzt werden müssen. Im folgenden Schülertext haben sich Fehler eingeschlichen. Welche Informationen sind unwichtig? Lasst sie in eurem Bericht weg.

*Gestern, am 15. Oktober, ertrank am Erlenbachsee beinahe der 13-jährige Schüler Max M. Er wurde aber von einem Spaziergänger gerettet. Am Südufer des Sees, an dem sich aufgrund des kühlen Wetters keine Badegäste befanden, spielten Max und Jonas zunächst Fußball. Als der Ball ins Wasser fiel, kamen die Kinder auf eine Wette.*

Schreibt aus dem Text nur die Informationen heraus, die auf die W-Fragen antworten. Legt dazu eine Tabelle mit W-Fragen an. Ergänzt fehlende Informationen.

| W-Fragen | Information |
|---|---|
| *Wer?* | *Max, 13 Jahre und …* |
| *Wann?* | *15. Oktober, … nachmittags* |

*Berichtsplan*
*Einleitung*
*Was passierte?*
*→ Ertrinken eines Jungen durch Spaziergänger verhindert*
*Wer war beteiligt?*
*→ Max, Jonas, Spaziergänger*

## ●○○ Hilfe zu Aufgabe 1b:

Verfasst zu Jonas' Erzählung einen Berichtsplan wie im Beispiel rechts. Ordnet die Informationen aus eurer Tabelle (Aufgabe 1a) in einen Berichtsplan. Teilt den Bericht in Einleitung, Hauptteil und Schluss ein.

## ●○○ Hilfe zu Aufgabe 1c:

Schreibt den Bericht. Im Hauptteil eures Berichts stellt ihr den Ablauf des Ereignisses in der richtigen Reihenfolge dar. Achtet auf die richtige Zeitform. Ihr könnt so beginnen:

*Aufgrund einer Wette sprang der Junge ins kalte Wasser. Dann tauchte er kurz ab, denn er bekam einen Krampf in der Wade. Gleich darauf ging er ein zweites Mal unter. Nachdem sein Freund am Ufer die Gefahr **bemerkt hatte, rief** er um Hilfe.*

Findet eine knappe und informative Überschrift für euren Bericht.

Macht durch **Konjunktionen** die Zusammenhänge und Abfolgen deutlich: *weil* → *denn* → *nachdem* → *obwohl* → *gleich darauf* → *zuletzt.*

Verwendet das **Präteritum** und wenn etwas davor passiert das **Plusquamperfekt.**

## ●○○ Hilfe zu Aufgabe 1d:

Formuliert einen geeigneten Schluss. Wählt eines der drei vorgegebenen Beispiele für einen Schluss aus. Begründet, warum die anderen beiden ungeeignet sind.

**A** Nach der Abfahrt des Rettungswagens verabschiedete sich der Retter von dem anderen Jungen. Der Verletzte wurde ins Kreiskrankenhaus Bühl gebracht. „In zwei Tagen bin ich wieder fit", sagte der Gerettete.

**B** Der Retter verabschiedete sich von dem anderen Jungen. Der Verletzte wurde ins Kreiskrankenhaus Bühl gebracht und erholte sich innerhalb der nächsten Tage dort.

**C** Der Junge erholt sich derzeit im Kreiskrankenhaus in Bühl von seiner Unterkühlung.

## 4.3 Fit in ...? – Einen Bericht schreiben

Stellt euch vor, ihr bekommt in der nächsten Klassenarbeit folgende Aufgabenstellung:

Schreibe zu dem Ereignis einen sachlichen Bericht für die Schülerzeitung. Notiere mit Hilfe der folgenden Angaben, Bilder und Aussagen alle Informationen, die für einen Bericht wichtig sind. Gib deinem Bericht eine treffende Überschrift.

**Waldshut, 17. Mai 2014, Maria-Sybilla-Merian-Realschule**
**Waldprojekt, 5./6. Stunde, Klasse 7 b**

Schließlich haben wir die Waschmaschine stehen lassen und vorsichtig die Trommel geöffnet. *(Tom)*

Maya hat die Katze dann sofort zu einem Tierarzt in Waldshut gebracht. *(Emilie)*

Zu viert haben wir versucht, die Waschmaschine anzuheben, aber das alte Ding war total schwer. *(Maja)*

Die Waschmaschine stand mitten im Bach und war komplett verrostet. *(Jonas)*

Der Katze fehlt nichts. Sie ist nur verschreckt und sehr hungrig. *(Tierarzt)*

Wir waren gerade dabei, den Bach zu säubern, als wir das Miauen hörten. Wir sind gleich zur Waschmaschine hingelaufen. Da war die kleine Katze in der Trommel. *(Robert)*

Die Katze sah sehr ängstlich aus, ließ sich aber von Maya in den Arm nehmen. *(Lehrer Gebhard)*

## Die Aufgabenstellung richtig verstehen

**1** Lest die Aufgabenstellung auf Seite 81 sorgfältig. Schreibt die zutreffenden Aussagen in euer Heft.

**A** Ich soll meine Meinung zum Waldprojekt begründen.
**B** Ich soll knapp und genau über das Ereignis informieren.
**C** Ich soll das Ereignis so anschaulich wie möglich beschreiben.
**D** Ich soll die W-Fragen beantworten.
**E** Ich soll sachlich und nüchtern schreiben.

## Informationen sammeln und einen Schreibplan erstellen

**2** Haltet die wichtigsten Informationen in einem Schreibplan fest.

*Überschrift: ...*
*1) Einleitung (Wer? Wo? Was? Wann?):*
*- ...*
*2) Hauptteil (Wie ereignete sich der Unfall? Warum?):*
*- ...*
*3) Schluss (Welche Folgen?):*

## Den Bericht schreiben und überarbeiten

**3** Schreibt nun für die Schülerzeitung einen Bericht.
a Formuliert einen Einleitungssatz, der schon die wichtigsten Informationen enthält.
b Stellt im Hauptteil das Geschehen in der richtigen zeitlichen Reihenfolge dar.
c Schreibt einen Schlusssatz, der über die Folgen des Ereignisses informiert.
d Findet eine knappe, treffende Überschrift für den Bericht.

**4** Überarbeitet euren Bericht mit Hilfe der folgenden Checkliste:

**Checkliste**

**Einen Bericht schreiben**
- Beantwortet der Bericht alle W-Fragen?
- Ist das Geschehen in der zeitlich richtigen Reihenfolge wiedergegeben? *(zuerst, dann ...)*
- Enthält der Bericht nur das Wesentliche und ist er ohne Nachfrage verständlich?
- Ist der Bericht sachlich formuliert?
- Wurde als Zeitform das Präteritum (oder Plusquamperfekt) verwendet?
- Sind die Rechtschreibung und die Zeichensetzung korrekt?

**Wörterliste** ► S. 313

| | | | |
|---|---|---|---|
| Nistkästen | Unfallbericht | Proviant | Kampagne |
| Naturschutz | sich engagieren | Initiative | Zeitungsbericht |

# 5 Mit Mut und Witz – Erzählungen erschließen und zusammenfassen

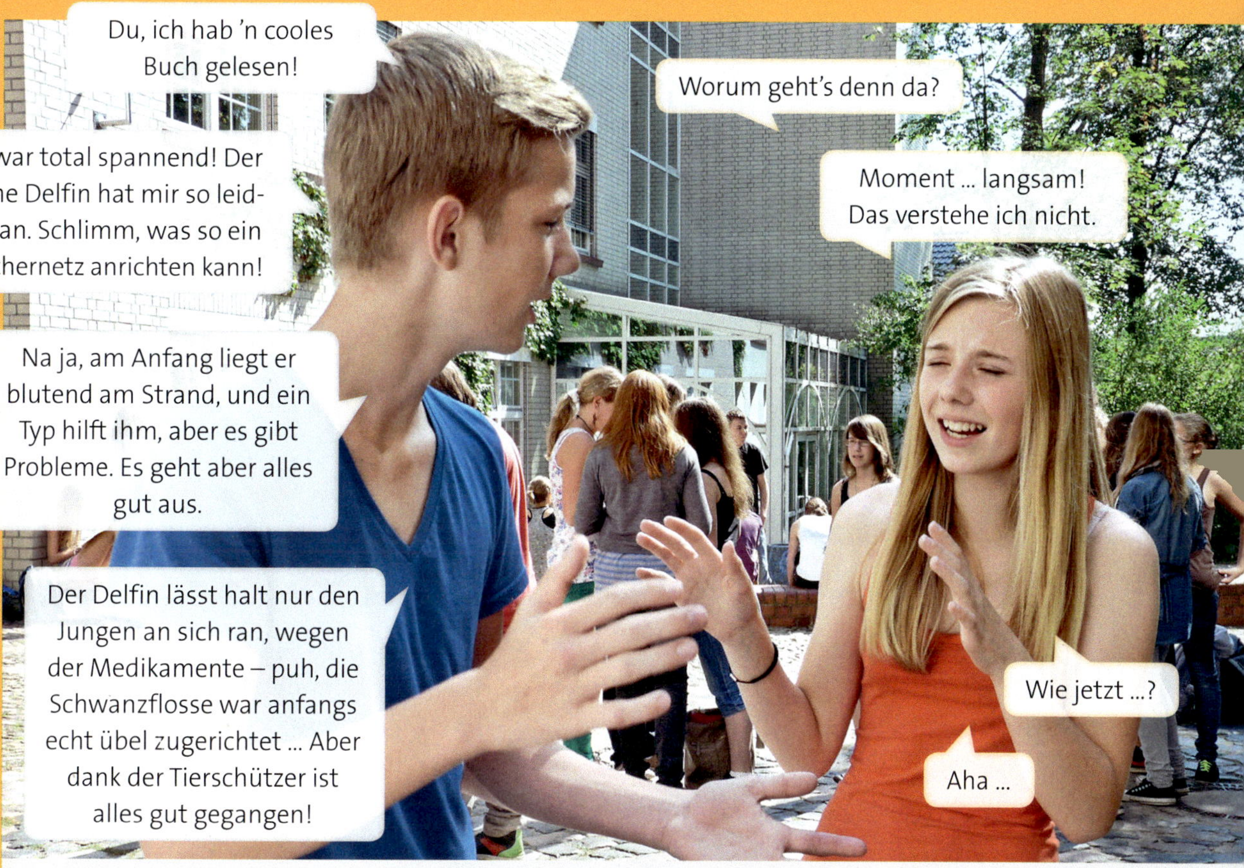


**1** Sofie hat Schwierigkeiten, Martins Zusammenfassung zu verstehen. Worauf müsste Martin achten? Welche Fragen könnte Sofie ihm stellen? Sammelt Verbesserungsvorschläge.

**2** Welche Ausdrücke würdet ihr in einer schriftlichen Zusammenfassung nicht verwenden? Sucht sie heraus und macht Verbesserungsvorschläge.

**3** Ihr habt sicherlich schon schriftliche Zusammenfassungen gelesen.
- a Wo begegnen euch solche Texte? Sammelt Beispiele.
- b Wozu liest man solche Texte? Nennt verschiedene Absichten.

**In diesem Kapitel ...**

- lest und untersucht ihr Geschichten, in denen clever und mutig gehandelt wird,
- lernt ihr, was bei einer Zusammenfassung wichtig ist,
- übt ihr, wie man eine Inhaltsangabe schreibt.

# 5.1 „Ehrlich währt am längsten" – Literarische Texte zusammenfassen

## Die Handlung einer Erzählung erschließen

Werner Färber

### Der Filmstar und die Eisprinzessin

„Hier, Wagen neun. Das ist deiner. Geh auf deinen Platz, bevor ihn ein anderer belegt", drängelt Caros Mutter.
„Ich denke, der Platz ist reserviert", sagt Caro.
„Ja, schon, aber man weiß ja nie", meint ihre Mutter, während sie den Zugbegleiter heranwinkt. „Hallo! Junger Mann!" Freundlich lächelnd kommt er auf sie zu. „Kann ich Ihnen helfen?"
„Das ist meine Tochter Caro", antwortet ihre Mutter. „Sie verreist heute zum ersten Mal allein. Ich war ja dagegen, aber mein Mann meint ..."
„Mama, bitte!" Caro würde am liebsten im Boden versinken. Aber ihre Mutter redet unbeirrt weiter. „Caro wird in Berlin von ihrer Großmutter abgeholt. Würden Sie bitte darauf achten, dass sie nicht zu früh aussteigt?"
„Selbstverständlich", verspricht der Zugbegleiter. „Machen Sie sich keine Sorgen." Er tippt sich an die Mütze, nickt Caro und ihrer Mutter zu und geht zur nächsten Eingangstür, wo ihn eine Frau mit einem wesentlich kleineren Kind ebenfalls um Hilfe bittet. „Dem Zwerg muss man helfen, nicht mir", denkt Caro.
„Tschüss, mein Spatz", sagt ihre Mutter und nimmt sie in die Arme. Mit Tränen in den Augen drückt sie Caro einen Kuss auf die Wange. Caro schnappt sich den schweren Koffer und steigt in den Zug.
Das Abteil ist leer. Nur ein weiterer Platz ist noch reserviert. Caro wuchtet den Koffer auf die Sitzbank. Am Griff baumelt der Anhänger mit der Anschrift ihrer Oma. Sogar die Telefonnummer hat ihre Mutter draufgeschrieben.
Endlich schrillt der Pfiff des Schaffners über den Bahnsteig. Der Zug setzt sich in Bewegung. Caros Mutter winkt. Hinter ihrer Mutter geht die Frau mit dem kleinen Jungen zur Rolltreppe. Anscheinend darf er doch noch nicht allein verreisen.
Caro schließt das Fenster, um es sich im Abteil gemütlich zu machen – doch sie ist nicht mehr allein! Auf dem Fensterplatz in Fahrtrichtung sitzt ein Junge. Er ist ungefähr so alt wie Caro.

„Na?", sagt er.

„Was na?"

„Ich bin Benny", stellt er sich vor. „Wohin?"

„Berlin", sagt Caro.

„Ich auch – und?"

„Was und?"

„Hast du keinen Namen?"

„Doch, natürlich. Caro."

„Was machst du in Berlin?", fragt Caro.

„Dreharbeiten", sagt Benny nach kurzem Zögern.

„Für einen Film? Als Schauspieler?"

„Nein, als Szenenklappe", erwidert Benny.

„Sehr witzig", denkt Caro. Aber er sieht nett aus und unsympathisch ist er auch nicht. Wie ein Schauspieler sieht er jedenfalls nicht aus und im Fernsehen hat sie ihn auch noch nie gesehen.

„Und du?", fragt Benny plötzlich.

Caro zögert. Sie kann schlecht damit kommen, dass sie ihre Oma besucht. Das klingt doch stinklangweilig „Ich fahre zum Leistungstraining", platzt sie heraus.

Benny macht große Augen. „Leistungstraining? In welcher Sportart?"

„Eiskunstlauf", antwortet Caro.

„Eiskunstlauf? Jetzt, im Sommer?", fragt Benny verwundert.

Mist, daran hätte sie denken müssen. Wer geht schon im Sommer eislaufen?

„Klar", sagt Caro selbstbewusst. „Im Spitzensport gibt's keine Pausen."

„Eine Eisprinzessin", murmelt er.

Die Abteiltür wird geöffnet, der Zugbegleiter fragt „Ist bei euch alles in Ordnung? Na, ich seh schon, auf euch beide brauch ich nicht aufzupassen. Das muss euch nicht peinlich sein. Mütter sind immer aufgeregt, wenn ihre Kinder das erste Mal allein reisen."

„Was meint er damit?", fragt Benny, als der Zugbegleiter das Abteil wieder verlassen hat.

Caro sieht Benny an. Und plötzlich begreift sie. Die Frau mit dem kleinen Jungen – das war seine Mutter! Benny hat also auch so eine peinliche Abschiedsszene hinter sich.

Doch Caro erzählt ihm nicht, dass sie ihn durchschaut hat. Ohne seine Frage zu beachten, wechselt sie das Thema. Sie reden über alles Mögliche, lachen und kichern die ganze Zeit und stellen fest, dass sie dieselbe Musik und dieselben Fernsehserien mögen. Als sie in Berlin ankommen, hat Caro das Gefühl, Benny schon sehr lange zu kennen.

„Viel Spaß beim nächsten Dreh", sagt Caro, als die beiden auf dem Bahnsteig stehen.

„Danke, und dir viel Erfolg beim Leistungstraining."

„Caro!", ruft jemand aus der Menschenmenge.

„Hier bin ich!" Caro sieht sich suchend um und entdeckt ihre Oma. „Meine Trainerin", raunt sie Benny zu.

Im selben Moment tippt ein älterer Herr Benny von hinten auf die Schulter. „Na, eine gute Reise gehabt, mein Junge?" „Mein Manager", sagt Benny.

„Wer sonst." Caro grinst. „Mach's gut, ich muss los."

Kaum sind sie in Omas Wohnung, klingelt das Telefon.

Caro stöhnt. „Das ist bestimmt Mama. Wollen wir wetten?" Nein. Das ist nicht Mama. „Wer ist dort, bitte?"

„Benny. Die Szenenklappe."

„Du?" Caro stutzt. „Woher hast du meine Nummer?"

„Na, vom Anhänger am Koffer", erklärt Benny.

„Sag mal, Caro, wollen wir hier in Berlin mal was zusammen machen?"

„Ja, gern. Aber – was ist mit deinen Dreharbeiten?"

Benny prustet in den Hörer. „Das hast du doch nicht etwa geglaubt?"

Caro grinst. „Na, wir können ja ..."

„... eislaufen?", fällt ihr Benny ins Wort.

Nun prusten beide in den Hörer.

„Mitten im Sommer?", fragt Caro lachend. „Du hast sie wohl nicht alle."

„Na gut, wie wär's mit Kino?"

„Welchen Film?"

„Weiß nicht", sagt Benny. „Muss das Programm durchsehen. Ich ruf dich nachher noch mal an."

„Versprochen?"

„Klar", sagt Benny. „Versprochen."

**1** Verschafft euch einen ersten Überblick über den Textinhalt:
An welchen Orten spielt das Geschehen und wer sind die Hauptfiguren?

**2** Untersucht die Handlung genauer.
Wählt dazu Aufgabe a, b oder c und vergleicht eure Ergebnisse.

●●● a Untersucht das Verhalten von Caro und Benny. Belegt eure Erkenntnisse mit Textstellen.

●●○ b Wie verhalten sich Caro und Benny? Warum?
Beantwortet die folgenden Fragen:
- Warum flunkern die beiden sich etwas vor?
- In welcher Situation durchschaut Caro Benny? Wie handelt sie?
- Wodurch erkennt Benny wohl Caros Schwindelei? Wie handelt er?

●○○ c Belegt die folgenden Aussagen mit Textstellen:
- Caro und Benny mögen sich von Beginn an. Sie wollen sich füreinander interessant machen.
- Caro durchschaut Benny. Sie lässt sich aber nichts anmerken.
- Durch eine Bemerkung des Schaffners erkennt Benny Caros Schwindelei. Er sagt aber nichts.

**3** Teilt den Text in fünf bis sechs Abschnitte ein. Notiert die Zeilenangaben und schreibt je eine passende Überschrift auf.

Caros Erkenntnis • Die Verabredung • Die Abreise • Schwindeleien • Die Ankunft

Achtet für eine sinnvolle Gliederung darauf, wo
- **Figuren** neu auftreten oder sich entfernen,
- der **Schauplatz** oder die **Zeit** sich ändert,
- ein **Gespräch** beginnt oder endet,
- das Geschehen eine **Wende** nimmt.

*Ein Mädchen namens Caro fährt allein mit dem Zug zu seiner Großmutter nach Berlin. Jm Abteil sitzt Benny, ein etwa gleichaltriger Junge. Sie stellen fest, dass sie dasselbe Fahrtziel haben, und beginnen, sich zu unterhalten. Er erzählt, dass er nach Berlin zu Dreharbeiten fährt. Caro flunkert ihm vor, zum Eiskunstlauftraining unterwegs zu sein. Sie verstehen sich sehr gut. Als sie am Bahnhof jeweils von ihren Großeltern abgeholt werden, wird klar, dass beide geschwindelt haben. Kaum ist Caro in der Wohnung ihrer Großmutter angekommen, klingelt das Telefon. Es ist Benny. Er hat ihre Telefonnummer vom Kofferanhänger abgeschrieben und möchte sich in Berlin mit ihr treffen.*

**4** Nele hat die Handlung der Erzählung „Der Filmstar und die Eisprinzessin“ gelungen zusammengefasst. Vergleicht Neles Text mit dem Originaltext (▸ S. 84 f.):
Findet heraus, was die besonderen Merkmale einer Zusammenfassung sind.

a Untersucht den **Inhalt** der Zusammenfassung:
- Wird die Handlung der Geschichte verständlich, auch wenn man den Text nicht kennt?
- Welche Informationen wurden in der Zusammenfassung übernommen, welche weggelassen?

b Untersucht **formale und sprachliche** Besonderheiten:
- Wie unterscheidet sich die Textlänge der beiden Texte?
- Welche Zeitformen werden jeweils verwendet?
- Wo findet sich wörtliche Rede, wo indirekte Rede?
- Wie klingt die Sprache der Zusammenfassung?

5 Eine Zusammenfassung darf keine Wertungen oder Kommentare enthalten, außerdem sollte sie frei von Ausschmückungen und Schilderungen sein. Nennt Gründe dafür.

**Information** **Merkmale einer schriftlichen Zusammenfassung**

In einer **schriftlichen Zusammenfassung** gibt man die Handlung eines Textes in möglichst **knapper Form** wieder. Sie hat folgende Kennzeichen:

- Es werden nur die **wichtigsten Handlungsschritte** wiedergegeben; Einzelheiten (Details) werden weggelassen.
- Die Zeitform ist das **Präsens** (bei Vorzeitigkeit: das **Perfekt**).
- Wörtliche Rede wird durch **indirekte Rede** ersetzt oder umschrieben.
- Die Sprache ist **sachlich** und **frei von Ausschmückungen oder eigenen Wertungen.**

## Die Handlung einer Erzählung zusammenfassen

Johann Peter Hebel

### Der kluge Richter

*Johann Peter Hebel (1760–1826) wurde in Basel geboren und lebte in Süddeutschland. Er wurde besonders bekannt durch seine Kalendergeschichten: kurze Erzählungen, die unterhalten und belehren sollten. Sie wurden in Jahreskalendern abgedruckt und waren oft das einzige Lesematerial einfacher Leute.*

Ein reicher Mann hatte eine beträchtliche Geldsumme, welche in ein Tuch eingenäht war, aus Unvorsichtigkeit verloren. Er machte daher seinen Verlust bekannt und bot, wie man zu tun pflegt, dem ehrlichen Finder eine Belohnung – und zwar von hundert Talern.

Da kam bald ein guter und ehrlicher Mann dahergegangen. „Dein Geld habe ich gefunden. Dies wird's wohl sein! So nimm dein Eigentum zurück.“ So sprach er mit dem heiteren Blick eines ehrlichen Mannes und eines guten Gewissens – und das war schön.

Der andere machte auch ein fröhliches Gesicht, aber nur, weil er sein verloren geschätztes Geld wiederhatte. Denn wie es um seine Ehrlichkeit aussah, das wird sich bald zeigen.

Er zählte das Geld und dachte unterdessen geschwind nach, wie er den treuen Finder um seine versprochene Belohnung bringen könnte. „Guter Freund“, sprach er hierauf, „es waren eigentlich 800 Taler in dem Tuch eingenäht. Ich finde aber nur noch 700 Taler. Ihr werdet also wohl eine Naht aufgetrennt und Eure 100 Taler Belohnung schon herausgenommen haben. Da habt Ihr wohl daran getan. Ich danke Euch.“

Das war nicht schön. Aber wir sind auch noch nicht am Ende. Ehrlich währt am längsten und Unrecht schlägt seinen eigenen Herrn.

Der ehrliche Finder, dem es weniger um die 100 Taler als um seine unbescholtene Rechtschaffenheit zu tun war, versicherte, dass er das Päcklein so gefunden habe.

Am Ende kamen sie vor den Richter. Beide bestanden auch hier noch auf ihrer Behauptung:

der eine, dass 800 Taler seien eingenäht gewesen, der andere, dass er von dem Gefundenen nichts genommen und das Päcklein nicht versehrt habe. Da war guter Rat teuer. Aber der kluge Richter, der die Ehrlichkeit des einen und die schlechte Gesinnung des anderen im Voraus zu kennen schien, griff die Sache so an: Er ließ sich von beiden über das, was sie aussagten, eine feste und feierliche Versicherung geben – und tat hierauf folgenden Ausspruch: „Demnach, und wenn der eine von euch 800 Taler verloren, der andere aber nur ein Päcklein von 700 Taler gefunden hat, so kann das Geld des Letzteren nicht das nämliche sein, auf welches der Erstere ein Recht hat. Du, ehrlicher Freund, nimmst also das Geld, welches du gefunden hast, wieder zurück und behältst es in guter Verwahrung, bis der kommt, welcher nur 700 Taler verloren hat. Und dir, da weiß ich keinen Rat, als du geduldest dich, bis derjenige sich meldet, der deine 800 Taler findet.“ So sprach der Richter – und dabei blieb es.

**1** Die Kalendergeschichte ist über 200 Jahre alt und enthält einige altertümliche Formulierungen, z. B.: „wie man zu tun pflegt“ (▸ Z. 4–5), „um seine versprochene Belohnung bringen“ (▸ Z. 18–19), „Da habt Ihr wohl daran getan“ (▸ Z. 25), „Unrecht schlägt seinen eigenen Herrn“ (▸ Z. 29).
Klärt die Bedeutung der schwierigen Ausdrücke aus dem Textzusammenhang oder schlagt sie nach.

**2** Verschafft euch einen Überblick über den Aufbau des Textes.
a Teilt die Handlung in drei Abschnitte ein (z. B. Z. 1–16; Z. 17–33; Z. 34–57). Nennt die Figuren (und Orte), die jeweils eine Rolle spielen.
b Gebt den Abschnitten passende Überschriften.

**3** Untersucht die Handlung genauer.
a Beschreibt, welche Absichten die drei Figuren jeweils haben.
b Beurteilt das Verhalten der Figuren, indem ihr die folgenden Satzanfänge vervollständigt.
*Mir hat (nicht) gefallen, dass …; Erstaunt hat mich …, denn …; Ich finde es (nicht) richtig, …*

**4** Fasst die Handlungsschritte des ersten Abschnitts der Erzählung zusammen.
Wählt Aufgabe a, b oder c. Vergleicht anschließend eure Ergebnisse.
●●● a Schreibt die einzelnen Handlungsschritte in je einem Satz auf.
●●○ b Überarbeitet die folgenden Handlungsschritte:
Streicht Unwichtiges und ergänzt fehlende Handlungsschritte.

- *Ein Mann verliert viel Geld, das in ein Tuch eingenäht war. Er war unvorsichtig.*
- *Er bietet dem Finder einen Finderlohn.*
- *Ein ehrlicher Mann findet das Geld.*
- *Der Besitzer macht auch ein freudiges Gesicht, weil er sein verlorenes Geld wiederhat.*

●○○ c Überprüft die Handlungsschritte aus Aufgabe 2 b mit Hilfe der folgenden Fragen:
– Welche Angaben sind unwichtig und können gestrichen werden?
– Welche Informationen sollten ergänzt werden?

**5** Schreibt zum zweiten und dritten Abschnitt der Erzählung die wichtigsten Handlungsschritte in Sätzen auf.

Verwendet das **Präsens** und formuliert **in eigenen Worten.**

**6** Damit die Zusammenhänge verständlich werden, solltet ihr die Handlungsschritte sinnvoll verknüpfen. Im folgenden Beispiel wurden drei Handlungsschritte zu einem Satz verbunden. Schreibt den Satz rechts ab und ergänzt die fehlenden Verknüpfungen.

- *Ein Mann verliert eine große Geldsumme.*
- *Diese war in ein Tuch eingenäht.*
- *Er bietet dem ehrlichen Finder einen Finderlohn von 100 Talern.*

*Ein Mann verliert eine große Geldsumme, ? in ein Tuch eingenäht war ? bietet dem ehrlichen Finder einen Finderlohn von 100 Talern.*

**7** a Prüft eure Sätze aus Aufgabe 4 und 5: Verbindet zusammengehörige Handlungsschritte in eurem Heft durch passende Verknüpfungen.

b Vergleicht eure Ergebnisse in der Klasse. Benennt die Wortarten, die Sätze verknüpfen.

**8** Eine Zusammenfassung gibt die wichtigsten Handlungsschritte in möglichst knapper Form wieder. Wählt Aufgabe a, b oder c. Vergleicht anschließend eure Ergebnisse.

●●● a Hier wurde eine Zusammenfassung des dritten Abschnitts überarbeitet. Stellt die Unterschiede zwischen Text A und Text B dar.

A *Der ehrliche Finder versichert, dass er das Geld so gefunden habe. Der Besitzer behauptet, dass es vorher 800 Taler gewesen seien. Nun müssen sie beide vor den Richter. Der Richter erkennt sofort, dass der Finder ehrlich ist, und vermutet die Unehrlichkeit beim Besitzer. Er geht davon aus, dass der Besitzer keine Lust hat, den Finderlohn zu bezahlen.*

B *Nachdem beide versichern, die Wahrheit zu sagen, kommen sie vor den Richter. Dieser erkennt die Ehrlichkeit des Finders und vermutet, dass sich der Besitzer wohl vor dem Bezahlen des Finderlohns drücken will.*

●●○ b Wie ist es gelungen, Text A zu verknappen? Wählt aus den folgenden Möglichkeiten die richtigen Antworten aus und nennt für jede Möglichkeit ein Beispiel.

Weglassen von unwichtigen Angaben • Verknüpfung von Sätzen • Verknappung durch Nominalisierung • Überprüfung der Handlungsschritte

●○○ c Überarbeitet die folgende Zusammenfassung: Streicht Unwichtiges und verknüpft die Sätze mit Hilfe von Konjunktionen, z. B.: *als, wenn, weil, damit, denn.*

*Der Richter handelt klug. Er stellt fest, dass das Geld also nicht dasjenige sein kann, das der Besitzer verloren hat. Er kommt zu diesem Ergebnis, da beide vorgeben, die Wahrheit zu sagen.*

**9** Wörtliche Aussagen der Figuren werden in einer Zusammenfassung umschrieben oder in indirekter Rede (▶ S. 194) wiedergegeben. Wählt Aufgabe a, b oder c. Vergleicht anschließend eure Ergebnisse.

Gebt wichtige Aussagen der Figuren in **indirekter Rede** wieder oder **umschreibt** sie.

●●● a Formt den folgenden Satz in indirekte Rede um oder umschreibt ihn. Verwendet ausdrucksstarke Verben des Sagens.

Er sprach: „Ihr werdet also eine Naht aufgetrennt und Eure 100 Taler Belohnung schon herausgenommen haben."

●●○ b Formt den Satz aus Aufgabe a in indirekte Rede um oder umschreibt ihn. Verwendet ausdrucksstarke Verben des Sagens aus dem Wortspeicher.

unterstellen • vorwerfen • entgegenhalten

●○○ c Lest den Satz und die Beispiele A und B unten. Welche Wiedergabeform wurde jeweils gewählt?

Er sagt: „Und dir, da weiß ich keinen Rat."
*A Er sagt, er wisse ihm keinen Rat.*
*B Er kann ihm keinen Rat geben.*

**10** Fasst nun die Handlung der Erzählung „Der kluge Richter" in eigenen Worten zusammen.

**Information** **Die Handlung einer Erzählung zusammenfassen**

- Gliedert den Text in **Abschnitte** und vergebt passende **Überschriften.**
- Schreibt zu jedem Abschnitt die **wichtigsten Handlungsschritte** in je einem Satz auf.
- Prüft, welche Handlungsschritte ihr **streichen** oder **zusammenfassen** könnt.
- Formuliert die Sätze zu einem **zusammenhängenden Text** aus. Verwendet dabei geeignete **Satzverknüpfungen** wie Konjunktionen (z. B. *während, weil*) oder Pronomen (z. B. *welcher, die*).
- **Verkürzt die Sätze** weiter, indem ihr Satzteile streicht, zusammenfasst oder knappere Formulierungen wählt.

# Eine Inhaltsangabe schreiben

Peter Schwindt

## Die erste Reise

Das Meer war ruhig, der Horizont eine gerade Linie, die sich mit Nachdruck von einem blauen Himmel absetzte, an dem die Möwen tanzten und so frei wie der Wind waren, der sie trug. Juan Elcano saß nun schon den ganzen Tag an der Hafenmole von Palos und schaute den Seeleuten beim Beladen dreier Schiffe zu, die am morgigen Tag in See stechen sollten. Seine wenigen Freunde nannten ihn einen sehnsuchtsvollen Träumer, doch für seine Eltern, arme Bauern aus Getaria bei Gipuzkoa, war er ein zwölfjähriger arbeitsscheuer Tagedieb, der es nicht verdiente, gemeinsam mit den Geschwistern aus einer Schüssel die karge Brotsuppe zu essen. Aber es stimmte nicht! Juan war nicht faul! Er konnte sich nur kein Leben als Bauer vorstellen, verhaftet an eine Scholle, die kaum eine Familie wie die seine ernähren konnte. Dazu liebte er zu sehr das Meer. Deswegen war er in den Süden gegangen.

Er stand auf und klopfte sich die Hose ab. Juan hatte schon lange einen Entschluss gefasst, aber nicht den Mut gefunden, ihn auch in die Tat umzusetzen. Nun, das sollte sich heute ändern. Er versuchte, sich so selbstsicher wie möglich zu geben, als er auf den groß gewachsenen Mann zutrat, der neben einem Stapel Fässer stand und ihre Zahl anhand einer Liste kontrollierte.

„Señor?“ Der Mann warf einen kurzen Blick auf Juan und widmete sich dann wieder seiner Arbeit. „Was ist?“, brummte er. „Ich wollte fragen, ob Ihr noch eine helfende Hand gebrauchen könnt.“ „Danke, aber ich komme alleine mit der Ladung zurecht.“ Er machte einen Haken auf der Liste und wandte sich einer Kiste zu. „Ich suche auch keine Arbeit hier im Hafen.“ Juan eilte hinter dem Mann her und

packte ihn am Arm. „Ich möchte gerne Schiffsjunge werden.“ Der Mann blieb stehen und drehte sich zu Juan um. „Weißt du eigentlich, mit wem du redest?“ Juan schüttelte den Kopf. „Mein Name ist Martín Alonso Pinzón.“ „Und ich heiße Juan Sebastián Elcano. Wenn Ihr mich nehmt, werdet Ihr es nicht bereuen.“ Pinzón machte ein Gesicht, als hätte der Junge den Verstand verloren. „Verschwinde von hier, sonst mache ich dir Beine!“, sagte er schließlich und stieß Juan beiseite. Doch so leicht ließ sich der Junge nicht abwimmeln. „Bitte! Ich mag ja vielleicht schmächtig wirken, aber wenn es darauf ankommt, kann ich für zwei arbeiten!“ „Nein“, kam die barsche Antwort. Juan stellte sich dem Mann in den Weg. „Ich bin folgsam und lerne schnell.“ „Nun, offensichtlich trifft weder das eine noch das andere auf dich zu, sonst würdest du mir nicht weiter auf die Nerven gehen. Und jetzt geh nach Hause!“

„Martín Alonso Pinzón ist ein harter Hund“, sagte der Mann. „Das muss er auch sein, denn er ist der größte Schiffseigner von Palos. Die Karavellen gehören ihm.“ Der Mann setzte sich neben Juan, der ihn jetzt genauer musterte. „Wer seid Ihr?“, fragte Juan. „Ihr klingt nicht, als wäret Ihr ein Spanier." „Das stimmt. Ich komme aus Genua in Ligurien." „Aha", machte Juan nur, der weder wusste, wo das eine noch das andere lag. „Was wirst du jetzt tun?", fragte der Genuese. Juan zuckte mit den Schultern. „Ich werde es erneut versuchen. Immer und immer wieder. Bis mich dieser Pinzón nimmt." „Warum?" Der Mann sah Juan ernst an. „Ich bin für das Land nicht geschaffen", sagte Juan hilflos. „Meine Familie ist froh, dass ich sie verlassen habe. Mein Vater hat mir sogar etwas von seinem Ersparten gegeben, nur damit ich nicht mehr zurückkehre. Ich möchte wissen, was sich hinter diesem Horizont verbirgt!" Juan deutete hinaus auf die See. „Ist es wahr, was man sich erzählt? Dass die Erde eine Kugel ist?" „Man vermutet es. Bewiesen hat es noch niemand. Dazu müsste man die Welt erst umschiffen." Der Genuese lachte nicht. Stattdessen stand er auf. „Vielleicht wirst du das eines Tages. Doch dazu musst du erst beweisen, ob dein Wille dazu genauso groß ist wie deine Abenteuerlust." Ohne eine Antwort abzuwarten ging der Genueser fort und verschwand in eine der schmalen Gassen, die Palos durchzogen.

Er musste sich einen Plan zurechtlegen, sonst konnte er seinen Traum von der Seefahrt begraben. Juan dachte nach. Drei Schiffe lagen vor Anker. Wer sagte denn, dass er ausgerechnet die Karavelle des Grobians nehmen musste? Auf den beiden kleineren Schiffen gab es bestimmt auch Platz für ihn. Und andere Kommandanten, die bestimmt froh waren, wenn er ihnen seine Hilfe anbot. Vielleicht sollte er es dort versuchen. Juan wartete, bis der Mond hinter den Wolken verschwunden war, dann verließ er sein Versteck. Langsam, ohne dabei ein Geräusch zu verursachen, ließ er sich ins Wasser gleiten. Vorsichtig schwamm er zur vom Land abgewandten Backbordseite, wo er einen Moment innehielt. Nichts war zu hören. Nur ein Hund bellte irgendwo weit entfernt. Juan wartete noch eine Minute und dann kletterte er den Rumpf hinauf, wobei ihm die außen angebrachten Verstrebungen genügend Halt gaben. Und obwohl er aufgeregt wie noch nie in seinem Leben war, kroch er unter eines der Segel und schlief bald selig ein. Geweckt wurde er jedoch auf eine höchst unsanfte Art. Jemand packte ihn beim Hemd und riss ihn hoch. „Schön, dass du den Mut gefunden hast, dich doch noch auf eines meiner Schiffe zu schleichen", zischte ihn eine Stimme an. Er zerrte Juan aufs Deck des Schiffes und pfiff auf seinen Fingern. In kürzester Zeit standen zwei Stadtsoldaten mit Hellebarde am Fallreep und salutierten. „Werft den Burschen in den Kerker!", rief Pinzón.

„Einen Moment", rief eine Stimme. Alle drehten sich zu einem Mann um, der nun aus dem Schatten trat, den das erste Schiff auf die Mole warf. Obwohl nur wenige Lampen brannten, erkannte Juan die Gestalt augenblicklich wieder. „Der Genuese!", sagte Juan überrascht. Pinzón stöhnte auf. „Ihr schon wieder! Was wollt Ihr denn?" „Von meinem Recht als Leiter der Expedition Gebrauch machen", sagte der Mann. „Die ich finanziere", rief Pinzón. „Ihr seid aber nicht die Königin, die mich beauftragt, den Seeweg nach Indien zu finden", schnitt ihm der Genueser das Wort ab. Dann wandte er sich an Juan. „Dreimal hast du nun versucht, einen Platz als Schiffsjunge zu finden. Dreimal hat man dich abgewiesen. Was für eine Lehre ziehst du daraus?" „Dass ich es ein viertes Mal versuche. Und wenn es sein muss, ein fünftes Mal. Oder ein sechstes Mal. Bis mein Traum in Erfüllung geht", sagte Juan bestimmt. „Warum?", fragte der Genueser. „Weil es meine Bestimmung ist. Ich bin für die Seefahrt geboren. Ich will die Welt erkunden. Und ich suche das Abenteuer!" Der Mann drehte sich zu dem Kapitän um. „Hört Ihr, Pinzón? Das ist ein Bursche nach meinem Geschmack. Erinnert Ihr Euch daran, auch einmal solch eine Begeisterung verspürt zu haben? Oder klimpert an der Stelle, an der sonst Euer Herz schlägt, nur noch ein Geldbeutel? Der Junge kommt mit. Ich mache ihn zu meinem persönlichen Schiffsjungen."

Pinzóns Mund klappte auf und dann wieder

zu. Seine Mannschaft klatschte keinen Beifall, das hätte sie nie gewagt. Aber in den Gesichtern der Männer konnte Juan sehen, dass sie es gerne getan hätten.
Der Genueser legte eine Hand auf Juans Schulter und lächelte ihn an. „Du hast mich beeindruckt. Nicht wenige hätten schon beim ersten Mal aufgegeben. Pinzón kann manchmal ein sehr unangenehmer Mann sein, der es liebt, wenn man Angst vor ihm hat. Aber Angst ist nicht mit Respekt gleichzusetzen. Respekt muss man sich verdienen. So wie du ihn dir heute verdient hast, Juan Sebastián Elcano. Ich sage dir, dich erwartet noch eine große Zukunft!“ „Ich weiß nicht, wie ich Euch danken soll, Señor“, stotterte Juan. „Ich kenne noch nicht einmal Euren Namen!“ „Oh, wie unhöflich von mir. Da treten wir heute gemeinsam eine solch lange Reise an und ich habe mich noch nicht einmal vorgestellt“, sagte der Mann und verneigte sich lächelnd. „Mein Name ist Kolumbus. Christoph Kolumbus.“

**1** Sprecht über die Erzählung „Die erste Reise“.
- a Klärt Wörter und Textstellen, die für euch schwer verständlich sind, aus dem Textzusammenhang. Ihr könnt auch in einem Wörterbuch nachschlagen.
- b Stellt einander W-Fragen zum Textinhalt und beantwortet sie.
- c „Oder klimpert an der Stelle, an der sonst Euer Herz schlägt, nur noch ein Geldbeutel?“ (Z. 154–155) – was ist mit diesem Ausspruch gemeint?

**2** Habt ihr auch schon einmal hartnäckig für etwas gekämpft, was zunächst wenig Aussicht auf Erfolg hatte? Erzählt, wie ihr euer Ziel erreicht habt.

**3** Eine Inhaltsangabe besteht aus drei Bestandteilen. Der erste Bestandteil ist die **Einleitung.** Sie enthält wichtige Informationen zum Text und einen ersten Überblick über den Inhalt.

*Die Erzählung „Die erste Reise“ von Peter Schwindt ist in der Geschichtensammlung „Ich schenk dir eine Geschichte“ 2009 erschienen. Der Text erzählt von Juan, einem 12-jährigen spanischen Bauernjungen, der zur Zeit Christoph Kolumbus' lebt. Er hat seine Familie verlassen, um seinen Traum, ein Seefahrer zu werden, in die Tat umzusetzen.*

Notiert im Heft alle Angaben, die der erste Teil der Einleitung enthält.

*Autor: Peter Schwindt*
*Titel: ...*
*Textsorte: Erzählung*

**4** Das Thema des Textes wird im zweiten Teil der Einleitung vorgestellt: Es fasst knapp zusammen, wovon der Text handelt. Lest noch einmal die Einleitung auf Seite 93 und bestimmt das Thema. Wählt dann Aufgabe a, b oder c. Vergleicht anschließend eure Ergebnisse.

●●● a Formuliert das Thema mit Hilfe verschiedener Satzanfänge um.

●●○ b Formuliert das Thema mit Hilfe des Wortspeichers um.

> In dem Text geht es um ... • Die Geschichte handelt von ...

●○○ c Schreibt das Thema des Textes in euer Heft.

VORSICHT FEHLER!

*Die Geschichte spielt zur Zeit von Christoph Kolumbus. Darin wird von einem spanischen Bauernjungen erzählt, der um jeden Preis zur Seefahrt gehen will. Der Junge ist arm und unternimmt einen Versuch nach dem anderen, an Bord zu gelangen.*

*„Die erste Reise" handelt von einem spanischen Bauernjungen, dem spanischen Seefahrer Christoph Kolumbus und einem Schiffsflottenbesitzer namens Pinzón.*

**5** a Prüft mit Hilfe eurer Ergebnisse von Aufgabe 3 und 4, welche Angaben in den Einleitungen oben fehlen oder zu ausführlich gestaltet wurden. Sammelt Verbesserungsvorschläge.

b Schreibt die Einleitungen verbessert ins Heft.

**6** Verfasst eine Einleitung für eure Inhaltsangabe von „Der kluge Richter" (▶ S. 87 f.).

VORSICHT FEHLER!

- Juan hat den Hof der Familie verlassen, um Seefahrer zu werden.
- Er schaut den Seeleuten im Hafen von Palos beim Beladen der Schiffe zu.
- Seine wenigen Freunde nennen ihn einen Träumer, seine Eltern einen arbeitsscheuen Tagedieb.
- Er wird von einem Mann angesprochen.
- Dieser erklärt ihm, dass Pinzón der größte Schiffseigner der Stadt sei.
- Der Mann erklärt Juan, er müsse beweisen, ob sein Wille, zur See zu fahren, groß genug sei.
- Juan versteckt sich auf einem der Schiffe. Er wird entdeckt und Pinzón will ihn in den Kerker werfen lassen.
- Der Unbekannte bewahrt ihn davor. Er ist beeindruckt von Juans Willenskraft und ernennt ihn zu seinem persönlichen Schiffsjungen.
- Der Mann stellt sich als Christoph Kolumbus vor. Als Leiter der Expedition will er den Seeweg nach Indien finden.

**7** Überarbeitet diese Sammlung von Handlungsschritten zur Geschichte „Die erste Reise" im Heft.

a Streicht Unwichtiges und fasst Sätze zusammen.

b Prüft eure Ergebnisse zu zweit oder in der Klasse. Bringt dabei die Textlupe zum Einsatz, indem ihr euer Lob oder eure Verbesserungsvorschläge aufschreibt und anschließend eure Sätze überarbeitet (▶ S. 318).

> Der zweite Bestandteil der Inhaltsangabe ist der **Hauptteil.** Hier fasst ihr die wichtigsten **Handlungsschritte** zusammen. Ihr informiert knapp und in der richtigen Reihenfolge über die Ereignisse.

**8** Schreibt nun den **Hauptteil** der Inhaltsangabe in euer Heft.
*Der Bauernjunge Juan hat seine Familie verlassen, um Seefahrer zu werden, denn …*

**9** Der dritte Bestandteil der Inhaltsangabe ist der **Schluss.** Hier könnt ihr euch selbst zum Text äußern.
a Vervollständigt die folgenden Satzanfänge mit euren Einschätzungen.

- *Die Erzählung „Die erste Reise" von Peter Schwindt gefällt mir sehr gut/nicht so gut, weil …*
- *Auch ich habe schon einmal erlebt, wie … Dabei habe ich mich … gefühlt.*
- *Ich konnte mich gut in die Hauptfigur hineinversetzen, denn …*
- *Der Text zeigt, …*

b Beurteilt folgende Schlussgedanken.

- *Die Erzählung „Die erste Reise" hat mir gut gefallen, weil sie spannend ist.*
- *Ich fand die Geschichte ziemlich unsinnig, außerdem spielt sie in der Vergangenheit und hat mich schon deshalb überhaupt nicht interessiert.*
- *Besonders gut gefallen an der Erzählung hat mir der Schluss, als Juan überraschend vor dem Kerker gerettet wird. Am Ende hat er mit seiner Hartnäckigkeit sein Ziel erreicht. Ich fand es gut, dass man erst ganz zum Schluss erfährt, dass der Unbekannte Kolumbus ist.*

**10** Verfasst einen eigenen Schluss für eure Inhaltsangabe der Erzählung „Die erste Reise" (▶ S. 91 ff.). Lest dazu auch die Informationen im Merkkasten unten.

**Information** **Bestandteile einer Inhaltsangabe**

Eine Inhaltsangabe besteht aus Einleitung, Hauptteil und Schluss:
- Die **Einleitung** enthält Informationen
  - zu **Autorin/Autor, Textsorte, Titel** und **Quelle** des Textes,
  - zum **Thema des Textes** mit Angaben über die Hauptfigur(en) und – wenn diese wichtig für die Handlung sind – den Ort und die Zeit.
- Der **Hauptteil** fasst den Handlungsverlauf mit den wichtigsten Handlungsschritten knapp und verständlich zusammen.
- Im **Schluss** könnt ihr
  - eure eigene **Meinung** zum Text mitteilen *(Wie gefällt mir der Text?)*,
  - auf die **Wirkung** oder **Lehre** des Textes eingehen *(Was soll meiner Meinung nach durch den Text zum Ausdruck gebracht werden? / Was kann man daraus lernen?)* oder
  - den Text in Bezug zu euren **eigenen Erfahrungen** bringen *(Was hat der Text mit mir zu tun?)*.

# Testet euch!

## Merkwissen zur Inhaltsangabe

**1** a Richtig oder falsch? Die Buchstaben hinter den richtigen Angaben ergeben – in die richtige Reihenfolge geordnet – das Lösungswort. Auf Seite 321 könnt ihr es prüfen.
b Schreibt die Checkliste korrigiert in euer Heft.
c Zum Aufbau einer Inhaltsangabe könnt ihr noch zwei Prüfpunkte ergänzen.

**Checkliste „Eine Inhaltsangabe schreiben"**

| *Eine Inhaltsangabe* | richtig | falsch |
|---|---|---|
| *darf keine Spannung enthalten.* | G | D |
| *wird im Präteritum geschrieben.* | S | U |
| *soll in eigenen Worten formuliert sein.* | N | X |
| *enthält wörtliche Rede.* | W | I |
| *soll sachlich verfasst sein.* | T | O |
| *darf nacherzählen.* | P | E |
| *spiegelt nur im Schluss die eigene Meinung wider.* | L | U |
| *muss den Text ausführlich wiedergeben.* | A | N |
| *soll die Handlungsschritte in der richtigen Reihenfolge wiedergeben.* | I | B |
| *darf nur die wichtigsten Informationen enthalten.* | E | F |

**2** **E**inleitung, **H**auptteil oder **S**chluss? Ordnet folgende Sätze zu:

Der Unbekannte erklärt Juan, dass er sich erst beweisen müsse.
E H S

Die Erzählung wird dadurch so spannend, dass man erst zum Schluss erfährt, wer der Unbekannte ist.
E H S

In der Erzählung „Die erste Reise" von Peter Schwindt, erschienen 2009, geht es um einen Jungen, der seine Familie verlässt, um seinen größten Traum zu verwirklichen.
E H S

# 5.2 Der Seifenblasenfabrikant – Sprachliche Merkmale einer Inhaltsangabe

Gina Ruck-Pauquèt

## Der Freund

Er war älter als sie. Aber das machte Therese nichts. „Das Kind ist weit über sein Alter hinaus“, pflegte ihre Mutter zu sagen. Vielleicht war das der Grund dafür, dass Therese keine Freundin in ihrer Klasse hatte. Bull war mindestens vierzehn. Er ging nicht mehr in die Schule. Möglicherweise ging er auch darum nicht, weil er einfach keine Lust hatte. Bull war das zuzutrauen. Bull!

„Warum heißt du Bull? Wieso hat deine Mutter dich Bull genannt?“ Bull hatte gelacht. „Den Namen hab ich mir selbst gegeben.“ „Und wie heißt du echt?“ „Rumpelstilzchen“, hatte Bull gesagt. Normalerweise hätte ja Therese einen Jungen wie Bull überhaupt nicht kennen gelernt. In ihrer Gegend waren die Jungen anders. Entweder gingen sie in die Schule oder sie arbeiteten irgendetwas. Bull machte nichts. Jedenfalls nichts von dem, was man meinen sollte. Nichts von all den Dingen, die Erwachsene für vernünftig halten.

Als Therese Bull zum ersten Mal sah, lag er im Gras. Sie hatte ihrem Vater das Essen in die Gärtnerei gebracht. Die Gärtnerei war am Stadtrand. Therese fuhr mit dem Fahrrad hin. Sie machte das gern und blieb dann immer eine Weile dort. Im Frühjahr konnte man die Pflänzchen in den Glasbeeten förmlich wachsen sehen. Von Tag zu Tag waren sie ein bisschen größer geworden. Therese nahm dann eine Hand voll Erde und fühlte die Wärme der Sonne darin. Jetzt war Herbst. Da blühten Fel-

der voller Astern in leuchtenden Farben. Und die Dahlien standen auch noch bis zum ersten Nachtfrost. Therese hockte sich zu ihrem Vater ins Gewächshaus und sah zu, wie er aß und dabei auf einem Zettel Preise ausrechnete. Viel sprachen sie nie miteinander. Höchstens, dass der Vater fragte, ob in der Schule alles gut gegangen war. „Ja“, sagte Therese dann. Sie wartete, bis er aufgegessen hatte, packte den Teller und das Besteck in eine Tüte und stopfte alles in ihren Rucksack. „Tschüss!“, sagte sie. Aber manchmal hörte ihr Vater das schon nicht mehr.

An dem Tag, an dem Therese Bull traf, drangen zuerst die Fetzen einer Melodie zu ihr hin. Dann sah sie ihn draußen vor der Gärtnerei, wo das Gras ausgebleicht und hoch stand, weil es nie jemand mähte. Er lag auf dem Rücken, die Hände unter dem Kopf und schaute sie an. „Na?“, sagte Bull. „Hast du Mundharmonika gespielt?“, fragte Therese. Er zog das Instrument aus seiner Hosentasche und spielte noch einmal. „Willst du?“, fragte er dann und hielt es ihr hin. „Das kann ich nicht“, sagte Therese. „Probier's!“ Therese schüttelte den Kopf. Bull stand auf. Er war lang und dünn und hatte breite Schultern. „Wohnst du hier irgendwo?“, fragte Therese. Er zeigte hinter sich. Da waren die Häuser, die sie Silos nannten. „Wohnmaschinen“, hatte die Mutter gesagt. „Die sind nicht mal alt. Aber das Gesindel, das da lebt, lässt alles verkommen.“ Therese ging zu ihrem Rad. „Lässt du mich mal fahren?“, fragte Bull. Sie brachte es nicht fertig, Nein zu sagen. Dann hatte sie die ganze Zeit Angst, dass er nicht zurückkommen würde. Er kam aber. Von da an trafen sie sich fast jeden Tag. Sie saßen da, aßen Sonnenblumenkerne und wetteten, wer die Schalen am weitesten spucken konnte. Bull spielte Mundharmonika oder er ahmte Tiere nach. Sprang herum wie ein Affe, hüpfte wie ein Känguru und machte den Stier mit gesenkten Hörnern. Therese hatte nie so gelacht. „Woher hast du die Sonnenblumenkerne?“, fragte sie einmal.

Da guckte er bloß und drückte ein Auge zu. Therese versuchte, nicht daran zu denken, dass sie aus der Gärtnerei stammen mussten. Vielleicht war es ja auch nicht wahr. Ein andermal fragte sie, was er denn werden wolle. Bull machte einen Handstand. „Wieso?“, meinte er. „Na ja, du brauchst doch einen Beruf.“ „Ich werd Seifenblasenfabrikant“, sagte Bull.

Am nächsten Tag brachte Therese Seifenblasen mit. Sie hatten so viel Spaß, dass sie fast vergessen hätte, nach Hause zu fahren. Mit Bull war alles anders, leichter, fröhlicher. Ganz einfach war alles mit Bull. Daheim hatte Therese nichts von ihm erzählt. Die hätten das doch nicht verstanden.

Als Therese ihn eines Tages von ihrem Fensterplatz im Klassenzimmer auf dem Schulhof sah, erschrak sie. Er schien da nicht hinzupassen. Sie erinnerte sich, ihm gesagt zu haben, in welche Schule sie ging. Aber was wollte er hier? Wollte er sie abholen? Am Schluss der Stunde war er nicht mehr da. „Mein Wollschal ist weg!“, sagte da Brigitte. „Der hat hier im Flur gehangen. Bei den anderen Sachen. Mein gelber Wollschal. Den hat einer geklaut.“ „Spinn doch nicht“, sagte Doris. Dann rannten sie alle durcheinander und suchten. Die Lehrerin suchte auch. Therese wusste, dass sie den Schal nicht finden würden. Und sie fanden ihn auch nicht.

Mittags konnte Therese nichts essen. Ihr war schlecht vor Enttäuschung und Zorn. Zum ersten Mal war sie schon vor Bull bei der Gärtnerei. „Hallo“, sagte er. „Ich hab Brombeeren.“ „Das war gemein von dir!“ Therese musste es gleich aussprechen. „Du hast den Wollschal weggenommen. Bei uns in der Schule!“ Sie sah ihn an und hoffte, es möge sich herausstellen, dass er unschuldig war. Aber Bull grinste bloß. Und die Art, wie er grinste, sprach für sich. „Gib ihn zurück“, sagte Therese. „Bitte, gib ihn mir. Ich häng ihn hin, dann ist er einfach wieder da.“ „Du bist ja verrückt“, sagte Bull. „Ich klaue doch nicht!“

Therese brachte ihrem Vater das Essen. Und wenn sie wirklich Unrecht hatte? Wenn er es nicht gewesen war? Lieber Gott, dachte Therese, mach, dass er es nicht gewesen ist. Als sie hinauskam, konnte sie Bull nicht finden. Sie rief ein paar Mal nach ihm, dann stieg sie auf ihr Fahrrad. Ein Stückchen Ast fiel von einem Baum auf sie herab. Oben saß Bull. „Gelb ist meine Lieblingsfarbe!“, schrie er. Er ist mein Freund, dachte Therese, als sie am Abend nicht einschlafen konnte. Er wird es nicht wieder tun. Sie wollte, dass alles so wurde, wie es gewesen war. Bull war wie immer, am nächsten Tag und am übernächsten. Aber Therese musste sich anstrengen, um fröhlich zu wirken. Es wurde jetzt Winter. In einer der Nächte gab es schon Bodenfrost. „Hast du nichts Wärmeres anzuziehen?“, fragte Therese. „Werd mir schon was besorgen“, sagte Bull. „Bull!“ Therese packte ihn am Arm. „Bleib ein anständiger Mensch“ – Bull grinste – „willst du doch sagen, oder?“ Therese ließ ihn stehen. Sprang aufs Fahrrad und fuhr weg. Am nächsten Tag fehlte der Janker. Jochens dicker, grauer Janker, der im Flur der Schule an einem Haken gehangen hatte. Die aufgeregten Kinder und Lehrer summten um Therese herum wie ein Bienenschwarm. Nein, dachte sie immer wieder. Nein! „Ist dir nicht gut?“, fragte jemand. Therese gab keine Antwort. „Soll ich dich heimbringen?“ Therese schüttelte den Kopf.

Dann war sie daheim und etwas später saß sie auf dem Fahrrad und fuhr zur Gärtnerei. Bull war nicht da. Erst als sie wieder herauskam, sah sie ihn. Die Jacke stand ihm gut. „Gib her!“, sagte Therese. „Gib die Jacke her!“ „Bei dir piept's wohl!“ Bull sprang einen Schritt zurück. „Du hast sie gestohlen“, sagte Therese. „Was geht es dich an?“, sagte Bull. „Gib sie her

oder ich sag, dass du es warst." „Das machst du nie!" Bull lachte. „Ich zähle bis drei", sagte Therese. Dann fuhr sie und während des ganzen Weges dachte sie sich Entschuldigungen für Bull aus. Dass er arm war. Dass seine Mutter sich nicht um ihn kümmerte. Dass er keinen Vater hatte. Und dass er aus dem Silo kam. Aber dazwischen schossen immer wieder die anderen Gedanken. Dass er es trotzdem nicht durfte. Weil kein Mensch das Recht hat, einem anderen etwas wegzunehmen. Als Therese in die Straße einbog, in der die Lehrerin wohnte, war sie ganz ruhig. Sie klingelte und wartete, bis aufgemacht wurde. „Therese?" Die Lehrerin wunderte sich. „Ich weiß, wer die Sachen genommen hat", sagte Therese. Und sie dachte, dass sie es schnell hinter sich bringen wollte. Noch bevor sie anfangen würde zu weinen.

**1** Lest den Text. Ist Ehrlichkeit wichtiger als Freundschaft? Macht euch Gedanken zu der Frage und diskutiert in der Klasse darüber.

**2** a Erschließt den Textinhalt genauer:
- Wer sind die Hauptfiguren?
- Wo spielt die Erzählung?

b Formuliert weitere W-Fragen zum Text und beantwortet sie in der Klasse.

**3** Sammelt Textstellen, die verdeutlichen, was Therese an Bull gefällt.

**4** Worum geht es in dieser Erzählung? Vervollständigt folgende Einleitung in eurem Heft.

*In der Erzählung ? von ? geht es um das Mädchen ?, das einen Jungen ...*
*Sie muss feststellen, dass ?*

**5** Findet die wichtigsten Handlungsschritte des Textes heraus.

a Teilt den Text in 3 bis 4 Abschnitte ein und vergebt passende Überschriften.
**Tipp:** Ihr könnt euch an den verschiedenen Zeitangaben orientieren (▶ S. 98, Z. 46: „An dem Tag ...").

b Schreibt für jeden Abschnitt die wichtigsten Handlungsschritte in ganzen Sätzen auf, z. B.:

***Therese und Bull lernen sich kennen.***
- *Therese besucht die Gärtnerei ihres Vaters.*
- *Bull liegt im Gras und spielt ...*

**6** Prüft eure Notizen und überarbeitet sie mit Hilfe der Checkliste.

## Checkliste

**Überprüfung der wichtigsten Handlungsschritte**
- Sind alle wichtigen Informationen enthalten?
- Gibt es unwichtige Informationen, die gestrichen werden können?
- Lassen sich Sätze zusammenfassen?

## Die Zeitform beachten und Sätze sinnvoll verknüpfen

VORSICHT
FEHLER!

*Das Mädchen Therese lernte in der Nähe der Gärtnerei ihres Vaters eines Tages den 14-jährigen Bull kennen. Der Junge war anders als die Jungen in ihrer Schule oder aus der Nachbarschaft. Das Zusammensein mit Bull war unbeschwert und unkompliziert. Die beiden freundeten sich nach und nach an, bis Therese feststellte, dass Bull stiehlt.*

**1** In diesem Ausschnitt einer Inhaltsangabe wurde die falsche Zeitform verwendet. Schreibt die Zeilen ab und setzt die Verbformen ins Präsens.

**2** In einer Inhaltsangabe sollten die Sätze sinnvoll miteinander verknüpft werden.
In welchen der folgenden Sätze wird der inhaltliche Zusammenhang besonders gut deutlich?
Begründet, woran das liegt.

*Bull ist anders als die Jungen in ihrer Schule und er gefällt Therese.*
*Da Bull anders ist als die Jungen in ihrer Schule, gefällt er Therese.*
*Bull gefällt Therese, er ist anders als die Jungen in ihrer Schule.*
*Bull gefällt Therese, weil er anders ist als die Jungen in ihrer Schule.*

**3** Probiert selbst verschiedene Möglichkeiten aus, Sätze sinnvoll zu verknüpfen.
Wählt Aufgabe a, b oder c. Vergleicht anschließend eure Ergebnisse.

●●● a Fasst die Zeilen 153–178 im Text in einem Satz zusammen. Verwendet eure Ergebnisse von Aufgabe 5 (▸ S. 100) und achtet auf sinnvolle Satzverknüpfungen.

●●○ b Verknüpft die beiden folgenden Sätze mit Hilfe von Kunjunktionen so, dass der Zusammenhang deutlich wird. Schreibt verschiedene Möglichkeiten auf.

| | | |
|---|---|---|
| Die beiden verbringen oft ihre Zeit zusammen. | + | Sie werden Freunde. |
| Therese bezeichnet Bull als ihren Freund. | + | Sie verrät Bull. |

●○○ c Verknüpft die beiden Sätze oben mit Hilfe des Wortspeichers so, dass der Zusammenhang deutlich wird. Notiert verschiedene Möglichkeiten.

obwohl • weil • während • deshalb • trotzdem • und • als

**Information** **Die Zeitform einer Inhaltsangabe: das Präsens**

Die Zeitform einer Inhaltsangabe ist das Präsens.
Wenn Handlungen schon früher abgeschlossen sind, wird das Perfekt verwendet, z. B.:
*Therese <u>ist</u> enttäuscht von Bull, da sie ihm <u>vertraut hat</u>.*

## Sätze knapp und sachlich formulieren und wörtliche Rede vermeiden

*Als die beiden mit großem Spaß gemeinsam Sonnenblumenkerne spucken, fragt Therese Bull vorsichtig, wo er diese denn eigentlich herhat. Als er bloß guckt und ein Auge zudrückt, wird sie natürlich misstrauisch, klar. Sie versucht, den Gedanken verständlicherweise wegzuschieben, dass sie aus der Gärtnerei stammen mussten. Es konnte ja auch eine andere Erklärung geben. So würden wohl die meisten von uns reagieren.*

**4** Dieser Auszug aus einer Inhaltsangabe enthält schildernde Stellen und Wertungen.
a Besprecht zu zweit, was gestrichen oder umformuliert werden muss.
b Überarbeitet den Textauszug und schreibt ihn gekürzt und in sachlicher Sprache auf.

**5** Wörtliche Rede darf in einer Inhaltsangabe nicht enthalten sein.
Formt deshalb die wörtliche Rede in indirekte Rede um oder umschreibt sie, z. B.:

„Gib ihn zurück“, sagte Therese.
→ *Therese bittet Bull, den Schal zurückzugeben.*
→ *Therese fordert ihn auf, den Schal zurückzugeben.*

Formt auch die folgenden Sätze um wie im Beispiel oben.
Verwendet dabei geignete Verben aus dem Wortspeicher.

- „Hast du nichts Wärmeres anzuziehen?“, fragte Therese.
- „Gib her!“, sagte Therese.
- „Ich weiß, wer die Sachen genommen hat“, sagte Therese.

vorschlagen • informieren • sich erkundigen • erklären • verlangen • berichten • sich beklagen

**Information** **Die Sprache einer Inhaltsangabe**

Bei Inhaltsangaben gebt ihr den Textinhalt möglichst **knapp, gut verständlich** und **in eigenen Worten** wieder. Achtet darauf,
- im **sachlichen Stil** zu formulieren,
- **Sätze** sinnvoll miteinander zu **verknüpfen,** z. B. durch Konjunktionen und Adverbien,
- wörtliche Rede zu **umschreiben** oder durch **indirekte Rede** zu ersetzen.

# Stärken stärken: Eine Inhaltsangabe schreiben

1 Schreibt eine Inhaltsangabe zu der Erzählung „Die Kunst, ein Mann zu werden".

a Lest die Erzählung und verschafft euch einen genauen Überblick über den Inhalt. Formuliert hierzu W-Fragen zum Text und beantwortet sie.

b Gliedert den Text. Formuliert Überschriften für die einzelnen Handlungsschritte und notiert die wichtigsten Informationen in Stichworten oder kurzen Sätzen.

c Formuliert einen informierenden Einleitungssatz. Benennt auch das Thema der Erzählung.

d Schreibt nun mit Hilfe eurer Notizen aus Aufgabe 1 b den Hauptteil der Inhaltsangabe. Formuliert in eigenen Worten und achtet auf eine sachliche Sprache.

e Verfasst einen Schluss für eure Inhaltsangabe.

▷ Hilfen zu den Aufgaben 1 a–e findet ihr auf der Seite 105.

Ilse Kleberger

## Die Kunst, ein Mann zu werden

Die Ferien näherten sich ihrem Ende. Oma lenkte Max heimwärts. Die Luft roch schon herbstlich, aber es war immer noch warm. Jan saß allein auf dem Rückbrett des grünen Wagens und sah träumerisch dem Rauch seiner Zigarette nach. Hier hinten war der beste Platz zum Rauchen, den er je gefunden hatte. Hier konnte ihn niemand erwischen. [...] Als der Wagen hielt, drückte Jan schnell seine halb gerauchte Zigarette aus und steckte sie in die fast volle Packung, die er sich heimlich von seinem Taschengeld gekauft hatte. Er versenkte sie tief in seiner Hosentasche.

Sie übernachteten heute an einem See, an dem sie auf der Hinfahrt das erste Mal kampiert und die Rehe gesehen hatten. Es war dort ebenso friedlich wie damals. Aber als sie sich in der sandigen Bucht zum Abendessen hingesetzt hatten, merkten sie, dass es diesmal nicht so friedlich war, wie es aussah. Ein Heer von Mücken umschwirrte sie, umsummte kriegerisch ihre Köpfe, und ab und zu stieß eine herab, um sich aus Peters Bein oder Brigittes Arm oder Omas Stirn das begehrte Blut zu saugen.

„Ich seh' schon fast wie ein Streuselkuchen aus, lauter Beulen", jammerte Peter. „Wir müssen Abhilfe schaffen", sagte Oma. „Jan, wie wäre es, wenn du eine Zigarette rauchtest?"

Jan sah sie sprachlos an. Oma schlug eine Mücke auf ihrer Hand tot. „Na ja", sagte sie, „du bist von dem Teufelszeug doch nicht abzubringen, dann kannst du hier wenigstens etwas nützlich sein. Die Mücken wissen nämlich, wie giftig Zigarettenrauch ist, und bleiben dann fort."

Etwas unsicher holte Jan seine Zigaretten und die Streichhölzer hervor und zündete sich eine Zigarette an, aber er fand sein Selbstbewusstsein wieder, als er Brigittes und Peters bewundernde Blicke auf sich gerichtet sah. Er rauchte lässig und ließ den Rauch nicht nur aus dem Mund, sondern sogar aus der Nase strömen, und der Erfolg war großartig, die Mücken blieben fort.

Als Jan die erste Zigarette aufgeraucht hatte, steckte er sich mit einem Seitenblick auf Oma eine zweite an. Oma verzog keine Miene. Sie blickte auf den See und beobachtete ein Entenpärchen, das nach seiner Abendmahlzeit tauchte.

Als Jan die zweite Zigarette geraucht hatte, schob er die Packung in die Tasche. Sofort fielen die Mücken wieder über sie her.

„Rauch weiter!", rief Peter.

Jan sah Oma fragend an.

„Ja, rauch weiter", sagte sie.

Jan fand wieder einmal, dass er die beste Oma von der Welt hatte. Sie verstand, dass er nun bald ein Mann war und dass es ihm zustand, zu rauchen. Die dritte Zigarette schmeckte ihm allerdings nicht mehr so gut.

Es war gemütlich in der Bucht. Sie saßen im weichen Sand, plauderten von der Reise, überlegten, wie man sie wohl zu Hause empfangen würde, und blickten auf den Wald und den See. Oma, Peter und Brigitte knabberten die köstlichen Kekse, die Oma gestern gebacken hatte. Jan konnte leider nicht mithalten, weil er rauchen musste.

Nach der dritten Zigarette sagte Oma: „Ich bin dafür, dass wir noch ein bisschen sitzen bleiben. Es ist unser letzter Abend auf der Reise. Rauch noch eine, Jan." Und als sie Jans ungewissen Blick sah: „Oder ist es dir zu viel?"

„Nein, nein", sagte Jan hastig. „Das macht mir gar nichts aus." Und um das zu beweisen, steckte er nach der vierten auch noch eine fünfte Zigarette an. Er hatte die fünfte Zigarette erst halb aufgeraucht, da wurde ihm ganz seltsam im Kopf. Es schien sich alles um ihn zu drehen. Und als Oma, Brigitte und Peter wieder fest vor ihm im Sand saßen, drehte sich ihm plötzlich der Magen um. Er drückte hastig die Zigarette aus und verschwand mit einem Sprung in den Büschen.

„Was hat er denn?", frage Brigitte.

Oma zuckte die Achseln. „Ich kann's mir gar nicht denken."

Da es spät geworden war, gingen sie schlafen. Jan tauchte nach einiger Zeit wieder auf. Er war sehr blass und ging sofort ins Bett. Aber es wurde für ihn eine unruhige Nacht. Viermal musste er aufstehen und den Wagen eilig verlassen.

Am andern Morgen sah er grün aus und verzichtete auf das Frühstück. „Mir muss gestern irgendwas im Essen nicht bekommen sein", murmelte er. Als sie weiterfuhren, saß er neben Oma auf dem Bock.

„Armer Junge", sagte Oma. „Du hast so viel geraucht, um uns die Mücken zu vertreiben, und nun ist dir davon schlecht geworden. Zigaretten sind eben doch ein scheußliches Gift. Man sollte das Rauchen aufgeben und sich lieber von Mücken pieken lassen, meinst du nicht auch?"

Jan nickte, doch nach einer Weile sagte er zögernd: „Eigentlich schmeckt es mir gar nicht besonders gut, aber ich muss doch rauchen."

Oma sah ihn interessiert von der Seite her an. „Warum musst du rauchen?"

„Wenn ich nicht rauche, lachen mich die anderen in meiner Klasse aus und sagen, ich wäre ein Schlappschwanz und ein kleines Kind, aber kein Mann."

„Ach so! Aber ist es nicht viel männlicher, wenn du sagst, dass du nicht rauchen willst?"

## Hilfe zu Aufgabe 1a:

Lest die Erzählung und verschafft euch einen genauen Überblick über den Inhalt.
Beantwortet hierzu die folgenden W-Fragen zum Text:

- *Wo spielt die Geschichte? → auf der Rückbank vom Pferdewagen; an einem See*
- *Wer sind die Hauptfiguren? → ...*
- *Worum geht es in der Geschichte? → ...*

## Hilfe zu Aufgabe 1b:

Gliedert den Text. Formuliert zu jedem Handlungsschritt eine Überschrift und haltet die wichtigsten Informationen in Stichworten oder kurzen Sätzen fest.

*Z. 1–13: Der beste Platz zum Rauchen*
- *Ferienende. Jan und seine Geschwister sind mit der Oma auf der Rückfahrt ...*
- *der Wagen hält, schnell drückt Jan die Zigarette aus*

*Z. 14–24: Die Mückenplage*
- *friedlich, aber voller Mücken*
- *...*

*Z. 25–50: Die erste Aufforderung zum Rauchen*
- *...*

*Z. 51–69: Omas Aufforderung, weiterzurauchen*

## Hilfe zu Aufgabe 1c:

Einer der folgenden Sätze fasst am besten zusammen, worum es in dieser Erzählung geht.
Sucht die zutreffende Aussage heraus.

In der Erzählung „Die Kunst, ein Mann zu werden“ von Ilse Kleberger geht es ...
– um einen Jungen, der jede Gelegenheit zum Rauchen nutzt.
– um eine kluge Großmutter, die ihren Enkel vom Rauchen kuriert.

## Hilfe zu Aufgabe 1d:

Schreibt nun mit Hilfe eurer Notizen aus Aufgabe 1b den Hauptteil der Inhaltsangabe.
*Gegen Ferienende ist Jan mit seinen Geschwistern und der Großmutter auf der Rückfahrt. Nachdem er hinten auf dem Wagen jede Gelegenheit zum Rauchen genutzt hat, halten sie schließlich an einem See, um dort zu übernachten. Da sie von unendlich vielen Mücken geplagt werden, bittet ihn die Oma, sich eine Zigarette anzuzünden. Zunächst ist Jan unsicher ...*

- Formuliert **in eigenen Worten** und bleibt **sachlich.**
- Verwendet **keine wörtliche Rede.**
- Macht die Zusammenhänge der Handlung durch passende **Satzverknüpfungen** und **Satzanfänge** deutlich.
- Schreibt im **Präsens;** nur wenn Handlungen vorher abgeschlossen sind, im Perfekt.

## Hilfe zu Aufgabe 1e:

Verfasst einen Schluss für eure Inhaltsangabe.
*Die Erzählung „Die Kunst, ein Mann zu werden“ von Ilse Kleberger gefällt mir gut / nicht so gut, weil ...*

# 5.3 Fit in …? – Eine Inhaltsangabe überarbeiten

**1** Die folgende Inhaltsangabe zum Text „Der kluge Richter" (▶ S. 87 f.) ist noch nicht ganz gelungen. Lest den Aufsatz genau und schreibt ihn mit Hilfe der Anmerkungen in der Randspalte verbessert ins Heft.

VORSICHT FEHLER!

| | |
|---|---|
| In der Erzählung V von Johann Peter Hebel handelt von der | *Titel/Quelle fehlen* |
| Entscheidung eines Richters, die einem betrogenen Finder zu | *Gr/A* |
| seinem Finderlohn verhilft. | |
| Ein reicher Mann verliert 700 Taler, die er vorher in ein Tuch eingenäht | |
| hat. Der Mann setzt 100 Taler Belohnung aus. Ein ehrlicher Finder | *straffen* |
| entdeckt das Geld. Er gibt es zurück. Doch der Reiche betrügt den Fin- | *Sätze verknüpfen* |
| der um die 100 Taler. Er behauptet, dass sich ursprünglich 800 Taler | *Wiederholung* |
| darin befunden hätten, und sagt, der Finder hätte aus dem Geld- | *Satzbau* |
| beutel bereits die 100 Taler, also die Belohnung, herausgenommen | *straffen* |
| und eingesteckt, also dass der Finder betrügen würde. Der Finder | |
| aber versicherte, dass der Betrag wirklich nicht größer war. | *Tempus/Stil* |
| Diese Gemeinheit bleibt nicht ungestraft. Ein Richter soll den Streit | *Wertung* |
| schlichten. Er riecht den Betrug und begründet das schlaue Urteil | *Umgangssprache* |
| mit den unterschiedlichen Beträgen. Der von dem ehrlichen Mann | *straffen* |
| gefundene Geldbeutel könne nicht der sein, den der reiche Mann | |
| verloren habe. Deshalb überlässt er dem Finder vorläufig den kom- | |
| pletten Zaster. | *Umgangssprache* |

**2** Prüft den vollständigen Aufsatz in eurem Heft mit Hilfe der Checkliste.

## Checkliste

### Eine Inhaltsangabe schreiben

- **Einleitung:** Enthält sie den Namen der **Autorin/des Autors,** den **Titel,** das **Thema** und die **Quelle?**
- **Hauptteil:** Sind die **wichtigsten Geschehnisse** verständlich wiedergegeben?
- **Schluss:** Habe ich meine **eigene Meinung** zum Text angeführt oder bin ich darauf eingegangen, was mit dem Text zum Ausdruck gebracht werden soll?
- **Sprache:** Habe ich in eigenen Worten und **sachlich** formuliert?
  Wurde die Zeitform **Präsens** (für vorzeitige Ereignisse das Perfekt) eingehalten?
  Wurde die **wörtliche Rede** durch eigene Worte oder indirekte Rede **ersetzt?**

**Wörterliste** ▶ S. 313

| | | | | |
|---|---|---|---|---|
| Inhaltsangabe | Unebenheit | Handlung | Seefahrer | nüchtern |
| Erzählung | verknüpfen | Wertung | knapp | arbeitsscheu |

# 6 „Eulen“ – Einen Jugendroman lesen und verstehen

**1** Betrachtet das Bild zu dem Jugendroman „Eulen“ von Carl Hiaasen.
a Tauscht euch über das Bild aus:
Was verrät euch das Bild über den Inhalt des Romans?
b Notiert eure ersten Eindrücke zu den Figuren.

**2** Überlegt gemeinsam: Was könnt ihr über Figuren erfahren, wenn ihr sie genauer untersucht?
*Ihre Eigenschaften, Gedanken und ... helfen mir ... Durch die Beziehungen ... kann ich ...*

**In diesem Kapitel ...**

- begegnet ihr einem modernen Jugendroman,
- untersucht ihr die Figuren und die Handlungsabläufe in diesem Roman,
- beschreibt ihr die Hauptfiguren,
- gestaltet ihr eigene Texte zu Romanauszügen.

# 6.1 Roy, Fischfinger und Beatrice – Figuren und Handlungsabläufe untersuchen

## Der Neue im Schulbus – Den Erzähler kennen lernen

Carl Hiaasen

### Eulen (1)

Roy hätte den fremden Jungen gar nicht bemerkt, wenn Dana Matherson nicht gewesen wäre. Normalerweise schaute Roy während der Busfahrt nämlich nie aus dem Fenster. Lieber las er Comics oder Detektivgeschichten auf dem Weg zur Trace Middle School. Doch an diesem Tag, einem Montag (Roy würde das nie vergessen), packte Dana Matherson ihn von hinten am Kopf und presste ihm die Daumen in die Schläfen, als würde er einen Fußball quetschen. Die älteren Schüler sollten eigentlich im rückwärtigen Teil des Busses bleiben, aber Dana hatte sich angeschlichen und Roy aus dem Hinterhalt überfallen. Als Roy versuchte freizukommen, drückte Dana ihn mit dem Gesicht gegen das Fenster.

In diesem Moment, als er so durch das verschmierte Glas blickte, entdeckte Roy auf dem Gehweg den fremden Jungen. Er rannte, und es sah so aus, als wollte er den Schulbus noch erwischen, der an der Ecke angehalten hatte, um weitere Schüler einsteigen zu lassen. Der Junge war strohblond und drahtig, seine Haut nussbraun von der Sonne. Sein Gesichtsausdruck war ernst und entschlossen. Er trug ein verwaschenes Basketball-Sweatshirt mit dem Aufdruck Miami Heat und schmutzige, khakifarbene Shorts. Das Merkwürdige aber war: Er hatte keine Schuhe an. Seine Fußsohlen sahen so schwarz aus wie Grillkohle.

An der Trace Middle School war man nicht besonders streng, was Kleidung anging, aber irgendwelche Schuhe sollten die Schüler wohl doch anhaben, glaubte Roy. Man hätte vermuten können, dass der Junge seine Turnschuhe im Rucksack hatte, aber dafür hätte er erst einmal einen Rucksack haben müssen. Keine Schuhe, kein Rucksack, keine Bücher, und das an einem Schultag – wirklich merkwürdig!

Roy war überzeugt, dass der Barfüßige Probleme kriegen würde mit Dana und den anderen großen Jungs, sobald er in den Bus stieg, aber dazu kam es nicht ... Der Junge rannte nämlich immer weiter – vorbei an der Ecke, vorbei an den Schülern, die an der Haltestelle anstanden, vorbei am Bus.

Als der Bus wieder anfuhr, hoffte Roy, weiter unten an der Straße noch einmal einen Blick auf den Jungen werfen zu können, doch der war inzwischen vom Gehweg abgebogen und lief jetzt über ein Privatgrundstück. Wahnsinnig schnell rannte er, viel schneller, als Roy rennen konnte. Dana Matherson grub seine Fingernägel in Roys Kopfhaut und hoffte, Roy würde aufschreien. Aber der spürte kaum etwas, so gebannt sah er zu, wie dieser Junge durch einen gepflegten Garten nach dem anderen rannte und mit zunehmender Entfernung zwischen ihm und dem Schulbus immer kleiner wurde.

Roy schnappte nach Luft. „Na, Cowgirl, was ist? Schon genug?“ Das war Dana, der Roy voll ins Ohr zischte. Als Neuer im Schulbus erwartete Roy nicht, dass die anderen ihm helfen würden. Und dass Dana ihn „Cowgirl“ genannt hatte, war harmlos, darüber musste man sich nicht aufregen. Dana war ein Blödmann, das war allgemein bekannt, und außerdem wog er mindestens fünfzig Pfund mehr als Roy. Sich auf einen Kampf einzulassen wäre totale Energieverschwendung. „Reicht's? Wir können dich nicht hören, Tex.“ Danas Atem stank nach abgestandenem Zigarettenrauch. Qualmen und jüngere Schüler zusammenschlagen waren seine größten Hobbys. „Ja, okay“, sagte Roy ungeduldig. „Es reicht.“ Sobald er frei war, schob Roy das Fenster runter und streckte den Kopf hinaus. Der fremde Junge war nicht mehr zu sehen. Wer war das? Wovor rannte er weg? Roy fragte sich, ob außer ihm jemand im Bus den Jungen auch bemerkt hatte. Einen Moment lang fragte er sich, ob er selbst ihn überhaupt gesehen hatte …

Den ganzen Tag lang ging Roy der rennende Junge nicht aus dem Kopf. Vielleicht rannte er ja immer noch, dachte Roy beim Mittagessen. Florida war ideal zum Laufen – nie zuvor hatte Roy eine so flache Gegend gesehen. In Montana, wo er herkam, gab es steile, zerklüftete Berge, die über dreitausend Meter hoch in den Himmel ragten. Aber dann dachte Roy an die Hitze und die hohe Luftfeuchtigkeit, die einen an manchen Tagen völlig lahmlegte. In der Sonne Floridas weite Strecken zu laufen wäre eine einzige Quälerei. Jemand, der so etwas machte, musste wirklich zäh wie Leder sein.

Ein Junge setzte sich Roy gegenüber an den Tisch, er hieß Garrett und nickte Roy zu. Roy nickte Garrett zu und dann aßen beide die verkochten Makkaroni vor sich auf den Tabletts.

Als Neuer in der Schule saß Roy beim Essen jedes Mal allein, ganz am Ende des Tisches. Was das betraf, war Roy ein alter Profi: Trace Middle war die sechste Schule, die er seit seiner Einschulung besuchte, und Coconut Cove die zehnte Stadt, in der seine Familie lebte, seit Roy sich erinnern konnte. Roys Vater arbeitete für die Regierung. „Gibt es hier irgendwelche anderen Schulen?“, fragte Roy. „Wieso? Stinkt es dir schon?“ Garrett kicherte und hieb mit dem Löffel in ein klebriges Apfeltörtchen. „Überhaupt nicht. Ich frag nur, weil ich heute Morgen einen seltsamen Jungen gesehen hab, an einer der Haltestellen. Aber er ist nicht eingestiegen, und gesehen hab ich ihn hier auch nirgends“, sagte Roy. „Deshalb hab ich gedacht, vielleicht geht er woandershin.“ Garrett nickte. „Ich wette, der war von der High School. Fünf Dollar.“ Roy war nicht überzeugt. „Dann schwänzt er eben. Ist doch normal“, sagte Garrett. „Hast du schon mal geschwänzt?“ „Na logo“, sagte Garrett spöttisch. „Zig Mal.“ „Und schwänzt du dann alleine?“ Garrett dachte einen Moment nach. „Nee. Immer mit meinen Freunden zusammen.“ „Siehst du, genau das meine ich.“ „Vielleicht ist der Junge ein Psychofall. Was soll's?“ „Oder er hat was angestellt und ist auf der Flucht – ein Outlaw“, überlegte Roy. Garrett schaute skeptisch drein. „Ein Outlaw? Du meinst, so ein Geächteter wie Jesse James?“ „Na ja, nicht wirklich“, sagte Roy, obwohl – der Junge hatte durchaus was Wildes in den Augen gehabt. Garrett lachte wieder. „Ein Outlaw – das ist echt komisch, Eberhardt. Du hast eine ziemlich irre Fantasie.“ „Ja“, sagte Roy, aber in Gedanken war er schon dabei, einen Plan zu entwerfen. Er war fest entschlossen, den rennenden Jungen zu finden.

**1** Lest das erste Kapitel des Romans „Eulen“.
Gebt in eigenen Worten wieder, worum es in dem Text geht.
Belegt dies mit Zeilenangaben:
- Wo spielt die Geschichte?
- Was passiert in diesem ersten Kapitel?
- Welche Figuren lernt ihr kennen? Welche Eigenschaften haben sie?

**2** Roy macht eine Beobachtung, die ihn nicht mehr loslässt. Beschreibt, was ihn fasziniert.
Überlegt mit einem Lernpartner: Was könnte der Grund dafür sein?

**3** Erstellt ein Leseprotokoll, in dem ihr zu jedem Kapitel die wichtigsten Ereignisse notiert.
Das Leseprotokoll hilft euch, den Überblick zu bewahren.
Achtet besonders auf: Figuren, Handlung und Orte.

| Kapitel | Seiten | Das passiert ... (Handlung, Orte) | Handelnde Figuren |
|---|---|---|---|
| *Kap. 1* | *5–18* | *Roy wird von Dana im Bus drangsaliert, dabei macht er eine seltsame Beobachtung ...* | ... |
| *Kap. 2* | ... | ... | ... |

**4** Untersucht den Erzähler des Romans.
●●● a Ist der Erzähler am Geschehen beteiligt (Ich-Form) oder wird in der Er-/Sie-Form erzählt? Begründet eure Aussage mit einer Textstelle und gebt an, wie man einen solchen Erzähler nennt.
●●○ b Informiert euch im Merkkasten unten und bestimmt, aus welcher Sicht in dem Jugendroman erzählt wird. Lest dazu noch einmal die Zeilen 17–30.
●○○ c In dem Jugendroman wird in der Er-/Sie-Form erzählt. Belegt diese Aussage mit einer passenden Textstelle.

**5** Legt ein Lesetagebuch an. Dafür eignet sich ein DIN-A4-Ordner.
Heftet darin alle Materialien ab, die ihr während des Lesens erarbeitet:
- das Leseprotokoll,
- Abschriften wichtiger Textstellen,
- Figurensteckbriefe,
- Zeichnungen oder Comics zum Text,
- Tagebucheinträge oder Briefe, die ihr aus Sicht der Figuren erstellt habt,
- Informationen zum Autor ...

Notiert im **Lesetagebuch** eure Gedanken und Ideen:
*Darum geht es in Kap. 1: ...*
*Das finde ich wichtig: ...*
*Meine Fragen: ...*

**Information** **Ich-Erzähler oder Er-/Sie-Erzähler**

- Der **Ich-Erzähler** oder die Ich-Erzählerin ist selbst als handelnde Figur in das Geschehen verwickelt. Der Ich-Erzähler schildert die Ereignisse aus der persönlichen Sicht, z. B.: *Ich hatte den fremden Jungen gar nicht bemerkt.*
- Der **Er-/Sie-Erzähler** ist nicht am Geschehen beteiligt und erzählt von allen Figuren in der Er-Form oder in der Sie-Form, z. B.: *Er hatte den fremden Jungen gar nicht bemerkt.*

# „Dämliche Eulen" – Eine literarische Figur untersuchen

Carl Hiaasen

## Eulen (2)

Am selben Morgen wurde der Polizeibeamte David Delinko zu dem Grundstück geschickt, auf dem eine neue Filiale der Restaurantkette Mama Paulas Pfannkuchenhaus gebaut werden sollte. Es handelte sich um ein leeres Grundstück am Ostrand der Stadt, an der Ecke East Oriole Avenue und Woodbury Street. Officer Delinko wurde von einem Mann in einem dunkelblauen Pick-up erwartet. Dieser Mann, der so kahl war wie ein Ball, stellte sich als Curly vor. Ein Glatzkopf, der auf den Spitznamen „Lockenkopf" hörte, fand Officer Delinko, müsse einen ausgeprägten Sinn für Humor haben, darin täuschte er sich. Curly war grantig und verzog kein einziges Mal das Gesicht zu einem Lächeln.

„Sie sollten mal sehen, was die angerichtet haben", sagte er zu dem Polizeibeamten. „Wer?" „Kommen Sie mal mit", sagte der Mann, der sich Curly nannte. Dem Polizisten war nicht ganz klar, was es auf diesem Grundstück zu beschädigen gab – im Grunde handelte es sich nur um ein großes Stück Land, auf dem Unkraut wucherte. Curly blieb stehen und zeigte auf einen kurzen Holzstab auf der Erde. Eine grellrosa Plastikbanderole war an einem Ende festgebunden. Das andere Ende war angespitzt und lehmverkrustet. „Sie haben sie rausgezogen", sagte Curly. „Ist das ein Vermessungspfosten?", fragte Officer Delinko. „So ist es.

Sie haben sie rausgerissen, jeden einzelnen." „Kinder vermutlich. Ich verstehe", sagte Officer Delinko. „Wie hoch schätzen Sie den Sachschaden?" „Sachschaden?" „Ja. Für meinen Bericht." Der Polizist hob den Vermessungsstab auf und untersuchte ihn. „Der ist ja nicht wirklich kaputt, oder?" Der Mann namens Curly verlor langsam die Geduld. „Kaputt gemacht haben sie keinen", sagte er unfreundlich. „Nicht einen einzigen?" Der Polizist runzelte die Stirn. Vandalismus ganz ohne Sachschaden gab es einfach nicht, und wenn auf dem ganzen Grundstück nichts beschädigt oder unbrauchbar gemacht worden war … „Aber das versuche ich doch die ganze Zeit, Ihnen zu erklären", sagte Curly gereizt. „Es geht nicht darum, dass jemand mit den Vermessungsstäben rumgemacht hat, es geht darum, dass unser ganzer Zeitplan im Eimer ist. Und das kostet echt Geld." Officer Delinko nahm die Mütze ab und kratzte sich am Kopf. „Lassen Sie mich mal nachdenken", sagte er. Auf dem Weg zurück zum Streifenwagen stolperte der Polizist und fiel hin. Curly packte ihn am Arm und half ihm auf die Füße. Beiden Männern war dies etwas peinlich. „Dämliche Eulen", sagte Curly. Der Polizist wischte sich Erde und Kletten von der Uniform. „Haben Sie Eulen gesagt?" Curly zeigte auf ein Loch im Boden. Es hatte etwa den Durchmesser von Mama Paulas berühmten Buttermilchpfannkuchen. Am Eingang war ein Häufchen aus losem weißen Sand zu sehen. „Darüber sind sie gestolpert", informierte Curly Officer Delinko. „Da unten leben Eulen?" Der Polizist bückte sich und untersuchte das Loch. „Wie groß sind die denn?" „Etwa so groß wie eine Bierdose." „Und das ist kein Witz?" „Also, ganz ehrlich, gesehen hab ich selbst auch noch keine.“ Beim Streifenwagen nahm der Beamte ein Klemmbrett zur Hand und fing an, seinen Bericht zu schreiben. Es stellte sich heraus, dass Curly mit richtigem Namen Leroy Branitt hieß. Er sagte, er sei „Überwachungsingenieur“ auf der Baustelle. Als er sah, dass der Polizist „Wachmann“ hinschrieb, machte er eine finstere Miene. Officer Delinko gab Curly eine Karte mit der Adresse des Verwaltungsbüros der Polizeiwache und dem Namen des zuständigen Sachbearbeiters. Curly steckte die Karte in die Brusttasche seines Overalls. „Mr. Branitt, eins würde mich noch interessieren. Nur so aus Neugier.“ „Schießen sie los“, sagte Curly und wischte sich mit einem großen gelben Taschentuch über die Stirn. „Es ist wegen der Eulen.“ „Ja – und?“ „Was passiert mit denen?“, fragte Officer Delinko. „Ich meine, wenn die Bulldozer hier loslegen?“ Der Wachmann lachte leise. Der Polizist wollte ihn wohl auf den Arm nehmen. „Was für Eulen?“, fragte er.

**1** Die Szene scheint auf den ersten Blick nichts mit dem Textausschnitt von Seite 108 f. zu tun zu haben. Stellt Vermutungen über mögliche Verbindungen an.

**2** „Dämliche Eulen“ (▶ Z. 56 f.) – „Was für Eulen?“ (▶ Z. 90): Beide Aussagen stammen von Curly. Nennt mögliche Gründe, weshalb Curly sich widerspricht.

**3** Im Textausschnitt auf Seite 108 f. und im Text oben lernt ihr drei wichtige Figuren des Romans „Eulen“ kennen: Roy, Curly und den rätselhaften Jungen, der später „Fischfinger“ genannt wird.

●●● a Arbeitet aus den Textauszügen alle wichtigen Informationen zu Roy, Curly und Fischfinger heraus und belegt diese jeweils mit Zeilenangaben.

●●○ b Legt für jede der drei Figuren eine Mind-Map wie im Beispiel unten an, in der ihr wichtige Informationen festhaltet. Ergänzt passende Zitate aus dem Text mit Zeilenangaben.

●○○ c Lest noch einmal den Textausschnitt auf Seite 108 f. Sammelt wichtige Informationen zu Fischfinger in einer Mind-Map:

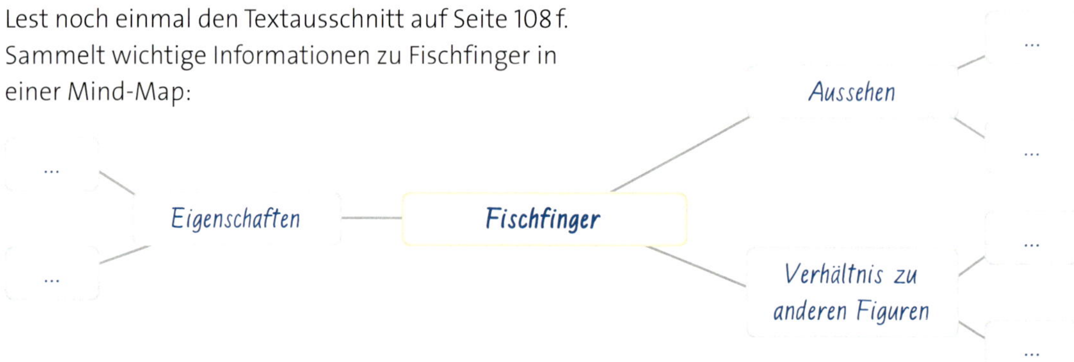


**4** Macht euch ein genaues Bild zu den Figuren.

a Erstellt Figuren-Plakate, auf denen ihr die Informationen zusammenfasst, die ihr in Aufgabe 3 gesammelt habt. Ihr könnt dies in Form von Steckbriefen tun.

b Stellt eure Figur der Klasse im Rahmen einer kurzen Präsentation vor.

**Information** **Figuren-Plakate**

- Plakate geben einen guten Überblick über die Eigenschaften einer Figur. Heftet sie an eine Wand eures Klassenzimmers, dann könnt ihr euch während des Lesens gut orientieren.
- Ihr könnt die Plakate im Laufe eurer Lektüre ergänzen. Auf diese Weise seht ihr, wie sich die Figuren im Verlauf der Handlung verändern.

**5** Wesenszüge und Eigenschaften der Figuren werden in den ersten Kapiteln nur angedeutet. Mit einer Rollenbiografie könnt ihr ein genaueres Bild von einer Figur gewinnen.

a Entscheidet euch für Roy, Fischfinger oder Curly: Formuliert Fragen an die Figur.

b Beantwortet eure Fragen aus der Sicht der Figur.

*Rollenbiografie von Roy:*

*Allgemeines:*
- *Wie heißt du?*
- *Wie alt bist du?*
- *Woher kommst du?*

*Äußeres:*
- *Wie siehst du aus?*
- *Welche Kleidung trägst du?*
- *...*

*Beziehung zu anderen:*
- *Wer sind deine Freunde?*
- *...*

**6** Beschreibt die von euch gewählte Figur genau und anschaulich. Wählt dazu Aufgabe a, b oder c. Verwendet auch eure Ergebnisse von Aufgabe 3–5.

●●● a Schreibt mit Hilfe des Merkkastens eine Charakterisierung eurer Figur in euer Heft.

●●○ b Lest den Merkkasten unten und erstellt einen Schreibplan: Was gehört in die Einleitung? Was in den Hauptteil? Welche Informationen nennt ihr im Schluss? Schreibt dann eure Figurenbeschreibung in euer Heft.

●○○ c Erstellt mit Hilfe des Merkkastens unten und der W-Fragen aus Aufgabe b einen Schreibplan. Nutzt für eure Beschreibung auch die Formulierungshilfen unten. Ihr könnt so beginnen:
*Roy Eberhardt ist die Hauptfigur des Romans „Eulen" von Carl Hiaasen. Er ist ein schüchterner Teenager und geht auf die ... Über sein Aussehen wird nur wenig mitgeteilt. Anfangs wirkt er ... Sein Auftreten ist ..., was auch daran liegen könnte, dass ... Er fühlt sich in Coconut Cove ...*

**Formulierungshilfen**
wirken • besitzen • sich fühlen • verfügen (über) • macht einen ... Eindruck • aussehen • sich Gedanken machen über

**Eigenschaften**

| | | |
|---|---|---|
| nachdenklich | ↔ | gedankenlos |
| selbstbewusst | ↔ | unsicher/schüchtern |
| beliebt | ↔ | unbeliebt |

**Information** **Eine literarische Figur genau beschreiben**

In literarischen Texten werden die Figuren durch eine Reihe von Merkmalen und Eigenschaften beschrieben. Wenn ihr eine Figur genau beschreiben wollt, geht ihr so vor:

**1. Schritt: Die Beschreibung vorbereiten**
Sammelt Informationen über die Figur, z. B. über ihr Aussehen, ihre Lebensumstände, ihre Verhaltensweisen, Eigenschaften, Gefühle und ihr Verhältnis zu den anderen Figuren.
**Tipp:** Man kann die Merkmale und Eigenschaften einer Figur auch aus den Gedanken oder dem Verhalten ableiten, z. B.: *Lieber las er Comics ...* (▶ S. 108, Z. 4 ff.) → *Roy kann ganz gut allein sein.*

**2. Schritt: Die Beschreibung schreiben**
- **Einleitung:** Nennt allgemeine Informationen zur Figur, z. B.: Name, Alter, Beruf.
- **Hauptteil:** Beschreibt die Figur anschaulich und genau, z. B.: ihr Aussehen, ihre Verhaltensweisen, ihre Eigenschaften und ihr Verhältnis zu den anderen Figuren.
- **Schluss:** Hier könnt ihr angeben, wie die Figur auf euch wirkt (persönliche Einschätzung).
- **Sprache:** Verwendet als Tempus das **Präsens.** Formuliert sachlich und anschaulich.

# Eine ziemlich ungemütliche Situation – Figuren und ihre Beziehungen untersuchen

Carl Hiaasen

## Eulen (3)

*Roys Interesse an Fischfinger ist auch seinen Mitschülern nicht verborgen geblieben. Vor allem Beatrice beobachtet ihn misstrauisch. Sie ist eine selbstbewusste Sportlerin, bei den Mädchen beliebt und von den Jungen gefürchtet.*

Roy Eberhardt zuckte zusammen – „Setz dich", sagte jemand hinter ihm, und die Stimme war definitiv nicht Danas. Roy schüttelte die Hand ab und drehte sich um. Ihm gegenüber stand, mit verschränkten Armen, die große Blonde mit der roten Brille – die vom Schulbus, Beatrice. Roy fand die Situation ziemlich ungemütlich. Das Mädchen griff entschlossen nach der anderen Seite seines Tabletts, sodass er nicht weglaufen konnte. „Lass los", sagte Roy scharf, „ich bin schon spät dran." „Immer mit der Ruhe. Noch sechs Minuten bis zum Läuten, Cowgirl." Sie sah aus, als hätte sie nichts dagegen, ihm in die Magengrube zu boxen. „Und jetzt sag die Wahrheit. Du warst jemandem hinterher, stimmt's?" Roy war erleichtert, dass sie ihm nicht irgendwas Schlimmes vorwarf. „Hast du ihn auch gesehen? Den ohne Schuhe?" „Ich gebe dir einen guten Rat", sagte sie mit leiser Stimme. Roy sah sich ängstlich um. Außer ihnen war niemand mehr in der Cafeteria. „Hörst du mir zu?" Das Mädchen schob ihn noch ein Stück vor sich her. „Ja." „Gut." Sie hörte erst auf, ihn zu schubsen, als er zwischen seinem eigenen Tablett und der Wand eingeklemmt war. Mit einem finsteren Blick über ihr rotes Brillengestell sagte sie: „Von jetzt an kümmerst du dich verdammt noch mal um deinen eigenen Kram."

Den ganzen nächsten Morgen über spürte Roy einen Knoten im Magen. Irgendetwas musste passieren, und zwar etwas Entscheidendes – er konnte nicht den Rest des Schuljahres damit verbringen, sich vor Dana Matherson und Beatrice Leep zu verstecken. Roy holte tief Luft und setzte sich beim Mittagessen zu den Mädchen. Beatrice starrte ihn ungläubig an, während ihre Freundinnen ihn amüsiert betrachteten und weiteraßen. „Hast du ein Problem?“, wollte Beatrice wissen. Roy holte tief Luft und legte los: „Beatrice, ich hab keine Ahnung, wieso du so sauer bist. Ich sag dir was, aber ich sag's nur einmal: Wenn ich irgendetwas getan hab, was dich geärgert hat, dann tut es mir leid. Es war keine Absicht.“ Offensichtlich hatte noch nie jemand so offen mit Beatrice gesprochen. Sie sagte kein Wort. „Wie du willst.“ Roy lächelte betont freundlich. „Ich freue mich trotzdem, dass wir Gelegenheit hatten, uns ein bisschen besser kennen zu lernen.“ Dann ging er wieder zurück auf die andere Seite der Cafeteria und setzte sich allein an seinen Tisch, um zu essen.

*Roy gelingt es schließlich, Fischfingers Versteck ausfindig zu machen. Die erste Begegnung verläuft allerdings nicht ganz harmonisch. Dennoch beschließt Roy, Fischfinger erneut aufzusuchen, um ihm zu helfen. Am Abend schleicht er sich mit einem Schuhkarton unterm Arm zur Gartentür hinaus.*

Als er am Golfplatz ankam, tröpfelte es schon gleichmäßig. Roy sprang vom Rad und joggte über den verlassenen Rasen. Seinen Schuhkarton hielt er unter einem Arm geklemmt. Bald war er bei dem Dickicht aus Pfeffersträuchern, wo er den Jungen getroffen hatte, der angeblich Fischfinger hieß. Er war fest entschlossen, Fischfinger davon zu überzeugen, dass er jemanden brauchte, dem er vertrauen könnte, und dass er nicht hier sei, um sich einzumischen, sondern um ihm zu helfen, falls das nötig wäre. Fischfinger war geflüchtet und hatte keine Spuren hinterlassen. Als Roy wieder auf dem Golfrasen stand, gab es einen Wolkenbruch. Klatschnass war er und ziemlich fertig, aber er zwang sich trotzdem, schneller zu laufen. Der Schuhkarton war inzwischen völlig durchgeweicht und löste sich auf. „Pass auf!“, brüllte jemand hinter ihm. Roy sprang zurück auf den Gehweg, fuhr herum und sah sich Beatrice Leep gegenüber. Sie saß auf seinem Fahrrad. „Was hast du in dem Karton, Cowgirl?“ „Das ist mein Rad“, sagte Roy. „Stimmt.“ „Kann ich's zurückhaben?“ „Vielleicht später“, sagte sie. „Spring auf.“ „Was?“ „Auf den Lenker, du Dösel. Setz dich drauf. Wir machen einen Ausflug.“ Roy tat, was sie gesagt hatte. Er wollte sein Rad zurückhaben und dann nach Hause. Er hockte unbequem auf dem Lenker und hielt den aufgeweichten Karton umklammert. „Wo fahren wir eigentlich hin?“, brüllte er. „Klappe“, antwortete Beatrice. Beatrice stellte das Rad ab und machte Roy ein Zeichen, er solle hinter ihr her durch den Zaun kriechen. Auf der anderen Seite war ein Schrottplatz, auf dem jede Menge demolierter Autos standen. Roy und Beatrice schlichen in dem Dämmerlicht an den Rostbeulen vorbei. Bald kamen sie zu einem alten, auf Zementblöcken aufgebockten Lieferwagen. Beatrice kletterte in die Kabine und zog Roy hinter sich her. Durch einen schmalen Durchgang kamen sie in den hinteren Teil des Lieferwagens, der übersät war mit Kartons und Schachteln und Bergen von alter Kleidung. Roy bemerkte einen Schlafsack in einer Ecke. Sie riss ihm die Schachtel aus den Händen, nahm den Deckel ab und leuchtete mit der Taschenlampe hinein. Beatrice schnaubte verächtlich: „Wozu schleppst du ein extra Paar Turnschuhe mit dir rum?“ „Für einen Jungen, den ich kenne.“ „Was für ein Junge?“ „Der, von dem ich dir in der Schule erzählt hab. Der neulich an deiner Bushaltestelle vorbeigerannt ist.“ „Woher willst du wissen, ob der überhaupt Schuhe will, Eberhardt? Vielleicht kann er ohne ja viel schneller rennen.“ Schweigen. „Eberhardt – was willst du von dem Jungen?“ „Ich weiß es nicht“, sagte Roy, „ich weiß nicht, was es ist.“ Er hörte, wie Beatrice sich in dem dunklen Kabuff erhob. „Ich sag dir, was ich mache, Cowgirl“, sagte sie. „Ich biete dir einen kleinen Handel an.“ „Na also“, sagte Roy. „Ich sorge dafür, dass der barfüßige Junge diese Schuhe kriegt, aber nur unter der Bedingung, dass du versprichst, ihn in Ruhe zu lassen, und ihm nicht mehr hinterherspionierst.“ „Du kennst ihn also doch!“ Beatrice riss Roy vom Boden hoch. „Ja“, sagte sie, „ich kenne ihn. Er ist mein Bruder.“

**1** Roy lernt an seiner neuen Schule auch Beatrice kennen.
a Wie begegnen sich die beiden zu Beginn des Textauszugs, wie in der Mitte und am Ende? Lest noch einmal genau nach.
b Beschreibt die Veränderung in Beatrice' Verhalten. Vervollständigt ihre möglichen Gedanken in eurem Heft.

*Der Neue im Bus hat doch jemanden verfolgt! Ich finde, er sollte …*

*Ein komischer Typ! Vielleicht kann ich ihm aber doch …*

*Ups! Was war denn das? Und das vor meinen Freundinnen …*

**2** Stellt die Begegnungen von Beatrice und Roy zu Beginn und am Ende des Textauszugs jeweils in einem Standbild dar.
a Entscheidet, wer Roy und wer Beatrice spielen soll.
b Überlegt, welche Gestik und Mimik am besten zu den Figuren in den beiden Situationen passen. Probiert unterschiedliche Möglichkeiten aus.
c Stellt eure Standbilder vor. Gibt es ein Standbild, das die Gefühlslage und die Beziehung zwischen den beiden Figuren besonders gut darstellt? Belegt eure Meinung mit Textstellen.

Bei einem **Standbild** schlüpft ihr in die Rolle von Figuren und macht die Gefühle und die Beziehungen der Figuren allein durch Mimik und Gestik deutlich. Beim Darstellen stellt ihr euch als unbewegliche Statuen auf.

**3** Stellt Vermutungen an:
– Warum könnte sich Beatrice so gegenüber Roy verhalten?
– Welche Gründe könnte es für die Veränderung in ihrem Verhalten geben?
– Welche Rolle spielt Fischfinger dabei? Was erfahrt ihr über ihn?

**4** In welcher Beziehung stehen Roy, Beatrice und Fischfinger zueinander? Erstellt eine Übersicht (▸ Merkkasten unten) zu den drei Figuren:

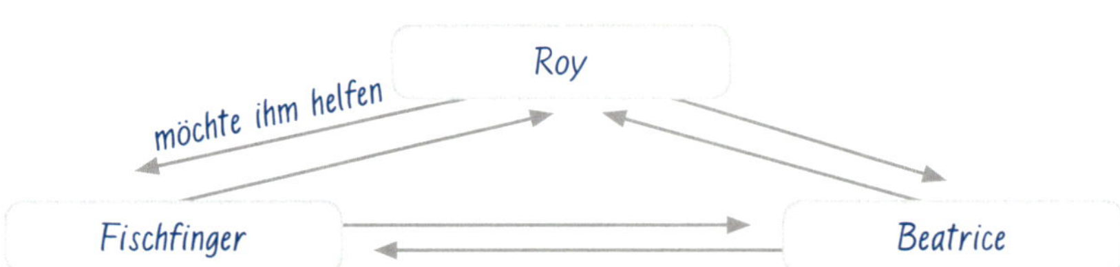


| **Methode** | **Beziehungen von Figuren beschreiben (Figurenskizze)** |
|---|---|

In einer Figurenskizze könnt ihr die Beziehung der Figuren beschreiben:
- Schreibt die Namen der Figuren auf.
- Zeichnet zwischen den Figuren Pfeile, die die Beziehungen verdeutlichen.
- Beschriftet jeden Pfeil mit aussagekräftigen Wörtern/Wortgruppen, z. B.: *liebt, bewundert, hasst.*

# Testet euch!

## Eine Figur genau beschreiben

Carl Hiaasen

### Eulen (4)

*Roy kennt Beatrice anfangs nur aus dem Bus. Er fragt seinen Freund Garrett nach ihr:*

„Da ist so ein großes Mädchen mit blonden Locken, sie trägt eine rote Brille, ist größer als ich und breitschultrig. Sie hat braun gebrannte, muskulöse Beine und sieht wie eine Sportlerin aus – ich tippe auf Fußball oder Volleyball ...“ Garrett sah erschrocken aus. „Bitte nicht!“ „Bitte nicht was?“ „Sag bloß, du bist scharf auf Beatrice Leep?“ „So heißt sie?“ Es musste bestimmt hundert Jahre her sein, dass jemand seine Tochter Beatrice genannt hatte, dachte Roy. Kein Wunder, dass sie so kratzbürstig war. „Was weißt du von ihr?“, fragte er Garrett. „Genug, um von ihr Abstand zu halten. Sie spielt verdammt gut Fußball und ist verdammt unfreundlich. Und ausgerechnet auf die bist du scharf, ich fasse es nicht ...“ „Ich kenn sie doch nicht mal“, protestierte Roy. „Aber aus irgendeinem blöden Grund hat sie es auf mich abgesehen, und ich versuche rauszukriegen, was überhaupt los ist.“ Garrett stöhnte. „Erst Dana Matherson und jetzt der Grizzly. Hast du vielleicht geheime Todeswünsche?“

**1** Lest den Textabschnitt genau. Welche Aussagen über Beatrice lassen sich am Text belegen? Übertragt die richtigen Antworten in euer Heft:

**A** Beatrice ist eine beeindruckende Sportlerin.
**B** Garrett findet sie ziemlich nett.
**C** Roy findet ihren Namen altmodisch.
**D** Garrett ist in Beatrice verliebt.
**E** Beatrice wirkt auf Garrett Furcht einflößend.

*Beatrice Leep ist ein Mädchen aus Coconut Cove. Das liegt in Florida. Sie trägt eine rote Brille. Sie wirkt auf mich sehr selbstständig. Sie ist Schülerin an der Trace Middle School. Sie hat ihren eigenen Kopf und ist durchsetzungsfähig. Sie ist breitschultrig. Das hilft ihr beim Fußball. Jhr Name ist etwas altertümlich. Sie hat einen Bruder, der ...*

**2** Armins Beschreibung von Beatrice Leep ist noch nicht ganz gelungen.

a Notiert in eurem Heft, was Armin besser machen kann. Achtet dabei auf den Satzbau und die Wortwahl.

b Ergänzt Armins Text um weitere Angaben zu Beatrice' Aussehen, ihren Lebensumständen, ihrem Verhalten, Eigenschaften und Beziehungen zu anderen Figuren. Nutzt auch Informationen aus dem Text auf Seite 114–115.

c Schreibt eure überarbeitete Beschreibung in euer Heft.

# 6.2 Es wird noch besser – Die Sicht einer Figur einnehmen

## Fürchterlicher Verdacht – Einer literarischen Figur einen Brief schreiben

Carl Hiaasen

### Eulen (5)

*Am Morgen liest Roys Vater die Zeitung und berichtet von ungeheuren Dingen, die sich in Coconut Cove zugetragen haben …*

„Hört euch das mal an“, sagte Mr. Eberhardt und las laut aus der Zeitung vor: „Ein Streifenwagen der Polizei von Coconut Cove wurde am frühen Montagmorgen von Vandalen beschädigt, als er auf einer Baustelle der East Oriole Avenue parkte. Der Beamte saß nach Auskunft eines Polizeisprechers zum Zeitpunkt der Tat schlafend im Wagen. – Könnt ihr euch so was vorstellen?“ Roys Mutter schnalzte mit der Zunge. „Im Dienst eingeschlafen? Eine Schande. Den Mann sollten sie feuern.“ Roy fand die Geschichte eigentlich ganz witzig. „Es wird noch besser“, sagte sein Vater. „Passt auf: Der Vorfall ereignete sich kurz vor Sonnenaufgang, als ein unbekannter Witzbold sich an den Streifenwagen heranschlich und die Fenster mit schwarzer Farbe besprühte.“ Roy, der den Mund voll mit Rosinenmüsli hatte, platzte laut heraus und die Milch lief ihm übers Kinn. Auch Mr. Eberhardt schmunzelte, während er weiterlas: „Mal sehen … Es heißt hier, das sei der dritte Vorfall innerhalb einer Woche auf demselben Grundstück gewesen. Da soll demnächst eine neue Filiale von Mama Paulas Pfannkuchenhaus hinkommen.“ Roy wischte sich mit der Serviette übers Kinn. „Was ist denn dort sonst noch passiert, Dad?“ „Dasselbe habe ich mich auch gefragt.“ Mr. Eberhardt überflog den Rest des Artikels. „Ah, hier steht’s: Vergangenen Montag zogen unbekannte Eindringlinge Vermessungspfosten aus dem Boden und vier Tage später versteckten Vandalen lebendige Alligatoren in den drei mobilen Toiletten auf dem Grundstück. Nach Auskunft der Polizei wurden die Reptilien unverletzt geborgen und später in einem nahen Kanal freigesetzt. Festnahmen hat es nicht gegeben.“ Mr. Eberhardt faltete die Zeitung zusammen und warf sie auf die Anrichte. „Es sieht so aus, als würde diese Kleinstadt doch noch ganz interessant – nicht wahr, Roy?“ Roy griff nach der Zeitung. East Oriole Avenue – irgendwie kam ihm der Name bekannt vor. Beim Lesen fiel ihm auf einmal wieder ein, wo er das Straßenschild gesehen hatte: Die Bushaltestelle von Beatrice Leep lag in der West Oriole Avenue, also genau auf der anderen Seite des Highways. Dort hatte er zum ersten Mal den rennenden Jungen gesehen.

**1** Fasst die Ereignisse mündlich zusammen: Was ist in den letzten Wochen auf dem Baugelände von Mama Paulas Pfannkuchenhaus passiert?

**2** Roy beschleicht ein fürchterlicher Verdacht. Könnte Fischfinger etwas mit der Sache zu tun haben? Mit wem hat er sich da bloß eingelassen? Stellt Vermutungen an.

**3** Versetzt euch in die Lage von Roy und schreibt einen Brief an Fischfingers Schwester Beatrice, in dem ihr die Ereignisse zusammenfasst und um Aufklärung bittet. Wählt a, b oder c.

●●● a Lest den Merkkasten unten und verfasst den Brief von Roy an Beatrice.

●●○ b Lest den Merkkasten unten und geht folgendermaßen vor:
- Notiert, was Roy denken oder fühlen könnte. Was könnte er Beatrice sagen?
- Plant den Aufbau eures Briefes: Wie beginnt ihr? Was steht im Hauptteil?
- Greift Ereignisse im Text auf, indem ihr ganz konkret auf Textstellen eingeht.
- Schreibt nun den Brief an Beatrice in der Ich-Form.

●○○ c Bearbeitet die Arbeitsschritte aus Aufgabe b. Ihr könnt euren Brief so beginnen:

*Coconut Cove, den 29.08.20XX*
*Liebe Beatrice,*
*du wunderst dich sicher, dass ich dir einfach so einen Brief schreibe, aber es sind seltsame Dinge vorgefallen ...*

*Ich bin ganz schön hin- und hergerissen und fühle mich ...*

**Briefkopf** (Ort, Datum)

| | |
|---|---|
| **Anrede:** | Lieber ..., Hallo ... |
| **Einleitung:** | Bezug zum Vorfall |
| **Hauptteil:** | Gedanken, Gefühle ...<br>Schilderung der Situation |
| **Schluss:** | Frage, Bitte, Wunsch ... |
| **Grußformel:** | Herzliche/Viele Grüße |
| **Unterschrift:** | |

**4** Überlegt, ob der Brief inhaltlich und sprachlich zu der Figur Roy und der Handlung passt. Prüft und überarbeitet eure Briefe dazu in einer Schreibkonferenz:
- Bildet 3er- oder 4er-Gruppen und setzt euch an einem Tisch zusammen.
- Einigt euch, wer beim Lesen auf welche Prüfpunkte achtet, z. B.: *Inhalt, Aufbau des Briefes, Sprache* und *Rechtschreibung*.
- Lest die Texte reihum vor, die Zuhörer achten auf ihre Prüfpunkte und geben Feedback. Die Vorleserin/Der Vorleser macht sich Notizen zu ihrem/seinem Text.
- Überarbeitet anschließend eure Texte in Einzelarbeit.

**Methode** **Aus der Perspektive (Sicht) einer literarischen Figur schreiben**

Wenn ihr aus der Perspektive (Sicht) einer literarischen Figur schreibt (z. B. einen Brief oder einen Tagebucheintrag), versetzt ihr euch in die Figur hinein. Überlegt:
- Was denkt und fühlt die Figur?
- Was könnte sie sagen?
- Was weiß sie, was weiß sie nicht?

Schreibt in der **Ich-Form.**

Ihr könnt zum Beispiel
- die Gedanken und die Gefühle der Figur zum Ausdruck bringen, z. B.: *Ich bin sehr traurig.*
- Fragen stellen, z. B.: *Was sollen wir tun?*
- emotionale Ausdrücke verwenden, z. B.: *Ich bin echt schockiert!*

Wichtig ist, dass Inhalt und Sprache zur Figur und zur Handlung des Textes passen.

# „Ich kapier's einfach nicht" – Einen Tagebucheintrag verfassen

Carl Hiaasen

## Eulen (6)

*Was hat der Zeitungsbericht mit Fischfinger zu tun? Roy wundert sich: Er soll die Geschwister nachts am Baugelände treffen – und ein Pfund Hackfleisch mitbringen ...*

Trotz des Fiebers und der heftigen Infektion war Fischfinger vor ihnen an der Baustelle eingetroffen. Er kletterte über den Zaun, sein verletzter Arm hing dabei schlaff herunter. Beatrice folgte ihm. Total verwirrt stieg Roy über den Zaun. Er folgte Beatrice und ihrem Stiefbruder zu einem Bulldozer, der auf dem Gelände stand. Dort waren sie von der Straße aus nicht zu sehen. „Hast du den Polizeiwagen eingesprüht?", fragte er den Jungen kühn. „Kein Kommentar." „Und die Alligatoren in die Klos gesteckt?" Fischfinger kniff die Augen zu schmalen Schlitzen zusammen und starrte geradeaus. „Ich kapier das nicht", sagte Roy. „Wieso machst du so einen Schwachsinn? Wen interessiert das schon, ob die ihr blödes Pfannkuchenrestaurant hier hinstellen oder nicht?" Der Junge warf den Kopf herum und sah Roy mit einem eisigen Blick an. Roy schwirrten die Fragen nur so durch den Kopf. „Würde mir vielleicht mal einer von euch erklären", bat er, „was das alles mit Pfannkuchen zu tun hat? Vielleicht bin ich ja vernagelt, aber ich kapier's einfach nicht." Der Junge grinste und rieb sich über den geschwollenen Arm. „Ganz einfach, Mann", sagte er. „Mama Paula darf hier nicht bauen." „Zeig ihm, wieso nicht", sagte Beatrice zu ihrem Stiefbruder. „Okay. Gib mir mal das Hackfleisch." Roy reichte ihm das Päckchen. Fischfinger fummelte eine Hand voll Hackfleisch heraus, das er sorgfältig zu sechs kugelrunden Fleischbällchen rollte. „Komm mit", sagte er. „Aber möglichst leise." Fischfinger führte Roy zu einem Loch in einem Grasflecken und legte zwei Hackfleischbällchen davor. Während er in den dunklen Tunnel spähte, fragte Roy: „Was ist da unten?" „Pscht!", sagte der Junge. „Horch!" Roy hörte ein kurzes, hohes Kukuu. Dann noch eins, quer über den Platz hinweg. Beatrice' Stiefbruder stand leise auf und schlich vorwärts. Roy folgte ihm dicht auf den Fersen. Trotz des Fiebers grinste der Junge, als er Roy ein Zeichen gab, stehen zu bleiben. „Da!" Er zeigte auf den Bau. „Wow!", flüsterte Roy. Direkt neben dem Loch stand, neugierig ein Fleischbällchen beäugend, die kleinste Eule, die er je gesehen hatte. Fischfinger tippte ihm sanft auf die Schulter. „Okay? Hast du's jetzt kapiert?" „Ja", sagte Roy. „Alles klar."

**1** Es soll also ein Gelände planiert werden, das von einer geschützten Eulenart bewohnt wird. Roy ist außer sich. Er setzt sich abends an seinen Schreibtisch und schreibt seine Gedanken in ein Tagebuch. Verfasst diesen Eintrag. (▸ Methode S. 119)

a Sammelt Roys Gedanken und Gefühle in Form eines Clusters.

b Plant den Tagebucheintrag: Womit beginnt ihr, womit schließt ihr ab?

c Schreibt aus der Sicht von Roy. Bezieht euch dabei inhaltlich auf das Geschehen im Text.

# Stärken stärken: Die Sicht einer Figur einnehmen

1 Das Geschehen auf dem leeren Grundstück am Ostrand der Stadt wird aus der Perspektive (Sicht) von Roy erzählt. Versetzt euch nun in Fischfinger hinein und erzählt, wie er das alles erlebt.

a Lest den Textauszug auf Seite 120 noch einmal sorgfältig. Schreibt die Fragen in euer Heft, die Roy Fischfinger stellt. Schreibt die Zeilenangaben dazu.

b Notiert in eurem Heft alle Angaben im Text zu Fischfingers äußerem Erscheinungsbild. Wie wird er beschrieben?

c Versetzt euch in Fischfinger hinein und überlegt, was er in der jeweiligen Situation denken und fühlen könnte. Notiert eure Ideen in der Ich-Form.

d Erzählt nun, wie Fischfinger die Aktionen erlebt hat. Es soll deutlich werden, was passiert ist und was Fischfinger dabei denkt und fühlt.
Nutzt eure Notizen und schreibt in der Ich-Form.

2 Lest eure Texte vor und vergleicht sie mit dem Text auf Seite 120. Erklärt, inwiefern ihr in euren Texten einen anderen Eindruck von Fischfinger erhaltet.

### Hilfe zu Aufgabe 1a:

Lest den Textauszug auf Seite 120 noch einmal sorgfältig. Schreibt die Fragen in euer Heft, die Roy Fischfinger stellt. Schreibt die entsprechenden Textstellen auf:

- *„Hast du den Polizeiwagen eingesprüht?“ (Z. 9 f.)*
- *„Und die Alligatoren in die Klos gesteckt?“ (Z. 11 f.)*

### Hilfe zu Aufgabe 1b:

Notiert in eurem Heft alle Angaben im Text zu Fischfingers äußerem Erscheinungsbild, z. B.:
*Er hatte Fieber und eine heftige Infektion (Z. 1), sein verletzter Arm hing schlaff herunter (Z. 3 f.), Fischfinger kniff die Augen zu (Z. 12).*

### Hilfe zu Aufgabe 1c:

Versetzt euch in Fischfinger hinein und überlegt, was er in der jeweiligen Situation wohl dachte und fühlte.
Mögliche Gedanken sind:
*Ich war echt gespannt, wie Roy reagieren würde, wenn ich ihm erklärte ...*

**Gedanken und Gefühle**
*Langsam spürte ich, wie ...*
*Ich merkte ...*
*Als ich ihn sah ...*
*Am liebsten wäre ich ...*
*Mir schoss durch den Kopf ...*

### Hilfe zu Aufgabe 1d:

Erzählt nun, wie Fischfinger die Aktionen erlebt hat.
Es soll deutlich werden, was passiert ist und was Fischfinger dabei dachte und fühlte.
Nutzt eure Notizen und schreibt in der Ich-Form:
*Mein Kopf war immer noch siedend heiß und mein Arm tat höllisch weh, als ich auf der Baustelle ankam. Roy traf kurz nach mir ein. Er sah aus wie ein lebendiges Fragezeichen ...*

# 6.3 Projekt: Klassen-Bestseller

**1** Erstellt eine Klassen-Bestsellerliste. Sammelt dazu Ideen für gute Jugendbücher. Präsentiert dann eure Vorschläge in kurzen Vorträgen.
- Geht dabei auf den Klappentext ein und fasst den Inhalt knapp zusammen.
- Gebt eine kurze Information zur Autorin / zum Autor und äußert zum Schluss eure persönliche Meinung.

**2** Wendet die Trichtermethode an. Sie hilft euch zu entscheiden, auf welche Jugendromane ihr bei eurem Projekt näher eingehen wollt.

**Methode** **Die Trichtermethode**

Zeichnet einen Trichter an die Tafel. Schreibt oberhalb des Trichters eure Ideen. Bestimmt dann die Kriterien, die das Buch erfüllen soll: Sie bilden den Trichterhals. Buchvorschläge, die alle Kriterien erfüllen, kommen in die engste Auswahl. Stimmt zuletzt ab, wenn ihr mehrere gute Vorschläge habt.

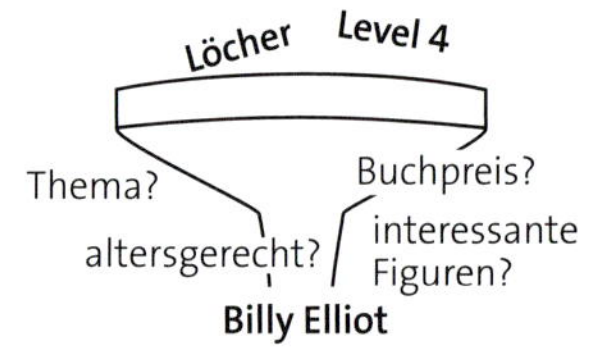


**3** Die Titelliste steht fest. Bereitet nun in Gruppen eine Buchpräsentation vor.

a Jeder aus der Gruppe erhält dazu eine Aufgabe:
- Informationen über die Autorin oder den Autor recherchieren,
- die Hauptfiguren und ihre Beziehungen untersuchen,
- die Handlungsschritte in eine Spannungskurve eintragen,
- eine spannende Stelle so vorbereiten, dass sie wirkungsvoll vorgelesen werden kann.

b Erarbeitet zu euren Ergebnissen gemeinsam ein Plakat und stellt es der Klasse vor.

**4** Hängt eure Plakate im Klassenzimmer auf, wenn alle Gruppen ihre Buchpräsentation gehalten haben: Entscheidet nun, welchen Jugendroman ihr als weitere Lektüre in der Klasse lesen wollt.

**Methode** **Einen Jugendroman vorstellen**

- Nennt in eurer **Einleitung** zum Vortrag die Autorin oder den Autor des Buchs, den Titel, den Verlag und das Jahr, in dem es erschienen ist.
- Im **Hauptteil** geht ihr auf das Thema und die Hauptfiguren ein. Wichtige Kapitel fasst ihr kurz zusammen oder erzählt sie nach. Lest eine besonders spannende Stelle vor.
- Zum **Schluss** äußert ihr eure persönliche Meinung zum Buch.

**Wörterliste** ▸ S. 313

| | | | |
|---|---|---|---|
| Hauptfigur | Bestseller | Tagebucheintrag | Filiale |
| Restaurantkette | Vandalismus | Teenager | selbstbewusst |
| schüchtern | definitiv | Tablett | Karton |

# 7 Schaurige Begebenheiten –
## Balladen vorlesen und neu erzählen

**1** „O schaurig ist`s, übers Moor zu gehen". Lest diesen ersten Vers der Ballade „Der Knabe im Moor" laut und betont vor. Wie würdet ihr euch an Stelle des Knaben fühlen? Was würde euch durch den Kopf gehen? Notiert.

**2** Stellt Vermutungen an, wie die Ballade weitergehen könnte.

**3** Längere Gedichte, die von einem spannenden Ereignis erzählen, nennt man Balladen (Erzählgedichte). Nennt Balladen, die ihr kennt.

**In diesem Kapitel …**

- lernt ihr Balladen kennen und tragt sie wirkungsvoll vor,
- findet ihr heraus, welche Merkmale Balladen haben,
- schreibt ihr Balladen zu einer Erzählung um,
- gestaltet ihr Balladen als Comic und als Fotoroman.

# 7.1 Unheimliche Begegnungen – Balladen erschließen und vortragen

## „O schaurig ..." – Eine Ballade verstehen

Annette von Droste-Hülshoff

### Der Knabe im Moor

O schaurig ist's, übers Moor zu gehn,
Wenn es wimmelt vom Heiderauche,
Sich wie Phantome[1] die Dünste drehn
Und die Ranke häkelt am Strauche,
Unter jedem Tritte ein Quellchen springt,
Wenn aus der Spalte es zischt und singt! –
O schaurig ist's, übers Moor zu gehn,
Wenn das Röhricht knistert im Hauche!

Fest hält die Fibel[2] das zitternde Kind
Und rennt, als ob man es jage;
Hohl über die Fläche sauset der Wind –
Was raschelt drüben am Hage[3]?
Das ist der gespenstische Gräberknecht,
Der dem Meister die besten Torfe[4] verzecht[5];
Hu, hu, es bricht wie ein irres Rind!
Hinducket das Knäblein zage.

Vom Ufer starret Gestumpf hervor,
Unheimlich nicket die Föhre[6],
Der Knabe rennt, gespannt das Ohr,
Durch Riesenhalme wie Speere;
Und wie es rieselt und knittert darin!
Das ist die unselige Spinnerin,
Das ist die gebannte Spinnlenor',
Die den Haspel[7] dreht im Geröhre[8]!

Voran, voran! nur immer im Lauf,
Voran, als woll es ihn holen;
Vor seinem Fuße brodelt es auf,
Es pfeift ihm unter den Sohlen
Wie eine gespenstische Melodei;
Das ist der Geigemann ungetreu,
Das ist der diebische Fiedler Knauf,
Der den Hochzeitheller[9] gestohlen!

Da birst[10] das Moor, ein Seufzer geht
Hervor aus der klaffenden Höhle;
Weh, weh, da ruft die verdammte Margret:
„Ho, ho, meine arme Seele!"
Der Knabe springt wie ein wundes Reh;
Wär nicht Schutzengel in seiner Näh,
Seine bleichenden Knöchelchen fände spät
Ein Gräber im Moorgeschwele[11].

Da mählich gründet der Boden sich[12],
Und drüben, neben der Weide,
Die Lampe flimmert so heimatlich,
Der Knabe steht an der Scheide[13].
Tief atmet er auf, zum Moor zurück
Noch immer wirft er den scheuen Blick:
Ja, im Geröhre war's fürchterlich,
O schaurig war's in der Heide!

1 das Phantom: Gespenst
2 die Fibel: Lesebuch, Schulbuch
3 der Hag: Gebüsch, Baumgruppe
4 der Torf: Brennstoff aus dem Moor
5 verzechen: vertrinken
6 die Föhre: Kiefer
7 die Haspel: Teil des Spinnrads
8 das Geröhre: Schilfrohre, Zweige
9 Hochzeitheller: zur Hochzeit gesammeltes Geld
10 bersten: aufbrechen
11 das Geschwel: Dunst, Nebel
12 mählich gründet der Boden sich: allmählich wird der Boden fester
13 die Scheide: Grenze, Rand

**Annette von Droste-Hülshoff** wurde 1797 im Wasserschloss Hülshoff bei Münster geboren. In ihren Balladen und Gedichten schildert die Dichterin häufig die Landschaft ihrer westfälischen Heimat und beschreibt unheimliche Erscheinungen. Annette von Droste-Hülshoff starb 1848 auf Schloss Meersburg am Bodensee. Sie zählt zu den bekanntesten Dichterinnen Deutschlands.

**1** Welche Stimmung vermittelt die Ballade? Beschreibt eure Eindrücke.

**2** Diskutiert, welcher Satz den Inhalt der Ballade richtig wiedergibt:
- Ein Junge hat einen schrecklichen Albtraum.
- Ein Junge, der allein durch das Moor gehen muss, fürchtet sich sehr.
- Ein Junge wird von Moorgeistern verfolgt und gefangen genommen.

**3** Fasst die Strophen der Ballade mit Hilfe der Bilder jeweils kurz zusammen, z. B.:
*In der ersten Strophe irrt ein verängstigter Junge ...*
*In der zweiten Strophe begegnet der Junge in seiner Einbildung der ersten Spukgestalt. Es ist der Gräberknecht, der trinkt und Krach macht.*

**4** Zeichnet selbst einen Comic zu dieser Ballade.

**5** Die besondere Stimmung der Ballade wird durch den Einsatz von Lautmalerei verstärkt.
a Findet Verben, bei denen man das beschriebene Geräusch hören kann, z. B.: *zischt (V. 6)*
b Sammelt Wörter mit hellen und dunklen Lauten in einer Tabelle, z. B.:
- *dunkle Laute: O, schaurig, Moor, Phantome, ...*
- *helle Laute: wimmelt, Tritte, ...*

c Besprecht, welche Wirkung die Wörter mit den dunklen Lauten beim Vorlesen haben.

**6** Tragt die Ballade stimmungsvoll vor.

**Information** **Lautmalerei**

Bei der Lautmalerei wird ein Geräusch durch einen ähnlichen Laut wiedergegeben, z. B.: *rauschen, klappern, zischen.* Dunkle Laute vermitteln oft eine unheimliche Stimmung und werden beim Vorlesen mit tiefer Stimme gesprochen.

# „In dürren Blättern säuselt der Wind“ – Balladen stimmungsvoll vortragen

Johann Wolfgang Goethe

## Der Erlkönig

Wer reitet so spät durch Nacht und Wind?
Es ist der Vater mit seinem Kind;
Er hat den Knaben wohl in dem Arm,
Er fasst ihn sicher, er hält ihn warm.

Mein Sohn, was birgst du so bang dein Gesicht? –
Siehst Vater, du den Erlkönig nicht?
Den Erlenkönig mit Kron und Schweif? –
Mein Sohn, es ist ein Nebelstreif. –

„Du liebes Kind, komm, geh mit mir!
Gar schöne Spiele spiel ich mit dir;
Manch bunte Blumen sind an dem Strand,
Meine Mutter hat manch gülden[1] Gewand.“

Mein Vater, mein Vater, und hörest du nicht,
Was Erlenkönig mir leise verspricht? –
Sei ruhig, bleibe ruhig, mein Kind;
In dürren Blättern säuselt der Wind. –

„Willst, feiner Knabe, du mit mir gehn?
Meine Töchter sollen dich warten[2] schön;
Meine Töchter führen den nächtlichen Reihn[3]
Und wiegen und tanzen und singen dich ein.“

Mein Vater, mein Vater, und siehst du nicht dort
Erlkönigs Töchter am düstern Ort? –
Mein Sohn, mein Sohn, ich seh es genau:
Es scheinen die alten Weiden so grau. –

„Ich liebe dich, mich reizt deine schöne Gestalt;
Und bist du nicht willig, so brauch ich Gewalt.“
Mein Vater, mein Vater, jetzt fasst er mich an!
Erlkönig hat mir ein Leids getan! –

Dem Vater grauset's, er reitet geschwind,
Er hält in den Armen das ächzende Kind,
Erreicht den Hof mit Mühe und Not;
In seinen Armen das Kind war tot.

**Johann Wolfgang Goethe** (1749–1832), Deutschlands berühmtester Dichter, war auch erfolgreich als Wissenschaftler, Philosoph und Minister. Er wurde in Frankfurt am Main geboren, erhielt dort Privatunterricht und studierte in Leipzig Rechtswissenschaften. Nach einigen Jahren als Anwalt trat er in Weimar ein wichtiges Ministeramt an. Mit Friedrich Schiller verband ihn eine enge Freundschaft.

1 gülden: goldenes
2 warten: umsorgen, pflegen
3 Reihn: Reigen (= eine Tanzart)

**1** Diese Ballade wirkt wie ein Wettlauf gegen die Zeit. Die Spannung steigt von Strophe zu Strophe. Denn dem Sohn geht es zunehmend schlechter und der Erlkönig wird immer bedrohlicher.

a Erklärt, wie der Vater in den Strophen 2, 4 und 6 versucht, seinen Sohn zu beruhigen.

b Wie geht die Ballade aus? Wie erklärt ihr euch dieses Ende? Diskutiert.

**2** Tragt die Ballade mit verteilten Rollen vor.

a Bildet Gruppen und arbeitet mit einer Kopie des Textes.

b Kennzeichnet in unterschiedlichen Farben die Sprecher (Erzähler, Vater, Sohn und Erlkönig), die in der Ballade zu Wort kommen.

c Teilt die Sprechrollen in der Gruppe auf und markiert das Gedicht mit Betonungszeichen.

Wer reitet so spät durch Nacht und Wind? ||

Es ist der Vater | mit seinem Kind; ||

**Betonungszeichen**

| | | | |
|---|---|---|---|
| ◀ | lauter | ▶ | leiser |
| ‖ | lange Pause | \| | kurze Pause |
| → | schneller | ← | langsamer |
| — | Betonung | ↩ | Zeilensprung |

d Übt den Vortrag, bis Sprechweise und Betonung zur Situation und Stimmung passen.

**3** Wenn ihr den „Erlkönig" betont lest, merkt ihr, dass er in einem bestimmten Rhythmus geschrieben ist. Untersucht diesen Rhythmus genauer. Lest zuerst den Merkasten unten. Wählt dann a, b oder c und vergleicht anschließend eure Ergebnisse.

●●● a Der „Erlkönig" ist nicht ausschließlich, aber weitgehend im Jambus verfasst. Überprüft diese Aussage anhand des ersten Verses, indem ihr in eurem Heft über den betonten Silben einen aufsteigenden Strich setzt: X́. Zwei unbetonte Silben sind bereits farbig markiert:

X X X X X X X X X
Wer reitet so spät durch Nacht und Wind?

Wie wirkt der Jambus auf euch? Begründet, warum er zum Erlkönig passt.

●●○ b Beim Jambus folgt auf eine unbetonte eine betonte Silbe. Dadurch wirkt er aufsteigend oder beschleunigend. Erklärt, warum der Jambus daher gut zum Erlkönig passt.

●○○ c Welches Tempo und welcher Rhythmus sind beim Vortrag dieser Ballade angemessen. Geht in eurer Antwort auf den Ritt durch die Nacht und auf die Angst des Jungen ein.

**Information** **Metrum** (Versmaß)

In den Versen wechseln sich häufig betonte (X́) und unbetonte (X) Silben ab. Wenn die **Abfolge von betonten und unbetonten Silben** (Hebungen und Senkungen) einem bestimmten Muster folgt, nennt man dies **Metrum.** Zwei häufige Versmaße sind:

**Jambus** (XX́): X X́ X X́ X X́ X X́
*Die Mitternacht zog näher schon* (Heinrich Heine)

**Trochäus** (X́X): X́ X X́ X X́ X X́ X
*O du Ausgeburt der Hölle!* (Johann Wolfgang Goethe)

# „Den Dank, Dame, begehr ich nicht!" – Merkmale der Ballade

Friedrich Schiller

## Der Handschuh

Vor seinem Löwengarten,
Das Kampfspiel zu erwarten,
Saß König Franz,
Und um ihn die Großen der Krone,
Und rings auf hohem Balkone
Die Damen in schönem Kranz.

Und wie er winkt mit dem Finger,
Auf tut sich der weite Zwinger,
Und hinein mit bedächtigem Schritt
Ein Löwe tritt
Und sieht sich stumm
Rings um,
Mit langem Gähnen,
Und schüttelt die Mähnen
Und streckt die Glieder
Und legt sich nieder.

Und der König winkt wieder,
Da öffnet sich behänd[1]
Ein zweites Tor,
Daraus rennt
Mit wildem Sprunge
Ein Tiger hervor.
Wie der den Löwen erschaut,
Brüllt er laut,
Schlägt mit dem Schweif
Einen furchtbaren Reif,
Und recket die Zunge,
Und im Kreise scheu
Umgeht er den Leu[2]
Grimmig schnurrend,
Drauf streckt er sich murrend
Zur Seite nieder.

**Friedrich Schiller** wurde 1759 in Marbach am Neckar geboren. Gegen seinen Willen erhielt er eine Ausbildung an einer strengen Militärschule, wo er heimlich verbotene Bücher las und Theaterszenen schrieb.
Obwohl Schiller mit seinen Theaterstücken sehr erfolgreich war (z. B. „Die Räuber"), litt er oft unter Geldnot. Nach langer Krankheit starb er 1805 im Alter von 46 Jahren in Weimar.

1 behänd: schnell

2 Leu: Löwe

Und der König winkt wieder,
Da speit das doppelt geöffnete Haus
Zwei Leoparden auf einmal aus,
Die stürzen mit mutiger Kampfbegier
Auf das Tigertier;
Das packt sie mit seinen grimmigen Tatzen,
Und der Leu mit Gebrüll
Richtet sich auf – da wird's still,
Und herum im Kreis,
Von Mordsucht heiß,
Lagern sich die gräulichen[3] Katzen.

Da fällt von des Altans[4] Rand
Ein Handschuh von schöner Hand
Zwischen den Tiger und den Leun
Mitten hinein.

Und zu Ritter Delorges spottenderweis'
Wendet sich Fräulein Kunigund:
„Herr Ritter, ist Eure Lieb' so heiß,
Wie Ihr mir's schwört zu jeder Stund,
Ei, so hebt mir den Handschuh auf."

Und der Ritter in schnellem Lauf
Steigt hinab in den furchtbaren Zwinger
Mit festem Schritte,
Und aus der Ungeheuer Mitte
Nimmt er den Handschuh mit keckem Finger.

Und mit Erstaunen und mit Grauen
Sehen's die Ritter und Edelfrauen,
Und gelassen bringt er den Handschuh zurück.
Da schallt ihm sein Lob aus jedem Munde,
Aber mit zärtlichem Liebesblick –
Er verheißt ihm sein nahes Glück –
Empfängt ihn Fräulein Kunigunde.
Und er wirft ihr den Handschuh ins Gesicht:
„Den Dank, Dame, begehr ich nicht!",
Und verlässt sie zur selben Stunde.

3 gräulich: grauenhaft

4 Altan: Balkon

**1** a Lest die Ballade „Der Handschuh" von Friedrich Schiller.
b Diskutiert, ob euch der Schluss überrascht.

**2** Spielt den Inhalt der Ballade szenisch nach. Geht so vor:
a Ordnet die Handlungsschritte A bis H den passenden Strophen zu.
b Verteilt die Rollen. Nutzt die Handlungsschritte, um acht kleine Szenen einzustudieren.
c Spielt die Ballade nun im Ganzen vor, während ein Erzähler sie im Hintergrund vorliest.

**A** Das Edelfräulein Kunigunde wendet sich an den Ritter Delorges, er solle ihr als Liebesbeweis den Handschuh wiederbringen.

**B** Nach einem weiteren Winken erscheint ein zweites Raubtier, ein Tiger. Als er den Löwen sieht, brüllt er und legt sich dann hin.

**C** Am Hof erwartet König Franz zusammen mit Damen und Herren des Adels das Kampfspiel im Löwengarten.

**D** Da fällt von dem Balkon, auf dem die Damen sitzen, ein Handschuh zu den Raubtieren hinunter.

**E** Nach einer Weile öffnet sich eine Tür und zwei Leoparden stürmen heraus. Ein großer Kampf bahnt sich an.

**F** Der Ritter zögert nicht und holt der Dame den Handschuh.

**G** Gelassen gibt er Kunigunde den Handschuh zurück. Freudig und mit vielversprechendem Blick bedankt sie sich bei ihm. Er weist jedoch ihren Dank zurück und verlässt sie noch in dem Moment.

**H** Auf Zeichen des Königs wird ein Löwe aus dem Zwinger gelassen.

**3** Untersucht, warum man bei der Ballade von einer „Mischform" spricht (▶ Information unten). Wählt a, b oder c und tragt eure Ergebnisse anschließend an der Tafel zusammen.
●●● a Überlegt, an welchen Stellen, die folgenden Merkmale eines Theaterstücks vorkommen: dramatische Situation, Spannung, Höhepunkt, Dialog.
●●○ b Erklärt, inwiefern folgende Merkmale einer Erzählung im Text zu finden sind: Erzähler, Handlungsschritte, abgeschlossene Handlung.
●○○ c Eine Ballade hat auch Merkmale eines Gedichts. Notiert diese Merkmale.

**Information** **Die Ballade**

Eine Ballade ist ein meist längeres Gedicht mit einer ungewöhnlichen oder spannenden Geschichte. Als **Mischform** enthält sie Merkmale verschiedener Textarten:
- **Gedicht:** Sie ist meist in Strophen und Verse gegliedert, besitzt Reimform und hat ein bestimmtes Metrum.
- **Erzählung:** Oft gibt es einen Erzähler, die Handlung ist abgeschlossen und in Handlungsschritte gegliedert.
- **Theaterstück:** Sie enthält oft wörtliche Rede der Figuren, diese müssen dramatische Situationen meistern, die sich zu einem Höhepunkt zuspitzen.

# Testet euch!

## Balladen untersuchen

Ludwig Uhland

### Die Rache

VORSICHT FEHLER!

A Der Knecht hat erstochen den edlen Herrn,
Der Knecht wär selber ein Ritter gern.

B Und als er sprengen will über die Brück',
Da stutzet das Ross und bäumt sich zurück.

C Er hat ihn erstochen im dunklen Hain
Und den Leib versenket im tiefen Rhein.

D Mit Arm, mit Fuß er rudert und ringt,
Der schwere Panzer ihn niederzwingt.

E Und als er die güldnen Sporen ihm gab,
Da schleudert's ihn wild in den Strom hinab.

F Hat angeleget die Rüstung blank,
Auf des Herren Ross sich geschwungen frank.

**1** Nach der ersten Strophe (A) sind die Strophen dieser Ballade in ihrer Abfolge durcheinandergeraten.

a Bringt die Strophen in die richtige Reihenfolge, indem ihr im Heft notiert:
*1. Strophe = A*
*2. Strophe = ...*

b Vergleicht eure Lösung in Partnerarbeit. Wenn ihr zu unterschiedlichen Ergebnissen gekommen seid, diskutiert und einigt euch dann auf eine gemeinsame Fassung.

**2** Weist nach, dass auch diese Ballade eine Mischung aus Gedicht, Erzählung und Theaterstück darstellt.

a Untersucht den Aufbau der Ballade. Verwendet dafür die Begriffe „Strophe", „Vers" und „Reimform".

b Nennt die Merkmale einer Erzählung und notiert in wenigen Sätzen, worum es in dieser Ballade geht.

c An welchen Stellen der Ballade könnt ihr dramatische Momente erkennen? Schreibt sie auf und benennt sie.

**3** Vergleicht eure Ergebnisse aus den Aufgaben 1 und 2 mit den Lösungen auf Seite 321.

# 7.2 Dramatische Ereignisse – Balladen umgestalten

## „Gebärden da gibt es vertrackte" – Von der Ballade zum Comic

Johann Wolfgang Goethe

### Der Totentanz

Der Türmer[1], der schaut zu Mitten der Nacht
Hinab auf die Gräber in Lage[2];
Der Mond, der hat alles ins Helle gebracht;
Der Kirchhof[3], er liegt wie am Tage.
Da regt sich ein Grab und ein anderes dann:
Sie kommen hervor, ein Weib da, ein Mann,
In weißen und schleppenden Hemden.

Das reckt nun, es will sich ergetzen[4] sogleich,
Die Knöchel zur Runde, zum Kranze,
So arm und so jung, und so alt und so reich;
Doch hindern die Schleppen am Tanze.
Und weil hier die Scham nun nicht weiter gebeut[5],
Sie schütteln sich alle, da liegen zerstreut
Die Hemdlein über den Hügeln.

Nun hebt sich der Schenkel, nun wackelt das Bein,
Gebärden da gibt es vertrackte;
Dann klippert's und klappert's mitunter hinein,
Als schlüg' man die Hölzlein zum Takte.
Das kommt nun dem Türmer so lächerlich vor;
Da raunt ihm der Schalk[6], der Versucher, ins Ohr:
Geh! hole dir einen der Laken.

Getan wie gedacht! und er flüchtet sich schnell
Nun hinter geheiligte Türen.
Der Mond, und noch immer er scheinet so hell
Zum Tanz, den sie schauderlich führen.
Doch endlich verlieret sich dieser und der,
Schleicht eins nach dem andern gekleidet einher,
Und, husch, ist es unter dem Rasen.

1 Türmer: Turmwächter
2 Gräber in Lage: Gräber in Reihen geordnet
3 Kirchhof: Friedhof
4 sich ergetzen: sich erfreuen
5 gebeut: nötig sein
6 Schalk: Spaßvogel

Nur einer, der trippelt und stolpert zuletzt
Und tappet und grapst an den Grüften;
Doch hat kein Geselle so schwer ihn verletzt,
Er wittert das Tuch in den Lüften.
Er rüttelt die Turmtür, sie schlägt ihn zurück,
Geziert[7] und gesegnet, dem Türmer zum Glück,
Sie blinkt von metallenen Kreuzen.

Das Hemd muss er haben, da rastet er nicht,
Da gilt auch kein langes Besinnen,
Den gotischen Zierrat[8] ergreift nun der Wicht
Und klettert von Zinne[9] zu Zinnen.
Nun ist's um den armen, den Türmer getan!
Es ruckt sich von Schnörkel zu Schnörkel hinan,
Langbeinigen Spinnen vergleichbar.

Der Türmer erbleichet, der Türmer erbebt,
Gern gäb er ihn wieder, den Laken.
Da häkelt[10] – jetzt hat er am längsten gelebt –
Den Zipfel ein eiserner Zacken.
Schon trübet der Mond sich verschwindenden Scheins,
Die Glocke, sie donnert ein mächtiges Eins,
Und unten zerschellt das Gerippe.

7 geziert: verziert
8 Zierrat: Verzierung
9 Zinne: Mauervorsprung
10 häkeln: verhaken

**1** a Lest die Ballade.
b Legt eine Folie auf und unterstreicht Textstellen, die euch gruselig oder komisch vorkommen.

**2** a Besprecht die Handlung der Ballade. Was genau geschieht?
b Fasst die einzelnen Strophen in je einem Satz zusammen.

**3** Betrachtet das Bild.

a Beschreibt die dargestellte Situation.

b Was geht den beiden Figuren wohl durch den Kopf? Zeichnet für jede Figur eine Denkblase ins Heft, in der ihr mögliche Gedanken notiert. So könnt ihr anfangen:

Gleich ist es um mich geschehen. Hätte ich doch nie ...

Du entkommst mir nicht! Mein Totenhemd ...

**4** Gestaltet als Klassenprojekt eine Comic-Wandzeitung.

a Findet euch in sieben Gruppen zusammen und teilt jeder Gruppe eine Strophe zu. Lest die Strophe gemeinsam noch einmal.

b Zeichnet zu eurer Strophe ein Bild. Verwendet eure Zusammenfassung der entsprechenden Strophe von Aufgabe 2.

c Ergänzt nun Sprech- und Denkblasen sowie eine Bildunterschrift.

d Fügt eure Bilder als Wandzeitung zusammen.

e Eine/Einer aus jeder Gruppe stellt der Klasse das Bild mit Hilfe des Zeigestabs vor.

**5** Formuliert eine Moral zu der Ballade „Der Totentanz“.

**Information** **Die Moritat** (Plural: die Moritaten)

Wie auf eurer Wandzeitung wurden früher auf Jahrmärkten besondere Ereignisse, oft waren dies schaurige Verbrechen, von Bänkelsängern vorgetragen. Diese **Moritaten** wurden meist durch eine Drehorgel begleitet und auch gesungen. Zudem waren sie mit einer Moral, einer Lehre, versehen.

# „Er hat uns gerettet, er trägt die Kron" – Zu einer Ballade schreiben

Theodor Fontane

## John Maynard

1 John Maynard!
„Wer ist John Maynard?"

„John Maynard war unser Steuermann,
Aus hielt er, bis er das Ufer gewann,
Er hat uns gerettet, er trägt die Kron',
Er starb für uns, unsre Liebe sein Lohn.
John Maynard."

*

2 Die „Schwalbe" fliegt über den Eriesee[1],
Gischt schäumt um den Bug wie Flocken von Schnee;
Von Detroit fliegt sie nach Buffalo –
Die Herzen aber sind frei und froh,
Und die Passagiere mit Kindern und Fraun
Im Dämmerlicht schon das Ufer schaun,
Und plaudernd an John Maynard heran
Tritt alles: „Wie weit noch, Steuermann?"
Der schaut nach vorn und schaut in die Rund':
„Noch dreißig Minuten ... Halbe Stund'."

3 Alle Herzen sind froh, alle Herzen sind frei –
Da klingt's aus dem Schiffsraum her wie ein Schrei,
„Feuer!" war es, was da klang,
Ein Qualm aus Kajüt' und Luke drang,
Ein Qualm, dann Flammen lichterloh,
Und noch zwanzig Minuten bis Buffalo.

4 Und die Passagiere, bunt gemengt,
Am Bugspriet[2] stehn sie zusammengedrängt,
Am Bugspriet vorn ist noch Luft und Licht,
Am Steuer aber lagert sich's dicht,
Und ein Jammern wird laut: „Wo sind wir? Wo?"
Und noch fünfzehn Minuten bis Buffalo. –

**Theodor Fontane**
wurde 1819 in Neuruppin (Brandenburg) geboren. Seinen Beruf als Apotheker gab er auf, um sich ganz dem Schreiben widmen zu können. Fontane verfasste insgesamt 16 Romane sowie zahlreiche Gedichte und Erzählungen. 1898 starb er in Berlin.

1 Eriesee: einer der fünf großen Seen Nordamerikas

2 Bugspriet: Mast, der über den vorderen Teil des Schiffes (den Bug) hinausragt

5 Der Zugwind wächst, doch die Qualmwolke steht,
Der Kapitän nach dem Steuer späht,
Er sieht nicht mehr seinen Steuermann,
Aber durchs Sprachrohr fragt er an:
„Noch da, John Maynard?“
„Ja, Herr. Ich bin.“
„Auf den Strand! In die Brandung!“
„Ich halte drauf hin.“
Und das Schiffsvolk jubelt: „Halt aus! Hallo!“
Und noch zehn Minuten bis Buffalo. –

6 „Noch da, John Maynard?“ Und Antwort schallt's
Mit ersterbender Stimme: „Ja, Herr, ich halt's!“
Und in die Brandung, was Klippe, was Stein,
Jagt er die „Schwalbe“ mitten hinein.
Soll Rettung kommen, so kommt sie nur so.
Rettung: der Strand von Buffalo!

*

7 Das Schiff ist geborsten. Das Feuer verschwelt.
Gerettet alle. Nur *einer* fehlt!

*

8 Alle Glocken gehn; ihre Töne schwell'n
Himmelan aus Kirchen und Kapell'n,
Ein Klingen und Läuten, sonst schweigt die Stadt,
Ein Dienst nur, den sie heute hat:
Zehntausend folgen oder mehr,
Und kein Aug' im Zuge, das tränenleer.

9 Sie lassen den Sarg in Blumen hinab,
Mit Blumen schließen sie das Grab,
Und mit goldner Schrift in den Marmorstein
Schreibt die Stadt ihren Dankspruch ein:
„Hier ruht John Maynard! In Qualm und Brand
Hielt er das Steuer fest in der Hand,
Er hat uns gerettet, er trägt die Kron',
Er starb für *uns,* unsre Liebe sein Lohn.
John Maynard.“

**1** Lest die Ballade „John Maynard“.

a Sprecht zunächst über die letzten beiden Strophen der Ballade. Beschreibt das Geschehen und die Stimmung in der Stadt.

b Schaut euch nun die erste Strophe (▸ Vers 1–7) an.
- Erklärt, welche Ähnlichkeit ihr mit der Schlussstrophe feststellen könnt. Was bedeutet dies?
- Überlegt, wer hier fragt und antwortet. Wo könnte der Dialog stattgefunden haben?

c Begründet, warum der Tod eines Menschen eine so große Anteilnahme nach sich zieht.

**2** Verschafft euch einen Überblick über die Handlung der Ballade.

a Klärt unbekannte Wörter.

b Notiert W-Fragen an den Text und beantwortet sie: Wer? Wo? Wann? Was?

c Fasst den Inhalt jeder Strophe stichpunktartig in eurem Heft zusammen, z. B.:

*1. Strophe: John Maynard, der Steuermann, hat alle gerettet, ist gestorben.*

**3** Nutzt eure Vorarbeit aus Aufgabe 2, um einen eigenen Text zur Ballade „John Maynard" zu schreiben. Wählt a, b oder c und stellt euch eure Ergebnisse im Anschluss gegenseitig vor.

●●● a Schreibt die Ballade in eine Erzählung um. Geht so vor:

– Erstellt zuerst einen Schreibplan, z. B.:

> *Einleitung: W-Fragen; Köder, der die Geschichte für die Leser interessant macht*
>
> *Hauptteil:*
> *Beginn der Handlung: Passagiere fragen, wann ...*
> *Anstieg der Spannung → Höhepunkt: ...*
>
> *Schluss: ...*

– Versetzt euch in die Figuren und schildert deren Gefühle und Gedanken. Setzt an passenden Stellen auch direkte Rede ein.

– Schreibt eure Erzählung im Präteritum. Ihr könnt so beginnen:
*Das voll besetzte Passierschiff „Schwalbe" befand sich auf dem Weg von Detroit nach Buffalo. Die Dämmerung hatte eingesetzt und das Ufer war bereits in Sichtweite. ...*

●●○ b Schreibt ein Selbstgespräch, das der tapfere Steuermann mit sich selber führt. Was geht ihm durch den Kopf? Welche Gefühle bewegen ihn? Notiert zuerst eure Ideen und verfasst dann das Selbstgespräch. Ihr könnt die folgenden Ideen verwenden:

*- Der Qualm wird immer dichter. Jch kriege kaum noch Luft, aber ich muss das jetzt aushalten, weil ...*

*- Und was ist mit mir? Es sieht nicht gut aus. Das Feuer ... Wie gerne wäre ich noch einmal ...*

●○○ c Versetzt euch in die Lage eines Passagiers. Was geht ihr/ihm nach der Rettung durch den Kopf? Notiert eure Ideen und führt im Anschluss den folgenden Tagebucheintrag zu Ende (▸ S. 119).

*Liebes Tagebuch,*
*heute war der schlimmste Tag meines Lebens. Meine Frau/Mein Mann und ich sind nur knapp dem Tod entkommen. Der Schock sitzt mir immer noch tief in den Knochen, ich kann kaum klar denken. Alles begann so: ...*

**Methode** **Zu einer Ballade schreiben**

- Erschließt den **Inhalt der Ballade.**
- Versetzt euch in die **Figuren** und notiert ihre **Eigenschaften** und **Gefühle.**
- Macht euch klar, welche Art von Text (Erzählung, Selbstgespräch, Tagebucheintrag) ihr schreiben sollt und was die Textart von euch verlangt, z. B. Präteritum, Ich-Form usw.
- Verfasst einen Schreibplan oder notiert eure Ideen.

# Stärken stärken: Eine Ballade mit einem Zeitungstext vergleichen

In der Nacht vom 8. zum 9. August 1841 geriet der Raddampfer *Erie* auf der Fahrt von Buffalo nach Erie (Pennsylvania) in Brand, nachdem eine Ladung von Terpentin und Farbe Feuer gefangen hatte. Das Schiff nahm daraufhin Kurs auf die acht Meilen entfernte Küste, ohne sie jedoch zu erreichen. Von den etwa 200 Menschen an Bord wurden nur 29 gerettet.
Der Steuermann Luther Fuller, der bis zuletzt auf seinem Posten ausgeharrt haben soll, verstarb.

**1** Fontanes Ballade liegt ein wahres Ereignis zugrunde.
- **a** Lest die Informationen über die Schiffskatastrophe und beantwortet die W-Fragen in Stichpunkten, z. B.: Wo ...?, Wann ...?, Wer ...?
- **b** Vergleicht diese Angaben mit denen in der Ballade:
  - Welche Angaben hat Fontane übernommen, welche weggelassen?
  - Was wurde in der Ballade verändert oder neu erfunden?

Manchmal wird **in Balladen** ein **wahres Ereignis** verarbeitet, z. B. ein Unglück oder eine Naturkatastrophe.
Die Dichter schmücken das Geschehen aber oft fantasievoll aus und verändern Fakten.

●○○ **Hilfe zu Aufgabe 1a:**
Lest die Informationen über die Schiffskatastrophe und beantwortet die W-Fragen in Stichpunkten.

*Wer?* *Luther Fuller*
*Wo?* ...
*Wann?* *in der Nacht vom 8. zum 9. August 1841*
*Was?* ...

●○○ **Hilfe zu Aufgabe 1b:**
Legt eine Tabelle mit drei Spalten an. Notiert die W-Fragen in der linken Spalte, die passenden Antworten aus Fontanes Ballade in die mittlere Spalte. Schreibt die Antworten aus der historischen Quelle in die rechte Spalte. So erkennt ihr die Unterschiede.

| W-Fragen | „John Maynard" (Ballade) | „John Maynard" (historische Quelle) |
|---|---|---|
| *Wer?* | ... | ... |
| *Wo?* | *von Detroit nach Buffalo* | *von Buffalo nach Erie* |
| ... | ... | ... |

Bei der Frage „Was ist geschehen?" solltet ihr den Inhalt der Ballade Strophe für Strophe festhalten und ihn dann mit dem Zeitungsbericht vergleichen.

# 7.3 Projekt: Die Ballade wird zur Fotostory

Erich Kästner

## Die Sache mit den Klößen

Der Peter war ein Renommist.
Ihr wisst vielleicht nicht, was das ist?
Ein Renommist, das ist ein Mann,
der viel verspricht und wenig kann.

Wer fragte: „Wie weit springst du, Peter?“,
bekam zur Antwort: „Sieben Meter.“
In Wirklichkeit – Kurt hat's gesehn –
sprang Peter bloß drei Meter zehn.

So war es immer: Peter log,
dass sich der stärkste Balken bog.
Und was das Schlimmste daran war;
er glaubte seine Lügen gar!

Als man einmal vom Essen sprach,
da dachte Peter lange nach.
Dann sagte er mit stiller Größe:
„Ich esse manchmal dreißig Klöße.“

Die andern Kinder lachten sehr,
doch Peter sprach: „Wenn nicht noch mehr!“
„Nun gut“, rief Kurt, „wir wollen wetten.“
Wenn sie das bloß gelassen hätten.

Der Preis bestand, besprachen sie,
in einer Taschenbatterie.
Die Köchin von Kurts Eltern kochte
die Klöße, wenn sie's auch nicht mochte.

Kurts Eltern waren ausgegangen.
So wurde schließlich angefangen.
Vom ersten bis zum fünften Kloß,
da war noch nichts Besondres los.

Die andern Kinder saßen stumm
um Peter und die Klöße rum.
Beim siebenten und achten Stück
bemerkte Kurt: „Er wird schon dick.“

Beim zehnten Kloß ward Peter weiß
und dachte: Kurt erhält den Preis.
Ihm war ganz schlecht, doch tat er heiter
und aß, als ob's ihm schmeckte, weiter.

Er schob die Klöße in den Mund
und wurde langsam kugelrund.
Der Anzug wurde langsam knapp.
Die Knöpfe sprangen alle ab.

Die Augen quollen aus dem Kopf.
Doch griff er tapfer in den Topf.
Nach fünfzehn Klößen endlich sank
er stöhnend von der Küchenbank.

Die Köchin Hildegard erschrak,
als er so still am Boden lag.
Dann fing er grässlich an zu husten,
dass sie den Doktor holen mussten.

„Um Gottes Willen", rief er aus,
„der Junge muss ins Krankenhaus."
Vier Klöße steckten noch im Schlund.
Das war natürlich ungesund.

Mit Schmerzen und für teures Geld
ward Peter wieder hergestellt.
Das Renommieren hat zuzeiten
auch seine großen Schattenseiten.

**1** Lest die Ballade.

a Markiert den Erzähler und die Sprecher auf einer Kopie mit verschiedenen Farben.

b Fasst die Strophen in je einem Satz zusammen.

**Storyboard: Die Sache mit den Klößen**

| Strophe | Textstelle | Figuren | Mimik + Gestik | Ort | Handlung | Kamera-einstellung |
|---|---|---|---|---|---|---|
| 1 | „Ein Renommist, das ist ein Mann, der viel verspricht und wenig kann." | Peter, der Angeber | selbstgefällig, stolz plustert sich auf | z. B. auf dem Schulhof | Peter wird vorgestellt | Halbnah |
| 2 | „Wie weit springst du Peter? ..." „Sieben Meter." | Peter und Kurt | **Kurt:** ungläubig, augenzwinkernd **Peter:** stolz | z. B. auf dem Sportplatz | Gespräch, Dialog Peter beim Weitsprung | Totale |

**2** Erstellt aus der Ballade einen Fotoroman. Geht dabei so vor:

– Teilt die Klasse in sieben Gruppen ein. Jede Gruppe beschäftigt sich mit zwei Strophen.
– Markiert die Textstellen der beiden Strophen, die ihr nachstellen und fotografieren wollt.
– Erstellt ein Storyboard für eure Strophen. Notiert dazu Figuren, Orte und Handlung.
– Übt die Szenen ein, die ihr fotografieren wollt. Achtet dabei auf Körperhaltung, Mimik, Lichtverhältnisse sowie die richtige Kameraeinstellung.
– Ihr könnt zunächst auch mit Standbildern arbeiten.
– Fotografiert die einzelnen Szenen und formuliert Bildunterschriften mit Hilfe eines Computerprogramms (z. B. Comic Life). Druckt die Fotos anschließend aus.
– Überlegt euch Texte für die Sprech- und Denkblasen und fügt diese entsprechend ein.

Wie weit springst du, Peter?

Sieben Meter.

Die Bilder, Denk- und Sprechblasen könnt ihr auch auf Tonkarton aufkleben und die Bildunterschriften hinzufügen.

– Hängt die Fotos in der richtigen Reihenfolge auf und fertig ist euer Fotoroman.

**Wörterliste** ▶ S. 313

| | | | |
|---|---|---|---|
| Moritat | Sensation | Metrum | Erzählung |
| Ballade | Moral | Versmaß | Mimik |
| Bänkelsänger | Comic | Fotogeschichte | Storyboard |

# 8 „Träum weiter!“ – Theaterträume

**1** a „Träum weiter!“ – Verfasst kurze Dialogtexte, in denen jemand diesen Satz äußert.
b Schaut euch das Bild an. Überlegt, worum es in diesem Theaterstück gehen könnte.

**2** Habt ihr schon einmal eine Aufführung eines Jugendstücks besucht? Berichtet von euren Erfahrungen.

**3** Was ist das Besondere am Theater?
a Sammelt, was bei einer Theateraufführung wichtig ist: Bühne, Regie ...
b Welche Aufgabe würdet ihr bei einer Theaterproduktion gern übernehmen? Begründet, warum.

### In diesem Kapitel ...

- lernt ihr das Theaterstück „Rosinen im Kopf“ kennen,
- lest und spielt ihr Theaterszenen und lernt die Figuren und ihre Konflikte kennen,
- schreibt ihr selbst Szenen,
- bereitet ihr einen Theaterbesuch vor.

# 8.1 „Rosinen im Kopf“ – Figuren und ihre Konflikte untersuchen

Thomas Ahrens/Volker Ludwig

**Rosinen im Kopf, Szene 1**

*In dem Theaterstück „Rosinen im Kopf“, das im Jahr 2009 in Berlin zum ersten Mal aufgeführt wurde, spielen Jugendliche die Hauptrollen. Da gibt es zum Beispiel Nico, der mit seinem Vater alleine lebt, und Sonja, eine Schulfreundin von Nico. Sie alle haben ganz verschiedene Vorstellungen von ihrem Leben und Träume für die Zukunft.*

SONJA *(kommt mit Schultasche angerannt)*: Halt, warten! Mist! *(Ruft zurück)* Mensch, Nico, jetzt ist der Bus schon wieder weg!

NICO *(verbundene rechte Hand, kommt mit Schultasche angeschlendert und liest in einem Reiseprospekt)*: Bus – is ja ekelhaft! Irgendwann bin ich sowieso nur noch mit meinem Privatjet unterwegs! Rom! New York! Paris! Rio! Da sitze ich hinten mit meinem Piloten an der Bar und trinke Schampus und mampfe Gummibärchen.

SONJA: Und wer fliegt das Flugzeug?

NICO: Das macht doch der Bordcomputer. Hey, Joey, wie wär’s, wenn wir mal wieder ’ne Sause in die Sonne machen? – Okay, Chef, Kurs Richtung Südsee! – Achtung, Achtung, bitte anschnallen.

SONJA: Alles klar.

NICO: Na warte! *(Nimmt Sonja auf den Rücken.)*

SONJA: Lass mich runter!

NICO: Nein – wir befinden uns im Landeanflug auf den Airport. *(Sonja hält ihm die Augen zu.)* Oh, es ist neblig. Wo sind die Landefeuer?!

SONJA: Dort!

NICO *(ahmt Albatros nach – Sonja springt ab – Nico stolpert)*: Klasse Landung, Joey. Und dann geht's an den Strand. So weit das Auge blickt, flacher, weißer Sandstrand und Kokospalmen …

**Sonja:** Mensch, Nico, hör doch mal auf mit dem Quatsch!

**Nico:** Das is kein Quatsch! So was gibt's wirklich! *(Kramt in seiner Schultasche und zieht Reiseprospekt hervor.)* Hier! Guck doch!

**Sonja:** Kenn ich doch schon.

**Nico:** Was is, willste mitkommen?

**Sonja:** Mann, hör auf, ich muss nach Hause.

**Nico:** Sonja will nach Hause in die Ottostraße 17. Wie spannend!

**Sonja:** Sag mal, du kannst doch Englisch, wenn de willst. Warum hast 'n die Arbeit nicht mitgeschrieben?

**Nico:** Hallo?! Is meine Hand vielleicht übelst verstaucht?!

**Sonja:** Kann ich vielleicht mal? *(Fühlt seine Stirn, schreit.)* Aua, ist das heiß! Zeigste mir mal deine kaputte Hand? *(Schnappt nach seiner Hand, er schreit fürchterlich auf, Sonja erschrickt.)* Entschuldigung!

**Nico** *(Streift und schüttelt den Verband ab, zappelt mit ihren Fingern herum)*: Dabididu dabiddu, das Wunder der Medizin!

**Sonja:** Ich hab's genau gewusst, du Schauspieler. Die war so leicht, die Englischarbeit, hättste ruhig mitschreiben können!

**Nico:** Ich brauch keine Schule. Bei der nächsten Staffel von DSDS bin ich sowieso dabei und dann …? *(Zieht eine Fernbedienung aus der Tasche, drückt einen Knopf, kündigt sich als Moderator selbst an.)* Und jetzt, meine sehr verehrten Damen und Herren, sehen und hören Sie Nic, Nico Hannemann … als Elvis Presley! *(Mimt Elvis Presley und singt.)*

**Sonja** *(zappt zu)*: Michael Jackson.

**Nico:** *(tanzt und singt.) M. J.*

**Sonja:** Und Germany's Next Topmodel.

**Nico:** Drama, Baby, Drama. Die Handtasche muss leben! Nico, ich habe heute ein Bild für dich!

**Sonja:** Und Dschungelcamp!

**Nico:** Hmm, lecker Ohrwürmer … *(Sonja macht mit und beide essen.)*

**Sonja:** Okay, cool! Aber die Sendung is trotzdem bescheuert! Was willst 'n da?

**Nico:** Das is doch nur der Anfang! Danach geht's erst richtig los! Dann kommt die Weltkarriere!

**Sonja:** Mensch, Nico, so 'n bisschen Singen und Tanzen reicht doch nicht für 'ne Weltkarriere!

**Nico:** Na toll, Sonja, die Spaßbremse, Ottostraße 17, erster Stock, Hinterhof.

**Sonja:** Na toll, Nico, der Spinner. *(Winkt ins Off.)* Huhu, Herr Hannemann!

**Nico:** Oh, Scheiße, mein Oller. *(Will sich verdrücken.)*

**Hannemann** *(kommt mit einem klapprigen Fahrrad angefahren, lange Haare, Stirnband, Messenger-Tasche auf dem Rücken, etwas außer Atem)*: Hey, Nico. Tach, Kleene. Na, wie war's in der Schule?

**Sonja:** Gut.

**Nico:** Wie immer.

**Hannemann:** Klingt ja toll. Und ihr habt heute 'nen Erste-Hilfe-Kurs gehabt?

**Nico:** Hä … Wieso?

**Hannemann** *(lacht)*: Weil dir 'n Meter Verbandszeug aus der Hose hängt.

Wir hatten früher mal einen in der Klasse, der hat versucht, sich den Arm einzugipsen, weil er 'ne Klassenarbeit nicht mitschreiben wollte. Aber der Lehrer hat das gemerkt, weil er sich den Hemdsärmel mit eingegipst hatte.

Sonja *(amüsiert)*: Echt dumm gelaufen.

Nico: Warum erzählst du denn das?

Hannemann: Och, is mir grad so eingefallen. Warum biste noch nicht zu Hause?

Nico: Bus war weg.

Sonja *(nickt)*: Stimmt.

Hannemann: Ich will ja nicht drängeln, aber der Müll muss runter und der Abwasch muss auch noch gemacht werden.

Nico: Immer ich! Wieso ich?

Hannemann: Nico – jetzt pass mal auf. Jetzt hab ich seit einer Woche endlich wieder einen Job, wo ich Geld verdienen kann, um uns beide durchzubringen. Da muss ich ordentlich ranklotzen. Und da musst du auch ein bisschen im Haushalt mithelfen. Und dann reicht's vielleicht auch mal für einen gemeinsamen Urlaub – 'nen bisschen weiter weg als nur bei Oma Herder auf 'n Bauernhof.

Nico: Echt?

Hannemann: Ja, mal ins Ausland.

Nico: Au ja ... Oasis of the Seas. *(Zitiert aus seinen Reiseprospekten.)* Das größte Kreuzfahrtschiff der Welt. Das hat 'nen richtigen eigenen Rummelplatz, 'ne übelst lange Seilbahn, ein Riesentheater und ...

Hannemann: Was is los?! Du hast ja Rosinen im Kopf!

Nico: Hä?

Sonja *(lacht)*: Rosinen im Kopf? Hab ich ja noch nie gehört.

Hannemann: Is doch wahr. Flausen im Kopf, dummes Zeug. Außerdem hab ich gesagt: vielleicht. *(Sein Handy klingelt, ins Telefon)* ... City-Flitzer Hannemann, wo soll ich hin? ... Ku'damm 217... Bin schon da, ich fliege. *(Zu den Kindern.)* Muss los.

Nico: Aber denk dran: Du hast es versprochen – Oasis of the Seas.

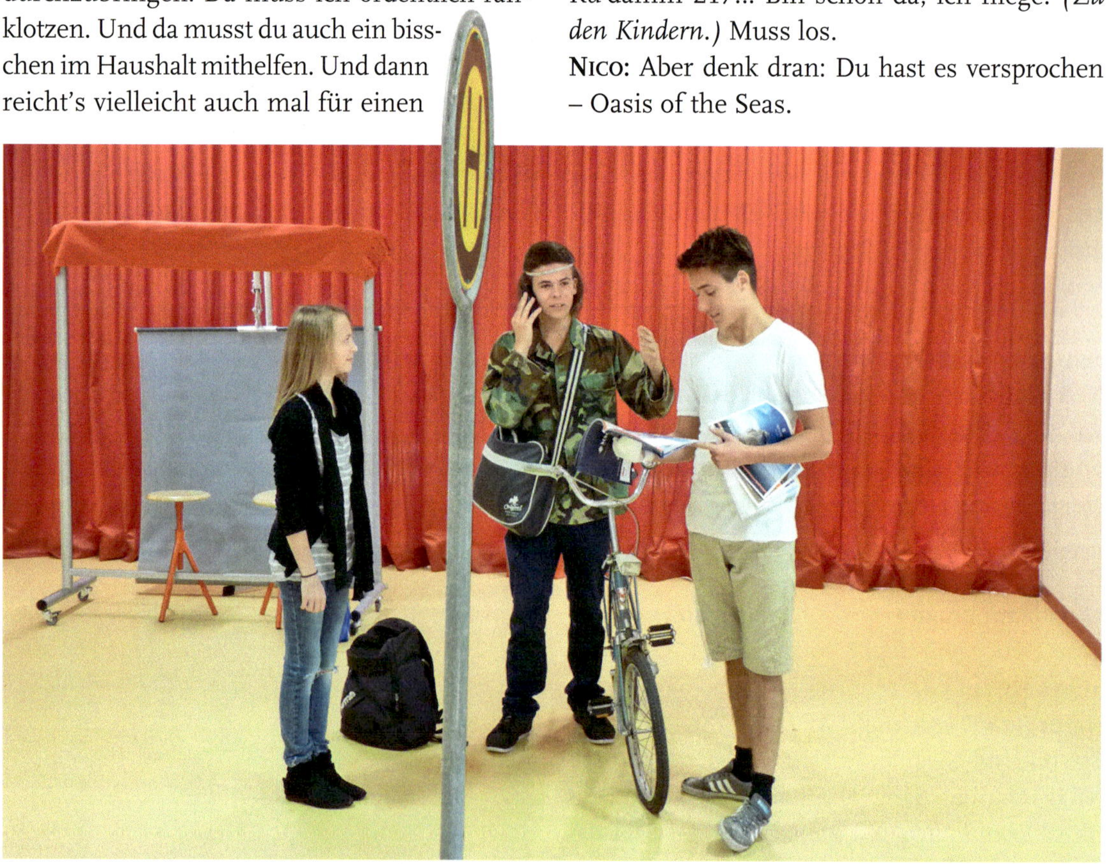


**1** a Worum geht es in der Szene? Fasst die Handlung mit eigenen Worten zusammen.

b Nennt Textstellen, an denen deutlich wird, dass das Stück in der heutigen Zeit spielt.

**2** a Lest die Szenen mit verteilten Rollen. Beachtet dabei auch die Regieanweisungen. Probiert mehrere Besetzungen aus.
**Hinweis:** Drückt mit eurer Stimme, eventuell auch mit eurer Mimik (Gesichtsausdruck) und Gestik (Körpersprache) aus, wie die jeweilige Figur sich fühlt oder wie eine Äußerung gemeint ist.
b Begründet, wer welche Figur durch seinen Vortrag besonders gut vorgestellt hat.

Die Autorin / der Autor eines Theaterstücks gibt zusätzlich zu den Rollentexten häufig sogenannte **Regieanweisungen,** die bei einer Aufführung des Stücks berücksichtigt werden sollen. Sie enthalten Anweisungen dazu, wie die Figuren sprechen oder sich auf der Bühne bewegen sollen. Außerdem geben sie Hinweise zur Handlung, z. B. *(sein Handy klingelt).*

**3** a Nico schlüpft in dieser Szene in verschiedene andere Rollen. Tragt diese Spiel-im-Spiel-Situationen (▶ Z. 13–29 und Z. 58–72) noch einmal vor. Gestaltet die verschiedenen Rollen auch durch eure Sprechweise sowie durch Mimik und Gestik.
b Ihr könnt auch noch weitere Rollen erfinden, die Nico einnehmen könnte. Denkt dabei an Fernsehserien, Filme usw.

**Spiel im Spiel** nennt man eine Situation, in der eine Figur auf der Bühne eine andere Rolle spielt, z. B. wenn Nico so tut, als wäre er an Bord eines Flugzeugs.

**4** a „Du hast ja Rosinen im Kopf!" (▶ Z. 129–130), sagt Herr Hannemann zu seinem Sohn Nico. Erklärt, was er damit meint.
b Könnt ihr verstehen, welche Wünsche, Träume oder Sehnsüchte Nico hat? Begründet eure Antwort.

**5** Beschreibt Nico, Sonja und Herrn Hannemann und ihre Beziehung untereinander durch Standbilder. Wendet dabei auch die Methode „Innere Stimme" an (▶ Methodenkasten unten). Wählt a, b oder c und stellt euch eure Ergebnisse gegenseitig vor.
●●● a Baut ein Standbild, das die Beziehung der Figuren untereinander darstellt.
●●○ b Stellt die Beziehung von zwei Figuren zueinander in einem Standbild dar.
●○○ c Baut ein Standbild für Nico mit passender Mimik und Gestik.

**6** a Die Figuren sprechen zum Teil Umgangssprache. Nennt Beispiele aus dem Text und erläutert, wie dieser Sprachstil wirkt.
b Überlegt, warum in diesem Stück Umgangssprache verwendet wird.

**Methode** **„Innere Stimme"**

Baut Standbilder zu wichtigen Szenen eines Stücks. Im Moment des „Einfrierens", d. h., wenn alle Figuren in einer bestimmten Position verharren, tritt eine Schülerin oder ein Schüler hinter das Standbild und spricht durch das Standbild hindurch, was die Figur denken oder fühlen könnte, z. B.: *Von wegen Rosinen im Kopf! Mein Vater hat keine Ahnung!*

Thomas Ahrens/Volker Ludwig

## Rosinen im Kopf, Szene 2

**Nico** *(mit verstellter Stimme, Sprechweise des Direktors):* Achtung, Achtung, eine Durchsage! Hier spricht Direktor Hülsendonk. Wir haben mehrere Fälle von Schweinegrippe in der Schule festgestellt. Alle Lehrerinnen und Lehrer bitte sofort ins Rektorzimmer zur Krisensitzung. Die Schülerinnen und Schüler haben ab sofort frei, die Schule bleibt für die nächsten drei Wochen geschlossen. Ende der Durchsage. *(Pausengong. Schülerlärm. Licht zieht auf.)*

**Nico** *(hockt in einer Mülltonne für Altpapier, lupft vorsichtig den Deckel, schaut sich um):* Captain Kirk an Crew ... Captain Kirk an Crew, auf welchem Planeten sind wir hier? Wo sind wir hier? *(Mit Roboterstimme)* Raumschiff Enterprise hat ein Problem. Unsere Navigation hat versagt. Wir mussten notlanden. [...] *(Formt mit den Händen ein Fernrohr.)* Ist das vielleicht der Planet der Affen? Nein, unmöglich. Viel zu viele Zwerge mit Pausenbroten in der Hand und ohne Fell. Oh nein! Was sehen meine entzündeten Augen? Da, ein Alien! Alle Mann in Deckung! *(Verschwindet in der Tonne. Oliver, ziemlich stylisch gekleidet, kommt mit einem Schulbrot, packt es aus und wirft das Papier in die Tonne, geht weiter, stutzt, dreht sich um und schleicht sich an. Nico kommt vorsichtig wieder hoch, ohne Oliver zu bemerken.)* Captain Kirk an Crew, jetzt weiß ich, wo wir sind – wir befinden uns auf einem der gefährlichsten Planeten des Universums! Schulhofia! Wir müssen fliehen!

**Oliver** *(kippt die Tonne um und lacht sich schlapp, klatscht Beifall.)* Wow, Alter, du bist ja 'ne richtig komische Nummer, ey! Was machst 'n da?

**Nico** *(erschrickt zu Tode):* Wo?!?!

**Oliver:** Na, da in der Tonne. Und das mit der Durchsage vorhin, das warst du. Alle sind aufgesprungen und rausgerannt. Und der Lehrer hat uns hinterhergerufen, aber keiner ist zurückgekommen.

**Nico:** Wehe, du verrätst was. Wer bist 'n du überhaupt? Hab dich noch nie auf'm Schulhof gesehen.

**Oliver:** Kannste ja auch nich. Bin erst seit gestern hier.

**Nico:** Neu?

**Oliver:** Hm.

**Nico:** Aber du hältst die Klappe!

**Oliver:** Von mir erfährt keiner was. *(Streckt die Hand aus.)* Ich bin Oliver.

**Nico** *(nimmt die Hand):* Nico. *(Oliver zückt eine Kaugummischachtel.)* Und wo kommst du her?

**Oliver:** Früher warn wir in Hamburg. Jetzt hat mein Vater den Berliner Chefposten von TTP übernommen.

**Nico:** TTP?

**Oliver:** Telly Top Productions.

**Nico:** Ach so.

**Oliver:** Ist ne Filmfirma.

**Nico** *(brennend interessiert):* Dein Vater dreht Filme?!

**OLIVER:** Hm.

**NICO:** Ich steh total auf Abenteuerfilme, Afrika und so ...

**OLIVER:** War ich schon.

**NICO:** Ja?

**OLIVER:** Klar. Marokko. Alles flach, irre Hitze, nichts wie Sand, blödes Hotel ...

**NICO:** Und warste schon mal auf den Bahamas?

**OLIVER:** Ja –

**NICO:** Malediven auch?

**OLIVER:** Ja –

**NICO:** Und auch in Dubai?

**OLIVER:** Klar. Alles flach, irre Hitze, nichts wie Sand, blödes Hotel, fünf Sterne, blöde Junior-Suite, gähn ...

**NICO:** Cool. Kostet doch irre viel Geld, oder?

**OLIVER:** Klar. Hat mein Vater genug von.

**NICO:** Macht der auch Castingshows und Abenteuerfilme?

**OLIVER:** Nee, nur Werbung, bringt mehr Knete.

**NICO:** Is ja irre.

**OLIVER:** Ach, ist doch langweilig. Ich steh mehr auf totalen Horror, weißt du. Stephen King und so. Muss echt Blut fließen. Ist sonst langweilig. Kannst ja mal gucken, ob du dich traust.

**NICO:** Was trauen?

**OLIVER:** Na, das angucken. Meine Schwester rennt immer aus dem Zimmer. Wir haben 'n eigenes Kino. Und jede Menge Filme.

**NICO:** 'n Kino inner Wohnung? Wo gibt's 'n sowas?

**OLIVER:** Is in jeder Wohnung.

**NICO:** Wie?

**OLIVER:** Maaann, in den Firmenwohnungen von TTP! Ist doch Grundausstattung.

**NICO:** Wirklich?

**OLIVER:** Kannst ja mal gucken kommen.

**NICO** *(steigt sofort ein)*: Okay. Wir kaufen uns jetzt ein paar Pommes und 'ne Cola. Und dann schleichen wir hier ab und gehen zu dir Filme gucken.

**OLIVER:** Einfach schwänzen? Können wir doch nicht machen!

**NICO:** Klaro können wir. Los, weg hier! Oder traust du dich nicht?

*(Beide wollen los.)* [...] Wow!

**OLIVER:** Mist!

**NICO:** 'nen Porsche!

**OLIVER:** Das is unserer.

*(Monika und Pia kommen auf den Schulhof, beide sehr modisch gekleidet, Nico stiert auf sie wie eine Erscheinung.)*

**MONIKA:** Hallo, Oliver. *(Oliver will sich davonmachen.)* Oliver!

**OLIVER:** Monika.

**MONIKA:** Sag mal, was machst du denn hier draußen? Hast du nicht Unterricht?

**OLIVER:** Nee, die machen grad 'ne Konferenz wegen Schweinegrippe.

**MONIKA:** Was?

**NICO:** Quatsch, wir ham große Pause.

**MONIKA:** Na, das fängt ja gut an. Na ja, ist ja nicht für lange. Nach den Sommerferien kommt ihr beide ja ins Internat.

**OLIVER:** Ich geh nicht ins Internat!

**PIA:** Ich auch nicht.

**NICO:** Internat?

**PIA:** Schule, wo man auch wohnt. Aber ohne Eltern ...

**MONIKA** *(schaut Nico an, etwas irritiert)*: Oliver, ist das ein neuer Freund von dir? *(Oliver reagiert nicht, zu Nico)*: Seid ihr befreundet, du und Oliver? *(Nico nickt nach einer Weile.)* Hm. Soso ... Oliver, sag uns doch mal, wo das Rektorzimmer ist.

**OLIVER:** Da war ich gestern mit Hajo ...

**MONIKA:** Du sollst nicht immer Hajo sagen, sondern ...

**OLIVER:** Papa! Ich weiß, Monika.

**MONIKA:** Und? Wo ist es nun?

**NICO** *(eifrig)*: Durch die Tür und dann links.

**MONIKA:** Komm, Pia. Wir müssen dich schnell anmelden. Komm, Pialein.

**PIA:** Ich bin nicht dein Pialein.

*(Pia und Monika ab.)*

**OLIVER:** Mission Horrorfilm, los.

**NICO:** War das deine Schwester?

**OLIVER:** Nee, meine Oma. *(Lacht sich schlapp über seinen eigenen Witz.)*

**NICO:** Und die andere deine Mutter?

**OLIVER:** Ja, aber nich meine richtige.
**NICO:** Wie?
**OLIVER:** Das is die neue Frau von meinem Vater.
**NICO:** Ach so … Is die nett?
**OLIVER:** Geht so. Meine Schwester ist vielleicht bescheuert.
**NICO:** Glaub ich nicht.
**OLIVER:** Hast wohl keine Schwester, was?
**NICO:** Nee.

**1** Nico ist die Hauptfigur des Stücks.

a Tragt alles, was ihr in den beiden Szenen über ihn erfahrt, auf einer Rollenkarte zusammen.

b Entwickelt aus der Rollenkarte eine Rollenbiografie. Beschreibt Nico in der Ich-Form:
*Ich bin Nico und ich werde mal berühmt! Ich lebe zusammen mit meinem Vater, der ist meistens ganz cool.*

*Nico*
*– lebt allein mit seinem Vater*
*– schlüpft gern in andere Rollen*
*– …*

c Was passt zu Nico? Welche Mimik und Gestik bringen sein Wesen zum Ausdruck? Erprobt eine Sitz- oder Stehhaltung, mit der Nico seine Rollenbiografie (▸ S. 113) vortragen soll. Sprecht auch mit unterschiedlichem Tempo und unterschiedlicher Lautstärke.

d Tragt die Rollenbiografie vor. Lasst euch anschließend ein Feedback (▸ S. 151) geben.

**2** Bildet Gruppen, die jeweils einen Szenenabschnitt spielen. Geht so vor:

a Verteilt die drei Szenenabschnitte (▸ Z. 1–33, Z. 34–108, Z. 109–163) auf die Gruppen.

b Lest euch euren Szenenabschnitt mehrmals durch. Überlegt gemeinsam, wie ihr die Figuren darstellen wollt. Fertigt Rollenbiografien an, um sie zu verstehen (▸ Methode unten).

c Verteilt die Rollen und erprobt euer Spiel.

d Spielt euren Szenenabschnitt vor der Klasse. Die anderen beobachten euer Spiel.

e Diskutiert anschließend, ob die Sprechweisen, die Mimik und die Gestik zu den Figuren und der jeweiligen Situation passen. Was würdet ihr verändern? Warum?

**3** Wie könnte sich die Handlung weiterentwickeln? Begründet, welcher der folgenden Handlungsverläufe euch am wahrscheinlichsten erscheint.

**A** Nico streitet sich verstärkt mit seinem Vater und wird zu Hause rausgeworfen.
**B** Oliver streitet sich mit Monika so sehr, dass sein Vater Monika verlässt.
**C** Nico wird ein Superstar in der Filmproduktion von Olivers Vater.
**D** Nico will seine Chance nutzen, um ein Fernsehstar zu werden.

**4** Ergänzt auf einer Kopie der Szene 2 (▸ S. 146–148) Regieanweisungen, die angeben, wie Nico, Oliver, Pia und Monika sprechen und wie sie sich verhalten sollen, z. B.:
*großspurig; spöttisch grinsend; erstaunt; unterbricht; dreht sich um und zeigt auf die Tür.*

**Methode** **Eine Rollenbiografie schreiben**

Sammelt zunächst alle Informationen zu der Figur auf einer **Rollenkarte.**
In der **Rollenbiografie** stellt ihr dann die Figur in ihrer Lebenssituation vor. Ahmt beim Vortrag in der Ich-Form auch die Sprechweise, Mimik und Gestik der Figur nach.

# Testet euch!

## Rund ums Theater

Löst die Aufgaben auf dem folgenden Testbogen gemeinsam mit einem Partner oder einer Partnerin. Fragt euch abwechselnd ab und haltet eure Ergebnisse in Stichworten fest.

**1** a Notiert, was die folgenden Begriffe aus der Theaterwelt bedeuten:

Was ist eigentlich ...
- ein Dialog?
- ein Monolog?
- eine Szene?
- eine Regieanweisung?
- ein Spiel im Spiel?
- eine Rollenbiografie?

b Vergleicht eure Lösungen mit denen auf Seite 321.

**2** a Beschreibt die folgenden Figuren aus dem Stück „Rosinen im Kopf" möglichst genau.

Wer ist eigentlich ...
- Nico?
- Oliver?
- Sonja?
- Pia?
- Monika?
- Herr Hannemann?

b Vergleicht eure Ergebnisse mit den Lösungen auf Seite 321.

**3** Stellt eine der Figuren des Stückes pantomimisch dar. Euer Partner bzw. eure Partnerin muss erkennen und begründen können, wen ihr verkörpert habt.

**Pantomime:** etwas ohne Worte, nur durch Gestik und Mimik darstellen

**4** a Überlegt, welche Konflikte sich schon am Anfang des Theaterstücks „Rosinen im Kopf" ankündigen. Begründet eure Einschätzung.

b Vergleicht eure Lösung mit der auf Seite 321.

A Arme – Reiche
B Schüler – Lehrer
C Eltern – Kinder
D Mädchen – Jungen

# 8.2 Nicos Traumwelt – Szenen schreiben und spielen

Thomas Ahrens/Volker Ludwig

## Rosinen im Kopf, Szene 3

*Durch die Begegnung mit Oliver, dessen Vater Filmproduzent ist, sieht Nico die Chance, seinen Traum vom großen Ruhm und Erfolg zu verwirklichen. Noch steckt Nico aber mitten in der tristen Welt seines Alltags. Sein Vater ist ein einfacher Fahrradkurier und verdient nicht sehr viel Geld; zu Hause gibt es keinen Luxus. In dieser Situation trifft Nico auf Pia, Olivers Schwester.*

NICO: Sag mal, hast du schon mal im Film von deinem Vater mitgespielt?
PIA: Nee, find ich blöde.
NICO: Ja?
PIA: Mein Vater ist auch dagegen. Was macht denn dein Vater?
NICO: Och, der ... – der ist immer unterwegs. Ist schwer zu erklären, weißte. Also der hat mal hier zu tun, mal da.
PIA: Ausland?
NICO: Klar. Heute Moskau, morgen New York, übermorgen Honolulu und so ...
PIA: Ach so, der ist Manager?!
NICO: Nee, darf ich nicht sagen.
PIA: Was, warum denn nicht, sag doch!
NICO: Darf keiner wissen, verstehst du?
PIA: Ich sag's bestimmt nicht weiter. Ehrenwort!
NICO: Mein Vater, der ist unterwegs – also der reist in geheimer Mission ...
PIA: In geheimer Mission? James Bond?
NICO: Psst. Ja. Darf wirklich keiner wissen.
PIA: Ja klar, verstehe. Muss der sich auch verkleiden?
NICO: Ja. Meistens.
PIA: Mensch, ist das spannend.
NICO: Geht so. [...]

*(Nicos Vater, Herr Hannemann, hat vom Inhalt des Gesprächs erfahren, weil Pia ihn auf seinen Beruf angesprochen hat. Nun stellt er seinen Sohn zur Rede.)*

HANNEMANN: Dämliches Gequatsche? Ich reise in geheimer Mission. Heute Moskau, morgen New York, übermorgen Honolulu.
NICO *(erschrocken)*: Was hat die Pia erzählt?
HANNEMANN: Die denkt immer noch, ich bin James Bond persönlich.
NICO *(erleichtert)*: Ja.
HANNEMANN: Sag mal, hast du 'ne Vollmeise?

**1** a Lest zunächst nur den ersten Teil der Szene 3 (▸ Z. 1–27) mit verteilten Rollen.
b Besprecht, an welchen Stellen Nico offenbar nicht so recht weiß, was er sagen soll.
c Diskutiert, warum Nico die Unwahrheit sagt.

**2** a Lest nun den Rest der Szene (▸ Z. 32–39) mit verteilten Rollen.
b Erklärt, warum sich der Vater von Nico so aufregt.

**3** Setzt den Dialog zwischen Nico und seinem Vater fort. Wählt a, b oder c und vergleicht anschließend eure Ergebnisse.

> **Konflikte** entstehen, wenn unterschiedliche Vorstellungen aufeinandertreffen.
> In Theaterstücken treiben sie die Handlung voran. Am Ende kann sich der Konflikt auflösen oder zuspitzen.

●●● a Sammelt zunächst Ideen dazu, wie sich der Konflikt zwischen Vater und Sohn weiterentwickeln könnte. Setzt dann den Dialog fort. Notiert dabei auch Regieanweisungen.

●●○ b Überlegt zuerst, was Nico seinem Vater erklären oder vorwerfen könnte. Wie könnte sich der Vater dazu äußern? Sammelt Ideen für euren Dialog, z. B.:

| **Sohn** | **Vater** |
|---|---|
| – *Was soll ich denn machen? Denkst du es wäre einfach für mich ...* | – *Bin ich dir nicht gut genug?* |
| – ... | – ... |

Setzt den Dialog dann in eurem Heft fort. Notiert auch Regieanweisungen, die angeben, wie die Figuren reden und sich verhalten sollten, z. B.: *(braust auf); (wendet sich ab); ...*

●○○ c Überlegt, wie die beiden Figuren sich fühlen und verhalten könnten. Wählt eine Möglichkeit:

**A** Nico und sein Vater sind sich gleichgültig. Sie gehen schnell auseinander.
**B** Nico ist unzufrieden. Der Vater ist enttäuscht. Es kommt zu einer harten Aussprache.
**C** Nico wird beleidigend. Der Vater wird wütend. Nico droht damit, auszuziehen.

Setzt den Dialog nun fort. Achtet darauf, dass sich die Aussagen von Nico und seinem Vater aufeinander beziehen. Ihr könnt den folgenden Anfang übernehmen:

**Nico** *(verärgert):* Was soll ich denn machen? Denkst du, es wäre einfach für mich, zu sagen, dass du nur Fahrradkurier bist?
**Vater** *(leise):* Bin ich dir nicht gut genug, Nico? Weißt du, ich versuche wirklich alles, um ...

**4** Spielt eure Szenen mit verteilten Rollen vor. Gebt euch ein Feedback, eine Rückmeldung. Nutzt dazu den **Beobachtungsbogen.**

| **Darauf habe ich geachtet** | ☺ | 😐 | ☹ | **Hinweise** |
|---|---|---|---|---|
| Das Tempo war angemessen. | | | | ... |
| Es wurde deutlich gesprochen. | | | | ... |
| Die Stimme war ausdrucksstark. | | | | ... |
| Mimik und Gestik passten zur Figur. | | | | ... |
| Der Text wurde frei und flüssig gesprochen. | | | | ... |

# Stärken stärken: Eine Szene zu Ende schreiben

Endlich kann Nico zeigen, was in ihm steckt: Herr Steinberg, Olivers Vater, hat sein Talent entdeckt und lädt ihn ein, eine Szene in einem Werbefilm zu proben.

## Das Casting

STEINBERG: Also gut. *(Sieht auf die Uhr.)* Letzter Versuch! Also: hochspringen, Tor. Dann den Text und den Daumen hoch. Und strahlen! Los! Bitte!

NICO: Tooor! Tooor!

STEINBERG: Ja! Ja!

NICO: Ja! Da ist er wieder, Podolski! Es ist nicht zu fassen!

STEINBERG: Nein! Nein!

NICO *(umkurvt dribbelnd die Gartenmöbel)*: Und da ist er! Podolski! An der Außenlinie. Spielt zwei Verteidiger schwindelig! Umkurvt die ganze Abwehr! Könnte schießen – schießt! *(Mimt einen gewaltigen Torschuss, bei dem er zu Boden geht, reißt im Sitzen die Arme hoch, jubelt, springt auf und rennt mit erhobener Faust und Purzelbaumeinlage eine Runde im Garten.)* Tor! Das Siegtor! Das Tor des Monats! Podolski! Podolski! *(Sinkt in die Knie, als ob er betet.)* Das Siegtor! *(Sinkt wieder in die Knie wie zum Beten.)* Podolski! Goldjunge!

PIA: Jaaaaaa.

STEINBERG *(endgültig genervt)*: Hör auf. So was wie dich kann ich nicht gebrauchen.

NICO: Aber ich hab doch nur ...

STEINBERG: Beim Film braucht man Kinder, die absolut diszipliniert sind. Da kostet jede Minute Geld. Kinder, die zwanzig Mal exakt dasselbe machen, wenn's sein muss, die gehorchen.

? ? ? ? ? ? ?

**1** Wie geht es weiter? Schreibt den Schluss dieser Szene in euer Heft. Geht so vor:
- Lest die Szene mehrmals und macht euch klar, um was es geht.
- Überlegt, wie diese Szene weitergehen könnte, und sammelt eure Ideen.
- Verfasst einen Schlussteil zu dieser Szene. Nehmt auch Regieanweisungen auf.

●○○ **Hilfe zu Aufgabe 1**
- Macht euch klar, um was es geht. Was ist Nicos Aufgabe und was tut er stattdessen? Warum hat Herr Steinberg mit Nicos „Spinnereien" ein Problem?
- Überlegt, wie die Szene weitergehen könnte. Wählt A, B oder C:

**A** Die Figuren gehen im Streit auseinander und verlassen wütend die Bühne.
**B** Pia mischt sich ein und verteidigt Nico.
**C** Nico überredet Herrn Steinberg, ihm noch eine Chance zu geben.

- Verfasst einen Schlussteil der Szene. Behaltet die Eigenarten der Figuren bei (▸ Rollenkarten, Rollenbiografien, S. 113; 148). Beschreibt in den Regieanweisungen, wie sich die Figuren fühlen, was sie auf der Bühne tun sollen usw., z. B.: *Nico ist enttäuscht, gibt sich dann aber einen Ruck ...*

# 8.3 Projekt: Einen Theaterbesuch vorbereiten

**1** Betrachtet die Collage zu den Jugend-Theaterstücken.
- Kennt ihr das eine oder andere Theaterstück oder das Buch dazu? Tauscht euch aus.
- Recherchiert im Internet zu den einzelnen Titeln.

**2** Welche Aufführung würde eure Klasse gerne besuchen? Stimmt in der Klasse ab. Ihr könnt auch die Trichtermethode zu Hilfe nehmen (► S. 122, 267).

**3** Informiert euch über die Möglichkeit, Theateraufführungen zu besuchen. Schaut im Internet das Programm an. Vielleicht ist das von euch ausgewählte Stück dabei.

a Plant einen gemeinsamen Besuch einer Aufführung in einem Theater in eurer Nähe.

b Ladet eine Tourneetheatergruppe an eure Schule ein. Dies sind Theatergruppen, die an verschiedenen Orten Stücke aufführen. Lasst euch verschiedene Angebote zukommen und prüft zusammen mit eurer Lehrkraft, welche Aufführung für eure Schule geeignet wäre.

**4** Damit ihr dem Theaterstück gut folgen könnt, solltet ihr euch darauf vorbereiten.

a Informiert euch über den Autor/die Autorin und die Inszenierung des gewählten Theaterstücks. Greift auch auf eure Vorarbeiten aus Aufgabe 1 zurück.

b Stellt dazu einen Hefteintrag zusammen.

c Haltet Kurzreferate (► S. 169) oder fertigt ein Informationsplakat an.

**5** Überlegt, was ihr vor der Veranstaltung organisieren müsst.

a Prüft, welche der folgenden Schritte zur Planung notwendig sind.

b Legt eine sinnvolle Reihenfolge fest und erstellt einen Plan.

*Geld einsammeln*

*Karten bestellen (per Internet oder telefonisch?)*

*Passenden Termin finden (Absprache mit der Schulleitung)*

*Eltern informieren*

*Fahrgemeinschaften organisieren*

*Kosten kalkulieren*

*Zeitpunkt der Rückkehr errechnen*

*Benehmen in einem Theater besprechen*

*Abfahrtzeiten festlegen*

**6** Fertigt einen Beobachtungsbogen an, den jeder mitbringt und in der Pause oder nach dem Ansehen des Theaterstücks in Stichpunkten ausfüllt.

***Beobachtungsbogen zur Aufführung des Theaterstücks***

*Programmheft (Übersichtlichkeit, Inhalt, Gestaltung): ...*
*Bühnenbild/Kulissen: ...*
*Requisiten: ...*
*Kostüme: ...*
*Musik/Geräusche: ...*
*Beleuchtung: ...*
*Beobachtete Rolle: ...*
*Was fällt an der Darstellung besonders auf (z. B.: Mimik, Gestik, Sprechweise)? ...*

Beachtet während der Aufführung ein paar **Verhaltensregeln:**

- schaltet die Handys aus,
- esst und trinkt nur in der Pause,
- vermeidet Gespräche während der Vorstellung,
- geht – wenn möglich – nur vor der Aufführung oder in der Pause auf die Toilette.

**7** Wertet eure Eindrücke aus.

a Stellt eure Beobachtungen der Klasse vor und vergleicht sie.

b Überlegt, was ihr aus diesem Theaterbesuch gelernt habt: Welche Anregungen könnt ihr für euer Schülertheater übernehmen?

**Wörterliste** ▶ S. 313

| | | | |
|---|---|---|---|
| Konflikt | Regieanweisung | Publikum | improvisieren |
| Rollenbiografie | Konflikt | Castingshow | Manager |
| Navigation | Universum | Chefposten | Rektorzimmer |

# 9 Erfindungen – Sachtexte untersuchen

**1** Betrachtet die Bilder. Was wisst ihr über die abgebildeten Erfindungen? Berichtet darüber.

**2** Welche Erfindungen findet ihr besonders wichtig? Beschreibt diese.

## In diesem Kapitel ...

- lest ihr Sachtexte über bahnbrechende Erfindungen und wertet diese aus,
- übt ihr das Recherchieren und lernt, einen Kurzvortrag zu halten,
- fasst ihr Sachtexte zusammen und gestaltet einen Museumsgang.

# 9.1 Auto, Spätzle & Co. – Informationen entnehmen und vergleichen

## Das Land der Tüftler – Sachtexte lesen und verstehen

**1** Verschafft euch einen Überblick über den folgenden Text.

a Lest nur die Hauptüberschrift und die Zwischenüberschriften. Betrachtet dann die Abbildungen.

b Besprecht, welche Informationen der Text enthalten könnte. Was wisst ihr vielleicht schon zum Thema?

### Erfindungen aus Baden-Württemberg

Zugegeben, das Rad haben die Baden-Württemberger nicht erfunden. Doch von den Straßen sind die Erfindungen aus Baden-Württemberg nicht wegzudenken: Fahrrad und Auto stammen von hier. Aber auch in anderen Branchen mischen die Tüftler aus Baden und Württemberg kräftig mit: Sie entwickelten u.a. Alleskleber, Aktenordner und Vierfarbstifte, die Teddys mit dem berühmten Knopf im Ohr und sie sind die Urahnen moderner Windkraftanlagen und Zeppeline. Dass auch die Spätzlepresse zum Herstellen des schwäbischen Nationalgerichts aus Baden-Württemberg stammt, ist fast selbstverständlich.

**Die Draisine – Vorläuferin des Fahrrads**

Carl Benz, Robert Bosch und Gottlieb Daimler – ihre Namen kennt und nennt jeder, wenn es um Autos und moderne Verkehrsmittel geht. Doch der Pionier des modernen Individualverkehrs war Karl Friedrich Christian Ludwig Freiherr Drais von Sauerborn aus Karlsruhe. Der badische Forstmeister und Erfinder arbeitete Anfang des 19. Jahrhunderts zunächst an vierrädrigen Fahrmaschinen mit Tretmühlen bzw. Kurbelwellen, die die Pferdekutschen ersetzen sollten.
Steigende Haferpreise und katastrophale Ernteausfälle verliehen dieser Erfindung eine große Brisanz. Bald darauf erfand er 1817 eine Laufmaschine auf zwei Rädern, die nach ihm benannte Draisine. Die „Draisinenreiter" stießen sich mit den Füßen vom Boden ab und waren wesentlich schneller als Fußgänger. Der Prototyp des Fahrrads wurde von Kritikern zwar verspottet, aber häufig nachgebaut – auch in anderen Ländern.

**Das dreirädrige „Tricycle" – erstes Automobil**

Auch Karl Friedrich Benz erntete zunächst viel Spott, als er Anfang 1886 den von ihm entwickelten Wagen ohne Pferde unter der Nummer 37435 zum Patent anmeldete. Das dreirädrige „Tricycle" mit Benzin-Verbrennungsmotor und elektrischer Zündung hatte 0,8 PS und fuhr mit einer Höchstgeschwindigkeit von 18 km/h durch die Straßen Mannheims. Die erste „Fernfahrt" von Mannheim ins rund 100 Kilometer entfernte Pforzheim unternahm seine Frau Bertha Benz im Jahr 1888 mit ihren Söhnen Eugen und Richard. Nachdem der Erfinder 1889 die weiterentwickelten Benz-Modelle auf der Pariser Weltausstellung präsentiert hatte, verbreitete sich das Automobil allmählich auf der ganzen Welt.

**Die Spätzlepresse – eine Erfindung aus Liebe**

Weil er für sein Leben gern das schwäbische Nationalgericht Spätzle aß, seiner Frau jedoch das mühselige Teigschaben ersparen wollte, erfand Robert Kull aus Stuttgart-Münster 1936 eine „Teigpresse aus einem mit Teigaustrittslöchern versehenen Topf".
Doch erst drei Jahre später erhielt er das begehrte Patent für die Spätzlepresse, auch „Spätzles-Schwob" genannt. Bei den ersten Modellen musste der Teig noch mit einem Handstempel mit Holzgriff durch die Löcher gepresst werden; später ersetzte ein Hebel den Stempel.
Der Fortschritt macht auch vor der Spätzleproduktion nicht halt. Heute sorgen unregelmäßig geformte Löcher dafür, dass maschinell gepresste Spätzle wie handgemachte aussehen.

**2** a Lest nun den ganzen Artikel aufmerksam.
b Besprecht anschließend in Partnerarbeit, worum es in dem Text geht.
c Überlegt auch, was euch noch unklar ist: Notiert zwei bis vier Fragen zu den Erfindungen, die im Text nicht beantwortet werden.
- *Wer hat den Alleskleber Uhu erfunden?*
- *Wie entwickelte sich die Draisine zum Fahrrad?*

**Lerntandem**
Wer den Text gründlich gelesen hat, steht auf und gibt so zu verstehen, dass er fertig ist. Wer das gleiche Lerntempo hat, schließt sich ihm an und kann mit ihm ein Team bilden.

**3** Notiert die W-Fragen, auf die der Text Antworten gibt:
- *Wer wird in dem Text als Erfinder aufgeführt?*
- *Was haben die Personen erfunden?*
- *Wann wurden die Erfindungen gemacht?*

**4** a In den ersten beiden Abschnitten sind mehrere Wörter gelb markiert. Schreibt sie heraus und klärt ihre Bedeutung, z. B.:
*Branche: Wirtschaftszweig/Fachgebiet.*
b Welche Wörter sind euch in den anderen Abschnitten unbekannt? Notiert sie und erschließt ihre Bedeutung aus dem Textzusammenhang.

**5** Fasst die wichtigsten Informationen im zweiten Abschnitt auf einem Stichwortzettel zusammen. *(Z. 15–36): Die Draisine …*
**Tipp:** Orientiert euch hierbei an den rot unterstrichenen Schlüsselwörtern.

**6** Erstellt zum ersten Automobil und zur Spätzlepresse ebenfalls Stichwortzettel. Lest die Abschnitte auf Seite 157 erneut und wählt Aufgabe a, b oder c.

●●● a Notiert die Schlüsselwörter und fasst die Abschnitte auf Stichwortzetteln zusammen. Ergänzt passende Überschriften.

●●○ b Erstellt zwei Stichwortzettel. Ergänzt dazu die folgenden Schlüsselwörter. Notiert auch passende Überschriften.
- *Karl Friedrich Benz, 1886, Wagen ohne Pferde …*
- *Robert Kull, Stuttgart-Münster …*

●○○ c Ergänzt die folgenden Stichwortzettel in eurem Heft.

*(Z. 37–53) Das erste Automobil*
- *Karl Friedrich …*
- *1886: …*
- *Antrieb: …*
- *…*
- *1889: …*

*(Z. 54–71) Die Spätzlepresse*
- *Robert …*
- *1936: …*
- *1939: …*
- *…*

**7** Stellt euch abwechselnd mit Hilfe eurer Stichwortzettel Fragen zum Text und beantwortet sie.

**8** Recherchiert zu euren Fragen, die über den Text hinausgehen (▸ S. 157, Aufgabe 2 c), und informiert euch gegenseitig.

**Methode** **Einen Sachtext lesen und verstehen (Fünf-Schritt-Lesemethode)**

1. **Schritt: Einen Überblick gewinnen:** Lest die Überschrift(en), hervorgehobene Wörter und die ersten Zeilen des Textes, betrachtet die Abbildungen.
2. **Schritt: Den Text zügig lesen und Fragen stellen:** Stellt W-Fragen an den Text. Arbeitet mit einer Kopie des Textes. Kreist unbekannte Wörter ein. Bestimmt das Thema des Textes.
3. **Schritt: Textstellen klären und Schlüsselwörter markieren:** Klärt unbekannte Wörter und Textstellen aus dem Textzusammenhang oder durch Nachschlagen (▸ S. 159). Markiert die Schlüsselwörter farbig.
4. **Schritt: Den Text sorgfältig lesen und bearbeiten:** Gliedert den Text, findet Überschriften für die einzelnen Abschnitte.
5. **Schritt: Informationen zusammenfassen, einen Stichwortzettel anlegen:** Erstellt aus den Zwischenüberschriften und den Schlüsselwörtern einen Stichwortzettel.

# Der geniale Dübel – Unbekannte Wörter klären

## Artur Fischer.

**Der Erfinder des Kunststoff-Dübels**

Es ist eine schlichte, aber geniale Erfindung: Mit dem Kunststoff-Dübel hat Artur Fischer vor rund fünfzig Jahren die Bauindustrie revolutioniert. Doch der fleißige Schwabe hatte noch mehr Einfälle und insgesamt 570 Patente angemeldet. Die Erfindung, die Fischer große Dankbarkeit von Millionen Handwerkern einbrachte und von allen, die irgendwann einmal eine neue Wohnung bezogen – diese Erfindung ist nicht voll und ganz seine eigene Schöpfung gewesen. Den Dübel gab es schon im Mittelalter. Man verwendete weiches Blei, später auch Holz. Ende der 1950er Jahre stellte eine Aluminium- oder Blechhülse mit Hanffüllung den Spitzenstand der Befestigungstechnik dar. Bei morschen Backsteinwänden mit brüchigem Putz und mürbem Mörtel war dieser Dübel im Bohrloch eine letzte und hoffnungslose Verzweiflungstat. Festen Halt gab diese Hülse nur im vollen Backstein, in einem präzis gebohrten Loch aus hartem Material.

Seinen ersten Dübel-Prototypen fertigte Fischer noch aus Nylon – witterungsbeständig wie das heute verwendete Polyamid, elastisch, wärmeunempfindlich. Die Form wiederum eine Hülse, aber vorn geschlitzt. Die eingedrehte Schraube spreizte den Dübel auseinander, der Dübel krallte sich mit seinen Rillen im Bohrloch fest. Zwei kleine Flossen seitlich am Schaft sicherten den Dübel gegen Verdrehen ab. Das Dübelwerk, das Fischer in seinem Geburtsort Tumlingen errichten ließ, produziert mittlerweile täglich mehr als zehn Millionen original Fischer-Dübel. Allseits bekannt geworden ist Fischer mit einer pädagogischen Idee, die Hunderttausende kleine, ideenreiche Fischers hervorgebracht hat: dem Fischertechnik-Baukasten.

*Thomas Delekat*

**1** Lest den Text zügig. Kennt ihr die Fischer-Dübel oder den Baukasten? Berichtet.

**2** Lest den Text noch einmal genau. Es kommen einige unbekannte Wörter darin vor. Klärt die Bedeutung dieser Wörter: *genial, Patent, Prototyp, Nylon, Polyamid, Exemplar.*

**3** Erarbeitet euch den Textinhalt mit der Fünf-Schritt-Lesemethode. Beantwortet dann schriftlich die folgenden Fragen: Wofür benötigt man einen Dübel? Wie funktioniert er?

**Methode** **Unbekannte Wörter klären**

1. **Wörter aus dem Textzusammenhang klären**
   Lest noch einmal die Sätze oder Wörter, die vor und nach dem unbekannten Wort stehen. Sie geben oft Informationen, die mit diesem in Verbindung gebracht werden können.
2. **Wörter in Bausteine zerlegen**
   Prüft, ob das unbekannte Wort einen Baustein enthält, den ihr kennt. Überlegt auch, ob euch ein verwandtes Wort einfällt, von dem ihr das unbekannte Wort ableiten könnt.
3. **Im Wörterbuch nachschlagen**
   Wenn ihr das Wort nach diesen Überlegungen nicht versteht, schlagt es im Wörterbuch nach.

# Patente Patente – Grafiken und Diagramme auswerten

**1** a Lest den Text zügig. Notiert in Stichworten wichtige Schlüsselbegriffe.
b Erklärt, was euch an dem Text wichtig ist und was ihr behalten habt.

**Patent.** Auch Ideen und Erfindungen können geklaut werden. Damit das nicht passiert, gibt es das Patent. Das Wort Patent kommt aus dem Lateinischen und bedeutet „offenlegen". Ein Patent ist eine Urkunde, die offenlegt oder beweist, wem eine Erfindung gehört und wen man fragen muss, um sie zu benutzen oder zu bauen. Wer also ein Patent für seine Erfindung besitzt, darf sie als Einziger herstellen und verkaufen – oder aber er beauftragt andere, zum Beispiel spezielle Firmen, mit der Herstellung und dem Verkauf seiner Erfindung.

**Patentamt prüft Erfindungen.** Das Deutsche Patent- und Markenamt hat seinen Sitz in München. Ein Patent bekommt man auf dem Patentamt. Dort muss der Erfinder seine Erfindung genau beschreiben und erklären, wie sie funktioniert. Ein Prüfer entscheidet dann, ob es darauf ein Patent gibt.

Das kann manchmal mehrere Monate oder sogar Jahre dauern. In dieser Zeit muss der Prüfer

herausfinden, ob auch wirklich niemand anderes schon etwas Ähnliches erfunden hat und ob derjenige, der das Patent beantragt, auch wirklich der Erfinder ist. Erst wenn all das geklärt ist, bekommt der Erfinder seine Urkunde. Das Patent ist jedoch zeitlich begrenzt: Nach maximal 20 Jahren läuft es aus. Danach darf jeder die Erfindung herstellen und verkaufen. Größere Unternehmen mit einer eigenen Forschungsabteilung melden häufig mehrfach im Jahr Patente an.

**Patentanmeldungen nach Bundesländern 2015**

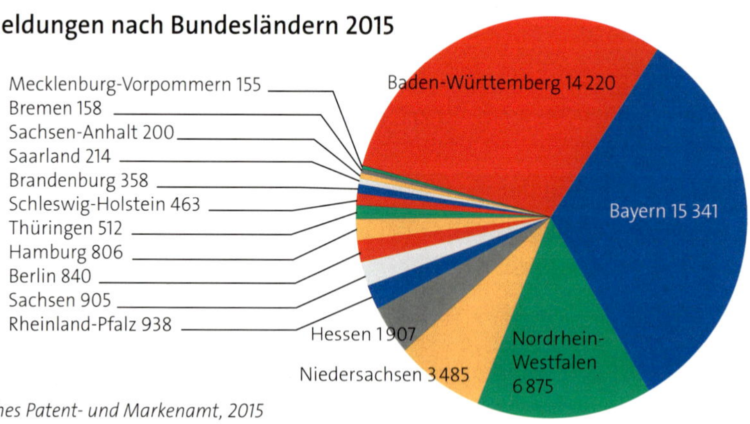


*Quelle: Deutsches Patent- und Markenamt, 2015*

**2** Lest den Text noch einmal sorgfältig. Beantwortet dann die folgenden W-Fragen:
- Woher stammt das Wort „Patent" und was bedeutet es?
- Was ist ein Patent und welche Laufzeit hat es?
- Was prüft das Patentamt?

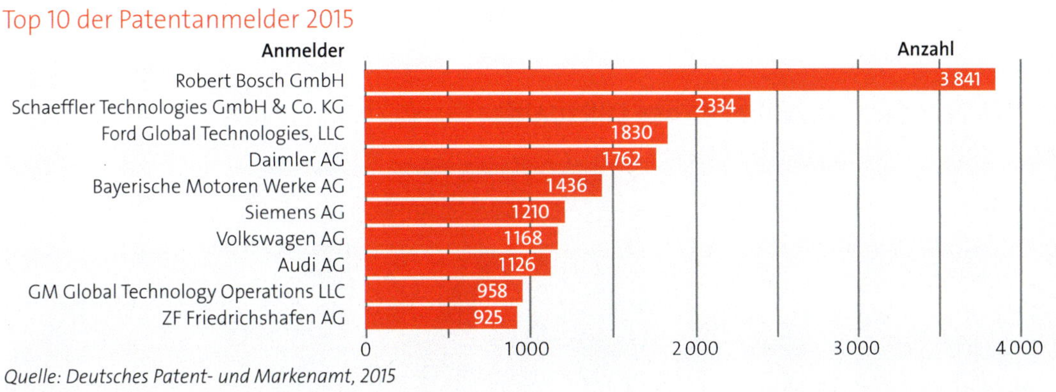


**3** Untersucht die drei Abbildungen:
Welche Funktion haben sie jeweils?
Wählt Aufgabe a, b oder c.
Vergleicht anschließend eure Ergebnisse.

Eine **Abbildung** kann eine schmückende Funktion haben. Sie kann aber auch Zusatzinformationen bieten, indem sie etwas erklärt oder veranschaulicht.

●●● a Beschreibt, was auf den Abbildungen zu sehen ist, und erklärt ihre jeweilige Funktion.

●●○ b Schaut euch das Foto und die Diagramme an und beschreibt, was jeweils darauf zu sehen ist. Erläutert ihre Funktion und bestimmt die Art der Diagramme mit Hilfe des Merkkastens. Verwendet treffende Verben, z. B.: *informieren, veranschaulichen, darstellen, zeigen, verdeutlichen*

●○○ c Betrachtet die Abbildungen. Lest den Merkkasten. Ergänzt dann die Aussagen in eurem Heft:
*Das ? zeigt das Deutsche Patent- und Markenamt, es hat an dieser Stelle eine ? Funktion.*
*Das ? zeigt die Patentanmeldung nach Bundesländern 2015.*
*Die Top 10 der Patenanmelder 2015 werden durch ein ? veranschaulicht.*

**4** a Wertet eines der Diagramme in Partnerarbeit aus. Nutzt dazu den Merkkasten unten.
b Setzt das Balkendiagramm in Bezug zum Textinhalt: Welche Textaussage lässt sich mit Hilfe des Diagramms genauer belegen? Schreibt in euer Heft.

**Methode** **Diagramme verstehen und auswerten**

Ein Diagramm ist eine bildliche Darstellung von Daten und Informationen. Um ein Diagramm auszuwerten, geht ihr so vor:

- Schaut euch das Diagramm genau an. Lest die Überschrift und die übrigen Angaben und Erklärungen.
- Stellt fest, worüber das Diagramm informiert. Welche Maßeinheiten werden verwendet, z. B. Prozentzahlen (%), Kilo (kg), Euro (€)?
- Vergleicht die Angaben miteinander (höchster und niedrigster Wert, gleiche Werte).
- Fasst zusammen, was im Diagramm gezeigt wird. Was lässt sich ablesen?

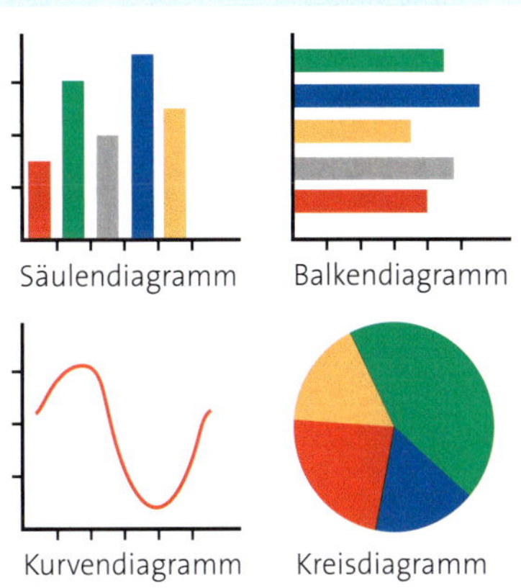

# Zeppeline – Informationen in einer Mind-Map erfassen

## Graf Zeppelin, der Erfinder der Luftschiffe

Der Erfinder der Zeppeline, Ferdinand Graf von Zeppelin, wurde am 8. Juli 1838 in Konstanz geboren. In der Schule galt sein Interesse vorrangig den Fächern Physik, Chemie und Mathematik. Während einer USA-Reise entdeckte Graf von Zeppelin 1863 am Himmel einen Heißluftballon. Diese Fortentwicklung des Ballons der Brüder Montgolfier aus dem Jahr 1783 wurde von John H. Steiner entworfen. Zeppelin war fasziniert, machte Steiner ausfindig und stieg mit dem Ballon auf.

Im Deutsch-Französischen Krieg 1870/71 beobachtete Zeppelin, dass die Franzosen Menschen mit Ballons aus der von deutschen Truppen eingeschlossenen Hauptstadt Paris zu evakuieren versuchten. Dieser Vorfall inspirierte Zeppelin. Er brachte seinen ersten Entwurf für einen lenkbaren Ballon zu Papier: ein längliches, zigarrenförmiges Luftschiff, das von Motoren betrieben werden sollte. Ab 1890 beschäftigte er sich voll und ganz mit der Entwicklung von so genannten „Starrluftschiffen", das sind Luftschiffe mit einem kompletten Skelett aus Trägern und Streben. 1892 entwickelte Zeppelin zusammen mit dem Techniker Theodor Korber einen Prototypen.

Das Prinzip des Luftschiffs ist einfach: Gefüllt mit Gas, das leichter ist als Luft, erhält es Auftrieb und gleitet, von motorbetriebenen Propellern angetrieben, voran.

Am 2. Juli 1900 war es endlich so weit: Das Luftschiff wurde auf Pontons aus der schwimmenden Halle auf den Bodensee gezogen. Durch diese intelligente Lösung konnte stets die Windrichtung berücksichtigt werden. Um 20:03 Uhr stieg der Graf mit seinem gelben Prototypen LZ 1 400 Meter hoch in den Himmel über dem Bodensee auf. 18 Minuten später landete er rund 6,5 Kilometer vom Startpunkt entfernt. Das Zeitalter der Zeppeline hatte begonnen!

LZ 127 „Graf Zeppelin" ging im Oktober 1929 auf Weltfahrt. Die Fahrt führte von Friedrichshafen über New York, Tokio, Los Angeles und zurück nach Friedrichshafen. „Graf Zeppelin" war mit insgesamt 590 Fahrten und rund

Starrluftschiff: vorn die Gondel, dahinter die Kabinen, unter dem Heck die Maschinen

1,7 Millionen zurückgelegten Kilometern das erfolgreichste Zeppelin-Luftschiff. Die große Ära der Luftschiffe endete 20 Jahre nach dem Tod des Erfinders, als im Jahre 1937 die „Hindenburg“ zu ihrem Flug nach New York aufbrach und bei der Katastrophe von Lakehurst vermutlich nach einem Blitzschlag in Flammen aufging.

**1** Erschließt den Text über die Zeppeline anhand der Fünf-Schritt-Lesemethode (▶ S. 158).

**2** a Haltet die wichtigsten Informationen in einer Mind-Map fest.

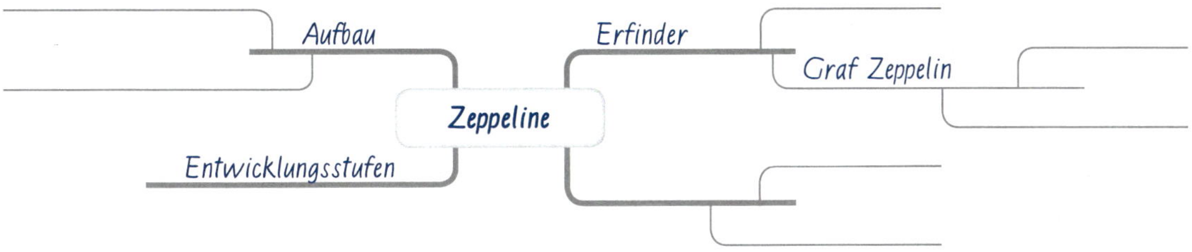


b Stichwortliste oder Mind-Map? Erklärt die Unterschiede zwischen den beiden Arten, Textinformationen festzuhalten. Was sind die jeweiligen Vor- und Nachteile?

**3** Schreibt eine Zusammenfassung, in der ihr über Zeppeline informiert.
Lest den Methodenkasten und wählt dann Aufgabe a, b oder c.

●●● a Verwendet für die Zusammenfassung eure Mind-Map.

●●○ b Nummeriert die Oberbegriffe in eurer Mind-Map und nutzt sie als Gliederung für euren Hauptteil. Ihr könnt Einleitung und Hauptteil so beginnen:
*(Einleitung:) Der Sachtext „Graf Zeppelin, der Erfinder der Luftschiffe“ informiert über …*
*(Hauptteil:) Die Geschichte der Zeppeline geht auf einen Grafen mit demselben Namen zurück …*

●○○ c Ergänzt die Einleitung unten. Gliedert dann euren Hauptteil nach den folgenden Aspekten:
*Erfinder, Entwicklungsstufen, Aufbau und Funktionsweise, berühmte Zeppeline.*
*Der Sachtext „…“ berichtet über die Entstehungsgeschichte und … der Zeppeline.*

**Methode** **Informationen festhalten, einen Sachtext zusammenfassen**

1 **Informationen übersichtlich festhalten:** Hier gibt es verschiedene Möglichkeiten:
- **Stichwortliste:** In einer Stichwortliste haltet ihr die Informationen des Textes in der Reihenfolge fest, in der sie im Text vorkommen.
- **Mind-Map:** Die Mind-Map (s. o.) ist ein Schaubild, in das ihr die Textinformationen – unabhängig von ihrer Reihenfolge im Text – nach Oberbegriffen (Teilthemen) anordnet, zu denen ihr dann weitere Informationen oder Unterbegriffe sammelt.

2 **Sachtexte zusammenfassen:** Ihr informiert andere, die den Text nicht gelesen haben, über den Inhalt des Textes.
- Nennt in der **Einleitung** den Titel, den Namen der Verfasserin / des Verfassers (evtl. auch die Quelle, z. B. Name der Zeitung) und das Thema des Textes.
- Im **Hauptteil** fasst ihr die wichtigsten Textinformationen knapp, sachlich und in eigenen Worten zusammen. Verwendet als Zeitform das Präsens (bei Vorzeitigkeit das Perfekt).

# Testet euch!

## Sachtexte

**1** Kennt ihr euch mit Sachtexten aus? Dann sind die folgenden Aussagen kein Problem für euch. Ersetzt die Fragezeichen durch Begriffe aus dem Wortspeicher rechts. Schreibt die vollständigen Sätze in euer Heft.

Sachtexte ? die Leser über ein Thema und beschränken sich deshalb auf wichtige ? und ?.
Oft werden bestimmte Sachverhalte mit ? oder ? treffend benannt.
Sachtexte sind in ? unterteilt und manchmal auch mit ? versehen.
In vielen Sachtexten findet man ?, ? oder ?, die wichtige zusätzliche Informationen enthalten.
Mit Hilfe der ? lassen sich Sachtexte sehr gut erschließen.

Tatsachen • Abschnitte • Fremdwörtern • informieren • Grafiken • Fakten • Fachbegriffen • Abbildungen • Tabellen • Zwischenüberschriften • Fünf-Schritt-Lesemethode

**2** Wobei handelt es sich um einen Sachtext? Schreibt die entsprechenden Buchstaben heraus. In der richtigen Reihenfolge ergeben die Buchstaben das Lösungswort. (▸ S. 322)

| | | | | | |
|---|---|---|---|---|---|
| B | Gedicht | E | Steckbrief | M | Sage |
| A | Zeitungsnachricht | F | Erzählung | N | Roman |
| T | Lexikonauszug | K | Spielanleitung | O | Fabel |
| C | Märchen | I | Gebrauchsanweisung | L | Gesetzbuch |
| R | Unfallbericht | | | | |

**3** Sachtexte lassen sich mit der Fünf-Schritt-Lesemethode erschließen. Notiert zu jedem der folgenden Bilder einen Satz in euer Heft.

# 9.2 Bahnbrechende Erfindungen – Informationen recherchieren und präsentieren

## Meilensteine des Fortschritts – Recherchieren und auswerten

*Spätestens 3650 vor Christus*

### Rad 19

#### Vom Schlitten zum Wagen

„Nehmen Sie uns das Rad – und wenig wird übrig bleiben", urteilt 1883 der Physiker Ernst Mach. „Es verschwindet alles. Vom Spinnrad bis zur Spinnfabrik, von der Drehbank bis zum Walzwerk."

Tatsächlich ist das Rad einer der Schlüssel zur technischen Entwicklung – und zudem eine ureigene Erfindung des menschlichen Verstandes. Nirgendwo hätte Homo sapiens es abschauen können: Die Natur hat nichts Vergleichbares hervorgebracht.

Lange Zeit gelten kleine Tontäfelchen aus dem heutigen Irak als älteste Nachweise des Rades. In das weiche Material drücken Menschen um 3400 v. Chr. Zeichen ein, die Forschern heute ein Beleg für Rollen oder Räder sind. Diese Zeichen stützen die Annahme, Rad und Wagen hätten ihren Ursprung in der Kultur des Zweistromlandes.

Seit rund 20 Jahren erschüttern jedoch immer neue Funde von Wagenteilen, Radspuren oder Zeichnungen in Europa diese Hypothese.

Inzwischen glauben Archäologen, dass viele Erfinder schon vor rund 5000 Jahren unabhängig voneinander das Prinzip des Drehens zur Fortbewegung einsetzen – inspiriert vom Schlitten: Denn lange bevor der erste Wagen rollt, schleifen Menschen Lasten bereits auf Kufen umher. Als die Steinzeitkonstrukteure die Kufen mit Achsen und Rädern versehen, gewinnen sie ein kraftvolles Hilfsmittel.

Es dauert aber noch Jahrtausende, ehe findige Geister auf die Idee kommen, dass schon *ein* Rad allein zur Bewegung genügt: Die ältesten

Belege für Schubkarren sind aus dem antiken China und aus Griechenland bekannt, wo Arbeiter dank des Rades in kürzester Zeit große Lasten bewegen.

Rollende Gefährte machen jeden, der sie besitzt, überlegen: Bauern können die Ernte schneller einfahren; über weite Strecken lassen sich mehr Waren austauschen, und im Krieg ist siegreich, wer mit wendigen Streitwagen den Feind überrollt. Die Kulturgeschichte der Menschheit wäre ohne die Erfindung des Rades eine völlig andere.

Wenn das Feuer die größte Entdeckung des Menschen ist, so ist das Rad wohl seine größte Erfindung.

*1769*

## Dampfmaschine 56

### Die Kunst, Hitze in Arbeit zu verwandeln

Eine Rauchsäule teilt das zurückliegende Jahrtausend in die Zeit vor und nach der Erfindung der Dampfmaschine: Denn diese trägt entscheidend dazu bei, dass sich der Mensch von den Kräften der Natur unabhängig macht – und beschleunigt so die industrielle Revolution.

Bereits 1712 geht die erste funktionsfähige Dampfmaschine von Thomas Newcomen in Betrieb, die zum Abpumpen von Grubenwasser im Bergbau verwendet wird. Ihre Leistung ist jedoch noch sehr gering, der Brennstoffverbrauch dagegen sehr hoch.

Erst der schottische Mechaniker James Watt lässt sich 1769 mit seiner Niederdruck-Dampfmaschine ein neues Modell patentieren, das schneller und sparsamer arbeitet – es verbraucht 75 Prozent weniger Kohlen als die Apparatur von Newcomen. Zudem erbringt sie eine höhere Leistung. Sie ist die Grundlage für die Entwicklung universell einsetzbarer Industriemaschinen (siehe Illustration).

1775 gründet Watt mit einem Partner die erste Dampfmaschinenfabrik, und bald werden seine Apparate in Bergwerken und Textilfabriken eingesetzt, auf Schiffen und Lokomotiven.

Innerhalb weniger Jahrzehnte kommt es zu einem dramatischen sozialen Wandel: Die Mehrheit etwa der englischen Bevölkerung lebt nun in Städten und arbeitet in Fabriken; viele Menschen hausen in überbevölkerten Slums unter erbärmlichen Bedingungen. Der Rauch der Hüttenwerke verdunkelt den Himmel, Abraumhalden der Bergwerke und Steinbrüche verwüsten das Land.

In den Fabriken schuften auch Frauen und Kinder, und erst mit großer Verzögerung profitiert das Proletariat von dem, was es produziert: Die Arbeitszeiten werden nach und nach beschränkt, die Wohnbedingungen verbessert; Kaufkraft entsteht, industriell gefertigte Produkte sind nun oft besser und günstiger als ihre Vorläufer.

Dampfmaschine in der Zeche Alte Elisabeth bei Freiberg, 1993.

Doch die industrielle Revolution verändert nicht nur die von ihr erfassten Gesellschaften: Sie macht sie auch mächtiger. Die westlichen Nationen, die ohnehin schon einen großen Teil der Welt dominieren, bekommen ein Instrumentarium an die Hand, dem keine andere Kultur gewachsen ist. Technische Entwicklungen erleichtern die Eroberung riesiger Kolonien – und bis heute die globale Vormachtstellung der industrialisierten Welt.

Knapp 200 Jahre nach den ersten Qualmwolken aus der Watt'schen Dampfmaschine machen die westlichen Gesellschaften eine zweite industrielle Revolution durch: die der Automatisierung, die um 1950 beginnt und dazu führt, dass viele Millionen jener Arbeitsplätze, die einst in den Fabriken entstanden sind, nun wieder verschwinden.

Inzwischen sind wir mitten in der dritten, der digitalen Revolution und erleben seit der Erfindung des Mikrochips den nächsten technischen Wandel.

*1941*

## Computer 93

### Ein Kosmos aus Einsen und Nullen

Die ersten Computer bestehen noch aus Fleisch und Blut. Denn Mitte des 18. Jahrhunderts ist in England „Computer" eine Berufsbezeichnung für menschliche Rechenknechte, die in Teams komplexe mathematische Probleme lösen, etwa die exakte Bestimmung von Geschossflugbahnen. Sie zerlegen die Aufgaben in Einzelschritte, die sie dann jeweils separat kalkulieren.

Erst im 20. Jahrhundert löst der maschinelle Computer diese Rechenkünstler allmählich ab: 1936 beginnt der Berliner Bauingenieur Konrad Zuse, den ersten vollmechanischen Rechner zu konstruieren. Im „Z1" schieben Tausende bewegliche Bleche kleine Metallstifte zwischen je zwei Positionen hin und her; programmiert wird das Gerät mit gelochten Kinofilmstreifen. Doch der Z1 arbeitet unzuverlässig.

Zuse beschließt daher, die Nachfolger aus Relais zusammenzusetzen: elektromagnetischen Spulen zum Ein- und Ausschalten elektrischer Kontakte. 1941 führt er den „Z3" vor, den ersten funktionsfähigen Rechner mit Programmsteuerung. Ein verlässlich arbeitendes Gerät, das alle Informationen als Abfolge von zwei Zuständen ausdrückt und verarbeitet: 1 und 0, Strom an und Strom aus. Bis heute beruhen sämtliche Rechenvorgänge in Computern auf diesem Prinzip.

In Nazi-Deutschland bleibt Zuse ein Außenseiter – anders als seine Kollegen in den USA, die unabhängig von Zuse und mit enormer finanzieller Unterstützung immer leistungsfähigere Computer bauen. Anfangs sind es noch garagengroße Apparate aus Tausenden von Elektronenröhren. Die Röhren dienen als Schaltelemente und sind wesentlich schneller als Zuses elektromagnetische Relais.

1955 werden die Röhrensysteme von Transistoren abgelöst: winzigen Schaltern aus Kristallen, die sich mit schwachen Stromimpulsen ein- und ausschalten lassen. Sie verbrauchen weniger Energie, entwickeln weniger Wärme und sind kompakter. Schon 1962 kommen Transistoren von der Größe eines Salzkorns auf den Markt. Schaltkreise aus einer Vielzahl solcher Transistoren und anderer Computerbauteile werden in den folgenden Jahren auf Scheibchen aus Silizium geätzt: die ersten Mikrochips. 1965 prognostiziert der Chemiker und Physiker Gordon Moore, die Anzahl der Transistoren auf einem Chip werde sich von nun an alle 18 bis 24 Monate verdoppeln. Er behält recht. Das „Moore'sche Gesetz" gilt noch heute.

1968 gründen Moore und sein Kollege Robert Noyce die Firma Intel. 1971 präsentieren sie den ersten Mikroprozessor: einen fast vollständigen Computer auf einem einzigen Chip. Bald darauf beginnt der Siegeszug der Schreibtischrechner.

Heute gibt es längst mehr Prozessoren als Menschen auf der Welt. Sie steuern → **Waschmaschinen**, überwachen die Herzfrequenz bei Operationen, sagen das Klima voraus. Und ein schlichter PC kann inzwischen rund fünf Milliarden Rechenschritte pro Sekunde ausführen, der schnellste Computer der Welt schafft sekündlich gar mehr als eine Billiarde Operationen.

**1** Lest die Texte aufmerksam. Notiert die richtigen Aussagen in eurem Heft.
- Die Entdeckung des Feuers ist der Schlüssel zur technischen Entwicklung.
- Thomas Newcomen lässt sich 1769 die Dampfmaschine patentieren.
- Zuse konstruiert 1941 den ersten funktionsfähigen Rechner mit Programmsteuerung.

**2** Gestaltet einen Zeitstrahl für das Klassenzimmer und tragt die Erfindungen darin ein.

**3** Was gehört für euch zu den Top 10 der menschlichen Erfindungen? Erstellt in Kleingruppen eine Liste.

**4** Bereitet in euren Gruppen einen Vortrag über bahnbrechende Erfindungen vor.

a Überlegt, über welche Teilbereiche ihr in eurem Vortrag informieren wollt.
Sammelt eure Fragen und Stichpunkte z. B. in einer Mind-Map:

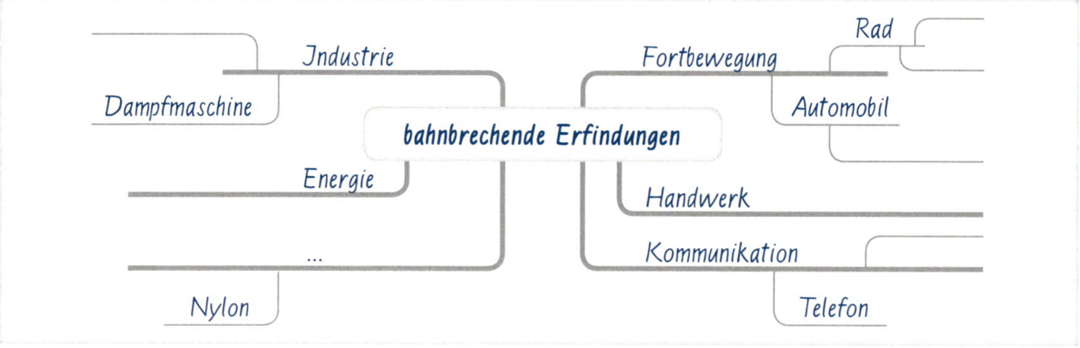


b In einem Vortrag könnt ihr nicht alle Informationen zu einem Thema präsentieren.
Trefft eine Auswahl. Markiert die Unterthemen, auf die ihr genauer eingehen wollt.

c Teilt die Unterthemen, zu denen ihr recherchieren wollt, unter euch auf. Haltet fest:
- Wer übernimmt welches Unterthema?
  Bis wann sollen die Informationen vorliegen?
- Wie sollen die Informationen festgehalten werden (Stichwörter, Mind-Map)?

d Recherchiert zu euren Unterthemen und tragt eure Informationen zusammen.
Notiert, wo ihr das Material gefunden habt (Quellenangaben).
**Tipp:** Recherchiert auch Bilder, Grafiken oder anderes Anschauungsmaterial zu eurem Vortrag.

**Methode** **Informationen recherchieren**

**1 Die Bibliothek aufsuchen: in Büchern, Zeitschriften und Zeitungen recherchieren**
In der Bibliothek könnt ihr mit Hilfe des Computers nach Büchern (Lexika, Sach- oder Fachbücher) und anderen Medien suchen.

**2 Im Internet recherchieren**
Für die Recherche im Internet verwendet man so genannte Suchmaschinen, z. B. google.de.
Durch die Eingabe von Suchbegriffen wird die Suche sinnvoll eingeschränkt.
Mehr Informationen zur Internetrecherche findet ihr auf den Seiten 270–273.

**3 Quellenangaben machen**
Es ist wichtig, zu allen Materialien Quellenangaben zu machen, damit man die Informationen noch einmal nachlesen oder überprüfen kann.
- **Buch:** Autor/-in, Buchtitel, Seitenangabe, z. B.: *Bernd Flessner: Clevere Tüftler, S. 16*
- **Zeitung/Zeitschrift:** Verfasser/-in, Titel des Textes, Name der Zeitschrift/Zeitung, Ausgabe, Seitenangabe, z. B.:
  *Tim Schlau: Die Erfindung der Langsamkeit. In: GEOkompakt Nr. 18. Die Grundlagen des Wissens. Gruner und Jahr 2009, S. 8–14.*
- Internet: Internetadresse und Datum, an dem ihr die Seite aufgerufen habt, z. B.:
  http://www.helles-koepfchen.de/artikel/2995.html (03. 08. 2016)

# Ohne Erfindungen kein Fortschritt – Einen Kurzvortrag halten

**1** Wertet die Sachtexte aus, die ihr bei eurer **Recherche** zu wichtigen Erfindungen gefunden habt.
a Markiert die wichtigsten Informationen. Achtet auf Schlüsselwörter, Zwischenüberschriften.
b Notiert am Textrand, zu welchen Unterthemen die markierten Informationen gehören.
c Legt für jedes Thema eine Karteikarte an und übertragt die Schlüsselwörter.

**2** Erstellt gemeinsam eine Gliederung für euren **Kurzvortrag.**
a Bringt eure Karteikarten in eine sinnvolle Reihenfolge und nummeriert sie.
b Überlegt, zu welchen Informationen eures Vortrags euer Anschauungsmaterial passt. Vermerkt auf euren Karteikarten, wann ihr die Bilder und Zusatzmaterialien einsetzen wollt.

**3** Plant **Einleitung** und **Schluss.** Wählt a, b oder c. Einigt euch auf ein gemeinsames Ergebnis.
●●● a Sammelt verschiedene Einstiegsmöglichkeiten, die das Interesse eurer Zuhörer wecken, und formuliert sie aus. Formuliert mit Hilfe des Merkkastens unten einen möglichen Schluss.
●●○ b Welche der folgenden Einleitungen klingt interessanter? Begründet und formuliert sie aus.
- *Wisst ihr, was auf diesem Bild zu sehen ist? Das ist ...*
- *Der Physiker Ernst Mach sagte ... Was er damit meinte, möchte ich ...*

Fasst in eurem Schluss die wichtigsten Informationen zusammen.
●○○ c Ergänzt die folgenden Sätze zu Einleitung und Schluss:
- *Wisst ihr, was auf diesem Bild zu sehen ist? Das ist ... Darüber möchten wir euch heute ...*
- *Besonders interessant fanden wir ...*

**4** a Übt eure Vorträge in der Gruppe. Seid ein Team: Einer spricht, ein anderer legt die Folien auf.
b Gebt euch Feedback: Was hat euch gut gefallen? Was könnt ihr noch verbessern?

| **Beobachtungsbogen: Vortrag** | ☺ | 😐 | ☹ | **Notizen** |
|---|---|---|---|---|
| *War der Vortrag gut gegliedert?* | ... | ... | ... | ... |
| *Wurde alles verständlich erklärt?* | ... | ... | ... | ... |
| *War das Anschauungsmaterial gut gewählt?* | ... | ... | ... | ... |
| *Wurde laut, deutlich und frei gesprochen?* | ... | ... | ... | ... |

**5** Haltet eure Vorträge. Die Klasse notiert ihre Gedanken auf Beobachtungsbögen.

**Methode** **Einen Kurzvortrag gliedern**

1 **Einleitung:** Die Einleitung eines Vortrags soll Interesse wecken und in das Thema einführen. Das kann durch ein Bild, ein passendes Zitat oder ein interessantes Ereignis geschehen.
2 **Hauptteil:** Im Hauptteil werden die Informationen in einer sinnvollen Reihenfolge wiedergegeben. Beantwortet hierbei die W-Fragen (Was? Wo? Wie? Warum? ...).
3 **Schluss:** Der Schluss rundet den Vortrag ab. Fasst wichtige Informationen zusammen oder formuliert eine persönliche Meinung zum Thema.

# Stärken stärken: Sachtexte vergleichen

Ihr habt bei euren Recherchen mehrere Texte zu einem Thema gefunden. Deshalb müsst ihr zunächst die Sachtexte vergleichen und geeignete Informationen auswählen. Übt dies anhand der folgenden Texte (A und B). Löst dazu die Aufgaben 1 bis 4. Hilfen findet ihr auf Seite 171.

**A**

Otto Lilienthal war ein maßgeblicher Wegbereiter des modernen Forschungsgebiets der „Bionik“ (Kunstwort aus „**Bio**logie“ und „Tech**nik**“), welche die Wirkprinzipien der Natur für neue Erfindungen und deren technische Weiterentwicklung nutzt. Und er befindet sich damit schon in der Tradition großer Erfinder in der Geschichte, etwa Leonardo da Vinci (15. Jahrhundert), der sich auch bereits intensiv mit der Natur des Fliegens beschäftigte. Otto Lilienthal ereilte das gleiche Schicksal wie einst in der Sage Ikarus: Er kam bei einem seiner Flugversuche ums Leben.
Doch er zeigte den Menschen, dass ein ewiger Menschheitstraum in Erfüllung gehen konnte: Der Mensch kann tatsächlich fliegen! Nach den Lilienthal-Brüdern setzte eine stürmische Entwicklung ein: Das Zeitalter der Fliegerei hatte begonnen. Den Brüdern Wright gebührt dann der Ruhm, als Erste ein voll steuerbares, dauerhaft fliegendes, motorgetriebenes Flugzeug entwickelt zu haben.

**B**

Auch Otto Lilienthal war fasziniert von der Vorstellung, durch die Luft zu gleiten. Er arbeitete ebenfalls mit dem bionischen Ansatz „der Vogelflug als Grundlage der Fliegekunst“. Lilienthal unternahm Tausende von Gleitflügen und schaffte es, mit seinen Flugmodellen bis zu 250 Meter weit zu fliegen. Seine Leidenschaft wurde ihm allerdings zum Verhängnis: Er stürzte 1896 bei einem Gleitflug in die Tiefe. Durch starken Aufwind hatte er die Kontrolle über seine Maschine verloren. Lilienthal starb kurz darauf an den Folgen des Sturzes.
Auch moderne Flugzeugkonstrukteure nehmen sich den Vogel zum Vorbild: Im Gleitflug spreizt der Adler seine Flügelspitzen nach außen. Dadurch entstehen an den Flügelspitzen viele kleine Luftwirbel, die den Flug weniger stören. Die Flugzeuge liegen heutzutage durch die hochgestellten Spitzen an den Flügelenden sicherer in der Luft und verbrauchen weniger Kraftstoff.

1 Lest die beiden Texte. Formuliert das Thema beider Texte in einer treffenden Überschrift.

2 Legt eine Tabelle mit zwei Spalten an und haltet die Informationen der Texte A und B jeweils getrennt in einer Spalte fest.

3 Vergleicht mit Hilfe eurer Tabelle die Informationen aus den beiden Texten. Markiert gleiche bzw. ähnliche Informationen, auch wenn sie unterschiedlich formuliert sind, in der gleichen Farbe. Markiert sparsam!

4 Tragt die wichtigsten Informationen aus den beiden Texten zusammen und listet sie auf einer Karteikarte auf.

## Hilfe zu Aufgabe 1:

Lest die beiden Texte sorgfältig. Benennt dann das Thema beider Texte. Formuliert hierzu eine Überschrift, die zu beiden Texten passt. Wählt aus und notiert die Überschrift in eurem Heft.

- *Otto Lilienthal – ein Flugpionier*
- *Der Traum vom Fliegen*
- *Die Natur als Vorbild der Technik*
- *Dem Vogel abgeschaut: Ein Menschheitstraum geht in Erfüllung*

## Hilfe zu Aufgabe 2:

Legt eine Tabelle mit zwei Spalten an und haltet die Informationen der Texte A und B jeweils in einer Spalte fest. Ihr könnt die folgende Tabelle in euer Heft übertragen und fortführen:

| Text A | Text B |
|---|---|
| *– Otto Lilienthal: Wegbereiter der Bionik*<br>*– Bionik = Kunstwort aus …*<br>*– Vorgänger: Leonardo da Vinci: beschäftigte sich ebenfalls mit …* | *– Otto Lilienthal: bionischer Ansatz*<br>*– Flugmodelle flogen bis zu 250 m weit*<br>*– 1896: …* |

## Hilfe zu Aufgabe 3:

Vergleicht mit Hilfe eurer Tabelle die Informationen aus den beiden Texten.
Markiert gleiche bzw. ähnliche Informationen in derselben Farbe. Markiert sparsam!
Folgende Informationen findet ihr in beiden Texten:

- *Otto Lilienthal forschte nach der Methode der Bionik.*
- *Lilienthal kommt bei einem Flugversuch ums Leben.*

## Hilfe zu Aufgabe 4:

Tragt die wichtigsten Informationen aus den beiden Texten zusammen und listet sie auf einer Karteikarte auf.

***Bionik** (= **Bio**logie und **Technik**)*
- *Wirkungsprinzipien der Natur auf Technik übertragen*
- *Otto Lilienthal: nimmt sich Vogelflug als Vorbild für …*

# 9.3 Projekt: Eine Ausstellung im Klassenzimmer

Ihr habt nun zu so vielen Erfindungen Informationen und Material gesammelt, dass ihr daraus eine kleine Ausstellung im Klassenzimmer vorbereiten könnt.

In einem **Museumsgang** könnt ihr Arbeitsergebnisse vollständig oder in Teilen wie in einer Ausstellung präsentieren (▸ S. 278).

1 Wählt gemeinsam aus, welche Erfindungen ihr in der Ausstellung präsentieren wollt.

2 Stellt dann in Kleingruppen die dazugehörigen Sachtexte, Bilder und Grafiken zusammen.

3 Damit die Texte für die Ausstellung nicht zu umfangreich sind, erstellt ihr auf einem Informationsplakat eine Zusammenfassung mit den wichtigsten Informationen.

| | |
|---|---|
| Überschrift: | *Das Rad* |
| Einleitung: | *Das Rad gilt als eine der größten Erfindungen der Menschen. In der Natur gibt es nichts Vergleichbares.* |
| Hauptteil: | *Archäologen glauben, dass vor rund 5000 Jahren das Rad in mehreren Kulturen unabhängig voneinander erfunden wurde. Schon mit einem Rad, zusammengebaut zu einem Schubkarren, lassen sich große Lasten bewegen. Die ältesten Funde machte man in China und in Griechenland.* ... |
| Schluss: | *Das Rad ist ... / Ohne das Rad ...* |

**Wörterliste** ▸ S. 313

| | | | |
|---|---|---|---|
| Propeller | Patent | funktionsfähig | genial |
| Gleitflug | Bionik | automatisch | inspirieren |
| Erfindung | Dampfmaschine | Ausstellung | Meilenstein |

# 10 Verlocken, verführen, verkaufen – Werbung untersuchen und gestalten

**1** Betrachtet die Werbeanzeige. Wofür wird geworben?

**2** Tauscht euch in der Klasse über Werbung aus:
- Wo begegnet euch Werbung?
- Welche Ziele verfolgt Werbung?

**3** Habt ihr euch schon einmal durch Werbung beeinflussen lassen, z. B. beim Kauf eines Produkts oder bei der Teilnahme an einer Aktion? Berichtet davon.

**In diesem Kapitel ...**

- lernt ihr den Aufbau, die Wirkung und die sprachliche Gestaltung von Werbung kennen,
- untersucht ihr Werbespots im Hinblick auf Kameraführung, Schnitt und Montage,
- dreht ihr selbst einen Werbespot über eure Schule.

# 10.1 „We kehr for you“ – Werbung kennen lernen

## Das Zusammenspiel von Bild und Text

**1** a Nicht immer zielt eine Werbeanzeige auf den Verkauf eines Produkts. Untersucht dazu die Werbeplakate der Berliner Stadtreinigung. Beschreibt eure ersten Eindrücke.
b Überlegt, wofür jeweils geworben wird.

**2** Untersucht den Aufbau und die Gestaltung der Plakate.
a Beschreibt die beiden Fotos. Nutzt z. B. folgende Wörter: *Straßenreiniger, aneinandergelehnt, Musketier, Degen ...*
b Erklärt, welche Textteile es gibt und wo diese platziert sind.
c Untersucht die Farbgestaltung und erläutert, wie sie auf euch wirkt.

Mit Farben werden bestimmte Vorstellungen verbunden, z. B.:
- Blau: Frische, Sauberkeit
- Rot: Liebe, Signalfarbe
- Grün: Natürlichkeit, Umwelt

**3** Die Schlagzeilen auf den beiden Plakaten sind doppeldeutig.
a Erklärt, wie der Werbespruch „We kehr for you“ funktioniert, z. B.: *Man kann kann den Spruch so verstehen: „Wir kehren für dich“. Wenn man aber statt des Deutschen „kehr“ das Englische „care“ liest, ...*
b Erläutert, worauf die Formulierung „Eimer für alle“ anspielt und was damit bewirkt werden soll.

**4** a An wen richten sich die beiden Werbeplakate? Begründet eure Meinung.
b Inwiefern unterscheiden sich die Ziele der beiden Plakate? Erklärt es mit Hilfe des Merkkastens.

**5** Beurteilt die beiden Plakate: Was ist den Werbemachern gelungen, was gefällt euch weniger?

**6** Gestaltet selbst ein Plakat für eine Mitmachkampagne, das ihr in eurer Schule aufhängen könnt, z. B. für eine saubere Schule oder für einen freundlichen Umgangston.

**Information** **Imagewerbung und Mitmachkampagne**

- **Imagewerbung** verfolgt das Ziel, den (guten) Ruf (das Image) einer Marke oder eines Unternehmens zu erhalten oder zu verbessern.
- **Mitmachkampagnen (Mitmachwerbung)** wollen die Bevölkerung auffordern, bei etwas mitzumachen, z. B. Müll zu trennen, zur Wahl zu gehen, Blut zu spenden.

**1** Betrachtet die beiden Werbeanzeigen.
Äußert und begründet eure ersten Eindrücke.
- Was fällt euch als Erstes ins Auge?
- Für welches Produkt wird jeweils geworben?
- Welche Anzeige spricht euch spontan mehr an?

**2** Untersucht in Partnerarbeit den Aufbau einer der Werbeanzeigen.
a Entscheidet euch gemeinsam für eine Anzeige.
b Erstellt eine Skizze, die den Aufbau der Werbeanzeige verdeutlicht.
Verwendet dabei die Fachbegriffe aus dem Merkkasten unten.
c Haltet das Besondere der Anzeige in Stichworten fest. Beantwortet die folgenden Fragen:
- Was soll zuerst ins Auge fallen?
- Welche Textteile sind besonders wichtig?

**3** Tauscht euch in der Klasse über eure Ergebnisse aus.

**Information** **Aufbau und Gestaltung von Werbeanzeigen**

Werbeanzeigen und -plakate enthalten meist ein Bild und verschiedene Textteile, z. B.:
- **Headline:**
Schlagzeile, eine Art Überschrift, die auf die Anzeige aufmerksam machen soll. Sie ist neben dem Bild das wichtigste Element einer Werbeanzeige.
- **Eyecatcher:**
Blickfang (Foto, Grafik), der sofort ins Auge fällt und neugierig macht.
- **Informationstext:**
Text, der das Produkt näher beschreibt oder Zusatzinformationen gibt.
- **Slogan:**
einprägsamer Werbespruch, der fest zu einer Marke oder Firma gehört, z. B.:
*Just do it! (Nike); Ich liebe es (Mc Donald's).*
- **Logo:**
symbolische Darstellung des Firmennamens, z. B.: f adidas S.

**4** Untersucht die Farbgestaltung der beiden Anzeigen auf Seite 175.

a Notiert, was ihr mit den einzelnen Farben auf den Anzeigen verbindet. Ihr könnt dazu den Wortspeicher rechts zu Hilfe nehmen.

b Überlegt, warum gerade diese Farben verwendet wurden (▶ Tipp, S. 174).

c Begründet, mit welchen Farben ihr für die folgenden Produkte werben würdet: Waschmittel, Sonnencreme, Deo, Biojoghurt, Bonbons.

gesund • fröhlich • kühl • erfrischend • lustig • warm • edel • männlich • weiblich • exotisch • jung • alt • elegant • modern • altmodisch • natürlich • aktiv • lebendig • stark

**5** a Beschreibt, welche Botschaft mit den Slogans (Werbesprüchen) auf Seite 175 jeweils vermittelt werden soll.

b Erklärt, welche sprachlichen Mittel in den Slogans verwendet werden.

**Sprachliche Mittel von Werbung**, z. B.: Verwendung von Wortspielen, Vergleichen, Ellipsen (Auslassung von Satzteilen)

**6** a Beschreibt die Personen, die in den Anzeigen auf Seite 175 abgebildet sind: Wie sehen sie aus? Wie wirken sie?

b Tauscht euch aus: Warum tauchen solche Personen häufig in Werbeanzeigen auf?

**7** a Betrachtet die folgende Werbeanzeige und übersetzt den englischen Text. Erklärt, wofür hier geworben wird.

b Wie wirkt die abgebildete Person in der Werbeanzeige unten auf euch? Wie unterscheidet sie sich von den abgebildeten Personen in den Anzeigen auf Seite 175?

c Stellt Vermutungen an:
- Was bedeuten die englischen Wörter *wonderful* (wunderbar) und *wrinkled* (faltig) in Bezug auf das Bild?
- Warum bewerben die Werbeleute das Dove-Produkt wohl mit dieser Person?

d Diskutiert in der Klasse: Hättet ihr auch diese Person für diese Werbeanzeige gewählt?

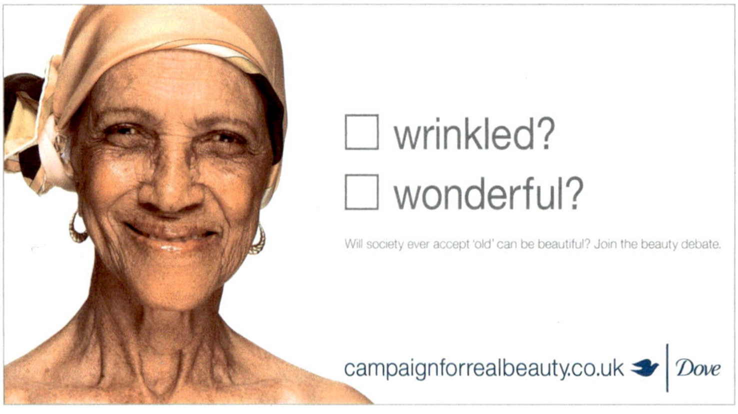


**8** Werbung richtet sich meist an eine bestimmte Zielgruppe, z. B. Jugendliche, Eltern, Sportler. Beschreibt die Zielgruppen für die Werbeanzeigen auf Seite 175 und oben:
- Was lässt sich im Hinblick auf Alter und Geschlecht der Zielgruppe vermuten?
- Welches Lebensgefühl soll mit den Anzeigen vermittelt werden?

# Die AIDA-Formel – Ziele der Werbung

**1** Betrachtet die nebenstehende Werbeanzeige:
a Was denkt ihr, wenn ihr die Anzeige seht? Notiert eure spontanen Gedanken im Heft.
b Setzt euch zu viert zusammen: Lest euch eure Gedanken zur Anzeige vor. Habt ihr alle ähnlich auf die Anzeige reagiert?

**2** Untersucht die Anzeige in Gruppen:
a Besprecht, welches Ziel sie verfolgt: Für welches Produkt wird hier geworben?
b Warum wurde für die Anzeige das Foto eines Babys verwendet? Notiert stichwortartig mögliche Gründe.
c Benennt die Bestandteile der Werbeanzeige mit den richtigen Fachbegriffen (▶ Merkkasten S. 175)
d Beurteilt den Slogan „Fisch macht groß und stark": Ist er den Werbemachern gelungen? Diskutiert und begründet eure Meinung.

**3** Die Werbeanzeige des Fischhändlers funktioniert nach der „AIDA-Formel". Lest die Informationen im Merkkasten und wählt Aufgabe a, b oder c. Vergleicht eure Ergebnisse.
●●● a Ordnet der Werbeanzeige die AIDA-Bausteine zu und formuliert eine schriftliche Begründung.
●●○ b Vervollständigt die folgenden Sätze zu den Elementen der AIDA-Formel in eurem Heft:
*In dieser Werbeanzeige sind alle Bausteine der AIDA-Formel zu erkennen: Aufmerksamkeit weckt auf dem Plakat die Abbildung eines ... mit ... Das weitere Interesse des Betrachters entsteht durch ... Daraus ergibt sich der Wunsch, ... Der Kunde soll schließlich dazu gebracht werden, ...*
●○○ c Ordnet jedem AIDA-Baustein einen der folgenden Stichpunkte zu:

- **A** der Slogan „Fisch macht groß und stark"
- **B** Fisch von Künnemann & Sohn ist gesund
- **C** Baby als Hingucker mit Schnuller in Flossenform
- **D** sich und seine Kinder gesund ernähren

**4** In der Werbung der Berliner Stadtreinigung auf Seite 174 wurden nicht alle AIDA-Bausteine umgesetzt. Welche fehlen? Aus welchem Grund?

**Information** **Wie Werbung funktioniert: die AIDA-Formel**

Werbetexte sind appellative Texte: Sie wollen zu etwas auffordern, meist zum Kauf des Produkts. Die wichtigsten Aufgaben von Werbung werden mit der AIDA-Formel zusammengefasst:
- **Attention** (engl. „Aufmerksamkeit"): Die Aufmerksamkeit soll erregt werden, z. B. durch ein ungewöhnliches Bild.
- **Interest** (engl. „Interesse"): Das Interesse soll geweckt werden, z. B. durch einen witzigen Text.
- **Desire** (engl. „Wunsch, Begierde"): Es soll der Wunsch geweckt werden, das Produkt zu besitzen, z. B. indem bestimmte Vorteile des Produkts genannt werden.
- **Action** (engl. „Handlung"): Das Produkt soll bald gekauft werden, z. B. durch befristete Sonderangebote.

# Die Sprache der Werbung

Have a break, have a kitkat
Mars macht mobil.
3 ... 2 ... 1 ... meins!
Wohnst du noch oder lebst du schon?
Nokia. Connecting People
Starker Start in den Tag
Alles Müller oder was?

**1** a Welche dieser Werbeslogans könnt ihr sofort einem Produkt oder einer Firma zuordnen? Nennt sie und erklärt, woran das liegt.

b Besprecht, welche Eigenschaften ein guter Werbeslogan haben muss.

**2** Was macht die Werbeslogans so einprägsam? Untersucht die sprachlichen Mittel (▶ Merkkasten unten). Wählt Aufgabe a, b oder c. Vergleicht anschließend eure Ergebnisse.

●●● a Lest den Merkkasten unten und bestimmt in den Slogans die sprachlichen Mittel und deren Wirkung. Wählt dann drei Slogans aus und beschreibt sie in einem kurzen Text, z. B.
*Mit dem Slogan ... wird für ... geworben. Durch die Verwendung von ... wird ...*

●●○ b Was haben die folgenden Sloganpaare sprachlich gemeinsam? Wie wirken sie?

| | |
|---|---|
| *Starker Start in den Tag* | *Have a break, have a kitkat* |
| *Mars macht mobil.* | *Nokia. Connecting People* |

●○○ c Ordnet in eurem Heft die folgenden sprachlichen Mittel den Slogans passend zu.

**A** Der Slogan wird in Englisch formuliert, um modern zu wirken. *Gilt für ...*
**B** Es werden Reime verwendet, damit man sich ihn schnell einprägt. *Gilt für ...*
**C** Jedes Wort im Slogan beginnt mit dem gleichen Buchstaben. Das fällt gleich auf. *Gilt für ...*
**D** Es wird eine Frage gestellt, sodass man sich angesprochen fühlt. *Gilt für ...*

**3** a Zu welchen Produkten könnten folgende Werbeslogans passen? Begründet eure Vorschläge.
– „So bleibt Wolle wollig“
– „Locker, luftig, lecker“

b Erfindet selbst Slogans, z. B. für ein Waschmittel, eine Schokolade oder einen Sportschuh.

c Lest eure Slogans vor – die Klasse errät das Produkt und bestimmt die sprachlichen Mittel.

**Information** **Werbesprache**

Damit die Werbebotschaft beim Verbraucher in Erinnerung bleibt, ist die Sprache der Werbung **auffällig und einprägsam.** Typische sprachliche Mittel der Werbung sind:

- **Fremdwörter,** vor allem aus dem Englischen, z. B.: *Always Coca-Cola!*
- **Neologismen** (Wortneubildungen), z. B.: *Supersaugweg-Wischkraftrolle; unkaputtbar*
- **Wortspiele,** z. B.: *Die klügere Zahnbürste gibt nach.*
- **Reime,** z. B.: *Wer Swiffer benutzt, hat clever geputzt.*
- **Alliterationen** (Wörter mit gleichem Anfangslaut), z. B.: ***S**piel, **S**paß und **S**pannung.*
- **Ellipsen** (Auslassung von Satzteilen, die vom Hörer/Leser leicht ergänzt werden können), z. B.: *Nikon Kamera. Automatisch gut. Weil von Nikon.*
- **Imperative** (Befehlsform des Verbs), z. B.: *Befrei dein Haar vom Kalk-Schleier!*
- **Rhetorische Fragen** (Scheinfragen), z. B.: *Wohnst du noch oder lebst du schon?*

## Radio. Geht ins Ohr. Bleibt im Kopf

„Guten Tag. Dieser Radiospot ist für eine ganz bestimmte Frau. Ich sehe sie oft in der Kirchstraße spazieren gehen mit ihrem Hund. Sie ist blond, groß und hat eine schlanke Taille. Der Hund ist auch groß. Und ich möchte dieser Frau sagen: Ich bin schon dreimal in die Haufen von deinem Köter reingetreten. Nimm Plastiktüten mit! Danke.
Mit Radio erreichen Sie immer die Richtigen.
Radio. Geht ins Ohr. Bleibt im Kopf.“

„Lieber schlanker, maskierter Mann mit Jeans und dunkler Jacke! Bei unserem Zusammenstoß neulich vor der Sparkasse haben Sie Ihre Geldbörse verloren. Kein Wunder bei dem Tempo, das Sie draufhatten. Und durch so eine Maske sieht man ja auch ziemlich schlecht. Die ist übrigens völlig überflüssig. Denn so übel sehen Sie auf Ihrem Führerscheinfoto gar nicht aus. Ihr Portemonnaie habe ich übrigens bei der Sparkasse hinterlegt. Also keine Sorge! Sie kriegen alles wieder!
Mit Radio erreichen Sie immer die Richtigen.
Radio. Geht ins Ohr. Bleibt im Kopf.“

**1**
a Lest die beiden Radiospots laut vor. Probiert dabei unterschiedliche Vortragsweisen aus, z. B.: *flüsternd, aufgeregt, laut, leise, salopp, schüchtern, schreiend, freundlich.*
b Diskutiert, auf welche Weise die Radiospots gesprochen werden sollten.

**2**
a Erklärt, wofür mit den beiden Radiospots geworben wird.
b An welche Zielgruppe richten sich die beiden Radiospots? Begründet eure Meinung.
c Überlegt, wodurch die beiden Radiospots die Aufmerksamkeit der Hörer wecken: Welche Erwartung wird aufgebaut? Worin liegt die Pointe (überraschende Wendung)?

**3** Nennt den Slogan der Spots. Welches sprachliche Mittel (▸ Merkkasten S. 178) wird hier verwendet?

**4**
a Nennt Radiospots, die euch „im Kopf“ geblieben sind. Erklärt, woran das liegt.
b Diskutiert, welche Rolle Jingles (gesungene Slogans, Erkennungsmelodien) im Radio haben.
c Beschreibt, was man bei einer Hörfunkwerbung – im Vergleich zum Werbeplakat – berücksichtigen muss. Welche Gestaltungsmittel kann man einsetzen? Worauf muss man achten?

**5** Hört euch Werbespots im Radio an und haltet fest, wie diese aufgebaut sind. An welcher Stelle hört ihr Musik, wo gesprochenen Text? Wann ertönt der Jingle? Gibt es Geräusche?

**6** Gestaltet selbst in Gruppen einen Radiospot.
a Entscheidet euch für ein Produkt, für das ihr werben wollt.
b Formuliert Sprechtexte, sucht passende Musik (evtl. auch Geräusche) und überlegt euch einen Jingle.
c Probiert aus, wie ihr Text, Musik (Geräusche) und Jingle kombinieren wollt.
d Nehmt den Radiospot auf. Wiederholt die Aufnahme, bis ihr mit dem Ergebnis zufrieden seid.

# Dreiste Werbelügen? – Werbung kritisch diskutieren

## Capri-Sonne erhält den „Goldenen Windbeutel“

*Werbung verspricht uns das Blaue vom Himmel. Stark zuckerhaltige Getränke werden mit Sport und Abenteuer in Verbindung gebracht, fettreiche Chips als „kindgerecht“ dargestellt. Gegen diese aggressive Vermarktung bei Kindern protestiert die Verbraucherschutzorganisation „Foodwatch“ mit dem Negativpreis „Goldener Windbeutel“.*

**Der Goldene Windbeutel 2013**
(120 000 befragte Personen)

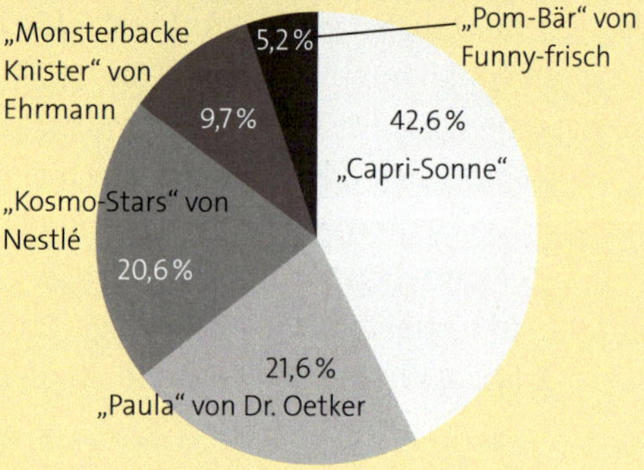


Die Hersteller von Capri-Sonne werben im Fernsehen und im Internet, treten als Veranstalter und Sponsor von Abenteuercamps und Sportevents auf. Sie vergeben ein eigenes Schwimmabzeichen und stellen Capri-Sonne-Schulmaterial her. Wegen solcher Werbemaßnahmen wählten mehr als 51 000 Verbraucher das Fruchtsaftgetränk Capri-Sonne 2013 zum Gewinner des „Goldenen Windbeutels“, das sind 42,6 Prozent der fast 120 000 Teilnehmer an der Wahl der Verbraucherschutzorganisation „Foodwatch“.

Die Organisation nennt das Getränk „Wasser-Zucker-Aroma-Mixtur mit ein bisschen Fruchtsaft“. Es stehe durch seinen hohen Zuckeranteil im Widerspruch zu einer ausgewogenen Ernährung. Capri-Sonne in der Geschmacksrichtung Orange enthält laut „Foodwatch“ pro Trinkbeutel sechseinhalb Stück Würfelzucker – das sind mehr als in Fanta Orange. Damit gehöre das Getränk zu den „Dickmachern ersten Ranges“.

Neben Capri-Sonne stellte die Verbraucherorganisation noch vier weitere Produkte wegen ihres offensiven Kinder-Marketings für den Schmähpreis auf. Auf Platz zwei folgt mit 21,9 Prozent der abgegebenen Stimmen der Pudding „Paula“ von Dr. Oetker, der wegen seines „digitalen Kinderfangs“ kritisiert wird. So ködert der Puddinghersteller Kinder mit dem Internetspiel „Fleckenjagd“ und verführt sie zu Online-Karaoke des Paula-Kinder-Raps.

Die Frühstücksflocken „Kosmo-Stars“ von Nestlé landen mit 20,6 Prozent auf Rang drei. Foodwatch wirft den Herstellern vor, die Portionen unrealistisch kleinzurechnen, damit die Angabe des Zuckergehalts pro Portion geringer ausfalle. Platz vier belegt mit 9,7 Prozent der Joghurt „Monsterbacke Knister“ von Ehrmann, der stark gezuckert sei und wie Spielzeug vermarktet werde. Auf Platz fünf finden sich mit 5,2 Prozent die angeblich „kindgerechten“ Kartoffelchips „Pom-Bär“ von Funny-frisch/Intersnack.

Zum fünften Mal rief Foodwatch 2013 zur Stimmabgabe für den Negativpreis „Goldener Windbeutel“ auf. In den vorangegangenen Jahren ging es vor allem darum, ob die beworbenen Produkte halten, was sie versprechen. 2013 standen erstmals „dreiste Werbemaschen“ bei Kinderprodukten im Fokus.

**1** a Lest die Überschrift des Textes (▸ S. 180) und betrachtet das Foto und das Diagramm.
b Worum könnte es in dem Text gehen? Formuliert eure Vermutung:
*Ich vermute, dass der Text über … berichtet. / Wahrscheinlich geht es in dem Text um …*

**2** a Lest den Text einmal zügig durch und verschafft euch einen Überblick über den Inhalt. Hat sich eure Vermutung bestätigt?
b Formuliert das Thema des Textes: *Der Text gibt … wieder / berichtet über / erklärt …*

**3** a Lest den Text ein zweites Mal gründlich. Notiert Wörter, die ihr nicht versteht.
b Setzt euch mit einem Lernpartner zusammen und bespricht, was mit folgenden Ausdrücken im Text gemeint ist:
- „aggressive Vermarktung bei Kindern“ (▸ Z. 5 f.)
- „offensives Kinder-Marketing“ (▸ Z. 33)
- „‚dreiste Werbemaschen‘ bei Kinderprodukten“ (▸ Z. 58 f.)

c Klärt zu zweit die unbekannten Wörter, die ihr notiert habt, durch Nachdenken oder Nachschlagen.

**4** Beschreibt das Kreisdiagramm auf S. 180 mit eigenen Worten (▸ Diagramme auswerten, S. 161). Beantwortet dabei folgende Fragen:
- Worüber informiert das Diagramm?
- Welche Angaben werden gemacht?

*Das Kreisdiagramm zeigt das Ergebnis der Internetabstimmung über den Preis „Goldener Windbeutel“.*
*Insgesamt sind fünf …*
*Fast die Hälfte (42,6 Prozent) der Teilnehmer stimmten dafür, dass …*
*Etwas weniger als ein Viertel …*
*Ungefähr genauso viele Personen …*
*Etwa 10 Prozent … Nur etwa 5 Prozent der Befragten entschieden sich für …*

**5** Besprecht zu zweit den Inhalt des Textes. Beantwortet dazu die folgenden Fragen:
- Was ist der „Goldene Windbeutel“?
- Wer verleiht den „Goldenen Windbeutel“ wofür?
- Was genau wird an den Produkten „Capri-Sonne“, „Paula“ und „Kosmo-Stars“ kritisiert?

**6** a Haltet ihr die im Text beschriebenen Werbemethoden für gerechtfertigt? Oder seid ihr auch der Meinung, dass es sich hier um „dreiste Werbemaschen“ handelt? Diskutiert in der Klasse.
b Nennt selbst andere Produkte, denen ihr den „Goldenen Windbeutel“ für Werbelügen verleihen würdet. Begründet eure Wahl.
c Besprecht, warum Werbelügen bei Produkten für Kinder besonders wirksam sind.

**7** Die Verbraucherschutzorganisation „Foodwatch“ stellt auf ihrer Internetseite regelmäßig Produkte vor, die uns „das Blaue vom Himmel“ versprechen (▸ Z. 1).
Diskutiert in der Klasse, ob ihr eine solche Seite für sinnvoll haltet oder nicht.

**8** Recherchiert im Internet nach dem aktuellen „Windbeutel“ des Jahres.

## Testet euch!

### Eine Werbeanzeige untersuchen

**1** a Betrachtet die Werbeanzeige genau und lest den Informationstext.
b Notiert, für welche Hilfsorganisation geworben wird. Wie lautet ihr Slogan?

**2** Untersucht die Werbeanzeige genauer:
a Wie lautet die Werbebotschaft? Schreibt sie in eigenen Worten auf.
Bestimmt auch die Art der Werbung: Imagewerbung, Mitmachkampagne oder Produktwerbung?
b Beschreibt den Aufbau der Anzeige. Verwendet dabei die folgenden Fachwörter:
„Headline", „Bild", „Informationstext", „Slogan" und „Logo".
c Haltet fest, welche sprachliche Besonderheit die Headline aufweist.
d Beschreibt, welche Farben verwendet wurden und wie diese wirken.

**3** Vergleicht eure Ergebnisse mit denen eures Lernpartners oder eurer Lernpartnerin.
Korrigiert bzw. ergänzt gegebenenfalls eure Ergebnisse.

# 10.2 Storys in 30 Sekunden – Werbespots untersuchen

## Die Wirkung filmischer Mittel verstehen

1

„Vielleicht sollten wir mal in die Berge fahren.“
*(ruhige Musik: Gitarre und Trommel)*

2

*(schnelle, energiegeladene Musik: Trommeln und Rasseln)*

3

*(schnelle, energiegeladene Musik: Trommeln und Rasseln)*

4

*(schnelle, energiegeladene Musik: Trommeln und Rasseln)*

5

*(begeistertes Jauchzen der Frau; schnelle, energiegeladene Musik: Trommeln und Rasseln)*

6

„Ja.“ *(ruhige Musik: Gitarre und Trommel)*

7

„Oder lieber ans Meer ...“
*(ruhige Musik: Gitarre und Trommel)*

8

*(schnelle, energiegeladene Musik: Trommeln und Rasseln)*

9

*(begeistertes Jauchzen der Frau; schnelle, energiegeladene Musik: Trommeln und Rasseln)*

10

*(schnelle, energiegeladene Musik: Trommeln und Rasseln)*

11

„Mmmmhhh ...“

12

„Und in Venedig waren wir auch noch nie.“

13

*(langsames italienisches Opernlied)*

14

*(langsames italienisches Opernlied)*

15

„Oh nein! Vergiss es!“

**1** a Die Screenshots auf Seite 183 stammen aus einem Fernseh-Werbespot. Erzählt die Handlung des Spots nach.
- *Eine junge Frau und ein junger Mann liegen bzw. sitzen ... Sie schlägt ihm vor, ...*
- *Auf den nächsten vier Bildern ist zu sehen, was der Mann ... Er sieht vor seinem inneren Auge ...*
- *Auf den Vorschlag der Frau antwortet ...*
- *Die Frau meint, man könnte ja auch ...*

b Benennt die vier Handlungsorte, an denen der Spot spielt. Erklärt die Bedeutung dieser Orte. Achtet hierbei auch auf die jeweilige Musik zu den Bildern.

c Begründet, welche der folgenden Aussagen die Werbebotschaft des Spots am besten beschreibt.

**A** Urlaub am Meer und in den Bergen ist schöner als ein Urlaub in Venedig.
**B** Jeder Urlaubsort ist schön, solange man dort mit dem neuen Mercedes fahren kann.
**C** Männer interessieren sich mehr für Landschaften als für die Sehenswürdigkeiten einer Stadt.

**2** Beschreibt das Lebensgefühl, das in dem Spot vermittelt wird. Wie fühlt man sich, wenn man den neuen Mercedes fährt? Wie lebt man?

**3** In der Werbung wird häufig mit Rollenbildern und Klischees (▸ Merkkasten unten) gearbeitet.

a Tragt zusammen: Welche Eigenschaften und Verhaltensweisen könnten als „typisch Mann“ und „typisch Frau“ gelten?
- *typisch Frau: sanft, ...*
- *typisch Mann: abenteuerlustig, ...*

b Erklärt, welche Rollen dem Mann und der Frau in dem Werbespot (▸ S. 183) zugeschrieben werden.

c Diskutiert, was ihr von diesen Rollenbildern haltet. Begründet eure Meinung.

**4** Ein Werbespot soll die Zuschauer in weniger als einer Minute in den Bann ziehen. Der Einsatz filmischer Mittel (▸ Einstellungsgrößen und Kameraperspektiven, S. 291–292) muss sehr gut durchdacht sein. Wählt Aufgabe a, b oder c.

●●● a Benennt die Einstellungsgrößen und Kameraperspektiven der Bilder und beschreibt deren Wirkung.

●●○ b Untersucht die filmischen Mittel im Werbespot.
- Beschreibt die Einstellungsgröße der Bilder: Wie weit ist die Kamera von den Figuren oder dem Schauplatz entfernt? Worauf wird die Aufmerksamkeit gelenkt?
- Sucht die Bilder mit einer auffälligen Kameraperspektive heraus und beschreibt deren Wirkung.

●○○ c Beschreibt die filmischen Mittel in den Bildern 1 bis 4 mit Hilfe des Wortspeichers.
*Auf dem ersten Bild sieht man ... in einer ... Einstellung. Die Einstellung wurde in der ... aufgenommen. Die Aufmerksamkeit liegt auf ... Das wirkt ...*

halbnahe Einstellung • Vogelperspektive • Großaufnahme • Zentralperspektive • Totale

**Information** **Rollenbilder und Klischees**

Frauen/Mädchen und Männer/Jungen werden auf bestimmte Rollen festgelegt, d. h., ihnen werden Verhaltensweisen und Eigenschaften zugeschrieben, die als „typisch Frau/Mädchen“ oder „typisch Mann/Junge“ gelten, z. B.: Jungen spielen mit Autos, Mädchen mit Puppen. Diese Verhaltensweisen und Eigenschaften sind sehr allgemein und treffen nicht immer zu.

# Stärken stärken: Schnitt und Montage

**1** Untersucht, wie die Handlung in dem Werbespot (▸ S. 183) erzählt wird:

a Skizziert die 15 Filmbilder im Heft.
Macht euch klar, welche Bilder jeweils zu einer Szene gehören:
- Kennzeichnet jeden Szenenwechsel durch einen senkrechten Strich.
- Nummeriert die einzelnen Szenen.

**Tipp:** Betrachtet die Bilder des Paares zu Hause als eine Gesamtszene.

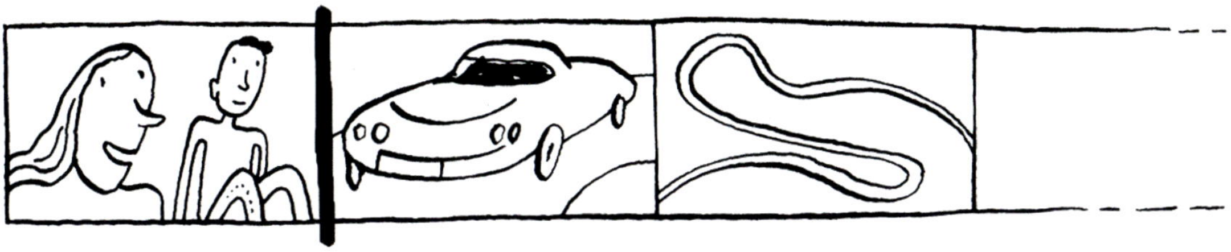

b Markiert die Szenen, die in der Gedankenwelt des Mannes spielen, blau und die Szenen, die die Wirklichkeit zeigen, gelb.

c Erklärt, warum die einzelnen Szenen in dieser Weise zusammengefügt (montiert) wurden.

**2** Untersucht, welche Funktion die Musik in den verschiedenen Szenen hat:

a Prüft, welche Art von Musik in welcher Szene erklingt.

b Erklärt, wie die Musik jeweils zur Stimmung und Handlung der Szene passt, z. B.:
*In den Bildern 1, 6, 7 und ... halten sich die Figuren entspannt zu Hause auf. Zu dieser Stimmung passt ...*

**3** Erklärt, welche Funktion der Schnitt zwischen den Filmbildern 3 und 4 sowie den Bildern 6 und 7 hat. Lest dazu die Informationen im Merkkasten.

▹ Hilfen zu den Aufgaben 1–3 findet ihr auf der nächsten Seite.

**Information** **Schnitt und Montage in Filmen**

- Nach den Dreharbeiten mit der Kamera folgt die Bearbeitung des Filmmaterials: der **Filmschnitt** und die **Montage.** Dabei wird das Filmmaterial in einzelne Szenen zerlegt. Überflüssige Szenen werden herausgeschnitten und die einzelnen Szenen neu angeordnet.
- Je nachdem, wie die einzelnen **Filmszenen** aneinandergefügt (montiert) werden, wird die **Handlung des Films** erzählt und **dramaturgisch gestaltet.** Man kann beispielsweise:
  - Handlungen, die zeitgleich an verschiedenen Orten spielen, **gleichzeitig zeigen,** indem man zwischen den Szenen hin- und herspringt, z. B.: *Ein Einbrecher knackt einen Tresor. – Schnitt: Die Polizei nähert sich. – Schnitt: Der Einbrecher lauscht. – Schnitt: ...*
  - in einer **Rückblende** ein Ereignis aus der Vergangenheit zeigen, z. B.: *Eine erwachsene Figur erinnert sich. – Schnitt: Die Kindheit der Figur wird gezeigt.*

Die Begriffe **„Schnitt"** und **„Montage"** stammen aus einer Zeit, als das Filmmaterial noch auf Band aufgenommen wurde. Das Filmband wurde tatsächlich mit einem Messer oder einer Schere zerschnitten, z. B. um eine Szene herauszuschneiden, und dann wieder zusammengeklebt (montiert). Heute werden Schnitt und Montage meist am Computer vorgenommen.

### Hilfe zu Aufgabe 1a:

Skizziert die 15 Filmbilder im Heft. Macht euch klar, welche Bilder jeweils zu einer Szene gehören:

– Kennzeichnet jeden Szenenwechsel durch einen senkrechten Strich.
  Eine neue Szene beginnt, wenn ... → der Ort wechselt,
  → ein Zeitsprung stattfindet,
  → eine neue Figur auftaucht.
– Nummeriert die einzelnen Szenen.

### Hilfe zu Aufgabe 1b:

Markiert die Szenen, die in der Gedankenwelt des Mannes spielen, blau und die Szenen, die die Wirklichkeit zeigen, gelb. **Tipp:** Die Szenen wechseln sich immer ab.

### Hilfe zu Aufgabe 1c:

Erklärt, warum die einzelnen Szenen in dieser Weise zusammengefügt (montiert) wurden:

– Berücksichtigt dabei Gesichtsausdruck und Aussagen des Mannes auf den Bildern 6, 11 und 15.
– Verwendet folgende Begriffe: Traumwelt, Wirklichkeit, Wechsel, Spannung, Stimmung.

### Hilfe zu Aufgabe 2:

Erklärt, wie die Musik jeweils zur Stimmung und Handlung der Szene passt.
Ordnet dafür den Bildbeschreibungen A, B und C die jeweils passende Erklärung zu:

**A** In den Bildern 1, 6, 7, 11 und 12 halten sich die Figuren entspannt zu Hause auf.
**B** In den Bildern 2 bis 5 und 8 bis 10 sind das Auto, großartige Landschaften sowie der jubelnde Mann als Fahrer und die begeisterte Frau zu sehen.
**C** In den Bildern 13 und 14 sieht man eine enge, dunkle Tiefgarage, in der das Auto steht.

– Zu diesen Bildern passt das langsame italienische Opernlied, denn so wäre es in Venedig.
– Zu dieser Stimmung passt die „ruhige Musik“. Sie vermittelt ein Wohlgefühl.
– Zu dieser Stimmung passt die „schnelle Musik“, denn die Figuren fahren wie in einem Rausch durch diese Landschaften.

### Hilfe zu Aufgabe 3:

Erklärt, welche Funktion der Schnitt zwischen den Filmbildern 3 und 4 sowie den Bildern 6 und 7 hat:

– Beschreibt zunächst genau, was man auf den einzelnen Bildern sieht, z. B.:
  *Auf Bild 3 sieht man in der Totale eine Straße, die in Serpentinen ...*
  *Bild 4 zeigt das Gesicht des Mannes in Großaufnahme. Er ...*
– Erklärt dann die Funktion der Schnitte, z. B.:
  *Durch den Schnitt zwischen Bild 3 und 4 ändert sich die Perspektive auf die Autofahrt: Erst sieht man ...*
  *Dann wird deutlich, wie der Mann ...*

# 10.3 Projekt: Einen Werbespot drehen

## 1. Schritt: Ideen sammeln und einen Drehplan schreiben

**1** Plant einen Werbespot als Imagewerbung (▸ S. 174) für eure Schule.

a Entscheidet zunächst,
- was die Botschaft eurer Imagewerbung sein soll, z. B.: *Bei uns hilft man sich zu jeder Zeit.*
- welche Zielgruppe ihr mit eurem Film ansprechen wollt, z. B. Grundschulkinder, Eltern.
- wann ihr euren Film zeigen wollt, z. B. am Schulfest, am Tag der offenen Tür, am Infoabend.

**Tipp:** Vielleicht könnt ihr euren Film auch auf der Schulwebsite veröffentlichen.

b Was soll in einem Werbespot über eure Schule gezeigt werden?
Sammelt eure Ideen in einer Mind-Map.
**Tipp:** Überlegt, was für eure Zielgruppe interessant sein könnte.

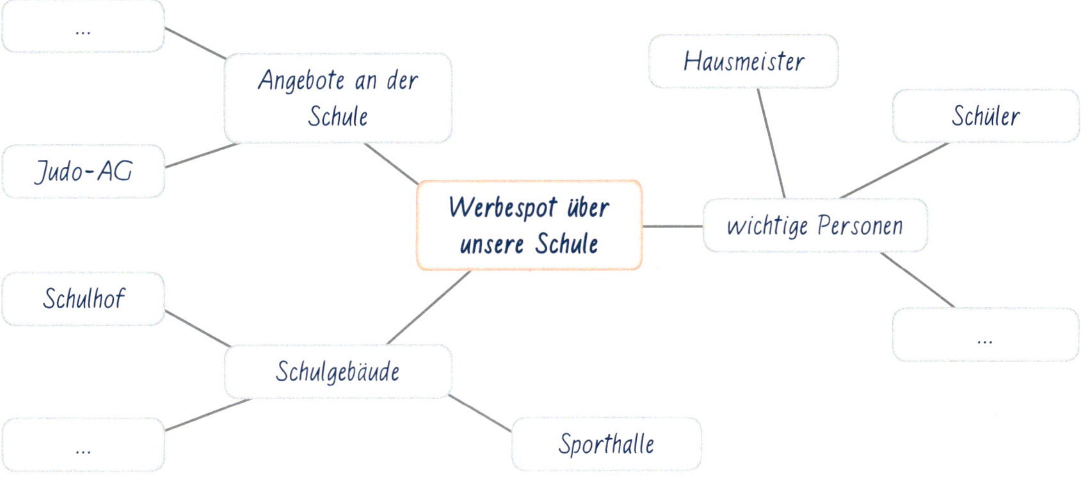


c Entscheidet, welche Ideen ihr ausführen wollt.
Beschränkt euch auf das Allerwichtigste:
Euer Werbespot sollte nicht länger als zehn Minuten dauern.

**2** Erstellt einen Drehplan für euren Film, z. B.:

| Szene | Drehort, Inhalt | Personen | Ton (Geräusche, Musik, Texte) | Kamera (Einstellung, Perspektive) |
|---|---|---|---|---|
| *1* | *vor dem Schulgebäude: Schüler laufen fröhlich in das Gebäude hinein* | *viele Schüler* | *Schulgong, Stimmengewirr, Lachen* | *Überblick über Schulgebäude und Schüler (Totale, Normalperspektive)* |
| *2* | *Chemieraum: Schüler führen spannendes Experiment durch* | *7a, Frau Martin* | ... | ... |
| 3 | *Sporthalle:* ... | ... | ... | ... |

### 2. Schritt: Den Werbespot drehen

**3** a Betrachtet die beiden Filmbilder. Beurteilt, was im Hinblick auf die Kameraführung gelungen ist.
b Macht euch klar, worauf ihr bei euren Dreharbeiten achten müsst. Prüft euren Drehplan.

**4** a Bildet Drehteams: Haltet fest, welches Team welche Szenen dreht.
b Holt euch das Einverständnis der Schuldirektion und der Personen, die ihr filmen wollt.
c Dreht die einzelnen Szenen. Probiert unterschiedliche Kameraeinstellungen aus.
- Achtet auf gute Lichtverhältnisse, filmt nicht gegen das Licht.
- Haltet die Kamera ruhig, stellt sie auf ein Stativ oder einen festen Untergrund.
- Verzichtet auf den übermäßigen Einsatz von Zooms und Schwenks. Je näher ihr das Objekt oder die Person heranzoomt, desto mehr verwackelt das Bild.
- Achtet auf einen guten Ton. Geht bei Interviews nah an den Gesprächspartner heran.

**Tipp:** Dreht die Szenen am besten zwei- oder dreimal. So habt ihr später eine Auswahl.

**5** Seht euch euer Filmmaterial an und prüft Bild- und Tonqualität.
Notiert Verbesserungsvorschläge und dreht einzelne Szenen gegebenenfalls noch einmal.

### 3. Schritt: Schnitt und Montage

**6** a Schneidet euer Filmmaterial am Computer mit Hilfe eines Schnittprogramms (z. B. Windows MovieMaker):
- Löscht Szenen, die überflüssig oder nicht gelungen sind.
- Probiert verschiedene Schnitte aus. Verändert z. B. die Reihenfolge der Szenen und testet verschiedene Übergänge (Blenden) zwischen den Szenen.

b Überlegt, ob ihr Szenen mit Musik unterlegen möchtet oder den Ton verändern solltet.

**7** a Überlegt euch für euren Film einen ansprechenden Titel.
Ihr könnt auch Zwischentitel für einzelne Szenen oder Texte für den Vor- und Abspann erfinden.
b Fügt die Titel bzw. Texte in euren Film ein.

**Wörterliste** ▸ S. 313

| | | | |
|---|---|---|---|
| Werbeanzeige | Mitmachkampagne | skizzieren | Filmschnitt |
| Radiospot | Werbestrategie | Imagewerbung | Produkt |
| Zielgruppe | Montage | kombinieren | Slogan |

# 11 Grammatiktraining – Wortarten

**1** a Betrachtet die Fotos. Was ist jeweils abgebildet? Beschreibt.
b Erklärt die vier Elemente. Hebt dabei die entsprechenden Eigenschaften hervor.

**2** Was könnten die Elemente der Natur wohl mit den einzelnen Wortarten gemeinsam haben? Diskutiert in der Klasse.
*Jedes Element hat bestimmte Eigenschaften, jede Wortart ...*

## In diesem Kapitel ...

- wiederholt ihr die wichtigsten Wortarten,
- unterscheidet ihr Aktivsätze und Passivsätze,
- nutzt ihr das Passiv zum Beschreiben von Vorgängen.

# 11.1 Wortarten in ihrem Element

## Ein ewiges Auf und Ab – Nomen und ihre Begleiter

Wasser ist lebensnotwendig. Menschen, Tiere und Pflanzen bestehen zum größten Teil aus diesem Element. Über 70 % der Erdoberfläche sind mit Wasser bedeckt. Obwohl alles Leben täglich ständig Wasser braucht, geht kein Wasser verloren. Der Wasserkreislauf sorgt dafür. Durch die Sonne wird das Wasser aus Ozeanen, und anderen Gewässern erwärmt. Das Wasser beginnt zu verdunsten und steigt als Wasserdampf nach oben. Je höher der Wasserdampf aufsteigt, desto mehr kühlt er ab. Auf der Erde ist es zwar warm, aber in der Atmosphäre, in 10 000 Metern Höhe, sind es plötzlich minus 50 °C. Dort oben bilden sich aus dem Wasserdampf Wassertropfen. Die Wassertropfen verwandeln sich in Wolken und in etwa 5 000 Metern Höhe, bei minus 20 °C, gefrieren die Wassertropfen zu Eiskristallen. Je mehr Eiskristalle sich auf dieser Höhe bilden, desto schwerer werden die Wolken. Durch das steigende Gewicht fallen sie herunter. Je weiter die Eiskristalle wieder herunterfallen, desto wärmer wird die Luft. Die Eiskristalle tauen wieder auf und werden zu Regentropfen. Der Wasserkreislauf schließt sich, wenn der Regen zurück in Ozeane, Meere und andere Gewässer fällt. So kehrt das verdunstete Wasser wieder auf die Erde zurück und wird wieder von der Wärme der Sonne erwärmt. Der Wasserkreislauf besteht aus einem ewigen Auf und Ab.

**1** a Teilt den Text in sinnvolle Abschnitte. Gebt jedem Abschnitt eine passende Überschrift und schreibt diese mit Zeilenangaben ins Heft.

b Vergleicht eure Lösungen: Welche Wortart habt ihr bei euren Überschriften am meisten verwendet? Versucht, dies zu erklären.

**2** Übernehmt die folgende Tabelle in euer Heft. Tragt aus dem Text oben zwanzig Nomen mit ihren Begleitern ein und bestimmt deren Eigenschaften.

| **Nomen** (mit Begleiter) | **Genus** | **Numerus** | **Kasus** |
|---|---|---|---|
| *das Wasser* | *Neutrum* | *Singular* | *Nominativ* |
| … | … | … | … |

**Information** **Nomen und ihre Begleiter**

Vor einem Nomen kann ein Begleiter stehen, z. B. ein Artikel, ein Possessivpronomen oder ein Adjektiv. Diese Begleiter geben Hinweise auf das Nomen:

| **Genus** (Geschlecht) | **Numerus** (Anzahl) | **Kasus** (der Fall) |
|---|---|---|
| Maskulinum: *der Fluss*<br>Femininum: *die Sonne*<br>Neutrum: *das Wetter* | Singular: *der Fluss*<br>Plural: *die Flüsse* | Nominativ (wer/was?): *der Fluss, die Flüsse*<br>Genitiv (wessen?): *des Flusses, der Flüsse*<br>Dativ (wem?): *dem Fluss, den Flüssen*<br>Akkusativ (wen/was?): *den Fluss, die Flüsse* |

# Der Passatkreislauf und seine Folgen – Pronomen

**1** a Betrachtet das Schaubild. Was zeigt es?
b Beschreibt den dargestellten Sachverhalt mit eigenen Worten.

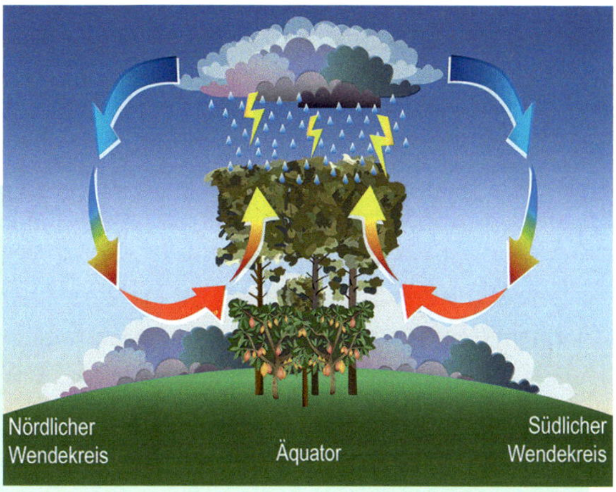


In Äquatornähe steht die Sonne fast senkrecht zur Erde. Die Sonne erwärmt dort die Luft. Da warme Luft leichter als kalte ist, steigt die Luft auf. Am Boden entsteht ein Tiefdruckgebiet. Durch die Wärme der Luft verdampft die Luft schneller. Die Luft steigt bis zu 18 km Höhe auf.

**2** a Der Text oben links gibt eine Erläuterung zum Schaubild. Wie wirkt der Text auf euch? Was stört euch vielleicht?
b Überarbeitet den Text. Markiert auf einer Folie unnötige Wortwiederholungen. Ersetzt dann die Wortwiederholungen durch passende Pronomen (▶ Merkkasten unten).

Dabei kühlt ? dann ab. ? hoher Wassergehalt führt dazu, dass sich kleine Tröpfchen bilden. ? ergeben die riesigen Regenmassen, ? zur Bildung von Regenwäldern am Äquator führen. In großer Höhe wird die Luft, ? zunehmend trockener wird, nach Norden und Süden gedrückt. Dabei kühlt ? ab und sinkt nach unten. Nun entsteht ein Hochdruckgebiet. Durch ? sehr hohe Trockenheit entstehen dort Wendekreiswüsten. Aufgrund ? unterschiedlichen Druckverhältnisse zieht die Luft vom Hoch- zum Tiefdruckgebiet. ? sind die Passatwinde, ? im Tiefdruckgebiet die Luft erneut erwärmen und ? Kreislauf von Neuem beginnen lassen.

**3** a Ergänzt im Text oben die fehlenden Pronomen.
b Erstellt eine Tabelle und tragt darin alle Pronomen ein, die ihr verwendet habt.

**Information** **Pronomen**

Pronomen können Nomen ersetzen, sie begleiten oder Verknüpfungen im Satz herstellen:
- **Personalpronomen** (persönliche Fürwörter), z. B.: *ich, du, er/sie/es, wir, ihr, sie*
- **Demonstrativpronomen** (hinweisende Fürwörter), z. B.: *dieser, jener, der, die, das*
- **Possessivpronomen** (besitzanzeigende Fürwörter), z. B.: *mein, dein, ihr, euer, unser*
- **Indefinitpronomen** (unbestimmte Fürwörter), z. B.: *etwas, manche, niemand, kein*
- **Relativpronomen,** z. B.: *Das Buch, das ich lese, ... Der Arzt, dessen Rat ich befolge, ...*

# Stärken stärken: Pronomen

Als am 26. Oktober 2015 die ersten Tropfen fielen, konnte kein Bewohner eines kleinen Dorfes in Wales ahnen, was den Bewohnern noch alles bevorstehen sollte. Starkregen und Niesel sollten zum täglichen Begleiter der Bewohner werden. Dabei setzte der Starkregen und Niesel nicht nur den Bewohnern zu, die ein Dach über dem Kopf hatten. Der Boden war so aufgeweicht, dass selbst die Tiere den Boden nicht betreten konnten. Deshalb mussten die Tiere dauerhaft im Stall bleiben. Am fünfundachtzigsten Tag war dann Schluss mit Regen. Der bisherige britische Rekord über die längste Regendauer wurde nicht gebrochen. Den britischen Rekord durfte die schottische Insel Islay behalten, die 89 Regentage in Folge erlebt hatte.

●○○ **1** a Der Text enthält viele Wortwiederholungen. Legt eine Folie über den Text und streicht Formulierungen durch, die sich wiederholen.

b Schreibt den Text in euer Heft. Ersetzt dabei die durchgestrichenen Wörter durch passende Pronomen aus dem Wortspeicher.

sie • jenen • ihrem • ihnen • dieser • diesen • ihn • diese

●●○ **2** a Schreibt den Text oben ab und ersetzt dabei Wörter oder Formulierungen, die sich unnötig wiederholen, durch passende Pronomen.

b Übertragt die folgende Tabelle in euer Heft und ordnet die von euch verwendeten Pronomen ein.

c Findet im Text weitere Pronomen und ergänzt sie in eurer Tabelle.

| Personalpronomen | Demonstrativpronomen | Possessivpronomen | Indefinitpronomen | Relativpronomen |
|---|---|---|---|---|
| *ihnen* | ... | ... | ... | ... |

**Journalist:** Gibt es auch in Deutschland solche Regenrekorde?
**Meteorologe:** Leider ist die Frage schwer zu beantworten. Rekorde müssen einwandfrei belegt werden. Dies ist jedoch nicht immer möglich. Gerade bei jenen Rekorden, die Regendauer und Niederschlagsmenge messen, können geringe Wassermassen häufig nicht gemessen werden.
**Journalist:** Ich dachte dabei an denjenigen aus dem Jahr 1981. Damals regnete es in Frankfurt am Main ganze 51 Stunden ohne Unterbrechung.
**Meteorologe:** Das können Sie wirklich getrost einen rekordverdächtigen Dauerregen nennen.

●●● **3** a Schreibt Wörter, Wortgruppen oder auch ganze Sätze in euer Heft, auf welche die markierten Demonstrativpronomen hinweisen, z. B.:
*solche (Z. 1) = Rekorde, bei denen Menschen Dauerregen ertragen mussten*

b Sucht weitere Beispiele für Demonstrativpronomen aus dem Text heraus. Schreibt sie in gleicher Weise mit den entsprechenden Bezugswörtern in euer Heft.

# Drei absolute Superlative der Natur – Adjektive

Salto Ángel

Victoria Falls

Iguazú-Fälle

**1** a Betrachtet die drei Fotos sehr genau. Beschreibt dann die Wasserfälle. Stellt dabei Vergleiche an.

| Vergleichsdaten | Salto Ángel | Victoria Falls | Iguazú-Fälle |
|---|---|---|---|
| **Staat:** | Venezuela | Sambia | Brasilien/Argentinien |
| **Wassermenge max:** | 4 800 $m^3/s$ | 10 000 $m^3/s$ | 7 000 $m^3/s$ |
| **Höchste Einzelstufe:** | 807 m | 99 m | 82 m |
| **Anzahl der Fälle:** | 2 | 1 | 275 |
| **Fallbreite:** | 107 m | 1708 m | 2 700 m |
| **Entdeckungsjahr:** | 1910 | 1855 | 1542 |

b Betrachtet die Tabellen. Worin unterscheiden sich die drei berühmten Wasserfälle? Vergleicht sie jeweils miteinander. Wählt dazu geeignete Adjektive.

c Unterstreicht in euren Texten den Positiv, Komparativ oder Superlativ mit unterschiedlichen Farben.
*Die Salto-Ángel-Fälle führen mit 4800 m³/s die niedrigste Wassermenge der drei Fälle.*
*Auch wenn die Jguazú-Fälle mit 7000 m³/s größere Wassermassen bewältigen, so finden sich ...*

**2** Was könnten die Entdecker gedacht haben, als sie die Wasserfälle zum ersten Mal gesehen haben? Schreibt ihre Gedanken auf und verwendet dabei ausdrucksstarke Adjektive, z. B.:
*Was für ein gewaltiger Wasserfall! ...*

**Information** **Adjektive**

**Adjektive** (Eigenschaftswörter) beschreiben Lebewesen, Gegenstände usw. genauer.
Sie können Nomen und Verben begleiten: *Der große Wasserfall. Das Wasser fällt schnell.*
Wenn ein Adjektiv ein Nomen begleitet, wird es mit diesem dekliniert: *ein großer Fluss.*
Bei Vergleichen werden Adjektive gesteigert: *groß* (Positiv), *größer* (Komparativ), *am größten* (Superlativ).
Nicht alle Adjektive lassen sich steigern, z. B.: *tot, nackt, ganz, grün* ...

# Lebenselixier Wasser? – Indikativ und Konjunktiv I

| Wasser ist lebenswichtig! | Wasser sei lebenswichtig. |
|---|---|

**1** Worin unterscheiden sich diese Aussagen? Lest dazu auch im Merkkasten unten nach.

„Wasser bestimmt seit jeher das Leben auf der Erde."

„Nun, sie wird ja auch der ‚Blaue Planet' genannt."

„Ich habe gehört, in fast allen Schöpfungsgeschichten spiele Wasser eine entscheidende Rolle."

„Stimmt! Wie man liest, seien zwei Drittel der Erde von Wasser bedeckt und auch unser Körper bestehe zu zwei Dritteln aus Wasser."

„Wasser bildet also die Grundlage allen Lebens?"

„Ja, das ist richtig. Neueste Erkenntnisse besagen, es habe früher auf dem Mars Wasser gegeben. Manche Wissenschaftler gehen davon aus, auch auf diesem Planeten sei früher Leben möglich gewesen."

**2** **a** Lest das Gespräch oben. Unterscheidet die Äußerungen der Forscher: Wo äußern sie ihre eigene Meinung, wo geben sie Aussagen anderer wieder?

**b** Tragt die Verben in eine Tabelle wie der unteren in eurem Heft ein. Ergänzt jeweils die andere Aussageweise.

| Indikativ | Konjunktiv I |
|---|---|
| *Wasser bestimmt* | *Wasser bestimme* |
| … | |

**c** Formt die Sätze aus dem Text, die im Indikativ stehen, in indirekte Rede um, z. B.:
*Der Forscher merkt an, Wasser bestimme seit jeher das Leben auf der Erde. Sein Gegenüber ergänzt, …*

**Information** **Das Verb und seine Modi**

**Indikativ** und **Konjunktiv** sind zwei **Aussageweisen** in Sätzen, die anzeigen, wie wirklich und sicher eine Aussage ist.

- **Eindeutige Aussagen** und klare Sachverhalte stehen im **Indikativ,** der Wirklichkeitsform, z. B.: *Die Erde ist rund.*
- Gibt man etwas wieder, **was jemand gesagt hat,** oder etwas, das **ungewiss** ist, verwendet man die indirekte Rede, das Verb steht dann im **Konjunktiv I,** der Möglichkeitsform, z. B.: *Der Forscher behauptet, er habe es mit eigenen Augen gesehen.*
- Beim Konjunktiv I wird an den Stamm des Verbs (= Infinitiv ohne „en") die entsprechende Personalendung angefügt, z. B.:
*ich komm-e, du komm-est, er/sie/es komm-e, wir komm-en, ihr komm-et, sie komm-en.*

# Tauchen gestern und heute – Zeitformen des Verbs

Bereits vor einigen tausend Jahren hatten sich die ersten Taucher auf der Suche nach Nahrung in die Tiefen der Meere gewagt. Später bekam Tauchen eine besondere wirtschaftliche Bedeutung, als sich mit Perlen, Schwämmen oder dem Heraufholen verlorener Fracht viel Geld verdienen ließ. Der Grieche Herodot berichtet, dass bereits im 5. Jahrhundert vor Christus ein Taucher namens Scyllis für den Perserkönig Xerxes nach versunkenen Schätzen tauchte.
In den Anfangszeiten des Tauchens gab es keine Hilfsmittel. Die Taucher mussten so lange wie möglich die Luft anhalten. Trainierte Perlen- und Schwammtaucher erreichten Tiefen bis zu 70 Metern. Zurzeit liegt der Weltrekord im Tauchen ohne Pressluftflasche bei 162 Metern.
Natürlich probierten die Menschen auch schon früher, wie sie mit Hilfe eines künstlichen Luftvorrats länger unter Wasser bleiben konnten. 1715 erfand man die erste „Tauchtonne", eine Art Konservendose mit Fenster und Armschläuchen. Diese Konstruktion ermöglichte nur kurze Tauchgänge, da Körper und Arme unterschiedlichem Wasserdruck ausgesetzt waren.
Bereits im Altertum hatten Taucher verschiedene Hilfsmittel ausprobiert. Einige hatten sich einen Topf über den Kopf gestülpt. Andere hatten „Tauchglocken" benutzt, die allerdings nur eine sehr kleine Luftblase enthielten.
Heute verwenden Hobbytaucher meist Sauerstoffgeräte in Flaschenform, und das wird wohl auch in Zukunft so sein.

**1** Von welchen Tauchhilfen wird hier berichtet? Zählt sie auf.

**2** Der Text enthält verschiedene Zeitformen.
- **a** Legt eine Folie auf und unterstreicht jeweils mit einer Farbe die Prädikate, die im gleichen Tempus stehen.
- **b** Bestimmt die Zeitformen der Prädikate. Tragt sie dazu in eine Tabelle wie unten abgebildet ein.
- **c** Formuliert eine Regel, wann das Präsens, das Präteritum, das Plusquamperfekt verwendet wird.

Bei den **regelmäßigen Verben** ändert sich der Vokal im Verbstamm nicht, wenn das Verb ins Präteritum gesetzt wird: *ich reise → ich reiste.*

| Plusquamperfekt | Präteritum | Präsens | Futur |
|---|---|---|---|
| *hatten gewagt* | ... | ... | ... |
| ... | *bekam* | ... | ... |

**3** Ergänzt jeweils alle weiteren Zeitformen in eurer Tabelle.

**Information** **Bedeutung der Zeitfolge (1)**

Die Abfolge von Ereignissen wird vor allem durch die Zeitform deutlich gemacht.

| | | | |
|---|---|---|---|
| *Früher hatte man erste Tauchversuche unternommen,* Vorvergangenheit **(Plusquamperfekt)** | → *aber erst 1715 erfand man die erste „Tauchtonne".* Vergangenheit **(Präteritum)** | → *Heute verwenden Taucher Sauerstoffflaschen* Gegenwart **(Präsens)** | → *... und das wird wohl auch in Zukunft so sein.* Zukunft **(Futur)** |

# Auf in die Tiefe! – Die Zeitformen der Vergangenheit

## Mit James Cameron zum tiefsten Punkt der Erde

**Reporter:** Mit seinem Spezial-U-Boot „Deepsea Challenger" ? (tauchen) der kanadische Regisseur James Cameron 2012 bis zum tiefsten Punkt der Weltmeere. Wie ? (bewältigen) er diese Aufgabe?

**Forscher:** Nun, er ? (brauchen) zweieinhalb Stunden, um auf den Grund des Challengertiefs im 11034 Meter tiefen Marianengraben abzutauchen. Dort ? (filmen) er stundenlang und ? (entnehmen) Proben. Das U-Boot ? (sein) ausgestattet mit einem Robotergreifarm und einer Saugpistole zum Einsammeln von Proben. Experten ? (entwickeln) es speziell für diese Tauchfahrt.

**Reporter:** Aber welches Ziel ? (verfolgen) er mit dieser Fahrt?

**Forscher:** Nun, vor ihm ? (tauchen) 1960 nur die beiden Tiefseeforscher Jacques Piccard und Don Walsh so tief. Neue Erkenntnisse ? (sein) also dringend erforderlich. Die Menschheit ? (kartieren) den Mond bis ins Detail, aber die fremdartige Unterwasserwelt des eigenen Planeten ? (sein) uns selbst heute noch weitgehend unbekannt.

**1** a Schreibt das Interview über James Camerons Tauchgang in euer Heft. Ergänzt dabei die in den Klammern angegebenen Infinitive im Perfekt. Vorsicht: Es gibt zwei Abweichungen!
b Erklärt, weshalb ihr an diesen zwei Stellen andere Zeitformen verwenden müsst.

**2** Schreibt auf der Grundlage dieses Interviews einen kurzen Lexikoneintrag. Macht euch bewusst, welche Zeitform hierfür die richtige ist. Lest dazu den Merkkasten unten.
*Der kanadische Regisseur James Cameron tauchte im Jahr 2012 bis zum tiefsten Punkt der Weltmeere hinab. Mit seinem Spezial-U-Boot „Deepsea Challenger" brauchte er …*

**Partizip II**
nicht gebeugte (infinite) Verbform der Vergangenheit, z. B.: *geschwommen*.

**Information** **Bedeutung der Zeitfolge (2)**

**Vergangenes** kann im Deutschen durch die drei Tempora (Zeitformen) **Perfekt, Präteritum** oder **Plusquamperfekt** ausgedrückt werden.

- Das **Perfekt** wird häufig im mündlichen Sprachgebrauch verwendet. Es ist eine zusammengesetzte Zeitform, die mit einer Form von „haben" oder „sein" im Präsens und dem Partizip II des Verbs gebildet wird, z. B.: *Cameron ist auf den Meeresgrund getaucht.*
- Das **Präteritum** ist eine einfache Form der Vergangenheit und wird vorrangig beim schriftlichen Erzählen und Berichten verwendet, z. B.:
*James Cameron tauchte bis zum tiefsten Punkt der Weltmeere hinab.*
- Das **Plusquamperfekt** steht, wenn etwas vor dem passiert, was im Präteritum oder Perfekt erzählt wird. Es ist eine zusammengesetzte Zeitform und wird mit einer Form von „haben" oder „sein" im Präteritum und dem Partizip II des Verbs gebildet, z. B.:
*Er tauchte zum Grund des Marianengrabens. Dort waren vor ihm nur zwei Menschen gewesen.*

# Liegt die Zukunft unter Wasser? – Futur I und Futur II

Schon immer hat die Zukunft unsere Fantasie angeregt. Heute aber zwingt uns die ökologische Situation, uns Gedanken über das zukünftige Leben auf der Erde zu machen.
Wie wird die Welt von morgen aussehen? Vielleicht werden die Menschen die Erdoberfläche einmal verlassen und den Meeresboden bewohnen. Sie werden dort vielleicht riesige Städte errichten. Möglicherweise werden sie die Erde auch ganz verlassen haben und den Mond oder den Mars bewohnen. Oder sie werden auf Raumstationen leben und in riesigen Raumflotten durch die Galaxien reisen und dabei bewohnbare Planeten entdecken. Wir wissen nicht, was die Zukunft bringen wird.

Aber was die Menschen auch immer in Zukunft erreicht haben werden – ihr Leben wird bestimmt aufregend sein.

**1** Welchen Lebensraum wird die Menschheit sich künftig erschließen? Diskutiert darüber.

**2** Lest den Text noch einmal und achtet ab dem zweiten Absatz auf die Zukunftsformen.
- a Unterstreicht auf einer Folie die Formen von Futur I und Futur II mit unterschiedlichen Farben. Lest dazu den Merkkasten unten.
- b Ersetzt in zwei Sätzen das Futur I durch das Präsens. Schreibt die Sätze in euer Heft.
- ●●● c Erklärt die Verwendung des Futurs II in den von euch unterstrichenen Sätzen.

Auch mit dem **Präsens** kann man **Zukünftiges** ausdrücken. Meist verwendet man dann eine Zeitangabe, die auf die Zukunft verweist: *In tausend Jahren leben wir vielleicht unter Wasser.*

**3** Das Futur II wird auch verwendet, um Vermutungen auszusprechen. Schreibt zu den folgenden Situationen Vermutungen im Futur II auf wie im Beispiel:
- *Mervin kommt gut gelaunt aus der Schule. → Er wird wohl eine gute Note bekommen haben.*
- *Luisa trifft zu spät im Unterricht ein. → Sie wird vielleicht ...*
- *Oskar verlässt humpelnd den Fußballplatz. → ...*

**Information** **Futur I und Futur II**

- Die **Zeitform Futur I** wird verwendet, um ein zukünftiges Geschehen auszudrücken. Sie wird gebildet durch die Personalform von „werden“ + Infinitiv des Verbs.
  Z. B.: *In ferner Zukunft werden die Menschen vielleicht auf dem Meeresgrund leben.*
- Das **Futur II** drückt aus, dass eine Handlung in der Zukunft abgeschlossen ist. Es wird gebildet durch die gebeugte Form von „werden“ + Partizip II + Infinitiv von „sein“ oder „haben“.
  Z. B.: *Die Menschen werden zukünftig wohl eine Möglichkeit zu überleben gefunden haben.*
  In der Alltagssprache drückt man mit dem Futur II auch Vermutungen aus, oft zusammen mit den Wörtern „wohl“ oder „schon“, z. B.: *Sie wird die Hausaufgaben schon gemacht haben!*

# Stärken stärken: Zeitformen des Verbs

## Den Elementen trotzen

Wird es jemals möglich sein, die Elemente zu besiegen oder sie zumindest zu bändigen? Schon immer stellten sich Menschen der Natur entgegen. Sie ließen sich an lebensfeindlichen Orten nieder und behaupteten sich gegen die Naturgewalten. Das wird wohl auch zukünftig so bleiben.

So liegt die Millionenstadt Neapel nur scheinbar sicher im Schatten des Vulkans Vesuv. Auch Metropolen wie San Francisco müssen mit der Angst vor Erdbeben leben. Nicht vergessen ist dabei das große Erdbeben vom 18. April 1906. Mehr als 3000 Menschen kamen damals ums Leben. Die Stadt wurde fast komplett zerstört. Ein ähnliches Schicksal hatte bereits Lissabon ereilt: 1755 hatte ein Erdbeben Hunderttausenden das Leben gekostet. Die Menschen beider Städte aber blieben ihrer Heimat treu und bauten ihre Häuser neu auf.

●○○ 1 a Übertragt die Tabelle in euer Heft und sucht zu jeder Zeitform ein Beispiel aus dem Text.
b Wie nennt man die Verbform, die im Text unterstrichen ist? Notiert den Fachbegriff.

| Präsens | Perfekt | Präteritum | Plusquamperfekt | Futur |
|---|---|---|---|---|
| … | – | … | … | … |

●●○ 2 a Erklärt den Begriff „Infinitiv".
b Schreibt alle Infinitive aus dem Text untereinander in euer Heft.
c Bildet zu den Infinitiven die 3. Person Singular Präteritum und schreibt sie dahinter.
d Klärt, ob es sich jeweils um regelmäßige oder unregelmäßige Verben handelt

●●● 3 a Übertragt alle finiten (in die Personalform gesetzten) Verben aus dem Text in eine Tabelle.
b Ergänzt zu jeder Zeitform ein passendes Personalpronomen.
c Ergänzt jeweils die weiteren Zeitformen in eurer Tabelle.
d Erklärt die Fachbegriffe „konjugieren", „Partizip II", „regelmäßige Verben". Führt zu jeder Erläuterung Beispiele an.

| Präsens | Perfekt | Präteritum | Plusquamperfekt | Futur |
|---|---|---|---|---|
| … | … | *sie behaupteten sich*<br>… | … | … |

# Urplötzlich und zerstörerisch – Adverbien

## Der Untergang der Vulkaninsel Krakatau

Der Ausbruch des Krakatau gilt als zweitgrößter Vulkanausbruch der Neuzeit. Jahrhundertelang ruhte die Vulkaninsel. Am 22. August 1883 erfolgte dort eine erste Eruption, danach kam es zu weiteren Ausbrüchen. Am 27. August 1883 fand dann der gewaltigste Ausbruch statt. Der Krakatau schleuderte unerwartet 20 $km^3$ Asche und Gestein bis in eine Höhe von 25 km.

Daraufhin entleerte sich die unterirdische Magmakammer schlagartig und stürzte ein. Deshalb konnten die Wassermassen des umgebenden Meeres ungehindert dorthin nachströmen.

**1** a Untersucht die markierten Adverbien im Text: Welche Funktion haben sie? Auf welche Fragen geben sie Antworten?

b Übertragt die folgende Tabelle in euer Heft und ordnet die Adverbien ein.

| Adverbien des Ortes | Adverbien der Zeit | Adverbien der Art und Weise | Adverbien des Grundes |
|---|---|---|---|
| … | … | *unerwartet* | … |

**2** a Schreibt den folgenden Text in euer Heft und setzt dabei die passenden Adverbien aus dem Wortspeicher ein. Bei einigen Lücken gibt es mehrere Möglichkeiten.
*Dadurch/Deswegen kam es …*

b Ordnet auch diese Adverbien in die Tabelle aus Aufgabe 1b ein.

stellenweise • dort • besonders • damals • dabei • dadurch • deswegen

*? kam es ? zu einem bis zu 40 Meter hohen Tsunami. Die umliegenden Inseln waren ? betroffen. ? gingen glühende Gemische aus Gestein und Gas nieder. ? wurden mehr als 36 000 Menschen getötet. Die Explosion gehörte zu den lautesten der Menschheitsgeschichte. Sie war noch 4800 Kilometer entfernt zu hören. Die Insel wurde ? regelrecht in die Luft gesprengt. ? blieb von ihr kaum etwas übrig und zwei Drittel der Insel versanken im Meer.*

**Information** **Das Adverb** (Umstandswort; Plural: die Adverbien)

- **Adverbien** *(dort, dorther, überall, bald, heute, sehr, vielleicht, nämlich, deshalb)* **machen nähere Angaben zu einem Geschehen.** Sie erklären genau, wo, wann, wie und warum etwas geschieht.
- Adverbien **werden kleingeschrieben** und sind im Gegensatz zum Adjektiv nicht veränderbar (flektierbar).

# Stärken stärken: Adverbien

●○○ **1** a Übertragt die Tabelle in euer Heft. Ordnet die Adverbien sowie die passenden Fragen aus dem Wortspeicher ein.

b Formuliert acht Sätze mit Adverbien aus der Tabelle. Unterstreicht jeweils das Adverb, z. B.:
*Wir haben neulich im Deutschunterricht …*

Wo? • sehr • überall • Wann? • Wie? • darum • heute • daher • Seit wann? • dort • neulich • Warum? • gern • immer • deshalb • Wohin? • links • besonders

| Adverbien des Ortes | Adverbien der Zeit | Adverbien der Art und Weise | Adverbien des Grundes |
|---|---|---|---|
| *Frage: Wo?* | *Frage: …?* | *Frage: …?* | *Frage: …?* |
| … | *neulich* | … | … |

## Der Ausbruch des Vesuvs

Vor fast 2000 Jahren, am Morgen des 24. Augusts im Jahr 79 n. Chr., herrschte in der römischen Stadt Pompeji reger Betrieb. Alles schien dort wie immer, bis gegen 10 Uhr ein gewaltiger Knall die Stadt erschütterte. Dann schoss aus dem Krater des nahen Vulkans schlagartig eine riesige, schwarze Wolke, Fontänen aus Lava spritzten zum Himmel. Der Vesuv brach aus! „Daraufhin haben die Menschen alle versucht, sich zu retten. Sie sind geflohen, sie haben sich drinnen in ihren Häusern versteckt“, berichtet ein Historiker. „Aber eine Lawine aus Lava fließt rasend schnell. Daher haben bedauerlicherweise nur wenige überlebt.“

●●○ **2** a Erfragt im Text oben die markierten Adverbien und schreibt diese mit Antwort in euer Heft.

b Bestimmt die Adverbien und ergänzt die Angabe in einer Klammer, z. B.:
*Wo? – dort (Adverb des Ortes)*

Es dauerte damals vermutlich zwei Tage, bis der Vesuv sich wieder beruhigte. Pompeji aber lag für viele Jahrhunderte unter einer dicken Ascheschicht. Erst Ende des 16. Jahrhunderts entdeckten Bauarbeiter dort schließlich Gänge mit Inschriften. 1750 begann dann die systematische Ausgrabung der Stadt. „Schon früher zog die Ausgrabungsstätte viele Menschen von überall her an“, berichtet ein Archäologe. „Und genau das hat sich zu einem Problem entwickelt. 2,5 Millionen Touristen sind allein im letzten Jahr angereist. Sie haben bereits jetzt Teile der Stadt zum zweiten Mal zerstört.“

●●● **3** a Schreibt den Text in euer Heft. Markiert alle Adverbien.

b Bestimmt die Adverbien danach, ob sie nähere Angaben zur Zeit, zum Ort, zum Grund oder zur Art und Weise machen.

# „An“ oder „auf“ der Erdoberfläche? – Präpositionen

**1** Was wisst ihr über Vulkane? Erklärt mit Hilfe des Bildes die Begriffe „Lava“ und „Magma“.

### Was ist ein Vulkan?

Vulkane sind Öffnungen ? der Erdkruste, aus denen geschmolzenes Gestein ? dem Erdinneren entweicht. Geschieht das in Form ? heftigen Explosionen, nennt man diesen Vorgang Vulkanausbruch. Das geschmolzene Gestein lässt sich am besten ? flüssigem Eisen aus einem Hochofen vergleichen. Solange sich das glühende Gestein ? des Vulkans befindet, wird es Magma genannt. Tritt das Magma ? die Erdoberfläche, heißt es Lava. Dort wird die Lava ? den Temperatursturz zu einem festen Gestein. Große Teile der Erdoberfläche und die Ozeanböden bestehen ? erkaltetem Vulkangestein.

**2** **a** In dem Text fehlen acht Präpositionen. Schreibt den Text ab und ergänzt die Lücken. Die folgenden Präpositionen könnt ihr passend zuordnen:

in • von • innerhalb • aus • mit • an • durch • aus

**b** Die einzelnen Präpositionen erfordern unterschiedliche Kasus (Fälle). Ordnet die eingesetzten Präpositionen mit dem dazugehörigen Nomen in eine Tabelle ein:

| **Präposition** + Nomen im Dativ | **Präposition** + Nomen im Akkusativ | **Präposition** + Nomen im Genitiv |
|---|---|---|
| *in der Erdkruste* | … | … |

**Information** **Präpositionen**

**Präpositionen** (Verhältniswörter) drücken Beziehungen oder Verhältnisse aus. Sie stehen in der Regel vor Nomen, Artikeln und Pronomen, z. B.:
*auf dem Dach, in unserer Schule, nach dem Sport, unter den Tisch, während des Gewitters.*

Die Präposition bestimmt den **Kasus** (den Fall) des folgenden Nomens, z. B.:

| | | |
|---|---|---|
| *aus dem Stein* | *durch die Explosion* | *wegen des Drucks* |
| *Wem? – Dativ* | *Wen? – Akkusativ* | *Wessen? – Genitiv* |

**Wissenswertes über Vulkane**

Δ ? (der Vulkan) liegt ein Herd von heißem Magma. Zum Vulkanausbruch kommt es ? (der hohe Druck) im Erdinneren.

Δ Der Vulkan Vesuv in Süditalien ragt ? (die Stadtmauern Pompejis) empor. Die Stadt Pompeji war ? (ein Vulkanausbruch) 79 n. Chr. jahrelang verschüttet.

Δ Der Vesuv wirkt heute ? (die Baumgrenze) wie eine Mondlandschaft: Wer ihn ersteigt, findet sich plötzlich ? (ein erkaltetes Lavafeld) wieder.

Δ Der Vulkan Stromboli liegt ? (die Insel Sizilien). Er spuckt regelmäßig Asche, aber ? (diese Aktivität) wohnen rund 600 Inselbewohner am Fuße des Vulkans.

Δ In der Eifel findet man heute ? (die Vulkane) runde Kraterseen, die so genannten Maare.

**3** In den Sätzen fehlen neun Präpositionen, die alle den Genitiv erfordern. Vervollständigt die Lücken mit passenden Präpositionen aus dem Wortspeicher und setzt die Wortgruppen in Klammern in den Genitiv.
**Hinweis:** Bei einigen Lücken gibt es mehrere Möglichkeiten.

Es gibt sehr viele **Präpositionen mit Genitiv.** In der gesprochenen Sprache verwendet man sie selten, doch sie kommen häufig in Sachtexten vor.

statt • innerhalb • infolge • inmitten • unweit • oberhalb • jenseits • wegen • trotz

**4** Bildet sinnvolle Sätze mit den folgenden Präpositionen (+ Genitiv): *wegen*, *laut*, *dank*, *innerhalb*, *trotz*. Hier findet ihr Hilfen:

des intensiven Trainings • ihrer Aussage • des schlechten Wetters • seines Geständnisses • einer Sekunde

**5** a Vergleicht die Sätze: In welchem Fall stehen jeweils die Nomen nach der Präposition?
- Mehrere Tonnen Gestein fielen **auf** die Dächer Pompejis.
  Mehrere Tonnen Gestein lagen **auf** den Dächern Pompejis.
- Glühende Lava floss **in** die Straßen. Glühende Lava befand sich **in** den Straßen.
- Die Bewohner flohen **unter** die Gebäude. Die Bewohner kauerten **unter** den Gebäuden.

b Formuliert mit Hilfe folgender Stichwörter eine Regel für den Gebrauch von Wechselpräpositionen.

Dativ • Wohin? • Wo? • Richtung • Akkusativ • Lage/Position

**Information** **Wechselpräpositionen**

Die neun **Wechselpräpositionen** *in, auf, vor, hinter, unter, über, neben, an, zwischen* fordern manchmal den **Dativ,** manchmal den **Akkusativ.** Antwortet der Satz auf die Frage **„Wo?“**, steht der **Dativ,** bei der Frage **„Wohin?“** steht der Akkusativ, z. B.:
*Ich lege das Buch auf **den** Tisch. / Er sprang hinter **die** Mauer.* (Wohin? → Akkusativ)
*Das Buch liegt auf **dem** Tisch. / Er saß hinter **der** Mauer.* (Wo? → Dativ)

# Stärken stärken: Präpositionen

## Das San-Francisco-Beben von 1906 (1)

Das Beben ? San Francisco ? dem Jahr 1906 gilt als eine der schlimmsten Naturkatastrophen ? der Geschichte der USA. Es wurde ? einen Bruch ? der San-Andreas-Verwerfung ausgelöst. Die Verwerfung zieht sich ? einer Länge ? 1300 km ? ganz Kalifornien. Dort driftet die Pazifische Platte ? der Nordamerikanischen Platte vorüber. Das Epizentrum lag nur rund 3 km ? San Francisco entfernt. ? der Nähe zum Epizentrum wurde fast die gesamte Stadt zerstört. Rund 3000 Menschen verloren bei dieser Katastrophe ihr Leben. Die Verwerfung wurde ? einer Länge ? 477 km aufgerissen.

●○○ **1** Schreibt den Text in euer Heft und setzt dabei die Wörter aus dem Wortspeicher ein. Einige der Wörter könnt ihr mehrfach einsetzen.

von • in • durch • an • auf • wegen

●●○ **2** **a** Setzt im Text oben für die Fragezeichen sinnvolle Präpositionen ein.
**b** Tragt die von euch eingesetzten Präpositionen in eine Tabelle wie jener unten ein. Achtet jeweils auf den Kasus der nachfolgenden Nomen.

| **Präposition**<br>+ Nomen im Dativ | **Präposition**<br>+ Nomen im Akkusativ | **Präposition**<br>+ Nomen im Genitiv |
|---|---|---|
| *in den USA* | … | … |

Das Rätsel um Vulkanausbrüche und Erdbeben wurde vom Arktisforscher Alfred Wegener im Jahr 1911 gelüftet. Damals fiel ihm auf, dass sich die Ostküste Südamerikas wie ein Puzzleteil in die Westküste Afrikas einfügte. Dadurch kam er auf die Idee, dass alle Kontinente früher einmal einen Urkontinent gebildet haben mussten. Durch Kräfte im Erdmantel war dieser auseinandergebrochen. Diese Kontinentalplatten bewegen sich heute noch. Deswegen kommt es immer wieder zu Erdbeben.

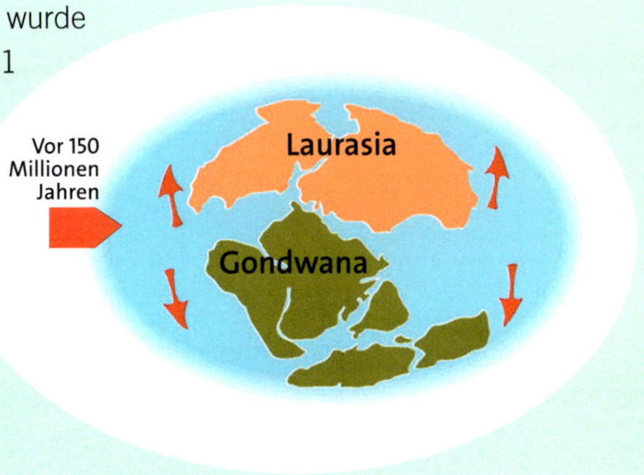


●●● **3** **a** Schreibt den Text in euer Heft. Markiert alle Präpositionen.
**b** Ordnet die Präpositionen aus dem Text in eine Tabelle wie in Aufgabe 2 ein.
**c** „Im Jahr 1911 …", „Durch Kräfte im Erdmantel": Erklärt, wie sich die Präposition „im" in den beiden Sätzen unterscheidet. Bildet auch für die Präpositionen „nach" und „vor" Beispielsätze.

# Testet euch!

## Wortarten

**1** Welche der Aussagen unten sind richtig? Rückwärts gelesen ergeben die Buchstaben ein Lösungswort.

| Kann man ... | Nomen | Verb | Adjektiv | Präposition | Adverb |
|---|---|---|---|---|---|
| in Singular/Plural setzen | NE | MO | NO | RE | AN |
| konjugieren | SO | RP | NI | DE | IR |
| steigern | OW | DE | LA | MI | DE |
| deklinieren | NO | NU | SR | UN | WA |
| durch Pronomen ersetzen | EP | KA | PE | NU | IT |

**2** Ordnet die Verbformen den entsprechenden Angaben zu Person, Numerus und Tempus zu. Schreibt die zusammengehörigen Paare in euer Heft und ergänzt jeweils den Infinitiv.

- ihr hattet gelacht
- sie haben geworfen
- ich wünschte
- du warst
- wir sind gekommen
- sie wird denken

- 3. Person Plural Perfekt
- 1. Person Singular Präteritum
- 2. Person Plural Plusquamperfekt
- 3. Person Singular Futur I
- 2. Person Singular Präteritum
- 1. Person Plural Perfekt

**3** Schreibt den Text in euer Heft und ergänzt dabei die Wörter aus dem Wortspeicher. Benennt jeweils in Klammern, welche Wortart ihr eingesetzt habt, z. B.:
*Die Elemente der Natur haben vieles (Indefinitpronomen) mit den Wortarten gemeinsam.*

Die Elemente der Natur haben ? mit den Wortarten gemeinsam. ? Element hat ? Eigenschaften: Wasser kann in flüssigem oder festem Zustand vorkommen, ? unterscheidet es ? Feuer oder Wind. Auch Wortarten können ? ihren Eigenschaften unterschieden werden: Nur Nomen besitzen ? grammatisches Geschlecht, nur Adjektive können gesteigert und nur Verben konjugiert werden. Und während Nomen, Verben oder Pronomen verändert werden können, lassen sich Konjunktionen oder ? nicht verändern. Man erkennt ?: Jede Wortart hat unverwechselbare Eigenschaften. Man muss nur herausfinden, welche ...

von • ein • dies • nach • vieles • jedes • Präpositionen • daher • unverwechselbare

# 11.2 Auf in die Lüfte! – Aktiv und Passiv

## Die ersten „Luftfahrer" – Aktiv und Passiv bilden

Der Heißluftballon wurde von den Brüdern Montgolfier erfunden.

Die Brüder Montgolfier erfanden den Heißluftballon.

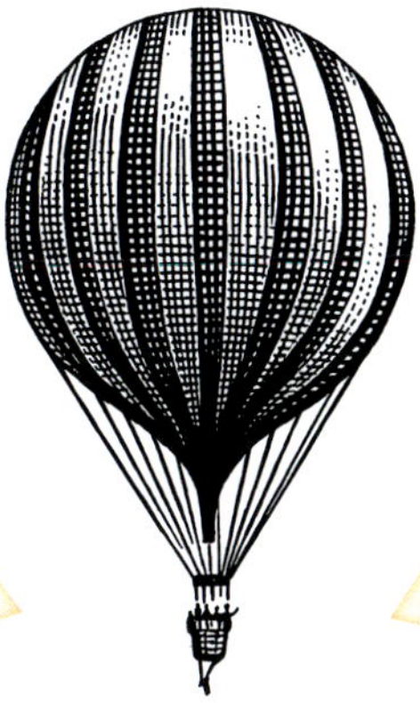

**1** Der erste unbemannte Heißluftballon wurde am 4. Juni 1783 in Annonay gestartet.

**2** Als Ballonstoff wurde dabei mit Papier verstärkte Leinwand verwendet.

**3** Mit diesem Ballon wurde eine Höhe von über 2 000 Metern erreicht.

**4** Die erste mit Menschen ausgeführte Ballonfahrt wurde am 21. November 1783 bewältigt.

**1** a Worin unterscheiden sich die grün unterlegten Aussagen? Achtet auf die Verben.
b Lest nun auch die gelb unterlegten Passivsätze. Prüft, weshalb kein Handelnder genannt wird. In welchem der Sätze ...
**A** wäre es interessant, eine/einen Handelnde/-n zu nennen?
**B** ist die/der Handelnde eher unwichtig?
**C** ist die/der Handelnde unbekannt?

**2** a Formuliert eindeutige Aussagen: Vervollständigt die Sätze, bei denen ihr euch unter Aufgabe 1b für A entschieden habt, durch Angaben aus dem Wortspeicher. Ergänzt „durch" oder „von".

die Brüder Joseph und Jacques Montgolfier • ein Physiker und ein Offizier

b Wandelt die Passivsätze anschließend ins Aktiv um.

**Information** **Aktiv und Passiv**

Wir unterscheiden **Sätze im Aktiv** und **Sätze im Passiv.** Im Aktivsatz erfährt man, wer etwas tut. Im Passivsatz hingegen wird die Handlung betont; die handelnde Person kann unerwähnt bleiben.

| Aktiv | Passiv |
|---|---|
| Der Blick wird auf die **handelnde Person** (Handlungsträger) gerichtet.<br>*Die Brüder Montgolfier erfanden 1783 den ersten Heißluftballon (Akkusativobjekt).* | Der Blick wird auf den **Vorgang** gerichtet.<br>Das Objekt im Aktivsatz wird nun zum Subjekt.<br>*Der erste Heißluftballon (Subjekt) wurde 1783 erfunden.* |

Wenn man den Handlungsträger im Passivsatz dennoch nennen will, verwendet man eine Wortgruppe mit „von" oder „durch", z. B.: *„von den Brüdern Montgolfier"*.

## Kleine Geschichte der Luftfahrt

Neben dem Drachen wird der Heißluftballon als das älteste Fluggerät der Welt betrachtet. Die ersten Heißluftballone wurden bereits im alten China verwendet.
Die Brüder Montgolfier entwickelten jedoch den ersten bemannbaren Ballon im Jahr 1783. Da Ballone keine Flügel haben, werden sie auch nicht Flug-, sondern Fahrzeuge genannt. Zudem wurden die ersten Ballone von ehemaligen Schiffskapitänen gesteuert. So wurden einige Begriffe der Seefahrt auch auf die Luft übertragen. Schnell wurden sie daher auch einfach nur als „Luftschiffe“ bezeichnet.

**3** a Schreibt die Sätze in euer Heft. Unterstreicht alle Aktivsätze rot und alle Passivsätze grün.

●●● b Versucht zu begründen, weshalb in dem Text über die Luftfahrt so viele Passivkonstruktionen vorkommen.

Der Abenteurer Steve Fossett überquerte 1995 als erster Mensch den Pazifischen Ozean mit einem Ballon.

Die erste Weltumrundung ohne Zwischenlandung in einem Ballon wurde von Jacques Picard und Brian Jones 1999 unternommen.

Auch die erste Allein-Nonstop-Weltumrundung in einem Ballon bewältigte Steve Fossett 2002 in nur 15 Tagen.

Im November 2005 hat ein indischer Millionär eine Ballonfahrt bis in die Höhe von 21,2 km unternommen.

**4** a Wandelt die Aktivsätze in Passivsätze um und umgekehrt. Schreibt sie ins Heft und unterstreicht die Verbform. Ergänzt jeweils eine Angabe zur Zeitform, z. B.: *Der Abenteurer Steve Fossett überquerte 1995 als erster Mensch den Pazifischen Ozean mit einem Ballon. (Aktiv)*
→ *Der Pazifische Ozean wurde 1995 vom Abenteurer Steve Fossett (...) überquert. (Passiv) – Präteritum.*

b Formuliert die Sätze jeweils in die anderen Zeitformen um.

**Information** **Zeitformen im Aktiv und Passiv**

Das Passiv wird gebildet aus der Personalform von „werden“ + Partizip II.

| | Aktiv | Passiv |
|---|---|---|
| **Präsens** | *er fliegt* | *er wird geflogen* |
| **Präteritum** | *er flog* | *er wurde geflogen* |
| **Perfekt** | *er ist geflogen* | *er ist geflogen worden* |
| **Plusquamperfekt** | *er war geflogen* | *er war geflogen worden* |
| **Futur I** | *er wird fliegen* | *er wird geflogen werden* |

# Heureka! – Das Passiv in der Vorgangsbeschreibung

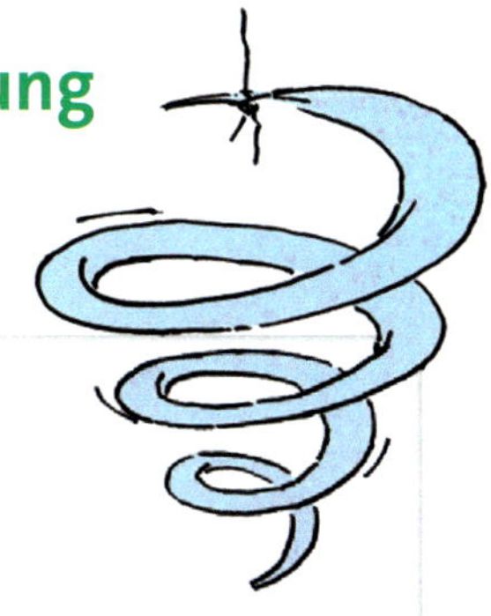

Heiße Luft unterscheidet sich dramatisch von kalter Luft. Glaubt ihr nicht? Mit diesem Experiment könnt ihr das leicht herausfinden ...

**Materialien:**
ein Teelicht • Nähgarn • eine Schere • Alufolie • Knetmasse • ein Stück Draht • ein Stock

Spirale aus Alufolie ausschneiden • Spirale am Ende mit Garn verbinden • Garnende nun am Draht befestigen • rechtwinklig den Draht mit Knetmasse am Stock anbringen • Stock senkrecht mit Knetmasse am Tisch befestigen • Aluspirale muss frei in der Luft hängen • Teelicht unter die Spirale stellen • Teelicht entzünden

**1** a Verfasst aus den Stichwörtern und der Materialliste eine genaue Vorgangsbeschreibung des Experiments. Wechselt dabei zwischen Aktiv- und Passivkonstruktionen ab. Ihr könnt so beginnen: *Zunächst legt man Alufolie und die Schere bereit. Aus der Alufolie wird dann eine Spirale herausgeschnitten ...*

b Was wird am Ende des Experiments mit der Spirale passieren? Erklärt, warum.

**2** Als der griechische Mathematiker Archimedes den Grund herausfand, warum Luft sich so verhält, rief er aus: „Heureka!" (Ich hab's gefunden!) Ihr auch? Erklärt euch das Experiment gegenseitig.

Luftteilchen in ständiger Bewegung • Erhitzung von Luft: Schnellere Bewegung der Teilchen • Teilchen brauchen Platz: Ausdehnung der Luft • gleiche Anzahl Teilchen in größerem Raum: Luftdichte sinkt • Körper mit geringerer Dichte in einem Körper mit höherer Dichte: Entstehung von Auftrieb • „leichtere" Luft steigt auf – bei Heißluftballons: Erhitzen der Luft im Ballon durch einen Brenner • steigende Temperatur im Ballon: Verringerung der Luftdichte • Ballon steigt • Absenkung der Temperatur im Ballon: Absinken des Ballons

**3** a Formuliert anhand der Stichworte oben einen Lexikoneintrag zum „archimedischen Prinzip". Entscheidet jeweils, wann eine Formulierung im Aktiv, wann im Passiv stehen sollte.
**Hinweis:** Wenn ihr die handelnde Person in den Passivsätzen nennt, kann dies das Verständnis erleichtern.

b Unterstreicht in eurem Text die Verben. Was stellt ihr fest?

*Das archimedische Prinzip*
*Luftteilchen befinden sich in ständiger Bewegung.*
*Wird Luft erhitzt, bewegen sich die Teilchen schneller.*

Nicht alle Verben könnt ihr ins Passiv setzen, z. B.: *Luftteilchen befinden sich, ich schlafe.* Man nennt diese Verben **intransitiv.** Nur **transitive Verben,** die auch ein Akkusativobjekt erlauben, lassen eine Passivbildung zu, z. B.: *Ich erhitze Luft. → Luft wird erhitzt.*

# Stärken stärken: Aktiv und Passiv

1 Jedes Jahr zerstören Hurrikane, Tornados und Orkane viele Landstriche unserer Erde.

2 Sie hinterlassen dabei verwüstete Landschaften, zerstörte Städte und viele Tote.

3 Allein durch den Hurrikan Katrina im Jahr 2005 wurde ein Schaden von über 80 Milliarden US-Dollar verursacht.

4 Die Stadt New Orleans wurde damals durch einen Deichbruch fast vollständig unter Wasser gesetzt.

5 Die Wassermassen zerstörten unzählige Häuser und Wohnungen unwiederbringlich.

6 Weltweit leben Millionen Menschen in der ständigen Angst vor den Gewalten der Natur.

●○○ **1**
- a Entscheidet bei den Sätzen 1–6, ob es sich jeweils um Aktiv- oder Passivsätze handelt.
- b Wandelt die Aktivsätze ins Passiv um.
- c Unterstreicht in den von euch formulierten Passivsätzen die Personalformen der Verben.

●●○ **2**
- a Entscheidet bei den Sätzen 1–6, ob es sich jeweils um Aktiv- oder Passivsätze handelt.
- b Wandelt jeweils die Aktivsätze ins Passiv und die Passivsätze ins Aktiv um.
- c Ist das Verb in Satz 1 transitiv oder intransitiv? Begründet.

●●● **3**
- a Bestimmt das Tempus von Satz 5. Wandelt ihn anschließend ins Passiv um.
- b Untersucht die Sätze 1–6: Ist das jeweilige Verb transitiv oder intransitiv? Schreibt das intransitive Verb in euer Heft.
- c Setzt den folgenden Satz ins Präsens Passiv, ins Futur Passiv, ins Präteritum Passiv und ins Perfekt Passiv:

| |
|---|
| Unwetter richten enorme Schäden an. |

# Testet euch!

## Aktiv und Passiv

| Tempus | Aktiv | Passiv |
|---|---|---|
| Präsens | *Ein Blitz verursacht den Brand.* | ... |
| Perfekt | ... | ... |
| Präteritum | ... | *Der Brand wurde (von einem Blitz) verursacht.* |
| Plusquamperfekt | ... | ... |
| Futur I | ... | ... |

**1** Übertragt die Tabelle in euer Heft und ergänzt die fehlenden Formen. Setzt den möglichen Handlungsträger in den Passivsätzen in Klammern.

Der Handlungsträger muss nicht immer eine Person sein.

**1** Bei einem Blitz entlädt sich eine elektrische Spannung zwischen Wolken oder zwischen Wolken und der Erde.
**2** Meistens beobachtet man Blitze während eines Gewitters.
**3** Die Wassertröpfchen in den Wolken laden sich dabei elektrostatisch auf.
**4** Donner begleitet einen Blitz immer.

**2** a Stellt fest, in welcher Zeitform die Sätze 1–4 stehen.
b Schreibt die Sätze anschließend im Passiv in euer Heft.

### Geheimnisvolles Elmsfeuer

Manchmal entlädt sich bei gewittrigen Wetterlagen die elektrische Aufladung der Atmosphäre nicht blitzartig, sondern langsam. Dann beobachtet man eine seltene blauviolette Lichterscheinung. Statische Aufladungen bringen dabei hohe, spitze Gegenstände wie Schiffsmasten oder Bergspitzen minutenlang zum Leuchten. Nicht selten nehmen Bergsteiger ein solches Phänomen am Gipfelkreuz wahr. Man benennt das Elmsfeuer nach einem Heiligen, den die Seeleute bei Sturm anrufen.

**3** Setzt diesen Bericht ins Präteritum Passiv. Die Handelnden müsst ihr dabei nicht (immer) nennen, z. B.:
*Manchmal wurde bei gewittrigen Wetterlagen die elektrische Aufladung der Atmosphäre nicht blitzartig, sondern langsam entladen. Dann wurde eine ...*

# 11.3 Fit in ...? – Einen Text überarbeiten

Am 15. Juni 1752 wurde vom amerikanischen Erfinder und Staatsmann Benjamin Franklin ein weltberühmtes Experiment durchgeführt. Den Menschen wurde vor Augen geführt, dass Blitze elektrisch geladen sind. Damals wurde noch von vielen Menschen geglaubt, dass Blitze eine Strafe des Himmels sind. Mit seinem Experiment wurde einer der meist gefürchteten Naturerscheinungen der Schrecken genommen. Zur Durchführung seines Experiments wurde von Benjamin Franklin eine interessante Methode entwickelt: An einem Drachen wurde eine Metallspitze sowie eine nasse Schnur angebracht. An deren Ende wurde ein Metallschlüssel befestigt.

**1** Dieser Text über den „Vater des Blitzableiters" klingt unbeholfen.
Überarbeitet ihn, indem ihr Aktiv- und Passivsätze abwechselt. Ihr könnt so beginnen:
*Am 15. Juni 1752 führte der Erfinder und Staatsmann Benjamin Franklin ein weltberühmtes Experiment durch.*

Warten auf eine Gewitternacht • Drachen steigen lassen • Eindringen in die Gewitterwolken • Blitz schlägt in den Drachen ein • Weiterleitung der Elektrizität durch die nasse Schnur • Schlüssel schlägt Funken • Erkenntnis: Blitze elektrisch geladen • Konsequenz: Erfindung eines Objekts, um Blitzeinschläge zu verhindern • Anbringung einer sehr hohen Eisenstange neben einem Haus • Ableitung des Blitzes in die Erde • Verschonung der Häuser • Benennung der Erfindung: Blitzableiter

**2** a Schreibt den Text über Franklins Experiment mit Hilfe der stichwortartigen Formulierungen weiter. Entscheidet bei jedem Satz oder Stichwort, ob ihr Aktiv oder Passiv verwendet.
Verwendet das Präteritum, z. B.:
*Franklin wartete auf eine Gewitternacht, um den Drachen steigen zu lassen. Der Drachen drang in die Gewitterwolken ein ...*

b Unterstreicht in eurem Text Verben, die im Aktiv stehen, rot, Verben im Passiv grün.

c Entscheidet für jedes rot unterstrichene Verb, ob es transitiv oder intransitiv gebraucht wird.

Macht die Probe: Kann das Verb ein Akkusativobjekt bei sich haben, ist es transitiv!

# 12 Grammatiktraining – Sätze und Satzglieder

**1** Das Bild zeigt den Afrikaforscher Dr. Livingstone auf Expedition. Stellt Vermutungen an, welche Abenteuer ihm begegnen könnten.

**2** Der Verleger Bennett **erteilt** dem Reporter den Auftrag: „Finden Sie Livingstone!"
- **a** Benennt das fett gedruckte Satzglied.
- **b** Bestimmt die unterstrichenen Satzglieder mit Hilfe der Frageprobe.

**3** Tragt zusammen, welche Satzglieder ihr kennt und wie man sie erfragt.

### In diesem Kapitel ...

- lest ihr Abenteuergeschichten über die großen Entdecker Afrikas,
- vertieft ihr euer Wissen über Satzglieder und ihre Funktionen,
- lernt ihr neue Nebensatzarten kennen.

# 12.1 Wo ist Dr. Livingstone? – Satzglieder

## Auf großer Suche – Satzglieder ermitteln

### DR. LIVINGSTONE VERSCHOLLEN!

Die großen Ströme Afrikas beschäftigen ? seit Jahrhunderten. ? waren oft der einzige Weg ? . Jeder Fluss barg ? . ? waren jedoch weitgehend unbekannt. Hingen die drei mächtigen Flüsse möglicherweise zusammen? Schon seit biblischen Zeiten segelten die Menschen ? . Seine Quellen kannte aber ? . Der Aufgabe, nach den Quellen des Nils zu suchen, stellte sich ? . Seit seinem Aufbruch am 6. August 1866 hatte man ? von ihm erhalten.

niemand • die Menschen • auf dem Nil • Quelle, Mündung oder Verlauf dieser Flüsse • Kongo, Niger oder Nil • sein eigenes Geheimnis • der schottische Afrikaforscher Dr. David Livingstone • kein Lebenszeichen • ins unzugängliche Innere des unbekannten Kontinents

**1** Im Frühjahr 1869 stellt die Zeitung „New York Herald“ fest: „Dr. Livingstone verschollen!“ Setzt die Satzglieder aus dem Wortspeicher in den Text oben ein, um Hintergrundinformationen zu erhalten.

**2** a Ermittelt mit Hilfe der Umstellprobe (▶ Merkkasten unten) die Satzglieder in den ersten vier Sätzen des Textes.
b Übertragt die Tabelle des Feldermodells (▶ Merkkasten unten) in euer Heft. Ordnet dann die vier Sätze in das Feldermodell ein.

**Information** **Der Aufbau eines Satzes – Feldermodell und Umstellprobe**

Der Aufbau eines Satzes wird im Deutschen durch das Prädikat bestimmt. Das Prädikat (▶ S. 213) ist oft zweiteilig und bildet eine **Satzklammer.**

| | | | | |
|---|---|---|---|---|
| *Dr. Livingstone* | *ist* | *zu einer Expedition* | *aufgebrochen.* | – |
| **Vorfeld** | **linke Satzklammer** | **Mittelfeld** | **rechte Satzklammer** | **Nachfeld** |

Durch die Satzklammer ergeben sich drei Felder: **Vorfeld, Mittelfeld** und **Nachfeld.**
Mit der **Umstellprobe** könnt ihr feststellen, wie viele Satzglieder ein Satz hat. **Satzglieder** nennt man die Wörter oder Wortgruppen, die beim Umstellen eines Satzes immer zusammenbleiben.

| **Vorfeld** | **linke Satzklammer** | **Mittelfeld** | **rechte Satzklammer** | **Nachfeld** |
|---|---|---|---|---|
| *Die Quellen des Nils* | *will* | *er* | *suchen.* | – |
| *Er* | *will* | *die Quellen des Nils* | *suchen.* | – |

# „Finden Sie Livingstone!" – Subjekt, Prädikat, Objekt

Der Verleger George Bennett (aufmerksam werden) auf das Verschwinden Livingstones. Ihm (kommen) eine Idee: Im Oktober 1869 (erteilen) er dem Reporter Henry Morton Stanley den schicksalhaften Auftrag: „Finden Sie Livingstone!" Geld spiele keine Rolle, (sagen) der Verleger. Er (erwarten) dafür jedoch eine exklusive Reportage über den Afrikaforscher. Stanley (einwilligen). Eine unglaubliche Suche (beginnen).

**1** Setzt die Infinitive im Text oben in die richtigen Personal- und Zeitform (Präteritum). Achtet darauf, dass das Prädikat aus mehreren Teilen bestehen kann. (▶ Satzklammer; Merkkasten unten)

Das Prädikat richtet sich in Genus und Numerus nach dem Subjekt.

### Henry Morton Stanley – ein eigenwilliges Ausnahmetalent

Schon früh war sich Bennett des Talents Stanleys bewusst. Deshalb schickte er ihn als Kriegsberichterstatter nach Afrika. Stanley wusste jedoch: Wahres Reporterglück bedurfte zuweilen ungewöhnlicher Mittel. Er bestach daraufhin den zuständigen Telegrafisten. Dieser verschickte seitdem Stanleys Berichte stets zuerst. Einmal riss das Kabel direkt nach der Übertragung eines wichtigen Berichts Stanleys. Bennetts Zeitung „New York Herald" besaß somit eine Exklusivnachricht. Der Verleger war begeistert.

**2** a Schreibt alle Prädikate aus dem Text heraus. Denkt an die Satzklammer!
b Bestimmt die markierten Satzglieder mit Hilfe der Frageprobe. Schreibt dazu jeweils die Frage und die entsprechende Antwort auf, z. B.: *Wer oder was war sich des Talents Stanleys bewusst? → Bennett war sich des Talents Stanleys bewusst. (Subjekt)*

**Information** **Satzglieder erkennen und bestimmen – Die Frageprobe**

Mit der **Frageprobe** könnt ihr Satzglieder ermitteln:

| Frageprobe | Satzglied | Beispielsatz |
|---|---|---|
| Wer oder was …? | Subjekt | *Henry Morton Stanley war wagemutig.* |
| Wessen …? | Genitivobjekt | *Er war sich seines Talents bewusst.* |
| Wem …? | Dativobjekt | *Sein Verleger erteilte ihm einen Auftrag.* |
| Wen oder was …? | Akkusativobjekt | *Stanley sollte David Livingstone finden.* |

Das **Prädikat** ist der **Kern des Satzes.** Es ist der Wortart nach immer ein Verb. Im Aussagesatz steht das Prädikat immer an zweiter Satzgliedstelle. Mehrteilige Prädikate bilden eine **Satzklammer,** z. B.: *Livingstone wurde vor vier Jahren das letzte Mal gesehen.*

# Die Reisen des Dr. Livingstone – Präpositionalobjekte

Das Innere Afrikas erreichten Europäer nie auf ihren Reisen. Der Mediziner Livingstone beschäftigte sich früh mit Afrika. Über den Sambesi hatte Livingstone deshalb viele Berichte gesammelt. Seit 1841 kümmerte er sich als Missionar in Afrika um die Eingeborenen. Zunehmend interessierte er sich dabei für die Entdeckung der unbekannten Weiten Afrikas. Dabei träumte er jedoch nicht nur von neuen Handelswegen. Im Sklavenhandel am Oberlauf des Sambesi sah er ein Verbrechen gegen die Ureinwohner.

**1** Im Text wurden drei Objekte markiert.

**a** Formuliert in Partnerarbeit Fragen, mit denen ihr das jeweilige Objekt bestimmen könnt. Schreibt die vollständigen Sätze mit dem jeweils passenden Fragewort auf, z. B.:
*Womit beschäftigte sich der Mediziner Livingstone früh? → mit Afrika*

**b** Vergleicht jeweils die Fragewörter. Erklärt, was euch auffällt.

**c** Erfragt im Text alle weiteren Präpositionalobjekte. Notiert die Fragen und die Antworten in eurem Heft.

**Information** **Präpositionalobjekt**

Präpositionalobjekte stehen nach Verben, die fest mit einer Präposition verbunden sind, z. B.:
*lachen über, achten auf, denken an, warten auf.*
Diese Präposition ist auch im Fragewort enthalten, z. B.:
*Livingstone hoffte auf Erfolg. → Worauf hoffte Livingstone? → auf Erfolg*
Nach den Präpositionalobjekten fragt man z. B. mit: *Wofür …? / Für wen oder was …? / Wonach …? / Nach wem oder was …? / Womit …? / Wovon …? / Woran …?*

# Stärken stärken: Objekte bestimmen

## Die erste Reise des David Livingstone

1853 begann David Livingstone seine erste Expedition. Er wollte Afrika erstmals von Westen nach Osten durchqueren. Aber war er sich auch der Schwierigkeiten bewusst, die auf ihn warteten? Zuerst fuhr er den Sambesi hinauf. Ihm und seinen Begleitern drohten dabei überall Gefahren. Im Fluss schwammen Krokodile. Auch grässliches Fieber erschwerte ihre Reise. Eingeborene zeigten ihm eines Tages die „Mosioatunja"-Fälle – dies bedeutete in der Sprache der Eingeborenen „donnernder Rauch". Er gab ihnen aber zu Ehren der Königin von England den Namen „Victoriafälle". Von den Victoriafällen aus startete er die letzte Etappe seiner Reise. Am 20. Mai 1856 erreichte er schließlich den Indischen Ozean.

**1** a Fragt nach den blau unterstrichenen Satzgliedern im Text oben und beantwortet die Fragen jeweils in einem Satz.
b Unterstreicht die Fragewörter und die Objekte, z. B.:
*Wen oder was begann Livingstone 1853? → Er begann seine erste Expedition.*

**2** Bestimmt die rot unterstrichenen Objekte und ordnet sie in eine Tabelle ein. Arbeitet im Heft.

| Genitivobjekt | Dativobjekt | Akkusativobjekt |
|---|---|---|
| ... | ... | ... |

Die britische Regierung betraut Livingstone 1858 ? .
Er soll ? suchen und die einheimische Bevölkerung ? gewinnen.
Weiterhin soll er auch ? vorgehen, da viele afrikanische Stämme ? leiden.
Livingstone nimmt den Auftrag an: Auch in seinen Augen verstößt der Sklavenhandel ? .

**Objekte:**
den Baumwollanbau • skrupellosen Sklavenhändlern • den Quellen des Sambesi • einer besonderen Aufgabe • die Menschenwürde • den Sklavenhandel

**Präpositionen:**
nach • unter • gegen • mit • für • gegen

**3** a Vervollständigt den Bericht über den Beginn von Livingstones zweiter Expedition. Ergänzt dazu jedes Fragezeichen durch eine Präposition und ein Objekt aus dem Wortspeicher. Schreibt die Sätze in euer Heft.
b Notiert, mit welchem Fachbegriff man diese Art des Objekts bezeichnet.

# Henry Morton Stanleys Suche nach Dr. Livingstone – Adverbiale Bestimmungen

1870: Der Reporter Henry Morton Stanley beginnt seine Suche nach Dr. Livingstone auf der Insel Sansibar vor der Küste Ostafrikas. Bei einer Befragung der Einheimischen erhält er wichtige Informationen über Livingstones dritte Expedition:

**1** Wertet die Antworten der Einheimischen aus.

a Formuliert Fragen zu den unterstrichenen Satzgliedern und schreibt einen Dialog mit Fragen und Antworten, z. B.:
*Wann startete er seine dritte große Reise? → Er startete seine dritte große Reise 1866.*

b Ordnet die erfragten Satzglieder in eine Tabelle wie der unteren ein. Schreibt in euer Heft.

Wo? Wohin?
Wann? Seit wann?
Warum? Weshalb?
Wie? Auf welche Weise?

**Adverbiale Bestimmung**

| des Ortes | der Zeit | der Art und Weise | des Grundes |
|---|---|---|---|
| … | … | … | *aufgrund der einsetzenden Regenzeit* |

**2** a Beschreibt Stanleys Route mit Hilfe der Karte und des Wortspeichers.
Ihr könnt so beginnen:
*Mit dem Boot reiste Stanley von Sansibar nach Bagamoyo. Anschließend reiste er weiter nach …*

b Unterstreicht in eurer Reisebeschreibung alle adverbialen Bestimmungen des Ortes.

Westen • westlich • nördlich von • südlich des/von • nach • nach Nordwesten • nach Süden • Ujiji • Sulungasee • Dodema • Tabora

## „Dr. Livingstone, I presume?“

Der Reporter Stanley hatte während seiner Reisen viele Erfahrungen gesammelt. Mit 200 afrikanischen Trägern brach er 1870 zielstrebig nach Westen auf. Ein Jahr später stand er erschöpft an den Ufern des Tanganjikasees. Viele seiner Männer waren inzwischen verstorben, andere waren aufgrund seines brutalen Führungsstils weggelaufen. Am 28. Oktober 1871 trifft Stanley dann in Ujiji auf einen kranken Europäer. Diesen begrüßt er mit den legendären Worten: „Dr. Livingstone, I presume?“ („Doktor Livingstone, nehme ich an?“) Erleichtert reichen sich die beiden Männer am Ufer des Tanganjikasees die Hände. Vier Jahre lang hatte man von Dr. Livingstone nichts mehr gehört.

**3** a Lest den Text.
b Erfragt die unterstrichenen Satzglieder. Ordnet sie dann in die Tabelle von Aufgabe 1 (▶ S. 216) ein.

**4** Im letzten Abschnitt sind einige adverbiale Bestimmungen nicht unterstrichen. Ordnet auch diese in die Tabelle ein.

**Information** **Adverbiale Bestimmungen**

Adverbiale Bestimmungen sind **Satzglieder,** die zusätzliche Informationen über den **Ort,** die **Zeit,** den **Grund** und die **Art und Weise** eines Geschehens oder einer Handlung liefern.
Mit der **Frageprobe** könnt ihr ermitteln, welche adverbiale Bestimmung vorliegt:

| | |
|---|---|
| Wann? Wie lange? Seit wann? Wie oft? | adverbiale Bestimmung der Zeit |
| Wo? Wohin? Woher? | adverbiale Bestimmung des Ortes |
| Warum? Weshalb? Weswegen? | adverbiale Bestimmung des Grundes |
| Wie? Auf welche Weise? Womit? | adverbiale Bestimmung der Art und Weise |

# Stärken stärken: Adverbiale Bestimmungen

## Die Victoriafälle

**1** Untrennbar mit dem Namen Livingstone sind die Victoriafälle verbunden. Die Wasserfälle liegen zwischen den Grenzstädten Victoria Falls in Simbabwe und Livingstone in Sambia. Bereits 1851 hatte Livingstone erstmals Berichte über diesen Wasserfall gehört. Seither drängte es ihn sehnsüchtig zu diesen Fällen.

**2** Livingstone landete am 16. November 1855 auf einer kleinen Insel. Diese liegt direkt an der Kante des Sambesis. Dort stürzt sich der Fluss auf einer Breite von 1708 Metern in eine 110 m tiefe Schlucht. Der aufsteigende Sprühnebel steigt bis zu 300 Meter in die Höhe.

**3** Noch in 30 Kilometer Entfernung ist der Sprühnebel zu sehen. In unmittelbarer Nähe der Fälle gibt es dank ihm sogar Regenwald. Die Einheimischen nannten die Wasserfälle wegen des Lärms und des Nebels „donnernder Rauch".

●○○ **1** **a** Schreibt zu den unterstrichenen adverbialen Bestimmungen im ersten Textabschnitt die passenden Fragen auf und beantwortet sie.

**b** Unterstreicht dann die Fragewörter und die adverbialen Bestimmungen, z. B.:

*Wie ist der Name Livingstone mit den Victoriafällen verbunden?*

*Untrennbar ist der Name Livingstone mit den Victoriafällen verbunden.*

●●○ **2** **a** Bestimmt die unterstrichenen adverbialen Bestimmungen im ersten und zweiten Textabschnitt mit Hilfe der Frageprobe.

**b** Ordnet die adverbialen Bestimmungen anschließend im Heft in die folgende Tabelle ein.

| **Ort** *(Wo? Wohin?...)* | **Zeit** *(Wann? Wie lange ...)* | **Grund** *(Warum? Weshalb?)* | **Art und Weise** *(Wie? Auf welche Art?)* |
|---|---|---|---|
| ... | ... | ... | *untrennbar* |

●●● **3** **a** Lest zuerst den ganzen Text. Legt dann in eurem Heft eine Tabelle wie in Aufgabe 2 an.

**b** Bestimmt mit Hilfe der Frageprobe die adverbialen Bestimmungen des dritten Textabschnitts und ordnet sie der Tabelle zu.

# Auf der Suche nach den Quellen des Nils – Attribute

Nach meinen Aufbruch führte mich mein Weg zum Tanganjikasee.

Nach meinem wagemutigen Aufbruch in die unergründlichen Tiefen des Schwarzen Kontinents führte mich der nächste Weg der gefährlichen Reise zum mächtigen Tanganjikasee.

**1** Livingstones Versuche, einen Reisebericht zu schreiben, unterscheiden sich.
Vergleicht die beiden Fassungen mit Hilfe der folgenden Fragen:
- Welche Ergänzungen enthält die zweite Fassung? Drei Ergänzungen sind bereits unterstrichen.
- Auf welche Wörter beziehen sich die Ergänzungen? Wo stehen die Ergänzungen im Satz? Vor oder hinter dem Bezugswort?

**2** Bestimmt die Satzglieder beider Sätze mit Hilfe der Umstellprobe. Was fällt euch auf?

Zu Beginn ? erforschte ich den Nordwesten ? .
Ich entdeckte bei Njangwe den ? Lualaba-Strom.
Meine ? Verfassung wurde im Lauf ? immer schlechter.
Ich litt an ? Fieber. Außerdem waren die ? Vorräte aufgebraucht. Ich musste deshalb den ? Rückweg ? antreten.
Am 23. Oktober 1871 traf ich dort völlig erschöpft ein.

mächtigen • des Tanganjikasees • mühsamen • fürchterlichem • meiner Expedition • letzten • körperliche • nach Ujiji • der Zeit

**3** Livingstone ist von seiner Reise erschöpft und berichtet äußerst wortkarg.
- a Ergänzt seinen Bericht durch Attribute aus dem Wortspeicher. Schreibt die Sätze ins Heft.
- b Unterstreicht die eingefügten Attribute.
- c Erklärt, warum Attribute bei Beschreibungen besonders wichtig sind.

**Information** **Attribute (Beifügungen)**

**Attribute** bestimmen ein **Bezugswort** (meist ein Nomen) näher. Sie sind immer **Teil eines Satzglieds** und bleiben bei der Umstellprobe mit ihren Bezugswörtern verbunden. Attribute stehen vor oder nach ihrem Bezugswort. Man kann sie mit „Was für …?“ erfragen.

Es gibt verschiedene Formen des Attributs:
- **Adjektivattribut:** *große Abenteuer*
- **Genitivattribut:** *die Expedition des Forschers*
- **präpositionales Attribut:** *Die Reise zu den Nilquellen*

# Stärken stärken: Attribute bestimmen

Heute kam ich mit voller Kraft nach Ujiji zurück. Die Vorräte meines Spaziergangs hatte ich unlängst aufgebraucht. Deshalb musste ich den mühelosen Rückweg antreten. Die Auszehrungen durch Überfluss an Nahrung schwächten meinen gesunden Körper zusätzlich. In Ujiji aber das geringe Entsetzen: Die dort fehlenden Vorräte waren verschwunden. Ich habe nun gar nichts mehr. Das ist wohl das Ende meines Urlaubs ...

●○○ **1** a Legt eine Folie über den Text und streicht alle Attribute, die euch in diesem Tagebucheintrag falsch oder unpassend erscheinen.

b Ersetzt die durchgestrichenen Attribute durch passende. Schreibt den verbesserten Tagebucheintrag in euer Heft.

**Telegramm des Reporters Stanley, Februar 1872**

**1** Am Ende meiner Suche war ich erfolgreich +++ Ich fand den erschöpften Livingstone am Ufer des Tanganjikasees +++ Aufgrund meiner Vorräte konnte Livingstone seine abenteuerliche Reise zu den Nilquellen fortsetzen +++ **2** Erwartungsvoll brachen Livingstone und ich Ende November auf +++ Wir wollten die Quellen des Nils suchen +++ Ende des Jahres mussten wir jedoch erfolglos nach Ujiji zurückkehren +++ Von dort traten wir den beschwerlichen Rückweg an die Küste an +++ Im Februar 1872 trafen wir in Unjanjembe ein +++ Hier trennten sich unsere Wege endgültig

●●○ **2** Im ersten Teil des Telegramms sind verschiedene Attribute unterstrichen. Tragt sie zusammen mit ihrem Bezugswort in eine Tabelle ein. Arbeitet im Heft.

| **Adjektivattribut:** Bezugswort + Adjektiv | **Genitivattribut:** Bezugswort + Nomen im Genitiv | **Präpositionalattribut:** Bezugswort + präpositionaler Ausdruck |
|---|---|---|
| ... | *Am Ende meiner Suche* | ... |

●●● **3** Schreibt aus dem zweiten Teil des Telegramms vier Attribute heraus und benennt jeweils die Art des Attributs.
**Hinweis:** Ihr solltet drei Arten von Attributen finden.

# Stärken stärken: Die Satzglieder

## Ein großer Mann aus kleinen Verhältnissen

David Livingstone zählt zu den großen Entdeckern Afrikas. Die Erstdurchquerung Afrikas gehört zu seinen größten Leistungen. Anfänglich beschäftigte er sich mit der Missionsarbeit. Später trat sein wissenschaftliches Interesse in den Vordergrund. Entschieden kämpfte er zudem gegen den von vielen Europäern betriebenen Sklavenhandel. Ihm zu Ehren erhielt ein Bergmassiv den Namen „Livingstone-Gebirge“.

●○○ **1** **a** Erfragt und benennt die unterstrichenen Satzglieder, z. B.:
*Wer zählt zu den großen Entdeckern Afrikas?*
*→ David Livingstone (Subjekt)*

**b** Wie viele Satzglieder enthält der letzte Satz des Textes? Führt die Umstellprobe durch.

**c** Übertragt den Satz in die Tabelle des Feldermodells (▸ S. 212) und stellt ihn der Tabelle so oft wie möglich um.

VORSICHT FEHLER!

### „Mein Herz ist in Afrika“

Livingstone | starb | im Frühjahr 1873 | am Südufer | des Bangweolosees. Livingstones Wunsch gemäß entnahm | man seinem Körper das Herz. Man | begrub | das Herz | unter einem Baum. Livingstones Leichnam | wurde dann | von treuen Dienern | bis an die Küste | Afrikas | getragen. Livingstone | wurde | am 18. April 1874 | in der Londoner Westminster Abbey | bestattet.

●●○ **2** **a** In drei Sätzen des Textes „Mein Herz ist in Afrika“ ist die Einteilung der Satzglieder falsch. Wendet die Umstellprobe an und setzt die Trennungsstriche richtig.

**b** Bestimmt die Satzglieder in diesen drei Sätzen.

**c** Variiert den eintönigen Satzbau des Textes. Wendet dazu die Umstellprobe an und schreibt den Text verbessert in euer Heft.

●●● **3** **a** Prüft im Text „Mein Herz ist in Afrika“, wo ihr unnötige Wiederholungen vermeiden könnt.
Schreibt eine verbesserte Fassung in euer Heft.

**b** Nach Stanleys Rückkehr aus Afrika führt sein Verleger ein Gespräch mit ihm. Formuliert Fragen und schreibt die Antworten aus dem Text dahinter.
Bestimmt dann das Satzglied.
*Bennett: Wann starb Dr. Livingstone?*
*Stanley: Dr. Livingstone starb im Frühjahr 1873. (Adverbiale Bestimmung der Zeit)*

Mit der **Ersatzprobe** könnt ihr Satzglieder, die sich häufig wiederholen, durch andere Wörter ersetzen, z. B.: *David Livingstone* durch *er* oder *der Forscher.*

# Testet euch!

## Satzglieder und Attribute erkennen und bestimmen

**1** Zu allen Zeiten (leben) Menschen mit kühnem Entdeckergeist auf der Erde. **2** Mutig (ziehen) sie ins Ungewisse. **3** Manche (kommen) später als Helden zurück. **4** Andere (verspottet werden) als Verlierer. **5** Oft (zurückkehren) sie nie wieder in ihre Heimat. Dennoch: **6** Zu allen Zeiten erzählen ihre Lebenswege von gewaltigen Leistungen. **7** Dabei waren ihre Motive von unterschiedlichster Natur: **8** Viele dieser großen Männer waren von wissenschaftlicher Neugier getrieben. **9** Andere folgten dem Ruf des Ruhms. **10** Die Mehrheit der späteren Entdecker wollte die letzten weißen Flecken der Landkarten füllen. Trotz aller Unterschiede in ihren Zielen gibt es dennoch eine verbindende Gemeinsamkeit: **11** Ausnahmslos erzählen die Lebensläufe dieser Menschen von unglaublichem Wagemut.

**1** Schreibt die Sätze untereinander in euer Heft. Beachtet dabei Folgendes:
- Setzt in den Sätzen 1 bis 5 die Prädikate richtig ein. Verwendet das Präteritum (▶ S. 195).
- Benennt in den Sätzen 6 bis 10 die unterstrichenen Satzglieder.
- Unterstreicht in Satz 11 alle Satzglieder und benennt anschließend die Attribute.

**2** Die folgenden Aussagen beziehen sich auf den Text oben. Nur zwei Aussagen sind richtig. Die Buchstaben der richtigen Lösung ergeben eine Präposition.

**A** Der erste Satz des Textes enthält ein Genitivattribut.
**Z** Der zweite Satz besteht aus vier Satzgliedern.
**E** Der dritte Satz enthält eine lokale adverbiale Bestimmung.
**U** Im vierten Satz bildet das Prädikat eine Satzklammer.
**B** Im fünften Satz steht das Subjekt an vierter Satzgliedstelle.

**3** **a** Die drei Satzbaupläne unten beziehen sich auf drei Sätze aus dem Text oben. Gebt an, auf welche.

| | | | |
|---|---|---|---|
| Subjekt | Prädikat (1. Teil) | Präpositionalobjekt | Prädikat (2. Teil) |
| Subjekt | Prädikat | Akkusativobjekt | Prädikat (2. Teil) |
| Subjekt | Prädikat | Dativobjekt | |

**b** Stellt den Satz 6 mit Hilfe der Umstellprobe so um, dass der angegebene Bauplan zutrifft.

| | | | |
|---|---|---|---|
| Subjekt | Prädikat | adverbiale Bestimmung der Zeit | Präpositionalobjekt |

# 12.2 Abenteuer Afrika – Hauptsätze und Nebensätze

## Sagenhaftes Timbuktu – Satzreihen bilden

**1** Bildet aus den Hauptsätzen im Bild oben sinnvolle Satzreihen. Greift dazu auf passende Konjunktionen aus dem Wortspeicher zurück.

und • denn • oder • doch • aber

**Information** **Die Satzreihe: Hauptsatz + Hauptsatz**

Ein **Hauptsatz** ist ein selbständiger Satz. Er enthält mindestens zwei Satzglieder, nämlich Subjekt und Prädikat, z. B.: *Livingstone triumphiert.* Die Personalform des Verbs (= das finite Verb) steht in Hauptsätzen an zweiter Satzgliedstelle. Man spricht daher auch von **Verbzweitsätzen,** z. B.:

| Vorfeld | linke Satzklammer | Mittelfeld | rechte Satzklammer | Nachfeld |
|---|---|---|---|---|
| *Viele Forscher* | *haben* | *nach Timbuktu* | *gesucht.* | – |

Ein Satz, der aus **zwei oder mehr Hauptsätzen** besteht, wird **Satzreihe** genannt. Die einzelnen Hauptsätze werden durch ein **Komma** voneinander getrennt, z. B.:
*Viele Entdecker reisten nach Timbuktu, die Stadt galt als unermesslich reich.*

——— Hs ——— , ——— Hs ———

Häufig werden Hauptsätze durch **nebenordnende Konjunktionen** (Bindewörter) wie *und, oder, aber, denn, doch* verbunden. Nur vor *und* bzw. *oder* darf das Komma entfallen.
*Viele Entdecker reisten nach Timbuktu, denn die Stadt galt als unermesslich reich.*
*Viele Entdecker reisten nach Timbuktu und viele Erzählungen rankten sich um die Stadt.*

# Auf der Suche nach Timbuktu – Satzgefüge bilden

## Die Expedition des Alexander Gordon Laing

**1** Der Schotte Alexander Gordon Laing wird 1824 nach Afrika geschickt. Er soll das sagenhafte Timbuktu finden. **2** Laing schließt sich einer Karawane durch die Sahara an. Im Februar 1825 war er nach Afrika gereist. **3** Schwer verletzt erreicht Laing im März 1826 das Lager von Scheich Sidi Mohammed. Er wurde von den Tuareg überfallen. **4** Im Juni setzt er seine Reise allein fort. Sein Diener starb an Fieber. **5** Am 13. August erreicht er als erster Europäer die ersehnte Stadt. Die Reise ohne Begleiter war beschwerlich.

**1** a Gestaltet den Text abwechslungsreicher, indem ihr die Hauptsätze zu Satzgefügen verbindet. Verwendet dazu passende Konjunktionen aus dem Wortspeicher, z. B.:
*Der Schotte Alexander Gordon Laing wird 1824 nach Afrika geschickt, weil er das sagenhafte Timbuktu finden soll.*

**Unterordnende Konjunktionen:**
weil • wenn • falls • damit • sodass • seitdem • da • bevor • sobald • obwohl • nachdem • dass

b Vergleicht eure Fassungen und besprecht die Unterschiede.

c Erklärt, welche Funktion die Konjunktionen jeweils haben, z. B.: Angabe einer Begründung, Verdeutlichung eines zeitlichen Zusammenhangs.

**Information** **Das Satzgefüge: Hauptsatz + Nebensatz**

Sätze, die aus mindestens **einem Haupt- und einem Nebensatz** bestehen, nennt man **Satzgefüge.** Der Nebensatz kann vor, inmitten oder nach dem Hauptsatz stehen. Haupt- und Nebensatz werden immer durch ein **Komma** getrennt, z. B.:

——— Hs ——— ,
*Laing reist nach Afrika,* ——— Ns ———
*weil er Timbuktu entdecken will.*

**Eingeleitet** werden Nebensätze entweder durch **unterordnende Konjunktionen** (z. B. *weil, da, obwohl, damit, dass*) oder ein Relativpronomen (► S. 227). Da die Personalform des Verbs im Nebensatz immer an letzter Satzgliedstelle steht, spricht man auch von **Verbletztsätzen.**

Auch Nebensätze lassen sich mit dem Feldermodell erfassen. Die einleitende Konjunktion besetzt dabei die Stelle der linken Satzklammer. Das Vorfeld bleibt leer.

| Vorfeld | linke Satzklammer | Mittelfeld | rechte Satzklammer | Nachfeld |
|---|---|---|---|---|
| – | *weil* | *er Timbuktu* | *entdecken will.* | – |

# Die Expedition des René Caillé – Adverbialsätze

## René Caillés Traum von Timbuktu

Die Chance seines Lebens bietet sich dem französischen Abenteurer René Caillé 1824 aufgrund der Ausschreibung eines Geldpreises für die Entdeckung Timbuktus. Wegen der Gefährlichkeit für europäische Reisende reist Caillé ab 1827 als Araber verkleidet. Er hat Arabisch während eines Aufenthalts bei einem Wüstenvolk gelernt. Wegen seiner „Verwandlung" in einen Einheimischen kann er sicher durch Afrika reisen. Seine Tarnung kann jedoch aufgrund der Führung seines Tagebuchs auf Französisch jederzeit auffliegen. Das Tagebuch ist jedoch als Beweis seiner Reise sehr wichtig. Die Geldprämie sollte er schließlich nur bei einem Beweis für die Entdeckung Timbuktus bekommen.

**1** Worin unterscheidet sich die Sprache dieses Lexikonartikels von eurer eigenen Sprache?

**2** Wandelt die Sätze oben im Text zu Satzgefügen um.
Geht so vor:
- Erfragt die unterstrichenen adverbialen Bestimmungen mit Hilfe der Fragen: Wann?, Warum?, Unter welcher Bedingung?
- Benennt die adverbialen Bestimmungen, z. B.:
  *Warum bietet sich dem französischen Abenteurer René Caillé die Chance seines Lebens?*
  *→ aufgrund der Ausschreibung eines Geldpreises (adverbiale Bestimmung des Grundes)*
- Formt die adverbialen Bestimmungen zu Adverbialsätzen (▶ Merkkasten unten) um. Verwendet hierfür passende Konjunktionen und achtet auf die Kommasetzung, z. B.:
  *Die Chance seines Lebens bietet sich dem französischen Abenteurer René Caillé 1824, weil ein Geldpreis für die Entdeckung Timbuktus ausgeschrieben wurde.*

**Adverbialsätze** ersetzen adverbiale Bestimmungen und können wie diese erfragt werden.

weil • als • da • sofern/wenn

**Information** **Gliedsätze: Adverbialsätze (1)**

Je nach der Funktion im Satz unterscheidet man **unterschiedliche Arten von Nebensätzen.** Nebensätze können die Stelle von Satzgliedern übernehmen. Man nennt sie dann auch **Gliedsätze.** Adverbialsätze sind Gliedsätze, weil sie die Stelle von adverbialen Bestimmungen einnehmen, z. B.:

*Während seines Aufenthalts bei einem Wüstenvolk hat er Arabisch gelernt.*
adverbiale Bestimmung der Zeit

*Während er sich bei einem Wüstenvolk aufhielt, hat er Arabisch gelernt.*
Adverbialsatz

**Am Ziel aller Träume?**

1 Im April 1828 erreicht Caillé Timbuktu, ? er seine gefährliche Reise bewältigt hat.
2 Doch er ist enttäuscht, ? Timbuktu so armselig ist.
3 Caillé beschreibt Timbuktu sehr ausführlich in seinem Tagebuch, ? er seine Entdeckung beweisen kann.
4 Er weiß: Man würde ihn nur als „Besieger von Timbuktu" anerkennen, ? er seine Entdeckung beweisen kann.
5 ? er sich nur zwei Wochen dort aufgehalten hat, verlässt er Timbuktu enttäuscht.
6 Der Geldpreis wird ihm auch überreicht, ? er seine Anwesenheit eindeutig belegen kann.

**3** In diesem Bericht fehlen die unterordnenden Konjunktionen.

a Untersucht die Satzgefüge. Welche Informationen fügen die Nebensätze den Hauptsätzen hinzu? Stellt die Fragen „Wozu?", „Warum?", „Wann?", „Unter welcher Bedingung?".

b Schreibt den Bericht in euer Heft und ergänzt die passenden Konjunktionen aus dem Wortspeicher. Achtet auf die Zeichensetzung.

wenn • nachdem • weil • da • damit • nachdem

**Information** **Gliedsätze: Adverbialsätze (2)**

Adverbialsätze werden mit einer **Konjunktion eingeleitet.** Sie können nicht ohne Hauptsatz stehen und werden durch ein **Komma** von diesem abgetrennt. Wie die adverbialen Bestimmungen können auch die Adverbialsätze mit Hilfe der **Frageprobe** näher bestimmt werden.

| Adverbialsatz | Frageprobe | Konjunktionen | Beispiel |
|---|---|---|---|
| **Temporalsatz** (Zeit) | Wann ...? Seit wann ...? Wie lange ...? | nachdem, als, bis, während, bevor, solange, sobald ... | *Nachdem er viele Monate gereist war, erreichte Caillé Timbuktu.* |
| **Kausalsatz** (Grund) | Warum ...? | weil, da | *Weil sie nicht den Erwartungen entsprachen, zweifelte man an Caillés Berichten.* |
| **Konditionalsatz** (Bedingung) | Unter welcher Bedingung ...? | wenn, falls, sofern | *Falls er Timbuktu entdecken sollte, würde er die Geldprämie erhalten.* |
| **Finalsatz** (Absicht, Zweck) | Wozu ...? | damit | *Damit er seine Reise später auch beweisen konnte, führt Caillé ein Tagebuch.* |

# Heinrich Barth erreicht Timbuktu – Relativsätze

1 Die englische Regierung bereitet eine **Expedition nach Zentralafrika** vor.
2 Die **Expedition** soll den Sklavenhandel erforschen.
3 **Heinrich Barth und Adolf Overweg** nehmen an dieser Reise teil.
4 Am 25. März 1850 startet die **Karawane**.

1 James Richardson leitet die Expedition.
2 Die Expedition wird von zwei deutschen Wissenschaftlern begleitet.
3 Sie sind weit gereiste Forscher mit vielen Kenntnissen.
4 Sie ist reichlich mit Kamelen, Zelten und einem zerlegbaren Boot ausgestattet.

**1** Ergänzt die fett gedruckten Nomen im Text links mit passenden Informationen aus der rechten Spalte. Dazu müsst ihr diese Informationen in Relativsätze verwandeln.
Schreibt die Sätze auf und vergesst dabei die Kommas nicht. Beispiel:
*Die englische Regierung bereitet eine Expedition nach Zentralafrika vor, die von James Richardson geleitet wird.*

Richardson und Barth, ? zwei Routen durch die Sahara versuchen wollen, trennen sich 1851. Am vereinbarten Ort will Barth Richardson treffen, ? jedoch verstorben ist. Barth übernimmt nun die Leitung der Expedition, ? weiter nach Timbuktu vordringen soll. Am 7. September 1853 erreicht er die Stadt, ? am südlichen Rand der Sahara liegt.

**2** Schreibt den Lexikoneintrag ab und setzt Relativpronomen ein.
Kennzeichnet den Bezug zum Nomen mit einem Pfeil (siehe Beispiel Aufgabe 1).

Die seit Tagen müden Männer setzen ihre Reise dennoch fort. Das rätselhaft bleibende Timbuktu reizt sie sehr.

**3** Die oben abgedruckten Sätze klingen nicht gut. Verbessert die Sätze, indem ihr die beiden unterstrichenen Attribute jeweils in einen Relativsatz umformt.
Beispiel: *die langsam vergehende Zeit → die Zeit, die langsam vergeht*

**Information** **Relativsätze**

Relativsätze sind Nebensätze, die ein vorausgehendes Bezugswort (Nomen oder Pronomen) näher erklären. Sie werden mit einem **Relativpronomen** eingeleitet, z. B.:
*der, die, das* oder *welcher, welche, welches.*
Ein Relativsatz wird **immer** durch ein **Komma** vom Hauptsatz abgetrennt. Wird er in einen Hauptsatz eingeschoben, dann setzt man vor und hinter den Relativsatz ein Komma, z. B.:
*Timbuktu, das am Ufer des Niger liegt, ist eine Stadt in Mali.*
Relativsätze nehmen im Satz die **Rolle eines Attributs** ein und werden deshalb auch Attributsätze genannt.

# Barth erzählt von Timbuktu – *dass* oder *das?*

Viele Europäer hofften, ? Timbuktu die ersehnte Märchenwelt Afrikas sein würde.

Das Einzigartige, ? viele Forscher mit Timbuktu verbunden haben, gab es im 19. Jahrhundert nicht mehr.

**1** Welcher Nebensatz beginnt mit dem Relativpronomen „das“, welcher mit der Konjunktion „dass“? Begründet mit Hilfe der Probe im Merkkasten unten.

## Mythos und Wirklichkeit

Viele waren nach Barths Rückkehr enttäuscht darüber, ? Timbuktu nicht ihren Erwartungen entsprach. Das Überwältigende, ? viele erhofft hatten, existierte nicht mehr. Man musste akzeptieren, ? Timbuktus Glanzzeit schon lange zurücklag. Das Misstrauen, ? Caillé noch entgegengebracht wurde, legte sich. Barth wies nach, ? Laing und Caillé Timbuktu erreicht hatten. Das Geheimnis, ? Timbuktu so lange umschlossen hatte, war geklärt. Dennoch blieb das Traumbild, ? viele mit Afrika verbanden, bestehen. Barth sehnte sich zurück in Europa noch viele Jahre nach den Weiten Afrikas. Er bereute, ? er sich an Europa, ? ihm wie ein Gefängnis vorkam, gekettet hatte.

**2** a Lest den Text „Mythos und Wirklichkeit“.
b Entscheidet euch mit Hilfe der *welches*-Probe bei jedem Fragezeichen für die Konjunktion „dass“ oder das Relativpronomen „das“ und schreibt den Text in euer Heft.
c Unterstreicht in den Relativsätzen jeweils das Bezugswort, auf das sich das Pronomen bezieht.

**Methode** ***das* oder *dass?***

Wenn ihr unsicher seid, ob ihr in einem Nebensatz nach dem Komma *das* oder *dass* schreiben müsst, macht die ***welches*-Probe:**

*Es ist ein großes Abenteuer, das alle beeindruckt.*
↑ welches

Das Relativpronomen „das“ kann man immer durch *welches* ersetzen.

*Faszinierend ist, dass alle von Timbuktu begeistert waren.*
↑ ~~welches~~

Die Konjunktion „dass“ kann man nicht durch *welches* ersetzen.

# Stärken stärken: Sätze und Satzzeichen

Afrika war schon immer ein Kontinent, der die Fantasien der Menschen anregte.

**A** ______ Hs ______, ______ Hs ______.

**B** ______ Hs ______,
______ Ns ______.

**C** ______ Hs ______.
______ Ns ______,

●○○ **1** a Welcher der Satzbaupläne A, B oder C trifft auf den Satz oben zu?
b Ordnet die Regeln D, E oder F den Sätzen 1 bis 3 zu.

**D** Das Komma trennt Hauptsatz und Adverbialsatz.

**E** Das Komma trennt Hauptsatz und Relativsatz.

**F** Das Komma trennt zwei Hauptsätze.

**1** Afrika ist der zweitgrößte Kontinent der Erde, dies gilt sowohl für die Bevölkerungszahl als auch für seine Gesamtfläche.

**2** Afrika gilt als „Wiege der Menschheit", da sich hier die modernen Menschen entwickelten.

**3** Der Name „Afrika", den wir heute verwenden, geht auf einen Stamm in Nordafrika zurück.

●●○ **2** a Handelt es sich bei Satz 1 oben rechts um eine Satzreihe oder ein Satzgefüge?
b Schreibt aus Satz 2 die Konjunktion und die Personalformen der Verben heraus.
c Vertauscht in Satz 2 die Position von Haupt- und Nebensatz. Schreibt den Satz in euer Heft.

**4** Der Nil spielte für die Entwicklung Afrikas schon immer eine große Rolle. An seinem Ufer entwickelte sich früh eine Hochkultur der Menschheit. *(denn/da/weil)*
**5** Die alten Ägypter entwickelten den ersten Kalender der Menschheit. Sie wollten das Eintreffen der Nilschwemme so genau wie möglich bestimmen können. *(obwohl/denn/weil)*
**6** Die Bebauung der Felder im Niltal fand nur im Frühjahr statt. Die Nilschwemme brachte den dafür nötigen fruchtbaren Schlamm mit sich. *(dann/wenn/da)*
**7** Der Nil gilt als der zweitlängste Fluss der Erde. Der südamerikanische Amazonas ist je nach Messung rund 200 km länger. *(obwohl/denn/da/weil)*

●●● **3** a Formt die Satzpaare 4 und 5 jeweils in eine Satzreihe um. Entscheidet euch für die passende Konjunktion und achtet auf die Kommasetzung.
b Formt die Satzpaare 6 und 7 jeweils in ein Satzgefüge um. Verwendet auch hier eine passende Konjunktion. Achtet auf die Kommasetzung.
c Bestimmt jeweils die Art der Adverbialsätze, die ihr in den Sätzen 6 und 7 gebildet habt.

# Testet euch!

## Nebensätze erkennen und bestimmen

| | | |
|---|---|---|
| Der Schotte Mungo Park unternahm zwei Reisen nach Westafrika. | weil | Er wollte den Verlauf des Flusses Niger erforschen. |
| Es war eine große Herausforderung für ihn. | nachdem | Er verlor seine zwei Diener im Lauf seiner Reise. |
| Den Fluss Niger erreichte Mungo Park schließlich im Juli 1796 allein. | der | Er war völlig erschöpft und ausgezehrt. |
| Mungo Park freute sich. | da | Er war der erste Europäer an dessen Ufer. |

**1** a Verbindet die gegenüberliegenden Sätze zu Satzgefügen. Schreibt in euer Heft.
b Bestimmt die Nebensätze. Notiert hinter den Satzgefügen im Heft, ob es ein Adverbialsatz oder ein Relativsatz ist.

VORSICHT FEHLER!

A 1805 brach Mungo Park zu einer zweiten Reise auf die ihn nach Westafrika führen sollte.
B Park war dieses Mal mit vielen Begleitern die jedoch im Lauf der Expedition an Krankheiten verstarben unterwegs.
C Der Trupp der sehr oft Überfällen zum Opfer fiel wurde zunehmend kleiner.

**2** a Übertragt die Sätze A bis C in euer Heft. Setzt dabei fehlende Kommas und unterstreicht die Hauptsätze rot, die Relativsätze grün.
b Umkreist die Relativpronomen und die Bezugswörter ebenfalls in Grün.

VORSICHT FEHLER!

D In Sansanding ließ Park ein Boot bauen und er fuhr den Niger flussabwärts.
E Bei dieser Fahrt kam es immer wieder zu Kampfhandlungen mit den Einheimischen.
F Weil Park 1806 unter nie ganz geklärten Umständen starb erreichte er die Mündung des Niger am Atlantik nicht.

**3** a Entscheidet für die Sätze D bis F, ob ein Komma gesetzt werden muss.
b Begründet für jeden Satz die Kommasetzung.
c Zeichnet für jeden der drei Sätze einen Satzbauplan.

# 12.3 Fit in ...? – Satzglieder und Sätze

## Schnee am Kilimandscharo – Texte überarbeiten

1 Wenigen ist bewusst, dass der Astronom Ptolemäus bereits um 100 n. Chr. von einem schneebedeckten Berg mitten in Afrika berichtete.

2 Nachdem ein chinesischer Handelsreisender 1000 Jahre später erneut davon erzählt hatte, erfolgten neue Berichte über den Berg.

3 1519 wurde ein spanischer Bericht über diesen Berg nicht ernst genommen und er geriet wieder in Vergessenheit.

4 Der Berg trat erst wieder ins Bewusstsein der Öffentlichkeit, als der Deutsche Johannes Rebmann von dem Schneeberg berichtete.

**1** a Erfragt und benennt die unterstrichenen Satzglieder, z. B.:
*Wem ist bewusst, dass ...? → Wenigen ist bewusst, ... (Dativobjekt)*
b Bestimmt die Art der Attribute in den unterstrichenen Satzgliedern.
c Ermittelt, zu welchen der Sätze 1 bis 4 die folgenden Satzbaupläne passen:

______ Hs ______ + ______ Hs ______

______ Hs ______,
______ Ns ______.

**2** Formt Satz 3 in ein Satzgefüge um. Verwendet die unterordnende Konjunktion „weil“.

VORSICHT FEHLER!

5 Rebmann sah sich nicht als Entdecker dieses Bergs da schon früher in vielen afrikanischen Erzählungen von ihm die Rede war.
6 In Paris wurde ihm dennoch eine Ehrenmedaille verliehen obwohl viele bezweifelten seinen Bericht.
7 Dass lag daran das vielen ein Schneeberg aufgrund der Nähe zum Äquator sehr unwahrscheinlich schien.
8 Von Rebmann stammt auch der Name des Bergs den ihm sein afrikanischer Begleiter nannte.

Satz 5 enthält einen,
Satz 6 zwei,
Satz 7 drei und
Satz 8 einen Fehler.

**3** Überarbeitet die Sätze 5 bis 8. Achtet auf die Hinweise rechts am Rand.
a Legt eine Folie auf den Text und setzt zunächst die fehlenden Satzzeichen.
b Korrigiert die übrigen Fehler und schreibt die Satzgefüge richtig in euer Heft.

## Die Besteigung des Kilimandscharos

Das Kilimandscharo-Massiv liegt im Nordosten des heutigen Staates Tansania. Der höchste Gipfel des Massivs und somit der höchste Punkt Afrikas ist mit 5896 Metern der Kibo. Das Kilimandscharo-Massiv ist vulkanischen Ursprungs. Das Kilimandscharo-Massiv ist ca. zwei bis drei Millionen Jahre alt. Der letzte Ausbruch des Kibo soll um 1700 n. Chr. gewesen sein.
Der Kilimandscharo war von 1885 bis 1918 der höchste Gipfel des Deutschen Reiches. Das heutige Tansania gehörte während der Kolonialzeit zum Deutschen Kaiserreich.
Der erste Versuch der Besteigung schlug 1861 fehl. Der deutsche Entdecker Karl Klaus von der Decker gelangte nur bis zu einer Höhe von 4300 Metern.
Im August 1871 erreichte der Missionar Charles New zwar die Schneegrenze des Kibo. Er musste dort leider umkehren.
Erst im Jahre 1889 gelang dem deutschen Bergsteiger Hans Meyer, dem Österreicher Ludwig Purtscheller und dem Bergführer Yohani Kinyala Lauwo die Bezwingung des Berges. Sie hatten bereits 1887 und 1888 zwei gescheiterte Versuche unternommen.
Am 6. Oktober 1889 standen sie auf dem Gipfel des Berges. Aus der Mittelspitze des Kibo schlug Meyer ein Stück schwarzen Lavafels. Er schickte das Stück per Schiff nach Deutschland.
Der deutsche Kaiser ließ den Stein später im Muschelsaal des Neuen Palais in Potsdam in die Wand einarbeiten. Er war zuvor zu einem Dekorationsstück umgearbeitet worden.

**4** Der Bericht über die Erstbesteigung des Kilimandscharos klingt eintönig.
Überarbeitet den Text, indem ihr
– im ersten Absatz (Z. 1–8) zweimal die Umstellprobe (▶ S. 212) und einmal die Ersatzprobe (▶ S. 221) anwendet.,
– die Sätze in Z. 9–12 und 17–19 in Satzreihen umformt (▶ S. 223) und dabei nebenordnende Konjunktionen verwendet,
– die Sätze in Z. 13–16, 20–25, 30–33 in Satzgefüge umformt (▶ S. 224) und dabei unterordnende Konjunktionen verwendet,
– den unterstrichenen Satz zu einem Relativsatz (▶ S. 227) umformt.

# 13 Rechtschreibtraining – Strategien erarbeiten

**1** a Welchen Titel für das Foto findet ihr passend? Begründet und diskutiert eure Meinungen.
- WIE HAUSAUFGABENMACHEN AM SCHÖNSTEN IST
- HAUSAUFGABEN MACHEN WIR IM SAND
- NICHTS UNGEWÖHNLICHES: KINDER IN INDIEN LERNEN AUCH IM FREIEN

b Schreibt die Titel in der richtigen Groß- und Kleinschreibung in euer Heft.

c Vergleicht eure Ergebnisse: Bei welchen Wörtern seid ihr unsicher gewesen? Welche Wörter habt ihr falsch geschrieben? Klärt eure Schwierigkeiten im Gespräch.

**In diesem Kapitel ...**

- informiert ihr euch über Kinderrechte und Schulen in der Welt,
- beschäftigt ihr euch mit besonderen Regeln der Groß- und Kleinschreibung,
- wendet ihr Regeln zur Getrennt- und Zusammenschreibung an,
- übt ihr, Kommas und andere Satzzeichen richtig zu setzen.

# 13.1 Menschenskinder! – Rechtschreibstrategien anwenden

## Kinder lernen überall – Strategien wiederholen

### Strategie Schwingen: Wörter in Silben sprechen

die Kinderrechte • die Menschenrechte • die Kinderarbeit • das Partnerprojekt • der Aufenthaltsort • die Entwicklungszusammenarbeit • die Emotionen • die Familiensituation • die Medikamente • die Materialien • die Lebensmittelspende

**1** Die meisten Wörter kann man richtig schreiben, wenn man sie deutlich in Silben spricht.
a Prüft die elf Wörter oben. Lest sie deutlich in Silben.
b Erschließt die Bedeutung der Wörter von hinten nach vorn, z. B.: *Kinderrechte = Rechte der Kinder …*

**2** Diktiert euch in Partnerarbeit gegenseitig die Wörter.
**Tipp:** Zieht zur Kontrolle Silbenbögen unter die Silben.

### Strategie Verlängern: Einsilber und unklare Auslaute

rund • wild • kennt • setzt • schreibt • zeigt • der Grund • der Bund • schlägt • fällt • der Zeh • geh • nennt • überzeugt • entzückt • erlaubt • das Reh • der Eindruck • hell • grell

**3** Verlängert die obigen Beispielwörter.
a Schreibt die Wörter wie folgt in einer Tabelle ins Heft. Markiert die unklare Stelle, an der man anders spricht, als man schreibt.
b Schreibt das Verlängerungswort als Beweis dazu (▶ Methode).

| Nomen | Adjektive | Verben |
|---|---|---|
| *der Grund – die Gründe* | *rund – runder als* | *kennt – wir kennen* |

**Methode** **Wörter verlängern**

- Beim Schwingen kann man in der Regel jeden Buchstaben deutlich hören, z. B.: *der Winter.*
- Bei einsilbigen Wörtern und am Wortende kann man jedoch Buchstaben nicht immer sicher zuordnen, z. B.: *der Zwer**g**, der Unfa**ll**.*
  Dann hilft die Strategie „Verlängern". Das heißt: **Man fügt an das Wort eine Silbe an,** z. B.:

  **Nomen:** *der Zwer**g*** – denn: *die Zwer **g**e, der Unfa**ll*** – denn: *die Unfäl **l**e*

  **Verben:** *ste**ll**t* – denn: *wir stel **l**en* **Adjektive:** *he**ll*** – denn: *hel **l**er als*

## Strategie Zerlegen: Zusammengesetzte Wörter

der Brennsparofen • das Schritttempo • die Unfallstatistik • die Abfallhalde • der Grundschulabschluss • der Kindertreff • die Handarbeit • das Mittagessen • Südamerika

**4** In diesen Wortzusammensetzungen findet ihr Verlängerungswörter.
Schreibt die Wörter ins Heft. Zerlegt sie wie im Beispiel. *das Hand|werk – die Hände*

freundlich • gehofft • täglich • gezockt • die Freundschaft • kindlich • aufgepasst • vermeidbar • die Feindschaft • farblich • geschafft • nördlich • die Herrschaft • stündlich • die Schädlichkeit

**5** Zerlegt die Wörter mit Vor- und Nachsilben.
a Legt eine Tabelle an (► S. 234, Aufgabe 3). Ordnet die Wörter richtig ein.
b Zerlegt die Wörter, z. B.: *freundlich – denn: die Freunde.*

### Schule in der Mongolei

Rund ein Drittel der mongolischen Bevölkerung lebt als Nomaden mit ihren Herden in der Steppe. Fast alle Kinder werden eingeschult, aber nur wenige beenden die zehnjährige Grundschule. Das hat verschiedene Gründe: Zwar ist der Schulbesuch kostenlos, aber viele Familien können sich die Kosten für das Lernmaterial nicht leisten. Auch werden Kinder gebraucht, um bei der täglichen Arbeit mit den Tieren zu helfen. Ältere Nomadenkinder müssen fast immer Internate besuchen, oder die Schule muss zu ihnen kommen. Lehrer kommen persönlich und bringen ihnen in der Steppe das Lesen, Schreiben und Rechnen bei. Aber oft haben die Kinder keine Zeit, ihre Aufgaben zu erledigen. Als Weg zur Bildung wird deshalb oft das Radio genutzt, das mit Hilfe von beweglichen Sonnenkollektoren überall läuft.

**6** Nennt drei Gründe, warum Kinder in der Mongolei häufig die Schule abbrechen.

**7** Untersucht die Rechtschreibung im Text mit Hilfe der Strategien.
a Ordnet im Heft je drei Wörter aus dem Text diesen drei Strategien zu: .
b Notiert Wörter, die man nicht so schreibt, wie man sie spricht.

**Methode** **Wörter zerlegen, Bausteine abtrennen**

- Unklare Laute in zusammengesetzten Wörtern findet man, indem man sie **zerlegt,** z. B.:
  *das Schwi**mm** | ba**d** – denn: schwi**mm**en, die Bä**d**er.*
- Auch wenn man **Vor- und Nachsilben abtrennt,** kann man Verlängerungsstellen finden, z. B.:
  *en**d**los – denn: das Ende   die Kun**d**schaft – denn: der Kunde   gepa**ck**t – denn: pa**ck**en.*

## Strategie Ableiten: Wörter mit *ä* und *äu*

lenken • senken • denken • melken ***aber*** schälen • lächeln • wärmen • schwärmen

**8** a Benennt je Wort die Stelle, an der man Buchstaben verwechseln kann.
b Schreibt die Wörter mit *ä* mit ihrem Beweiswort ins Heft, z. B.: *drängen – denn: der Drang.*

die Beute • heute • die Schleuse ***aber*** die Räume • die Träume • die Läuse

**9** a Benennt je Wort die Stelle, an der man Buchstaben verwechseln kann.
b Schreibt die Wörter mit *äu* mit ihrem Beweiswort ins Heft, z. B.: *die Mäuse – denn: die Maus.*

wärmen • der Wächter • weben • das Geld • er fällt • er glänzt • er klärt • er hält

heucheln • säuerlich • die Beute • die Kräuter • der Läufer • der Verkäufer

**10** Übt in Partnerarbeit das Ableiten.
a Lest euch die Wörter der Aufgaben 8 und 9 gegenseitig vor. Der Partner nennt die Schreibweise und das Beweiswort.
**Tipp:** Schlagt die Wörter, die ihr nicht kennt, im Wörterbuch nach.
b Begründet euch gegenseitig die Schreibweise der Wörter in den beiden Kästen.

## Merken: Wenn keine Strategie hilft

wenn • denn • dann • in • bis • dran • und • durch • wer • wie • sie • bald • bin • wir • ob

ahnen • gähnen • die Sahne • fahren • die Ohren • die Mühle • die Bohne • die Zahlen • die Lehrer • die Uhren • die Kehle • die Zähne

**11** a Übertragt die Wortlisten ins Heft. Markiert in jedem Wort die unklare Stelle.
b Notiert: Was haben die Wörter rechts und was haben die Wörter links gemeinsam?
**Tipp:** Prüft die Anzahl der Silben, ob man die Wörter verlängern kann und was man hört.

**Methode** **Wörter mit *ä* und *äu* ableiten**

**Ableiten** heißt: **verwandte Wörter mit *ä* und *äu* finden.**
- Normalerweise schreibt man *e* oder *eu*.
- Wenn es **verwandte Wörter mit *a* oder *au*** gibt, dann schreibt man ***ä* oder *äu*,** z. B.:

*die Welt – aber: er trägt, denn: tragen* *die Leute – aber: läuten, denn: laut.*

**Tipp:** Wörter wie ***Säbel*** und ***Bär*** muss man sich **merken,** weil es kein verwandtes Wort gibt.

# Stärken stärken: Strategien anwenden

### A Zu Hause bei den Mongolen

VORSICHT FEHLER!

Auch bei den Mongolen ist es meist Aufgabe der Frau zu kochen. Ist das Wetter gut, so kochen sie draußen, selbst bei sehr extremem Klima. So betregt die Temperatur im Winter durchschnittlich minus 25 Grat Celcius. Wegen der kalten Nechte sind auch im Sommer Temperatursprünge von rund 30 Grad innerhalb von 24 Stunden keine Sältenheit.

Die Weite der mongolischen Stepe ist unvorstelbar. Da sie sehr dün besiedelt ist, wirgt sie beinahe menschenleer. Anders als bei uns beeinflussen Tageslauf und Jahreszeit das Leben der Mongolen, nicht die digitale Uhr. Einzeln und verstreut stehen die mit Filz belegten Jurten in einer atemberaubenden Hügellantschaft. Von weitem muten sie wie hele Punkte an. Jede Nomadenfamilie lept in einer solchen Jurte, die Ger genannt wird.

### B Aufgaben der Nomadenkinder

VORSICHT FEHLER!

Zu den Aufgaben der Kinder gehört die *tegliche* Wassersuche. Der Weg zu den *Wasserquelen* beträgt oft bis zu vier Stunden. Ist es Sommer, so tragen sie auf dem *Rükweg* das Wasser in vollen Kanistern, im Winter als schwere Eisbrocken. Viele der Kinder hüten schon ganz *frü* die Herden. Dabei kommt es immer wieder zu *Reitunfellen, Tierbisen* und schweren *Verlätzungen.*

Alles, was Nomadenkinder für ihr Leben wissen müssen, lernen sie in ihren Familien. Mädchen helfen schon von klein auf der Mutter beim Melken der Stuten. Das geschieht fast alle zwei Stunden. Jungen helfen den *Mennern,* sich um die Pferde zu kümmern. Manchmal können sie schon reiten, bevor sie laufen gelernt haben.

Aufgrund der vielen Aufgaben und der großen Entfernungen haben Nomadenkinder kaum die *Möklichkeit,* eine Schule zu besuchen. Wenn die Eltern genügend Geld haben, schicken sie ihre Kinder *heufig* in ein Internat.

**1** Lest beide Textabschnitte.
a Nennt die Aufgaben, die mongolische Jungen und Mädchen haben.
b Welche besonderen Klimabedingungen herrschen in der Mongolei?

●○○ **2** a Findet die Fehler in den markierten Wörtern im Text B.
Legt eine Tabelle zu den Strategien an. Ordnet die korrigierten Wörter zu: .
b Markiert den Fehlerschwerpunkt: Das ist der Fehler, der am häufigsten vorkommt.

●●○ **3** a Findet die Fehler im Text A.
Legt eine Tabelle zu den Strategien an. Ordnet die korrigierten Wörter zu: .
b Markiert den Fehlerschwerpunkt: Das ist der Fehler, der am häufigsten vorkommt.

●●● **4** a Diktiert euch gegenseitig Text A oder B.
b Vergleicht eure Ergebnisse mit einem Lernpartner, der denselben Text bearbeitet hat.

# Doppelte Konsonanten – Achtet auf die erste Silbe

der Name • die Nelke • die Wärme • das Feuer • die Karte • die Kurve • die Hälse • der Wagen • geben • die Finger • das Ende • die Kälte • warten • kosten • tragen • lernen • meinen

**1** a Lest die Wörter und achtet auf die erste Silbe. Endet sie mit einem Vokal, ist sie offen. Endet die erste Silbe mit einem Konsonanten, ist sie geschlossen.
b Listet im Heft die Wörter aus Aufgabe 1a wie folgt auf:

| erste Silbe offen | erste Silbe geschlossen |
|---|---|
| *der Na me* | *die Nel ke* |

die Nase • das Nasse • der Ekel • die Ecke • beißen • die Bisse • die Hüte • die Hütte

**2** a Lest die Wörter deutlich in Silben. Tragt sie in eure Liste aus Aufgabe 1b ein.
b Schreibt den vollständigen folgenden Satz unter die richtige Liste von Wörtern.
*Wenn die erste Silbe ... ist, verdoppelt man den Konsonanten nicht.*

er merkt • er küsst • der Damm • der Wald • der Wall • das Werk • der Pfiff • er schimpft

**3** a Begründet die jeweilige Schreibweise: Verlängert die einsilbigen Wörter.
b Ordnet die verlängerten Wörter in einer Tabelle wie folgt ein:

| erste Silbe geschlossen | |
|---|---|
| zwei verschiedene Konsonanten | zwei gleiche Konsonanten |
| *mer ken* | ... |

| | |
|---|---|
| ***t** oder **tt?*** | der Ro ? fuchs • der Ro ? weiler • die Blu ? wurst • der Pla ? fisch |
| ***n** oder **nn?*** | das Bre ? glas • der Ber ? stein • der Re ? wagen • das Stir ? band |

**4** Entscheidet: doppelter oder einfacher Konsonant?
Schreibt die Wörter ins Heft. Beweist die Schreibweise, z. B.: *die Rot|buche – denn: rote.*

**Information** **Doppelte Konsonanten**

- **Regel: Doppelte Konsonanten** schreibt man **nur,** wenn die **erste Silbe** geschlossen ist.
- Stehen an der **Silbengrenze zwei verschiedene Konsonanten, verdoppelt** man in der Regel **nicht,** z. B.: *die Welten* – aber: *die Wellen.*
- Prüft die Schreibung: **Verlängert** Einsilber und **zerlegt** zusammengesetzte Wörter.

# Stärken stärken: Doppelte Konsonanten

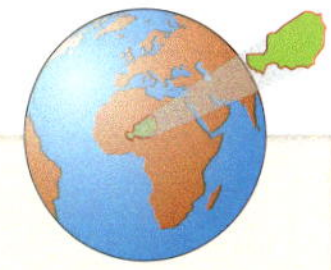

## Niger – Ein Tag im Leben von Tanalher

Azamalane ist ein kleines Dorf mit rund 600 Einwohnern im Norden Nigers. Die Dorfschule hat zwei Räume und ist wie jede andere in dieser Gegend, allerdings besuchen hier mehr Mädchen den Unterricht als Jungen. Das ist ungewöhnlich. Meistens sind die Jungen in der Überzahl. Lange Zeit war die Dorfgemeinschaft nicht sehr begeistert von der Idee, auch Mädchen in die Schule zu schicken. Man musste sie erst überzeugen.

Eine der jungen Schülerinnen ist Tanalher. Ihr Lieblingsfach ist Geschichte. Sie interessiert sich sehr für die Vergangenheit ihres Landes. Aber das Lesen fällt ihr schwer. Zwar kann sie die Wörter richtig aussprechen, doch oft versteht sie nicht die Bedeutung. Das liegt daran, dass in der offiziellen Landessprache Französisch unterrichtet wird, in Azamalane aber eine eigene Sprache gesprochen wird.

Wenn die Sonne am höchsten steht, haben die Schüler „Pause“. Die ist aber für die Zwölfjährige noch anstrengender als das Lesenlernen, denn sie muss zum Brunnen gehen und Wasser für ihre Familie holen. Bis zu siebenmal

trägt sie das Wasser in 10- oder 20-Liter-Kanistern auf ihrem Kopf. Auch wenn der Brunnen nicht weit entfernt ist, tut ihr der Kopf weh. Aber sie kann beim Wasserholen ihre Freunde treffen, weil alle Kinder diese Aufgabe haben. Wenn sie zur Hütte ihrer Familie zurückkommt, isst sie schnell etwas. Dann geht es direkt weiter zum Feuerholzsammeln, was noch mühsamer ist als das Wasserholen. Danach muss sie wieder in die Schule.

**1** Vergleicht Tanalhers Tagesablauf mit euren täglichen Aufgaben.

●○○ **2** Legt in eurem Heft zwei Spalten an: ⓦ ⓥ.
Ordnet den Spalten je drei Wörter aus dem Text zu, die einen doppelten Konsonanten haben.

●●○ **3** Sucht je fünf Wörter aus dem Text und listet sie im Heft wie folgt auf:

| **erste Silbe offen** | **erste Silbe geschlossen** | |
|---|---|---|
| | zwei verschiedene Konsonanten | zwei gleiche Konsonanten |
| … | … | … |

●●● **4** Erklärt die Regel zur Konsonantenverdopplung. Erläutert sie an Beispielwörtern aus dem Text.

**5** Vergleicht in Partnerarbeit eure Ergebnisse zu den Aufgaben 2–4.

# Lieblingsfach: Zähneputzen – *i* oder *ie?*

## Gesundheitsvorsorge als Schulfach

Wenn man d ? 11-jähr ? ge Fiska von der ? ndones ? schen ? nsel Sumatra nach ihren L ? bl ? ngsfächern fragt, nennt s ? das Zähneputzen.

Das Unterr ? chtsfach Hyg ? ne g ? bt es tatsächlich h ? r ? n den Schulen, weil v ? le Fam ? l ? n zu Hause kein fl ? - ßendes Wasser haben. Deshalb werden d ? K ? nder auch abends n ? cht ? ns Badez ? mmer gesch ? ckt, bevor s ? schlafen gehen. Natürl ? ch kennen d ? K ? nder auch keine farb ? gen Zahnbürsten m ? t T ? rf ? guren am Gr ? ff. Auch Zahnpasta, d ? nach H ? mbeere oder Kaugumm ? schmeckt, g ? bt es n ? cht.

Was uns v ? lleicht manchmal läst ? g w ? rd, ? st für d ? K ? nder auf Sumatra ein w ? cht ? ger Bestandteil schul ? scher B ? ldung. S ? lernen, w ? man s ? ch m ? t Seife d ? Hände wäscht, prob ? ren vor dem Sp ? gel aus, w ? man am besten Schaum erzeugen kann, und lernen, dass das Abkochen von Wasser Bakter ? n tötet. Das Z ? l ? st, die Bakter ? n zu bes ? gen, s ? an ihrer Verbreitung zu h ? ndern und so schl ? mme Krankheiten ? m Keim zu erst ? cken.

Zu Hause werden d ? K ? nder zu Lehrern: Sie br ? ngen ihren Eltern bei, was s ? ? n der Schule gelernt haben.

**1** Erklärt mit eigenen Worten, was die Erwachsenen von den Kindern lernen sollen.

**2** In dem Text fehlen alle *ie* und fast jedes *i*. Ergänzt die *i*/*ie*-Schreibung.
Ordnet im Heft die Wörter aus dem Text wie folgt richtig zu. Geht dabei wie unten vor:

| Wörter mit *i* | Wörter mit *ie* |
|---|---|

– Lest die Wörter deutlich.
– Einsilbige Wörter müsst ihr manchmal verlängern, um die Schreibweise zu klären, z. B.: *Griff – Griffe.*
– Zusammengesetzte Wörter könnt ihr zerlegen, z. B.: *Lieb|lings|fächer – denn: lieben.*

**3** Der Baustein *-ieren* kennzeichnet diese Verben: *marsch**ie**ren, divid**ie**ren, plomb**ie**ren, rad**ie**ren.*
**a** Schreibt die Wörter ins Heft und sammelt weitere Verben mit dem Baustein *-ieren.*
**b** Eines dieser Verben findet ihr auch im Text. Tragt es in die Tabelle ein.
**c** Vergleicht eure Ergebnisse mit einem Lernpartner.

**Information** **Wörter mit *i* oder *ie***

- Die **meisten Wörter mit i-Laut** schreibt man **mit einfachem *i*.**
  Man schreibt **immer *i*,** wenn die **erste Silbe** geschlossen ist, z. B.: *der Win ter.*
- Man schreibt ***ie*,** wenn die **erste Silbe** **offen** ist, z. B.: *die Bie ne.*
  Diese Regel gilt **nur für zweisilbige deutsche Wörter,** nicht bei Fremdwörtern.
- Prüft die Schreibung: **Verlängert** Einsilber und **zerlegt** zusammengesetzte Wörter.

# Schools of the Air – *s, ß* oder *ss?*

bremst • rast • gießt • fasst • küsst • reißt • reist • der Quast • der Pass • das Gras • der Gruß • der Hass • der Fraß • der Bass • das Nest • der Guss • heiß • leis • fest • nass • weiß • krass

**1** Lest die einsilbigen Wörter. Achtet darauf, wie die s-Laute gesprochen werden. Welche Aussage ist richtig?

**A** Die s-Laute kann man bei der Aussprache deutlich unterscheiden.
**B** Die s-Laute werden verschieden geschrieben, aber gleich gesprochen.

**2** **a** Übertragt die folgende Tabelle ins Heft. Verlängert die Wörter aus Aufgabe 1. Ordnet sie richtig ein.

| s | st | ss | ß |
|---|---|---|---|
| *rei sen* | *die Leis te* | *die Mes se* | *au ßen* |

**b** Untersucht die Wörter. Schreibt die zutreffenden Aussagen unter die Spalten.

erste Silbe offen/geschlossen • s-Laut klingt zischend/summend • erste Silbe offen/geschlossen • zwei gleiche/verschiedene Konsonanten an Silbengrenze

## *ss* und *ß* innerhalb einer Wortfamilie

er vergaß • er vergisst • vergesslich • er gießt • er goss • der Guss • der Fraß • er frisst • er fraß • es fließt • es floss • der Fluss • ihr wisst • er wusste • er beißt • er biss • der Biss • er reißt • er riss • der Riss • er zerreißt • er zerriss • er verlässt • er verließ • er schließt

**3** Begründet die Schreibweisen mit *ß* oder *ss*.
Tragt die Wörter richtig in die Tabelle aus Aufgabe 2 ein.
Verlängert sie dazu, z. B.:
*das Maß – denn: die Ma ße* *er misst – denn: wir mes sen.*

**Information** **Wörter mit s-Laut**

- Man schreibt *ß*, wenn die **erste Silbe** **offen** ist und man den **s-Laut zischend** spricht, z. B.: ***drau*** *ßen.*
- Man schreibt ***s***,
  – wenn die **erste Silbe** **offen** ist und man den **s-Laut summend** spricht, z. B.: *die **Ro** se;*
  – wenn die **erste Silbe** **geschlossen** ist und **zwei verschiedene Konsonanten** an der **Silbengrenze** stehen, z. B.: *die **Res** te, die **Wes** pe.*
- Man schreibt ***ss***, wenn die **erste Silbe** **geschlossen** ist, z. B.: *die **Ros** se.*

**Tipp:** Um diese Regeln für den s-Laut anzuwenden, braucht man das zweisilbige Wort.

die Hau ? tür • das Schwei ? band • das Schlie ? fach • das Spa ? bad • der Schlu ? verkauf • die Gie ? kanne • der Regengu ? • die Fa ? brause • der Gebi ? abdruck • der Gra ? samen • die Ba ? saite • der Fre ? napf • fa ? bar • me ? bar • sü ? lich • ma ? voll • schlie ? lich

**4** Zerlegt die Wörter und setzt den richtigen s-Laut ein. Schreibt ins Heft, z. B.:

*der Heiß|luft|ballon – denn: hei|ßer* *unpässlich – denn: pas sen.*

VORSICHT FEHLER!

## Schools of the Air in Australien

Man könnte denken, dass das heisse Landesinnere von Australien vollkommen leer ist. Aber es ist bewohnt, allerdings über alle Masen dünn. Der trockene Boden läßt ausschliesslich Viehzucht zu, deshalb sind die Farmen riessengross und sehr einsam gelegen. Auf diesen Farmen leben natürlich auch Kinder, die in grosser Einsamkeit aufwachsen. Aber wie ihre Altersgenosen in den Grossstädten brauchen sie schulische Bildung. Dazu müßen sie oft 1000 Kilometer von zu Hausse weg und Internate besuchen. Aber fasst immer machen sie nur ein paar Schritte ins nächste Zimmer. Dort treffen sie sich mit ihren Mitschülern über Funk und im Internet im grössten Klasenzimmer der Welt. Die School of the Air in Alice Springs versorgt 140 Schüler in einem Gebiet von über 1,3 Millionen Quadratkilometern. Das entspricht etwa der dreissigfachen Fläche der Schweiz.
Moderne Kommunikationsmedien ermöglichen heute einen Unterricht, in dem Schüler und Lehrer über Webcam miteinander kommunizieren. Schwänzen? Keine Hausaufgaben machen? Das geht hier nicht, denn es gibt die Kontrolle per Internet. Die Lehrer können durch Zuschaltungen ausschliesslich mit einem oder mit mehreren Schülern gleichzeitig arbeiten. Im Schnitt erhalten die Schüler eine Stunde Unterricht pro Tag, allerdings kommen Haußaufgaben dazu. Diese werden mit den dazu nötigen Materialien gemailt und müsen selbstständig gelößt werden. Helfen können nur Eltern, Geschwister oder ein Tutor.
Eine Woche im Schuljahr reissen die Kinder in ihre Schule, um Zeit mit den Mitschülern und Lehrern zu verbringen. Ausserdem werden die Schüler von ihren Lehrern einmal im Jahr besucht. Die übernachten wegen der rießigen Entfernungen oft im Elternhaus ihrer Schüler. Die meißten Kinder geniessen es, den Lehrern ihre eigene Welt in der Wildnis zu zeigen. So bekommt jeder Lehrer einen sehr persönlichen Eindruck von seinen Schülern.

**5** Findet mindestens drei Unterschiede zur Schule bei uns.
Tauscht euch darüber aus.

**6** Korrigiert die s-Schreibung in den markierten Wörtern.
Ordnet im Heft die Wörter in drei Spalten ein: *Wörter mit s ...; mit ss ...; mit ß.*
Markiert die Wörter mit dem Strategiezeichen, das euch hilft, die Regel anzuwenden, z. B.: *hei ße.*

# Von den Alten lernen – Nomen erkennen

### A Von den Alten lernen – Leben im Eis

Natürlich gehen auch kinder der inuit[1] in grönland und kanada in die schule und werden modern unterrichtet. Dabei lernen sie auch die offizielle sprache des landes, in dem sie leben. Viele ältere kinder müssen ganzstagsschulen besuchen, weil es in den abgelegenen orten nur grundschulen gibt. Das führt dazu, dass die kinder sich von ihren wurzeln entfernen und die herkömmliche lebensweise der inuit in vergessenheit gerät. Viele familien besinnen sich deshalb auf ihre traditionen und bringen ihren kindern wieder bei, wie man im eis überleben kann. Aber auch für verhaltensauffällige jugendliche gibt es projekte: Sie unternehmen forschungsreisen ins eis, in denen sie sich mit den traditionen ihrer vorfahren auseinandersetzen. Außerdem lernen sie, in der eiswüste zu überleben und so ihre persönlichkeit zu stärken.

VORSICHT FEHLER!

### B Lernen von der Familie

Von ihren eltern lernen die kinder der inuit[1], sich im eis zu ernähren. Auch wenn land und meer im winter stark vereist sind, gibt es robben, die früher die wichtigste lebensgrundlage für die menschen hier waren. Auch heute nehmen viele väter ihre söhne wieder mit auf die jagd. Hundeschlittengespanne oder motorschlitten erleichtern ihnen den weg, aber die beschwerliche jagd müssen sie trotzdem mit gewehr und harpune schaffen. Während der vater an einem der eislöcher wartet, bis ein tier an die oberfläche kommt, kann der sohn mit dem hunde- oder motorschlitten um die atemlöcher herumfahren. Durch den krach werden die robben aufgescheucht und schwimmen auf den jäger zu. Zu Hause lernen die mädchen von den müttern, wie man die robben verarbeitet. Das fleisch kann im eis leicht haltbar gemacht werden. Die felle werden in salzwasser gewaschen, gespannt und getrocknet und für wärmende kleidung genutzt.

1 Inuit: Volksgruppe, die im arktischen Zentral- und Nordostkanada sowie auf Grönland lebt

**1** Erklärt mit Hilfe der Texte A und B, warum die Inuit sich auf ihre Traditionen besinnen.

**2** Wendet die Regeln zur Großschreibung an.
**a** Sind die markierten Wörter im Text B Nomen? Prüft mit Hilfe der Proben unten. Schreibt die Nomen mit einem Begleiter ins Heft. Vergleicht eure Ergebnisse.
**b** Prüft im Text A, welche Wörter großgeschrieben werden müssen. Schreibt sie ins Heft.

**3** Diktiert euch gegenseitig in Partnerarbeit Text A oder B.

**Methode** **Nomen durch Proben erkennen**

**Nomen schreibt man groß.** In Texten erkennt man sie mit Hilfe von **Proben.**
- **Artikelprobe:** Vor Nomen kann man einen Artikel setzen, z. B.: *die Ziege, der Zucker.* Artikel können sich „verstecken", z. B.: *zur (= zu der), beim (= bei dem), zum (= zu dem)* usw.
- **Zählprobe:** Nomen kann man zählen, z. B.: *zwei, drei, zehn, viele, einige Ziegen.*
- **Adjektivprobe:** Nomen kann man durch Adjektive näher beschreiben, z. B.: *die zickige Ziege.*
- **Pronomenprobe:** Vor Nomen kann man ein Pronomen setzen, z. B.: *meine Ziege, dieser Sohn.*

# Halligschulen – Adjektive werden Nomen

VORSICHT FEHLER!

## Halligschulen

Halligen sind ganz kleine Inseln vor der Nordseeküste. Auf ihnen leben wenige Menschen, die aber sehr viel wichtiges für den Schutz der Küste leisten. Das Leben auf einer Hallig ist etwas einzigartiges. Während einige darin etwas herrliches und ruhiges sehen, können sich andere ein solches Leben nur als etwas wirklich langweiliges vorstellen: keine Geschäfte, kein Kino, keine Ablenkung.
Natürlich müssen die Kinder, die dort leben, zur Schule gehen. Auf einigen Halligen gibt es Schulen, die von den wenigen Kindern gemeinsam besucht werden. Es hat schon etwas komisches, wenn jeder Jahrgang nur aus einem Schüler oder einer Schülerin besteht. Aber es gibt eigentlich nichts besseres, denn der Unterricht hat fast etwas privates, und der Lehrer kann ganz spontan reagieren, wenn etwas interessantes in der Welt passiert.

**1** a Wie stellt ihr euch eine Schule auf einer Hallig vor? Tauscht euch aus.
b Im Text sind alle Adjektive kleingeschrieben. Welche neun Adjektive sind großzuschreiben? Schreibt den Text richtig ins Heft. Markiert die Begleiter der nominalisierten Adjektive.

**2** a Bildet im Heft nominalisierte Adjektive.

| | |
|---|---|
| **Begleiter:** | das • etwas • wenig • viel • allerhand • manches • nichts |
| **Adjektive:** | toll • schön • billig • nett • kaputt • bitter • gut • schlecht |
| **Endungen:** | -e • -es |

b Bildet Sätze, in denen ein Adjektiv einmal klein- und einmal großgeschrieben wird.

**3** Nennt eure Beispiele für Nominalisierungen. Begründet jeweils die Schreibweise.

**Information** **Nominalisierte Adjektive erkennen**

Werden **Adjektive wie Nomen** gebraucht, **schreibt man sie groß.** Nominalisierte Adjektive erkennt man an ihren **Begleitern.**
- Wendet die **Artikelprobe** an, z. B.: *im (in dem) Freien.*
- Oft werden nominalisierte Adjektive durch **Indefinitpronomen** (unbestimmte Fürwörter) begleitet, z. B.: *nichts Neues.*

# Überleben lernen – Verben werden Nomen

VORSICHT FEHLER!

## Junge Inuit heute

Früher haben die jungen Inuit ihre Schulbildung in Internaten erworben. Nun besinnen sie sich wieder auf die Lebensweise ihrer Vorfahren. Zwar halten sie das arbeiten in der Schule auch für wichtig, um in der modernen Gesellschaft das fortschreiten der Technik nutzen zu können. Gleichzeitig lehnen sie das vergessen ihrer alten Traditionen ab. Das passiert aber leicht, wenn man in Internaten fern der Familien lebt. In den Ferien lernen die Jungen wieder sowohl das jagen und fischen als auch das orientieren im verschneiten Gelände. Und sie lernen auch das überleben in der Natur bei bis zu –50 °C, was sie besser können als jedes andere Volk. Die Mädchen lernen eher das verarbeiten und konservieren der Nahrungsmittel und Felle. Die meisten jungen Menschen sind sich einig: Das verlernen der ursprünglichen Sprache der Inuit, das Inuktitut, muss um jeden Preis verhindert werden. Wer die Sprache seiner Vorfahren nicht mehr spricht, hat seine Wurzeln verloren.

**1** a Was bedeutet der letzte Satz? Tauscht euch aus.
b Im Text sind alle Verben kleingeschrieben. Welche zehn Verben sind großzuschreiben? Schreibt den Text richtig ins Heft. Markiert die Begleiter der nominalisierten Verben.

**2** a Bildet im Heft Nominalisierungen.

| | |
|---|---|
| **Begleiter:** | das • beim • vom • zum • am • mein • dein • unser |
| **Verben:** | laufen • springen • täuschen • sprechen • tauchen • tauschen |

b Bildet sechs Sätze, in denen ein Verb als Verb und als Nominalisierung vorkommt.

**3** Nennt eure Beispiele für Nominalisierungen. Begründet jeweils die Schreibweise.

**Information** **Nominalisierte Verben erkennen**

Werden **Verben wie Nomen** gebraucht, **schreibt man sie groß.** Nominalisierte Verben erkennt man an ihren **Begleitern.** Man kann die **Nomenproben** anwenden:
- **Artikelprobe,** z. B.: *Das Tanzen macht Spaß. Man kann sich beim (bei dem) Tanzen verletzen.*
- **Adjektivprobe,** z. B.: *Wildes Tanzen sieht manchmal gefährlich aus.*
- Verben können auch von einem **Possessivpronomen** begleitet werden, z. B.: *unser Laufen.*

# Stärken stärken: Groß- und Kleinschreibung

### Vor dem SPRINGEN nicht an die Höhe denken!

Lexie aus Großbritannien kann etwas ganz BESONDERES: Turmspringen. Als ihr Talent zum KUNSTSPRINGEN entdeckt wurde, konnte sie noch gar nicht schwimmen. Die ersten sechs Monate hat sie TÄGLICH nur auf dem TROCKENEN trainiert und nebenbei das SCHWIMMEN gelernt. Nun stürzt sie sich jede Woche fast täglich zum ÜBEN ins NASSE. Am SAMSTAG hat sie frei. Dafür gibt sie am SONNTAG ihr BESTES, denn es steht ein Wettkampf an.

●○○ 1 Groß oder klein? Schreibt die Wörter in Großbuchstaben in der richtigen Schreibweise in euer Heft. Schreibt die nominalisierten Verben und Adjektive mit ihren Nomenbegleitern auf.

●●○ 2 Löst die beiden Wörterschlangen auf und schreibt die Sätze in der richtigen Groß- und Kleinschreibung in euer Heft.

●●● 3 In dem folgenden Text ist bei zehn Wörtern die Groß- oder die Kleinschreibung falsch. Findet die Fehlerwörter und schreibt sie richtig in euer Heft.

VORSICHT FEHLER!

### Suman, die Kohlesammlerin

Suman lebt in Jharia, einer Stadt im Osten Indiens. Unter der Stadt gibt es große Kohlefelder. Kinder und Jugendliche verdienen Geld durch das sammeln von Kohlen. Sumans Eltern schicken ihre Töchter täglich zu den Minen. Das aufmerksame absuchen der Erde, das vorsichtige vortasten auf dem Boden, das Bücken und ausgraben der Kohlenbröckchen sind sehr anstrengend. Nach dem Kohlensammeln geht Suman zum waschen an den Brunnen. Den Schwarzen Staub von Gesicht und Armen zu spülen ist etwas herrliches! Dann beginnt für Suman das schönste: die Schule. Suman genießt es, mit ihren Freundinnen zu Lernen und zu Spielen.

# Zusammenschreibung – Achtet auf die Wortarten

–/+

In den Sommermonaten will die hellrote Sonne am Nordpol nachts nicht untergehen. Dann können die Kinder mit den Schlittenhunden auf der sommerwarmen Erde herumtollen. Die Robbenfelle kann man in dieser Jahreszeit für die winterkalten Temperaturen weglegen.

**1** Findet in den Sätzen alle Wortzusammensetzungen.

a Legt im Heft eine Liste mit folgender Überschrift an: *Zusammensetzungen aus Nomen.* Notiert darunter die entsprechenden Wörter aus den Beispielsätzen.

b Legt im Heft eine zweite Liste an – Überschrift: *Zusammensetzungen mit Adjektiven.* Notiert darunter die entsprechenden Wörter aus den Beispielsätzen.

**2** a Notiert ins Heft: Aus welchen Wörtern bestehen die drei markierten Zusammensetzungen?

**A** Adjektiv + Adjektiv **B** Adjektiv + Verb **C** unveränderliches Wort + Verb

b Listet mit Hilfe der folgenden Wörter weitere Zusammensetzungen auf, z. B.: *dableiben, ...*

da • dahin • ab • heraus • hinzu • heran • weg • herunter • hin • vorbei • zurück • herum

gehen • bleiben • kommen • rennen • laufen • gucken • fahren • denken • fliegen • nehmen

**3** Wie können Farben aussehen? Verbindet dazu jeweils ein Nomen (links) oder ein Adjektiv (rechts) mit einer Farbe, z. B.: *tomatenrot, hellrot, ...*

die Tomate • die Aprikose • der Pfirsich • die Nacht • das Gras • der Schnee • der Himmel • das Eis • das Feuer

hell • blass • mittel • dunkel • tief

rot · gelb · grün · braun · blau · schwarz · weiß · grün · gelb

**4** Übt die Zusammenschreibung.

a Schreibt einige Wortzusammensetzungen aus den Aufgaben 1–3 auf Kärtchen.

b Erfindet drei weitere Wortzusammensetzungen. Schreibt sie auf Kärtchen.

c Bestimmt in Partnerarbeit die Wortarten eurer zusammengesetzten Wörter.

**5** Bildet im Heft Sätze, in denen mindestens eine Wortzusammensetzung vorkommt.

**Information** **Zusammenschreibung**

Zusammen schreibt man folgende **Verbindungen:**

- **aus Nomen und Nomen,** z. B.: *Blumen + Kasten = der Blumenkasten.*
- **von Nomen oder Adjektiven mit Adjektiven,** z. B.: *Himmel + blau = himmelblau, hell + blau = hellblau.*
- **von Verben mit unveränderlichen Wörtern,** z. B.: *hin + gehen = hingehen.*
  **Tipp:** Wenn man bei Verben das erste Wort nicht verlängern kann, schreibt man zusammen.

# Getrenntschreibung – Achtet auf die Wortarten

-/+

Wenn Kinder sicher mit dem Rad fahren wollen, müssen sie das Gleichgewicht halten können. Voraussetzung: Die Sattelhöhe muss passen. Dass Kinder üben müssen, ist selbstverständlich. Es ist wichtig, dass jemand dabei ist, der aufpasst. Auch ein Fahrradhelm muss vorhanden sein.

**1** Legt im Heft drei Listen wie folgt an. Tragt die markierten Verbindungen richtig in die Listen ein.

| Nomen + Verb | Verb + Verb | Verbindungen mit „sein“ |
|---|---|---|

**2** Verbindet die folgenden Verben links mit den Verben rechts und bildet fünf Sätze, z. B.:
*Im Sommer können wir hoffentlich* ***schwimmen gehen.***
**Tipp:** *kennen* und *lernen* kann man **zusammen** oder **getrennt** schreiben.

| | |
|---|---|
| schwimmen • lachen • jagen • arbeiten • kennen • wetten • zelten • einkaufen • kommen | gehen • dürfen • müssen • können • sollen • lassen • lernen |

**3** a Tragt fünf Verbindungen mit „sein“ in die richtige Liste aus Aufgabe 1 ein.
Nutzt: da, dort, draußen, drinnen, gesund, gemein, nett + *sein.*
b Bildet fünf Sätze, in denen ihr Verbindungen mit „sein“ verwendet.

VORSICHT FEHLER!

## Schulwege in Deutschland

Während Kinder in vielen Ländern der Erde kilometerweit zur Schulelaufen, ist der Schulweg in Deutschland weitaus bequemer. Bei uns müssen die Kinder höchstens 3,5 km zu Fußgehen oder mit dem Fahrradfahren. Für weitere Wege nutzt man öffentliche Verkehrsmittel, deren Kosten ersetztwerden. Doch leider kommt es immer wieder zu Verkehrsunfällen. Um die Sicherheit zu erhöhen, sollte die Polizei so mit Personal ausgestattetsein, dass sie auf den Schulwegen regelmäßig Kontrollen durchführenkann. Dabei sollte sie bei Autos die Geschwindigkeitmessen, bei den Schülern die Helmekontrollieren und die Fahrräder überprüfen.

**4** Korrigiert im Heft die markierten Wortgruppen.

**Information** **Getrenntschreibung**

Getrennt schreibt man in der Regel folgende **Verbindungen:**
- **von Nomen und Verben,** z. B.: *Aufgaben machen, Fußball spielen, …*
- **von Verben und Verben,** z. B.: *einkaufen gehen, arbeiten müssen, …*
- **alle Verbindungen mit „sein“,** z. B.: *da sein, weg sein, erfreut sein, …*

**Achtung:** Werden diese Verbindungen wie Nomen gebraucht, schreibt man sie zusammen, z. B.: *Beim Fußballspielen habe ich Spaß.*

## Für einen Monat Rollen tauschen

Was passiert, wenn man die Verantwortung in der Familie komplett auf die Kinder überträgt? Michael Müller hat mit seiner Frau Marion den Versuch gewagt. Sie haben mit ihren Kindern für vier Wochen die Rollen getauscht und ließen Tochter Merit (14 Jahre) und Sohn Malte (12 Jahre) das Haushaltsgeld und das Kommando übernehmen.

„Die Bedingungen waren klar geregelt“, erklärt Michael Müller. „Den Kindern Anweisungen zu geben war uns strengstens verboten. Wir mussten ihren Anweisungen gehorsam folgen.“ „Anfangs ist mir der Rollentausch wirklich nicht leichtgefallen“, gibt Marion Müller zu. „Ich kann es mir doch nicht gemütlich machen, während die Kinder so fleißig sind, habe ich gedacht. Aber dann bin ich doch einsichtig geworden und ich habe mich mit dem Rollentausch schneller angefreundet, als ich dachte.“

„Als meine Eltern uns das Geld für einen Monat feierlich übergeben haben, ist mir schon ein bisschen mulmig geworden“, gibt Merit zu. „Ich musste mir erst einmal klarmachen, was das bedeutet: für vier Menschen verantwortlich sein.“ „Ich habe die Idee von Anfang an toll gefunden“, grinst Malte, „und ich finde, wir haben fast alles richtig gemacht!“

**1** Diskutiert, was ihr von einem solchen Rollentausch haltet.

**2** a Schreibt aus dem Text alle Wortgruppen aus Adjektiv und Verb heraus.
**Tipp:** Zwölf Wortgruppen aus Adjektiv und Verb werden getrennt, zwei zusammengeschrieben.
b Überlegt, nach welcher Regel Wortgruppen aus Adjektiv und Verb getrennt oder zusammengeschrieben werden.

**3** Erklärt die Zusammen- oder Getrenntschreibung der markierten Wortgruppen aus Adjektiv und Verb, indem ihr die unterschiedlichen Bedeutungen erläutert.
- Der Richter wird den Angeklagten freisprechen.
- Bei einem Referat solltest du möglichst frei sprechen.
- Auf dem vereisten Bürgersteig kann man leicht fallen.
- Diese Aufgabe wird mir leichtfallen.

**Information** **Wortgruppen aus Adjektiv und Verb**

Wortgruppen aus Adjektiv und Verb werden **meist getrennt geschrieben,** z. B.: *laut singen, schnell rennen, bequem sitzen.*
Aber: Entsteht durch die Verbindung von Adjektiv und Verb ein **Wort mit einer neuen Gesamtbedeutung, schreibt man zusammen,** z. B.: *schwarzfahren* (= ohne Fahrschein fahren), *schwerfallen* (= Mühe bereiten), *blaumachen* (= schwänzen).

# Stärken stärken: Getrennt oder zusammen?

Die folgenden Diktattexte haben verschiedene Schwierigkeitsstufen:
- **Level 1 für Sparsame:** Hier werdet ihr euch nicht verausgaben. Aber beschwert euch hinterher nicht, zu wenig Futter bekommen zu haben!
- **Level 2 für Regelbewusste:** Wer gut aufgepasst und fleißig geübt hat, schafft das locker!
- **Level 3 für Risikofreudige:** Wer wagt, gewinnt! Hier gewinnt ihr das gute Gefühl, topfit in Fragen der Rechtschreibung zu sein.

**1** a Entscheidet euch für einen Diktattext und diktiert euch die Texte als Partnerdiktat (► S. 311).
b Prüft anschließend, ob ihr alle Wörter richtig geschrieben habt. Achtet dabei besonders auf die markierten Wörter.

●○○
**Level 1**

Ich muss feststellen: Eine Woche ohne Fernsehen ist mir schwergefallen. Eigentlich sitze ich abends mit meiner Schwester vor dem Fernseher. In dieser Woche habe ich Vokabeln gelernt oder Musik gehört. Ich habe tagsüber Hausaufgaben gemacht und Klavier geübt. Zum Glück war auch noch Zeit zum Fußballspielen. Der Samstag war etwas öde. Meine Freunde haben sich zusammengetan, um DVDs auszuleihen und anzuschauen. Da konnte ich leider nicht dabei sein. Wenn ich ab morgen wieder fernsehen darf, werde ich das richtig klasse finden.

*(81 Wörter)*

●●○
**Level 2**

Am letzten Mittwoch habe ich mich abends mit meiner Mutter zusammengesetzt. Wir haben uns ausgemalt, dass es doch lustig wäre, wenn wir einmal die Rollen tauschen würden. Was auf mich zukommen würde, konnte ich da ja noch nicht vorhersehen. Erst während unseres Experiments habe ich mir klargemacht, dass meine Mutter morgens sehr früh aufsteht, damit sie all die Dinge erledigen kann. Ich musste einkaufen gehen, kochen und dann kamen noch das Wäschewaschen und all die anderen Dinge hinzu. Mir blieb kaum Zeit zum Spielen und Fernsehen. Manchmal ist es mir schwergefallen, abends zu kochen. Immerhin haben wir beschlossen, dass wir als Abschluss auf Kosten der Haushaltskasse zusammen essen gehen.

*(109 Wörter)*

●●●
**Level 3**

Am Sonntagnachmittag habe ich beschlossen, einen Monat lang klimafreundlicher zu leben. Mit meinem Bruder habe ich mich zusammengesetzt und wir haben gemeinsam überlegt, was alles dazugehört. Wenn man den Klimaschutz ernst nimmt, muss man sich ganz schön zusammenreißen. Wir mussten uns erst einmal klarmachen, worauf wir achten wollen. Man sollte zum Beispiel das Licht ausschalten, elektrische Geräte durch das Ziehen des Steckers von der Stromversorgung trennen und natürlich auch auf das Wassersparen achten. Muss man beim Duschen das Wasser so lange laufen lassen? Manches kann ganz schön lästig sein. Wenn man einkaufen geht, sollte man nicht mit dem Auto fahren, sondern besser das Rad nehmen oder zu Fuß gehen. Ich habe mir von einem Umweltexperten einmal vorrechnen lassen, was verschiedene Geräte an Strom fressen. Das hat mich tief beeindruckt! Wir sollten die Dinge nicht einfach so hinnehmen, sondern verantwortlich handeln, damit unsere Umwelt nicht noch mehr kaputtgeht.

*(147 Wörter)*

## Testet euch!

**S** Wenn Wörter zwei Silben haben, kann man meistens gut hören, wie man sie schreibt.
**U** Verlängern ist die Strategie für Einsilber und unklare Auslaute.
**T** Verlängern muss man jeden Einsilber.
**P** Verlängern muss man Einsilber mit unklarem Laut am Ende.
**E** Wortzusammensetzungen sollte man zerlegen, um Verlängerungsstellen zu finden.
**V** Ableiten hilft am Ende eines Wortes.
**R** Ableiten hilft bei *ä* oder *äu*.

**1** Prüft euer **Strategiewissen.** Notiert die Buchstaben vor den richtigen Aussagen.
**Tipp:** Die Buchstaben vor den richtigen Aussagen ergeben ein Lösungswort.

das Flu ? bett • die Fü ? e • er fa ? t • mei ? tens • die So ? e • er hei ? t • der Barfu ? pfad • der Fu ? boden • das Fa ? • der Ba ? • die Gei ? ter • die Do ? e

**2** Prüft euer **Regelwissen.** Schreibt die Wörter mit der richtigen s-Schreibung ins Heft.

die D ? be • die Zw ? bel • die T ? nte • die W ? ndmühle • die Tr ? büne • z ? mlich • die Z ? mtschnecken • der Wi ? ldhüter • der S ? bdruck • schl ? ßlich

**3** Prüft euer **Regelwissen.** Schreibt die Wörter mit der richtigen i-Schreibung ins Heft.

### Warum Kinder nicht in die Schule gehen

**A** Im Süden von madagaskar gehen rund 420 000 kinder nicht zur Schule. Dort gibt es in vielen dörfern noch kein angebot, und der Wek in die nechste Schule ist oft viel zu weit.

**B** Viele Kinder brechen die Schule schon früh ab. Den Kleinen ist der Fussweg zu weit, und oft verlieren sie den Anschluß an die anderen Kinder. Auch Flüse ohne Brücken sind ein Hindernis. Wenn das Waser schnell fliesst oder der Pegel steigt, müßen die Kinder zu Hause bleiben.

**C** Vile Jungen treiben auf der Dorfstraße Zigen vor sich her und bekommen für ihre Arbeit 1,50 € im Monat. Die Eltern finden, dass die Kinder in der Schule sowiso nichts lernen.

**D** Manchmal gipt es nur zwei Klassenstufen für alle Kinder. Mit einem Lehrer und einem Klassenraum kan die Schule nur zwei Klassen einrichten. So wiederholt sich der Unterrichtsstof oft, und kluge Kinder sind unterfordert. Wer mehr lernen wil, muß auf eine Privatschule gehen.

**4** a Findet die **Fehler.** Berichtigt den Text im Heft.
b Ordnet den Textabschnitten A–D die Fehlerschwerpunkte im Kasten richtig zu.

doppelte Konsonanten • i-Schreibung • s-Schreibung • Großschreibung

**5** Vergleicht eure Ergebnisse zu den Aufgaben 1–4 mit einem Lernpartner.

# 13.2 Kinder haben Rechte – Zeichensetzung

## Kommasetzung bei Aufzählungen

Z

Kinder brauchen besonderen Schutz: Nicht nur in den reichen Ländern wie Deutschland, Frankreich und England, sondern auch in allen anderen Ländern der Erde.
Die Vereinten Nationen wollen den Kindern zu ihrem Recht verhelfen, die Kinderrechte bekannt machen, sie durchsetzen und einklagbar machen.

**1** Erklärt euch in Partnerarbeit die Kommasetzung. Nutzt die Information unten.

VORSICHT FEHLER!

### Die Comic-Figur Meena

**A** Meena ist eine beliebte Comic-Figur in Südostasien. Sie kommt aus Bangladesch, aber auch in Indien Pakistan Nepal Bhutan Kambodscha Laos Sri Lanka Thailand und Vietnam wird sie heiß geliebt. Sie lebt den Kindern Jugendlichen und Erwachsenen vor, wie man Gleichberechtigung durchsetzen kann. Für ihren Erfolg müssen die Geschichten realistisch humorvoll und glaubwürdig sein. Deshalb werden viele Jungen Mädchen Mütter Väter und sogar ganze Dorfgemeinschaften befragt, was sie bewegt.

**B** Meena ist ein neun Jahre altes Mädchen. Sie trägt zwei Ohrringe einen langen Haarzopf ein Hemd mit kurzen Ärmeln einen Rock und Badelatschen. Sie lebt mit ihren Eltern ihren beiden Brüdern ihrer Großmutter und ihrem Papagei in einem Dorf. Sie sieht aus wie Millionen andere Mädchen, aber sie verhält sich nicht so: Meena ist selbstbewusst lässt sich nichts gefallen und will Gleichberechtigung. Sie tauscht die Rolle mit ihrem Bruder Raju. Der muss im Haushalt helfen Feuer machen den Boden wischen die Hühner füttern und die Kuh melken. Meena dagegen geht in die Schule findet die frühe Verheiratung für Mädchen unmöglich und will studieren. Seit sie in Bangladesch so erfolgreich ist, ist der Schulbesuch bei Mädchen angestiegen.

**2** a Nennt das Kinderrecht, für das sich Meena einsetzt.
b Tauscht euch darüber aus, warum Meena bei den Lesern wohl so beliebt ist.

**3** a Schreibt Text A ab. Setzt die 12 fehlenden Kommas bei den Aufzählungen.
b Im Textteil B fehlen 10 Kommas zwischen Gruppen von Wörtern.
Schreibt die Sätze, in denen Wortgruppen aufgezählt werden, mit den Kommas ins Heft.
c Erklärt einem Lernpartner eure Ergebnisse.

**Information** **Kommasetzung in Aufzählungen**

- **Kommas** stehen zwischen **aufgezählten Wörtern und Gruppen von Wörtern.**
  – Das Komma entfällt, wenn sie durch *und* oder *oder* verbunden sind,
  z. B.: *Isa, Lea und Alexandra sind Mädchennamen.*
- **Das Komma steht auch vor den Verknüpfungswörtern** *aber, jedoch, sondern* und *doch,*
  z. B.: *Du kannst schwimmen, spielen, arbeiten, aber nicht herumsitzen.*

# Kommasetzung in Satzreihen

Z

Jugendliche bestimmen in der Politik mit. Sie wählen Vertreter. Die bilden das Jugendparlament.
Jugendliche bestimmen in der Politik mit(,) und sie wählen dazu ihre Vertreter, aber die müssen sich dann auch für ihre Rechte einsetzen.

**1** Erklärt euch in Partnerarbeit die Kommasetzung. Nutzt die Information unten.

VORSICHT FEHLER!

### A Jugendparlamente

In vielen deutschen Städten gibt es Jugendparlamente aber nicht jeder kennt sie. Ihre Vertreter werden in den Schulen gewählt und sie dürfen in der Politik mitbestimmen. Das Jugendparlament hat drei Handlungsmöglichkeiten: Es kann wichtige Themen der Jugendlichen zur Diskussion vorschlagen es kann Forderungen an die Politik stellen und es kann Mitmachprojekte planen und durchführen. Dabei können die Jugendlichen nicht nur reden sondern auch selbst etwas tun. Die Jugendlichen bleiben nicht unter sich sondern werden auch in den Städten bekannter und als Partner ernst genommen.

### B Projekt des Jugendparlamentes

Ein Mitmachprojekt des Jugendparlaments in Gütersloh ist die Aktion „Gütersloh engagiert“. Es handelt sich um ein soziales Projekt. Dabei arbeitet das Jugendparlament eng mit anderen Gruppen zusammen. Die Schüler gehen einen Tag nicht in die Schule. Stattdessen arbeiten sie bei Privatpersonen oder Firmen. Sie bekommen dafür einen festen Betrag. Das Geld wird zur Hälfte an die Schulen überwiesen. Dort beschließt die Schülervertretung die Verwendung des Geldes. Über die andere Hälfte bestimmt das Jugendparlament. Es unterstützt Projekte für Kinder und Jugendliche. Die Kinder erwirtschaften viel Geld. Ihre Vertreter setzen es sinnvoll ein.

**2** Erklärt: Wie wird das Recht auf Mitbestimmung in Jugendparlamenten umgesetzt?

**3** Setzt Kommas.
- **a** Schreibt Text A ins Heft. Setzt die fehlenden Kommas.
- **b** Text B besteht nur aus Hauptsätzen. Das ist wenig abwechslungsreich.
  Verbindet die Sätze aus Text B sinnvoll. Nutzt Verbindungswörter und setzt die Kommas, z. B.:
  *Ein Mitmachprojekt ... ist die Aktion „Gütersloh engagiert“, dabei handelt es sich ...*
- **c** Erklärt einem Lernpartner eure Ergebnisse.

**Information** **Kommasetzung in Satzreihen** (▶ S. 223)

- Man kann **Hauptsätze** aneinanderreihen. Dann **trennt** man **sie durch Kommas** oder **verbindet** sie durch **Verknüpfungswörter** (Konjunktionen) wie *und, oder, aber, doch, sondern, ...*
- Vor ***und*** sowie ***oder*** **kann ein Komma** stehen, muss aber nicht, z. B.:
  *Max schießt den Ball aufs Tor(,) und Abud hält ihn.*
- Vor ***aber, doch, sondern, denn*** steht **immer ein Komma,** z. B.:
  *Max schießt den Ball aufs Tor, aber Abud hält ihn.*

# Kommasetzung in Satzgefügen

Z

Arme Kinder müssen oft schon früh arbeiten, damit die Familien überleben können.
Damit arme Familien überleben können, müssen die Kinder oft schon früh arbeiten.
Arme Kinder müssen oft, damit die Familien überleben können, schon früh arbeiten.

**1** Erklärt euch in Partnerarbeit die Kommasetzung. Nutzt die Information unten.

VORSICHT FEHLER!

**A Schuhputzer**

In Großstädten der Erde muss man sich um das Schuhputzen keine Gedanken machen weil es auf den Straßen überall Schuhputzer gibt. Wenn man also seine Schuhe geputzt haben möchte dann muss man nur seine Füße hinhalten. Viele Schuhputzer haben einen festen Standort. Andere können die Plätze wechseln weil sie nur eine mobile Ausstattung in einem kleinen Holzkasten haben. Da sich aber nur Männer die Schuhe putzen lassen und auch nur Männer die Schuhe putzen können auch kleine Jungen schon früh in diesem Beruf Geld verdienen. Mit sechs oder sieben Jahren arbeiten diese Kinder damit sie ihre Familien unterstützen können.

**B Schuhputzerinnen**

Die Männer einer Stadt in Äthiopien staunten nicht schlecht. (Eines Morgens mischten sich einige Mädchen unter die Schuhputzer.) Sie hatten einen auffällig gestrichenen Schuhputzerstand gebaut. (Sie wollten wie die Männer Geld verdienen.) Sie verstanden darüber hinaus auch noch ihr Handwerk. (Sie hatten sich gut darauf vorbereitet und putzten professionell.) Die Männer waren erstaunt. (Die Mädchen feilschten nicht um den Preis.) Ein Lehrer hatte die Idee gehabt. (Er wollte Mädchen aus armen Familien die Chance auf Bildung ermöglichen.) Er sammelte einen Teil des verdienten Geldes auf einem Bankkonto. (Die Mädchen konnten nach der Schule studieren.) Die geregelte Arbeit konnte den Mädchen eine Zukunftsperspektive vermitteln. (Sie konnten das Studium aus eigener Tasche finanzieren.)

**2** Lest die Texte. Nennt das Kinderrecht, das der Lehrer umsetzen wollte.

**3** a Schreibt Text A richtig ab. Setzt die fünf fehlenden Kommas in den Satzgefügen.
b Verbindet im Text B je einen Hauptsatz und einen Satz in Klammern zu einem Satzgefüge mit Komma. Nutzt Verknüpfungswörter wie *da, weil, damit, als, ...*, z. B.:
*Die Männer einer Stadt in Äthiopien staunten nicht schlecht, als sich eines Morgens ...*

**Information** **Kommasetzung in Satzgefügen** (▶ S. 224)

**Satzgefüge** (mindestens ein **Haupt- und** ein **Nebensatz**) werden **durch Kommas getrennt.**
Der **Nebensatz** kann **vor** oder **nach** dem Hauptsatz stehen oder **eingefügt** sein, z. B.:
- **vor:** *Wenn du mit uns laufen willst, brauchst du vor allem Ausdauer.*
- **nach:** *Du brauchst vor allem Ausdauer, wenn du mit uns laufen willst.*
- **eingefügt:** *Du brauchst, wenn du mit uns laufen willst, vor allem Ausdauer.*

Zwischen Hauptsatz und Nebensatz muss **immer ein Komma** stehen.

# Kommasetzung vor *das* oder *dass*

**A** Es sollte überall Gesetz sein, *dass* Kinder vor Ausbeutung geschützt werden müssen.
**B** Ein Kind, *das* arbeitet, darf nicht Gefahren für die Gesundheit ausgesetzt sein.

**1** a Bestimmt, welcher der beiden Nebensätze in A oder B der Relativsatz ist.
b Erklärt die Schreibung mit *dass* oder *das*.

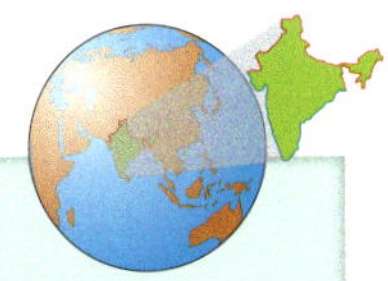

### A Kinderarbeit

Es ist auch heute noch in vielen Ländern üblich, dass Kinder den ganzen Tag wie Erwachsene arbeiten müssen. Es ist eigentlich unvorstellbar, dass weltweit 218 Millionen Kinder ausgebeutet werden. Das Steinklopfen in Steinbrüchen, das eine wirklich schwere Arbeit ist, bringt gute Gewinne. Deshalb kommt es oft vor, dass skrupellose Arbeitgeber junge Kinder aus den Familien holen und für sich arbeiten lassen.
Ein Kind, das den ganzen Tag arbeiten muss, hat keine Kraft und keine Zeit für den Schulbesuch. Das Geld, das die Kinder für ihre Arbeit bekommen, ist ein Hungerlohn, trotzdem sind die Familien darauf angewiesen. Das Ausmaß der Arbeit, das für Europäer unvorstellbar ist, macht die Kinder krank.

### B Kinderarbeit in Indien

Indien ist ein Land, ? schon 1950 Menschenhandel und Zwangsarbeit verboten hat. Außerdem gibt es ein Gesetz, ? Kinder unter 14 Jahren in Minen und Fabriken nicht beschäftigt werden dürfen. Leider interessiert es viele Arbeitgeber nicht, ? ihr Verhalten verboten ist. Nur so ist zu erklären, ? 12,5 von 252 Millionen indischen Kindern zwischen fünf und 14 Jahren täglich arbeiten. Das Risiko, ? der Arbeitgeber dabei eingeht, ist gering, denn die Strafen sind niedrig. Es ist auch üblich, ? man sich mit einer geringen Summe freikaufen kann. Für viele Behörden und Familien ist ein Kind, ? man zum Arbeiten weggibt, völlig normal. Die eigentliche Ursache für die Kinderarbeit ist, ? viele Familien so arm und verschuldet sind, ? sie ihre Kinder als Schuldsklaven weggeben müssen, um die Schulden zu begleichen.

**2** Erläutert mit Hilfe der Texte, warum es immer noch Kinderarbeit in vielen Ländern gibt.

**3** a Schreibt die Sätze des Textes A ins Heft. Unterstreicht das Wort im Hauptsatz, auf das sich das *das* oder *dass* bezieht.
b Ergänzt Text B richtig im Heft.

**Information** **Nebensätze mit *das* und *dass* unterscheiden**

**Nebensätze,** die mit ***das*** oder ***dass*** beginnen, werden durch **Komma** abgetrennt.

- **Relativsätze** (► S. 227) mit ***das*** beziehen sich auf **ein sächliches Nomen im Hauptsatz,** z. B.:
  *Ein Kind, das die Schule besucht, hat bessere Zukunftschancen.*
- Die Konjunktion ***dass*** dagegen **bezieht sich auf das Verb des vorangegangenen Satzes,** z. B.:
  *Jeder weiß, dass Kinder mit Schulbildung bessere Chancen für die Zukunft haben.*

**Tipp:** Das Relativpronomen *das* kann durch *dies, dieses* oder *welches* ersetzt werden.

# Zeichensetzung bei der wörtlichen Rede

Hajo Schumacher

## Urlaubspläne am Familientisch (1)

„Meine Lieben“, hebe ich an, „wohin fahren wir in diesem Sommer?“ Argwöhnische Blicke werden mir zugeworfen. Schnell schiebe ich nach: „Ich möchte, dass wir uns heute Abend gemeinsam auf einen Urlaubsort verständigen, an dem jeder seinen Spaß hat.“ Skeptisches Schweigen. „Einstimmigkeit wäre ganz toll!“, füge ich noch hinzu.

„Nicht nach Italien“, sagt Mona, meine Frau.

„Kein Wohnmobil!“, erklärt Karl, unser dreizehnjähriger Sohn.

„Auf eine Schäre?“, fragt Mona, die als Kind begeistert *Ferien auf Saltkrokan* gelesen hat.

„Nach Amerika“, fordert Karl.

„Grrrgll“, macht Hans, unser Zweijähriger.

Es wird Zeit für meinen ersten Vorstoß. „Ich würde gern baden, klettern, gut essen, nette Leute kennen lernen und Tiere für Hans haben. Ich habe da einen tollen Bauernhof in den Dolomiten empfohlen bekommen.“ Meine Familie guckt mich entsetzt an.

„Berge sind langweilig“, behauptet Karl.

„Ich möchte Strand“, verlangt Mona.

„Und Meer!“, fordert Karl.

**1** a Untersucht aufmerksam die Zeichensetzung bei der wörtlichen Rede in diesem Text.

b Der Redebegleitsatz kann vor, nach oder zwischen der wörtlichen Rede stehen. Findet für diese drei Fälle jeweils ein Beispiel aus dem Text und schreibt sie auf.

c Formuliert gemeinsam mit einer Partnerin oder einem Partner eure Beobachtungen zu Regeln aus, z. B.:

- *Der Redebegleitsatz vor der wörtlichen Rede …*
- *Der Redebegleitsatz nach der wörtlichen Rede …*
- *Der Redebegleitsatz zwischen der wörtlichen Rede …*
- *Anführungszeichen stehen …*

**2** a Schaut euch nun die Satzschlusszeichen (Punkt, Ausrufezeichen, Fragezeichen) bei der wörtlichen Rede an, die vor dem Redebegleitsatz steht. Was fällt euch auf?

b Formuliert in Partnerarbeit eine Regel zu euren Beobachtungen.

- *Wenn die wörtliche Rede vor dem Redebegleitsatz steht, bleiben … und … am Ende … Der Schlusspunkt aber …*

**3** Vergleicht eure Regeln zur Zeichensetzung bei der wörtlichen Rede mit den Informationen im Merkkasten auf Seite 257.

Hajo Schumacher

## Urlaubspläne am Familientisch (2)

VORSICHT FEHLER!

1 Wir bleiben einfach zu Hause bestimme ich Berlin ist großartig im Sommer
2 Und die Nachbarn wirft Mona entgeistert ein denken dann dass wir uns einen Urlaub nicht leisten können
3 Ich dachte immer dass man wegfährt weil man sich erholen will wende ich ein
4 Ich kann mich nur am Strand richtig erholen nutzt Mona die Gelegenheit
5 Meint ihr dass man sich mit dreizehn Jahren schon erholen muss fragt Karl
6 Na gut ich rufe morgen Frau Reinermann an erkläre ich

Der Rest der Familie ist beruhigt. Die Reisekauffrau unseres Vertrauens hat noch immer einen Kompromiss gefunden. Sie ist schwere Fälle gewohnt.

**1** a Schreibt die Sätze 1 bis 6 in euer Heft. Setzt dabei alle fehlenden Satzzeichen. Denkt auch an die Kommasetzung zwischen Hauptsatz und Nebensatz.
b Tauscht eure Hefte aus und kontrolliert die Zeichensetzung in euren Texten. Nehmt hierzu den Merkkasten unten sowie die Informationen aus dem Merkkasten von Seite 254 zu Hilfe.

**2** a Setzt den Text in Partnerarbeit fort. Erzählt, wie der Ich-Erzähler im Reisebüro anruft und um einen Urlaubsvorschlag bittet. Verwendet in euren Texten wörtliche Rede und achtet auf die Zeichensetzung, z. B.:
*„Ich rufe jetzt im Reisebüro an“, sage ich und nehme den Telefonhörer in die Hand.*
*„Reisebüro Sonnenschein“, ertönt es am anderen Ende, „was kann ich für Sie tun?“*
*„Hallo, hier spricht Herr Müller“, antworte ich. „Ich rufe Sie ...“*
b Überprüft die Zeichensetzung in euren Texten.

**Information** **Zeichensetzung bei der wörtlichen Rede**

Die wörtliche Rede steht in einem Text in Anführungszeichen. Die Satzzeichen ändern sich, je nachdem, ob der Redebegleitsatz vor, nach oder zwischen der wörtlichen Rede steht.

- Der **Redebegleitsatz vor der wörtlichen Rede** wird durch einen Doppelpunkt von der wörtlichen Rede abgetrennt, z. B.: *Ich fragte: „Wohin sollen wir verreisen?“*
- Der **Redebegleitsatz nach der wörtlichen Rede** wird durch ein Komma von der wörtlichen Rede abgetrennt, z. B.: *„Ich würde gern ans Meer fahren!“, rief Jana.*
*„Sollen wir ans Meer fahren?“, fragte Jana. „Ich möchte ans Meer“, sagte Jana.*
In der wörtlichen Rede entfällt der Punkt; Frage- und Ausrufezeichen bleiben aber erhalten.
- Der **Redebegleitsatz zwischen der wörtlichen Rede** wird durch Kommas von der wörtlichen Rede abgetrennt, z. B.: *„Ach nein“, meint Matthias, „ich würde lieber in die Berge fahren.“*

# Stärken stärken: Zeichensetzung

VORSICHT FEHLER!

**Urlaub im Baumhaus**

**1** Ein Baumhaus richtet sich nach der Persönlichkeit des Baumes und es richtet sich nach seiner Eigenart. **2** Da der Baum ein Haus und mehrere Personen zu tragen hat sollte es sich um einen starken und gesunden Baum handeln. **3** Besonders geeignet sind Eichen Buchen Eschen und Linden. **4** Sie nennen sich Baumhausarchitekten, wenn sie sich nur mit Baumhauskonstruktionen befassen.

●○○ **1** a Schreibt den Text ab und setzt dabei alle fehlenden Kommas.
b Schreibt die Tabelle in euer Heft und tragt die Nummern der Sätze in die passende Spalte ein.

| Satzgefüge (Hs + Ns) | Satz mit Aufzählung | Satzreihe (Hs + Hs) |
| --- | --- | --- |
| … | … | … |

VORSICHT FEHLER!

**1** Ein Baumhaushotel findet man in Sachsen man findet es in einem Wald zwischen Görlitz und Rothenburg. **2** Auch wenn sich die Holzhütten in zehn Meter Höhe befinden können dort ganze Familien schlafen und träumen. **3** Auf dem Gelände das die bebauten Bäume umgibt befindet sich ein Abenteuerspielplatz mit unterirdischen Gängen einem Wasserlauf einem Schloss und einem Piratenschiff. **4** In die Sterne schauen kann man im „Green Magic Nature Resort“ das im südindischen Dschungel liegt. **5** In 30 Meter Höhe nämlich oben in einem Feigenbaum befindet sich ein Bett über dem der freie Himmel ist. **6** Am Fuße des Baumes tummeln sich nachts schon mal Panther Schakale und Elefanten.

●●○ **2** a Schreibt die Sätze ab und setzt dabei alle fehlenden Kommas.
b Übertragt die Tabelle oben in euer Heft und ordnet die Nummern der Sätze in die passende Spalte ein. Manche Sätze gehören in mehrere Spalten.

VORSICHT FEHLER!

Um etwas zu erleben muss man doch nicht in die Ferne sagt mein Sohn Sondern frage ich Am ersten sonnigen Ferientag machen wir uns gegen neun Uhr abends auf in den Dschungel Vater und Sohn packen Fernglas Petroleumleuchte und Schlafsäcke ein ich den Proviant Wir schlagen uns durch Dickicht bis zum Pflaumenbaum auf dem vier Meter über uns Jans Baumhaus liegt Weil die Strickleiter und ich kein gutes Team sind erreiche ich mit Herzklopfen das Ziel Ich erwarte Feuchtigkeit mumifizierte Essensreste und Kuscheltierkadaver aber der Raum ist trocken sauber und gemütlich Es knarrt und knackt als wir hineinkriechen Natürlich sind die Dielen stabil beruhigt mich mein Mann Wir zünden die Petroleumlampe an essen Würstchen Kartoffelsalat und Kirschen

●●● **3** Im Text fehlen alle Satzzeichen. Schreibt den Text ab und ergänzt dabei die fehlenden Kommas, Satzschlusszeichen und Redezeichen.

## Testet euch! Z

Viele Kinder in aller Welt sammeln täglich Lebensmittelreste Papier Metall und andere Dinge.
Wenn die Müllwagen neuen Müll bringen kommen von überall her Kinder angelaufen.
Die Kinder auf den Müllplätzen binden sich Magnete an Stäbe denn dann finden sie oft Metall.
Manche Kinder sammeln brauchbare Teile aus dem Elektroschrott aber die sind oft giftig.

**1** a Schreibt die Sätze in euer Heft. Setzt die Kommas.
b Ordnet den Sätzen die richtige Regel zu. Schreibt ins Heft: *Komma ...*
**A** *bei Aufzählungen* **B** *zwischen Haupt- und Nebensätzen* **C** *bei Satzreihen*

**Djamilia**

Djamilia ist ein Mädchen aus Afrika erst zehn Jahre alt aber schon mit vielen Aufgaben betraut. Sie muss täglich Wasser holen ihrer Mutter helfen und für ihre kleinen Geschwister sorgen. Außerdem muss sie die Tiere tränken das Geschirr waschen Feuer machen und den Hof fegen. Sie arbeitet jeden Tag fällt abends müde ins Bett geht nicht zur Schule hat aber einen Traum: Sie will Französisch lernen. Sie selbst spricht in ihrer Familie die Landessprache Hausa aber in den meisten Schulen wird Französisch gesprochen. Wie ihr geht es vielen Kindern: Ihre Familien sprechen Setsuana Tetum Hindi Yolngu und viele Sprachen mehr. Dagegen unterrichten die Schulen Englisch Französisch und Spanisch.

**2** Ergänzt in eurem Heft die fehlenden Kommas.
Welcher Kommafehler überwiegt?

**A** Kinder gehen häufig nicht zur Schule. Sie sprechen die Sprache der Schule nicht.
**B** Eltern verhindern oft den Schulbesuch. Sie möchten ihre eigene Sprache bewahren.
**C** Schulen bieten oft zwei Sprachen an. Dann werden mehr Kinder angemeldet.
**D** In manchen Schulen stehen traditionelles Malen und Tanzen auf dem Stundenplan. Die Geschichte der Kultur bleibt dadurch erhalten.

**3** a Verbindet im Heft die Sätze A bis D jeweils zu **Satzreihen.** Setzt die richtigen Kommas.
**Tipp:** Nutzt *und* oder *denn.*
b Verbindet die Sätze A bis D mit *weil* und *da* zu **Satzgefügen.** Setzt die richtigen Kommas.

Es ist ein Kinderrecht, ? Kinder in die Schule gehen dürfen.
Es gibt viele Gründe dafür, ? viele Kinder der Erde nie die Schule besuchen.
Es ist empörend, ? Kinder Elektroschrott sortieren müssen.
Das Gift, ? sie aus dem Müll aufnehmen, gefährdet ihre Gesundheit.
Jeder Mensch weiß, ? ? eine Katastrophe für die Kinder ist.

**4** Setzt ein: *dass* oder *das?* Schreibt die Sätze richtig ins Heft.

# 13.3 Fit in ...? – Einen Text überarbeiten

## Fehlerschwerpunkte erkennen

### Kinder haben das Recht auf Bildung

Menschen, die nicht lesen und schreiben können, heißen Analphabeten. Was das bedeutet, merken wir, wenn wir uns andere Schriften ansehen. Bittet griechische, türkische, chinesische oder japanische Mitschüler, euch etwas in ihrer Sprache und Schrift aufzuschreiben, und ihr werdet nichts lesen können.

Wenn ihr in die Heimatländer dieser Mitschüler reisen würdet, würdet ihr euch wahrscheinlich wie Analphabeten fühlen: Ihr könntet in der Regel keinen Hotelnamen, kein Straßenschild, kein Telefonbuch und keine Zeitung lesen. Und wie solltet ihr Arbeit finden?

Wenn man nicht lesen kann, ist man von vielen Bereichen des Lebens ausgeschlossen. Man kann sich nicht informieren, deshalb kann man keine Entscheidung fällen. Man ist auf das angewiesen, was andere einem sagen.

Manche Menschen profitieren davon, dass viele nicht lesen und schreiben können. Sie schreiben für andere, lesen Briefe vor und beantworten sie, weil ihre Kunden dazu nicht in der Lage sind. Sie können nicht an Behörden schreiben, können sich nicht wehren, können nicht einmal Liebesbriefe schreiben. Sie geben ihre Briefe in Auftrag, bezahlen dafür, können sie aber nicht prüfen. In Ländern, in denen die Zahl der Analphabeten hoch ist, sind diese Briefeschreiber normal. Auch in westlichen Ländern gibt es Analphabeten. Bei uns aber verbergen sie es meistens, weil sie sich schämen.

Man schätzt, dass weltweit mindestens 93 Millionen Kinder nicht lesen und schreiben können.

Aber ohne Schulbildung kann man sich nicht aus der Armut befreien, weil man keine gute Arbeit findet. Man kann auch in der Politik nicht mitentscheiden, deshalb ist eine Demokratie in Ländern mit hohem Anteil an Analphabeten kaum möglich. Nur wenn es in diesen Ländern Schulen gibt, wenn die Kinder eine Grundbildung bekommen und wenn die Schulpflicht ernst genommen wird, kann sich die Situation verbessern.

**1** Beantwortet mit Hilfe des Textes die folgenden Fragen:
- a Was bedeutet es, nicht lesen und schreiben zu können?
- b Warum ist die Umsetzung der Schulpflicht für Kinder so wichtig?

**2** Arbeitet gezielt an eurer Rechtschreibung. Geht so vor:
- a Lasst euch den Text „Kinder haben das Recht auf Bildung" diktieren.
- b Findet die Fehler in eurem Diktat. Prüft, zu welcher Strategie oder Regel eure Fehler gehören.
- c Ordnet eure Fehler den Strategien zu. Nutzt den Bogen zur Fehleranalyse (▶ S. 261).

**3** Bei welcher Strategie habt ihr die meisten Fehler gemacht? Arbeitet an den folgenden Stationen (▶ S. 262–264) zu euren Fehlerschwerpunkten.

## Eine Fehleranalyse durchführen

| Strategie | Fehlertyp | Mögliche Fehlerwörter | Zahl | Geht zu |
|---|---|---|---|---|
| | **Doppelkonsonanten** | bi**tt**et, ausgeschlo**ss**en, kö**nn**en, kontro**ll**ieren, verste**ck**en, verbe**ss**ern, ka**nn**, schä**tzt**, beko**mm**en | | Station 1 |
| M | **ie-Wörter** | vielen, informieren, angewiesen, verdienen, viele, Briefe, diese, Briefeschreiber, griechisch, angewiesen, Demokratie, profitieren | | Station 2 |
| | **ß-Wörter** | heißen, Straßenschild, heißt | | Station 2 |
| M | **Merkwörter**<br>– kleine Wörter<br>– Wörter mit *h*<br>– Fremdwörter | was, wenn, etwas, und, man, sie, deshalb, viele, vor, ohne, gibt, ihr, wahrscheinlich, wehren, bezahlen, Zahl, ihren, ihre, Analphabeten, profitieren | | Seite 236 |
| xX | **Großschreibung** | siehe Text | | Station 3 |
| -/+ | **Zusammen-schreibung** | Mitschüler, aufzuschreiben, Heimatländer, Hotelnamen, Straßenschild, Telefonbuch, Liebesbriefe, Briefeschreiber, weltweit, Schulbildung, mitentscheiden, Grundbildung | | Seite 247 |
| | **Getrenntschreibung** | ernst genommen, schreiben können | | Seite 248 |
| Z | **Kommas bei/in Aufzählung von:** | | | Station 5 |
| | – Wörtern | Z. 4 f.: griechische, ... | | |
| | – Wortgruppen | Z. 11 f.: ... keinen Hotelnamen, kein ...<br>Z. 20 f.: Sie schreiben für andere, lesen ...<br>Z. 24 f.: Sie können nicht ..., können sich ... | | |
| | – Nebensätzen | Z. 41 f.: Nur wenn es ..., wenn ... | | |
| | – Satzreihen | Z. 4 ff.: Bittet, ...und ihr werdet ...<br>Z. 16 f.: Man kann sich nicht ..., deshalb ...<br>Z. 38 f.: Man kann auch ..., deshalb ... | | |
| | – Satzgefügen | Z. 1 f.: Menschen, die ..., heißen ...<br>Z. 2 f.: ... bedeutet, merken wir, wenn ...<br>Z. 8 f.: Wenn ihr ... reisen würdet, würdet ...<br>Z. 14 f.: Wenn man nicht lesen kann, ist ...<br>Z. 17 f.: Man ist auf das angewiesen, was ...<br>Z. 22 f.: ..., weil ihre Kunden ...<br>Z. 28 ff.: In Ländern, in denen ...<br>Z. 31 f.: Bei uns ..., weil ...<br>Z. 33 f.: Man schätzt, dass ...<br>Z. 36 ff.: Aber ohne ..., weil ... | | Station 6 |
| Z | **dass/das** | Z. 19 f.: ... profitieren davon, dass ...<br>Z. 33 f.: Man schätzt, dass ... | | Station 4 |

## Station 1: Doppelte Konsonanten – Erste Silbe geschlossen oder offen?

**Obdachlose Kinder**

Südafrika ist nicht nur ein Land des Tourismus, so ? dern *(n)* auch ein Land mit vielen obdachlosen Kindern. Aber nicht alle Kinder, die man auf der Straße antri ? t *(f)*, leben dauerha ? t *(f)* auf der Straße. Es gibt auch Kinder, die in den Ferien und in der Freizeit das Einko ? en *(m)* ihrer Familie aufbe ? ern *(s)* wo ? en *(l)* oder mü ? en *(s)*. Sie lehnen den Begri ? *(f)* Straßenkind für sich ab, weil sie nicht i ? er *(m)* auf der Straße leben. Im Gegensa ? *(z/tz)* dazu sind Straßenkinder auf sich a ? ein *(l)* geste ? t *(l)*.
In Südafrika sind 80 bis 90 Prozent der Straßenkinder mä ? lich *(n)*. Ihr durchschni ? liches *(t)* Alter liegt zwischen 11 und 22 Jahren. Doch leben auch jüngere Kinder unter freiem Hi ? el *(m)*, manchmal sogar Mü ? er *(t)* zusa ? en *(m)* mit ihren Säuglingen.

**1** Entscheidet, ob der in Klammern angegebene Konsonant verdoppelt wird. Arbeitet im Heft.

**2** Tragt je fünf Wörter aus dem Text in eine Tabelle wie folgt ein:

| erste Silbe offen | erste Silbe geschlossen | |
|---|---|---|
| | zwei gleiche Konsonanten | zwei verschiedene Konsonanten |

## Station 2: *ie* und *ß* – Achtet auf die erste Silbe

**Stra ? enkinder**

In Südafrika lebt eine gro ? e Anzahl von Kindern auf der Stra ? e. Die geschätzten Zahlen schwanken von 30 000 bis 1,5 Millionen. Die Minenarbeit in den Städten rei ? t die Familien auseinander. Die Männer la ? en oft ihre Frauen zurück, und die zurückgebliebenen Frauen mü ? en ihre Kinder durchbringen. Wenn es keine Gro ? eltern gibt, die helfen können, landen die Kinder oft auf der Stra ? e. Auch der Tod der Eltern kann der Grund dafür sein, dass Kinder drau ? en leben. Oft werden die Kinder von den Familien verla ? en und versto ? en. Die Lehrer wi ? en meistens nicht, wie sie mit der Situation umgehen sollen.

**1** Setzt ein: *ß* oder *ss?* Schreibt den Text richtig ins Heft.

**2** Entscheidet: *i* oder *ie?* Legt eine Tabelle an und ordnet die Wörter richtig ein. Begründet die Schreibweise.

| | | |
|---|---|---|
| die D ? be   der Z ? gel | zu s ? bt   kl ? ngt | der W ? ldd ? b |
| w ? ldern   sch ? ben | br ? ngt   z ? ht | die Z ? lgerade |
| sch ? ldern   m ? ldern | w ? ld   das S ? b | die Z ? hharmonika |
| die W ? ge   die Z ? trone | der Kr ? g | der Br ? fbeschwerer |
| die Masch ? ne | | fr ? dlich |

## Station 3: Großschreibung

VORSICHT FEHLER!

**Womit straßenkinder ihr geld verdienen**

straßenkinder versuchen in der regel ihren unterhalt durch betteln, autowaschen, schuhputzen, sammeln von wiederverwertbarem müll und andere tätigkeiten für ihr überleben zu verdienen. Gelingt das nicht, besteht die gefahr, in die kriminalität abzurutschen. Die jüngeren kinder, die auf der straße leben müssen, haben bessere chancen, geld zu erbetteln, aber ältere straßenkinder bekommen immer weniger zusammen. Sie werden auch deswegen weniger unterstützt, weil man verhindern will, dass der strom von kindern, die aus der familie auf die straße flüchten, immer größer wird.

**1** a Bestimmt im Text alle Nomen. Notiert sie mit ihren Begleitern ins Heft.
b Findet im Text drei nominalisierte Verben. Schreibt sie mit ihren Begleitern heraus.

nichts • etwas • viel • kein • alles

schön • interessant • riskant • gefährlich • legal

beim • zum • vom • durch das

betteln • überleben • helfen • unterstützen • verhindern

**2** Formt die Adjektive und die Verben oben rechts zu Nomen um. Bildet im Heft je fünf Sätze, z. B.:
*Mir konnte nichts Schöneres passieren.*

## Station 4: *dass* oder *das?*

denken, dass ... •
meinen, dass ... •
glauben, ... • hoffen, ... •
der Meinung sein, ... •
wollen, ... •
sicherstellen, ...

Kinderrechte müssen geschützt werden. •
Ein Schulbesuch muss für alle Kinder der Welt möglich sein. •
Kinderarbeit muss verhindert werden. •
Produkte aus Kinderarbeit dürften nicht gehandelt werden. •
Nur mit Bildung haben die Kinder die Chance auf eine Zukunft.

**1** a Bildet mit Hilfe der Wortbausteine Satzgefüge mit *dass*. Schreibt sie ins Heft.
b Unterstreicht im Heft die Nebensätze, z. B.: *Ich denke, dass die Kinderrechte geschützt werden müssen.*

Ein Mädchen, das ... •
Das Abkommen, ... •
Das Recht auf Lesen und Schreiben, ...

die Kinder schützen soll, •
keine Unterstützung hat, •
durchgesetzt werden soll,

muss kontrolliert werden. •
kann keine Schule besuchen. •
scheitert oft an der Armut der Eltern.

**2** a Bildet im Heft aus den vorgegebenen Bausteinen sinnvolle Relativsätze.
b Unterstreicht das Nomen, auf das sich „das" bezieht, z. B.: *Das Mädchen, das keine ...*

## Station 5: Kommasetzung bei Aufzählungen und in Satzreihen

**Scharfes aus Afrika**
Das braucht man für Kiliwilli:
2 unreife Bananen 1 Esslöffel Cayenne-Pfeffer oder Paprikapulver 2–3 Esslöffel Maisöl 1 Holzbrettchen 1 Küchenmesser 1 Pfannenheber 1 Bratpfanne 1 kleine Schüssel und Küchenkrepp.
So geht es: Bananen schälen in mundgerechte Stücke schneiden Pfeffer in eine Schüssel geben Bananenstücke darin wenden.

**1** Schreibt die Anleitung ins Heft. Setzt die Kommas.

Erhitze das Öl in einer Bratpfanne. Brate die Bananenstücke bei mittlerer Hitze. Lass sie braun und knusprig werden. Nimm die Bananenstücke mit dem Pfannenwender aus der Pfanne. Lege sie beim Abtropfen auf Krepppapier. Lass es dir gut schmecken. Verschluck dich nicht. Die Bananen sind scharf.

**2** Diese Anleitung besteht nur aus Hauptsätzen. Verbindet sie im Heft mit *und, aber, denn* zu Satzreihen. Setzt die Kommas, wenn nötig, z. B.: *Verschlucke dich nicht, denn* ...

## Station 6: Kommas in Satzgefügen

Viele Kinder der Welt sind so arm dass sie keine regelmäßigen Mahlzeiten bekommen.
In vielen Dorfgemeinschaften wird gemeinsam gekocht weil das Energie spart.
Wenn Familien essen wollen beteiligen sie sich auch am gemeinsamen Kochen.

**1** a Schreibt die Satzgefüge ins Heft. Setzt in jedem Satz das Komma.
b Unterstreicht den Nebensatz und kreist das Verknüpfungswort (die Konjunktion) ein.

**Mangopfannkuchen aus Mali**

Mangopfannkuchen kann man leicht zubereiten ... •
Sie schmecken himmlisch ... •
Man verrührt eine Tasse Mehl, eine Tasse Milch und zwei Eier ... •
Man schneidet die Mango in Stücke ... •
Man kann in einer Pfanne kleine Teigfladen backen ...

... nachdem man sie vorher geschält hat. •
... wenn man Pfannkuchen für zwei Personen backen möchte. •
... wenn die Früchte reif sind. •
... sobald man alles verrührt hat. •
... falls man die Zutaten zur Verfügung hat.

**2** a Ordnet im Heft den Hauptsätzen die passenden Nebensätze zu.
b Setzt die Kommas.

# 14 Engagiert euch! – Teamarbeit organisieren

**1** a Ein starkes Team! Was versteht ihr darunter? Was gehört dazu? Betrachtet auch das Foto.
b Berichtet von euren eigenen Teamerfahrungen.

**In diesem Kapitel ...**

- lernt ihr, wie ihr erfolgreich im Team arbeitet,
- recherchiert ihr zum Thema „soziales Engagement" und wertet die Informationen gemeinsam aus,
- verfasst ihr Aufrufe und überarbeitet sie in einer Schreibkonferenz,
- bekommt ihr Tipps für die Präsentation eurer Ergebnisse.

# 14.1 Soziales Engagement – Zu einem Thema recherchieren

## Die Teamarbeit planen und organisieren

**1** a Schaut euch die Etappenkarte mit den einzelnen Stationen zur Teamarbeit genau an.
b Erinnert euch an Aufgaben oder Projekte, die ihr schon im Team erarbeitet habt. Erklärt, wie ihr die Arbeit an den einzelnen Stationen durchgeführt habt. Nennt Beispiele.
c Überlegt, an welchen Stationen ihr in der Gruppe arbeitet und welche Etappen ihr in Einzel- oder Partnerarbeit durchführen würdet. Begründet eure Meinung.

# Das Thema festlegen

## Ehrenamtliches Engagement – Kleine Hilfen sind groß!

Du wolltest schon immer einmal etwas Sinnvolles tun und einen positiven Beitrag zur Gesellschaft leisten? Dich ehrenamtlich für Natur und Umwelt, Kinder, Kranke oder Migranten engagieren? Kein Problem – es ist ganz einfach! Die Möglichkeiten für soziales Engagement sind vielfältig: Kindern Geschichten vorlesen, mit älteren Menschen Zeit verbringen, Essen an Obdachlose verteilen, Geld spenden, Bäume pflanzen, einen Stadtgarten anlegen, mit Hunden Gassi gehen, Nachhilfe geben …

Viele humanitäre und ökologische Projekte sind von freiwilliger und engagierter Hilfe abhängig, die Finanzierung setzt sich meist aus staatlichen Geldern und Spenden zusammen. Ehrenamtliches Engagement in einem Verein oder einer Initiative bringt drei Vorteile auf einmal: Hilfebedürftige werden unterstützt, das Projekt kann durch deine Hilfe weiterhin einen guten Zweck verfolgen und du hilfst mit, die Welt lebenswerter zu machen.

**1** a Lest den Text. Tragt zusammen, welche Möglichkeiten es gibt, sich sozial zu engagieren.
b Berichtet: Kennt ihr Projekte oder Aktionen zum Thema „soziales Engagement“? Was macht ihr selbst im Alltag, um euch für andere einzusetzen?

**2** Plant einen Museumsgang (▶ S. 278), bei dem ihr Portfoliomappen und Plakate präsentiert: In eurer Schule wollt ihr über verschiedene Aspekte und Bereiche zum sozialen Engagement informieren. Ihr wollt deutlich machen, was jeder im Alltag für andere tun kann.
a Sammelt Ideen zum Thema, indem ihr Fragen oder Stichpunkte auf Karteikärtchen notiert.
b Entscheidet euch, über welche Unterthemen ihr informieren wollt. Dies könnt ihr z. B. mit der Trichtermethode machen.

**Methode** **Die Trichtermethode**

Diese Methode hilft bei der Auswahl von Ideen. Zeichnet dazu einen Trichter an die Tafel. Heftet oberhalb des Trichters eure Ideen (eure Karteikärtchen) an. Bestimmt dann die Kriterien, die zu beachten sind. Sie bilden den Trichterhals, z. B.: *Vorkenntnisse, Zeit, Kosten …*
Vorschläge, die alle Kriterien erfüllen, kommen in die engere Auswahl. Stimmt zuletzt ab, wenn ihr mehrere gute Vorschläge habt.

# Ein Team bilden, die Aufgaben verteilen

Für jedes von euch ausgewählte Thema zum sozialen Engagement ist ein Team zuständig, das hierzu recherchiert und Informationen für die Mitschüler erarbeitet.

**1** Bildet Gruppen von vier bis sechs Personen. Findet euch nach eurem Interesse für ein Thema zusammen. Sind die Gruppen ungleich verteilt, könnt ihr auch losen oder abzählen.

**2** Jedes Team, das erfolgreich sein will, braucht Regeln! Einigt euch auf einige wichtige Gruppenregeln, an die ihr euch halten wollt. Haltet eure Ergebnisse auf einem Plakat fest.
**Tipp:** Ihr könnt eurem Team auch einen Namen geben und ein Foto von eurer Gruppe auf das Plakat kleben.
*Jeder gibt sein Bestes!* *Wir helfen uns gegenseitig.*
…

**3** Im Folgenden recherchiert ihr nach Informationen zu eurem Thema, das ihr später präsentieren wollt. Dazu gehören folgende Aufgaben:

**A** Ihr recherchiert Informationen zu eurem Thema und bereitet sie so auf, dass ihr sie präsentieren könnt.

**B** Ihr legt Seiten für eure Portfoliomappe an und erstellt Plakate für die Stellwände.

**C** Ihr entwickelt einen Flyer, der über das soziale Engagement informiert und zum Handeln aufruft.

**a** Tauscht euch darüber aus, was ihr besonders gut könnt bzw. gerne macht. Haltet eure Ergebnisse fest, indem ihr eure Fähigkeiten und Vorlieben unter eurem Namen notiert. Dabei dürfen auch Dopplungen vorkommen, z. B.:

*Tamara:*
- *Ich komme oft in die Bibliothek und kenne mich da gut aus.*

*Tobias:*
- *Ich gestalte gern Plakate.*
- *Ich kann gut zeichnen.*

*Janis:*
- *Ich bin in der Computer-AG und kann daher gut Seiten gestalten.*

**b** Teilt dann die Aufgaben unter euch auf. Berücksichtigt dabei eure Vorlieben und Fähigkeiten.

**4** Überlegt gemeinsam, wie ihr bei der Informationsrecherche und dem Präsentieren eurer Ergebnisse vorgehen wollt. Notiert eure Ideen zu den folgenden Fragen:
- Welche Punkte zu eurem Thema wollt ihr bearbeiten?
- Wo wollt ihr nach Informationen suchen (Internet, Bibliothek, Interview mit ...)?
- Wer kann welche Aufgabe bis wann übernehmen? Setzt euch feste Termine und berücksichtigt auch die Stärken und Schwächen der einzelnen Gruppenmitglieder.
- Wie könnt ihr eure Zwischenergebnisse und Materialien dokumentieren? (Portfolio)

**5** Erstellt einen Arbeitsplan für eure Gruppenarbeit. Füllt zunächst nur die Felder für die Aufgaben 1 bis 3 aus. So könnte ein Arbeitsplan für die Gruppe aussehen, die sich mit dem Thema „Jugendfeuerwehr" beschäftigt:

| **Thema: Jugendfeuerwehr** | **Ziel: Informationen und Tipps für Mitschüler** | | |
|---|---|---|---|
| **Aufgaben** | **Wer?** | **Wo?** | **Bis wann?** |
| *1. Informationen recherchieren:* | | | |
| *– Wo ist die nächste Jugendfeuerwehr?* | ... | *Internet, Lexikon* | *nächsten Montag* |
| *– Welche Aufgaben hat die Jugendfeuerwehr?* | ... | ... | ... |
| | ... | ... | ... |
| *– Wie kann man Mitglied werden?* | ... | ... | ... |
| *– Gibt es regelmäßige Termine?* | | | |
| *2. Informationen auswerten* ... | | | *in zwei Wochen* |
| *3. Portfolioseiten erstellen* ... | | | ... |
| *4. Plakat anfertigen* ... | | | ... |

**6** Nicht jeder ist ein geborener Teamplayer. Aber Teamfähigkeit kann man lernen.

**a** Gestaltet einen Bewertungsbogen für Teamfähigkeit und kopiert ihn für alle. Nehmt Aspekte auf, die euch wichtig sind. Nutzt hier auch die von euch aufgestellten Regeln (► S. 268, Aufgabe 2).

| **Unsere Teamfähigkeit** | ☺ | 😐 | ☹ |
|---|---|---|---|
| Wir verteilen die Aufgaben gemeinsam und gerecht. | | | |
| Wir arbeiten gut mit und geben unser Bestes. | | | |
| Wir helfen uns gegenseitig. | | | |
| Wir versuchen, Konflikte fair zu lösen. | | | |
| Wir halten die Zeitvorgaben ein. | | | |

**b** Gebt euch mit Hilfe des Bewertungsbogens während und am Ende eurer Teamarbeit ein Feedback: Was hat gut funktioniert? Was könnt ihr verbessern? Bleibt bei eurer Kritik fair!

# Informationen recherchieren und auswerten

**1** Um im Internet gezielt nach Informationen zu suchen, gibt es Suchmaschinen. Berichtet, welche Suchmaschinen ihr kennt und wie ihr bei der Informationsrecherche im Internet vorgeht.

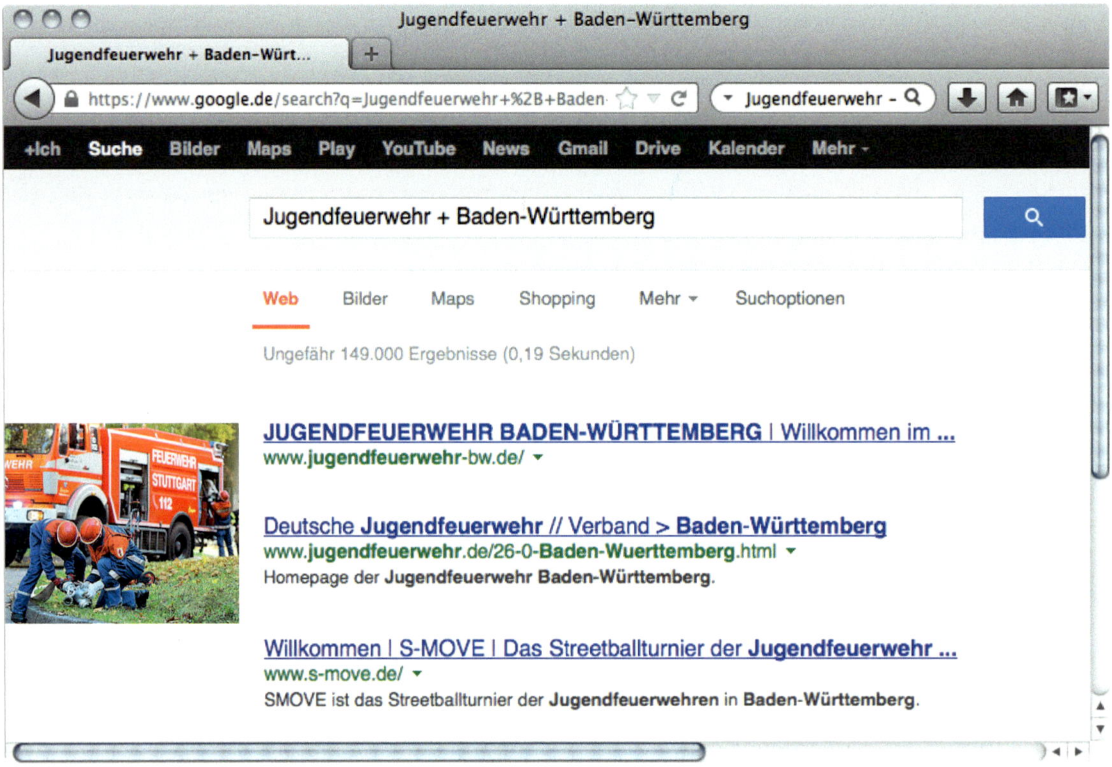




**2** Beschreibt die Seite aus dem Internet, indem ihr die folgenden Fragen beantwortet:
- Welche Suchmaschine wurde benutzt?
- Welche Suchbegriffe wurden verwendet? Überlegt, warum.
- Welche Informationen lassen sich bei den einzelnen Suchergebnissen ablesen? Verwendet hierzu die folgenden Erklärungen: Titel der Seite (Link), Angabe der Internetadresse (Quelle), Textauszug aus dem Internetbeitrag.

**Methode** **Internetergebnisse beurteilen**

1. Lest den Titel der Seite und den Textauszug aus dem Internetbeitrag. Geben sie Hinweise darauf, dass diese Internetseite die gesuchten Informationen enthält?
2. Prüft die Internetadresse. Ist der Betreiber sachkundig und neutral in der Darstellung? Weist die Seite auf einen Onlineshop hin, findet ihr keine geeigneten Informationen.
3. Überfliegt den Inhalt der aufgerufenen Internetseite und entscheidet, ob euch der Beitrag tatsächlich brauchbare Informationen zum Thema und zu euren Fragen liefert.
4. Wenn ihr sicher seid, dass die Informationen auf der Seite hilfreich sind, nehmt ihr sie in eure Materialsammlung auf. Hierzu könnt ihr die Seite ausdrucken oder speichern.

**3** Jeder aus eurem Team recherchiert im Internet zu eurem Thema.
Wählt dazu Aufgabe a, b oder c. Vergleicht anschließend eure Ergebnisse.

●●● **a** Notiert geeignete Suchbegriffe (Stichwortkombinationen) und gebt diese im Internet in eine Suchmaschine ein. Speichert eure Ergebnisse.

●●○ **b** Ruft im Internet eine Suchmaschine auf und verwendet bei der Recherche die Suchbegriffe unten. Ergänzt eure Suche durch eigene Suchbegriffe zum Thema. Speichert eure Ergebnisse.
*Jugend + Engagement + Baden-Württemberg ...*

●○○ **c** Ruft im Internet eine Suchmaschine auf. Gebt die folgenden Suchbegriffe in das Eingabefeld ein. Speichert am Ende eure Ergebnisse.
*Jugend + Engagement + Baden-Württemberg*

**4** Beurteilt, ob ihr die Internetseiten von Aufgabe 3 für geeignet haltet (► Methodenkasten S. 270). Sammelt und kommentiert geeignete Seiten in eurem Portfolio.

**5** Nach der Recherche wertet ihr das Material aus.
**a** Lest die Texte und betrachtet die Grafik (► S. 273). Erklärt, worüber sie jeweils informieren.
**b** Erläutert, wie diese Materialien bearbeitet wurden.
**c** Bearbeitet euer Material wie in diesem Beispiel und fasst wichtige Informationen zusammen.

## Soziales Engagement

Unter dem Begriff versteht man unterschiedlich motiviertes soziales Handeln, das meist auf den Prinzipien der Ehrenamtlichkeit und Freiwilligkeit beruht. Das bedeutet, man investiert Zeit und/oder Geld in ein Projekt, das einem guten Zweck dient (Wohltätigkeit). In dieser Bedeutung unterscheidet es sich vom wirtschaftlichen, politischen und kulturellen Engagement. Der Begriff ist erst seit Mitte der sechziger Jahre in der öffentlichen Diskussion und wurde unter anderem durch die christliche Soziallehre gefördert.
Soziales Engagement kann in einer Umweltschutz-, Menschenrechts-, Tierschutz- oder anderen karitativen Organisation geleistet werden. Es meint Unterstützung durch Beitritt und Spenden, ist aber in der Regel auch mit einem konkreten praktischen Einsatz für die gemeinsamen Ziele verbunden.

*gut für die Einleitung*

*Begriff wird gut erklärt*

*karitativ?*

## Freiwillige vor!

Ein Pfadfindersprichwort lautet: „Jeden Tag eine gute Tat!“
Freiwillige Hilfe kann jeder leisten!
„Ich bin bei der Feuerwehr, um Menschen, die in Schwierigkeiten stecken, zu helfen.“ Mit diesem Wunsch begann der 15-jährige Denniz vor zwei Jahren seinen Dienst bei

*konkretes Beispiel: ein 15-Jähriger bei der freiwilligen Feuerwehr*

der Jugendfeuerwehr. Heute trifft er sich einmal die Woche mit seinen Freunden aus der Jugendfeuerwehr, deren gemeinsames Ziel es ist, andere im Notfall zu retten.
So wie Denniz denken zum Glück viele Jugendliche. Mitmachen kann bei der freiwilligen Feuerwehr fast jeder. Einzige Bedingung: Ihr seid zwischen 12 und 17 Jahre und wohnt im Umkreis des Einzugsgebiets einer Jugendfeuerwehr. Vorkenntnisse sind nicht vonnöten, nur eure Begeisterung für die Feuerwehr. In voller Feuerwehrmontur und Helm lernt ihr so den Umgang mit den Löschgeräten und die Organisation der Feuerwehr kennen. Auch Erste Hilfe und Fahrzeugkunde stehen auf dem Plan eines angehenden Jugendfeuerwehrjungen oder -mädchens.
Die Jugendfeuerwehr ist nur ein Weg, um freiwillig etwas zu bewegen. Schon heute engagieren sich über 70 Prozent der Menschen in unserem Land für einen gemeinnützigen Zweck. Aus Freude und Überzeugung helfen sie anderen und leisten einen Beitrag für die Gesellschaft und unsere Umwelt. Trotz der Verpflichtungen in der Schule und im Beruf nehmen sich viele die Zeit, sich regelmäßig ohne Bezahlung in soziale Projekte einzubringen.
Gerade das „freiwillige soziale" – oder auch das „ökologische Jahr" – ist bei vielen Jugendlichen nach der Schule beliebt. Doch auch schon während ihr die Schulbank drückt, könnt ihr in eurer Umgebung Gutes tun. Ein freiwilliger Dienst beginnt häufig dort, wo Menschen bereits organisiert sind. Beispielsweise veranstalten Sportvereine Flohmärkte, um das Geld für einen guten Zweck zu spenden. Eine tolle Verbindung aus Hobby und einer guten Tat.
Auch ohne Vereinszugehörigkeit habt ihr zahlreiche Möglichkeiten, euch in den unterschiedlichsten Bereichen zu engagieren. Zum Beispiel im Tierschutz. Viele Tierheime haben einen regen Zulauf und große Mühe, sich um alle Tiere zu kümmern. Häufig könnten sie ihre Arbeit ohne die Unterstützung von freiwilligen Helfern gar nicht bewältigen. Denn die Tiere brauchen nicht nur ein Zuhause, sondern vor allem Zeit und Zuneigung.
Daher sind die Tierheime für jeden dankbar, der sich um ein Tier kümmern möchte. Ihr könnt zum Beispiel mit den Hunden spielen und Gassi gehen. Zusammen mit einem Freund oder einer Freundin erlebt ihr so tolle Spaziergänge durch Wiesen und Wälder. Könnt ihr selbst kein eigenes Haustier besitzen, wächst euch euer Pflegetier schon bald ans Herz und wartet ungeduldig auf euren nächsten Besuch.
Wenn ihr einen guten Draht zu euren Großeltern besitzt, könntet ihr auch älteren Menschen aus der Nachbarschaft helfen.

*Voraussetzung*
*+*
*Möglichkeiten*

*Möglichkeiten, sich zu engagieren, werden aufgezeigt*

*Was genau ist ein ökologisches Jahr?*

*freiwilliger Dienst*

*Engagement im Tierheim:*
*- Pflegetier*
*- großer Bedarf*

*Nachbarschaftshilfe*
*→ Beispiele*

Auch über das Angebot, ihnen bei der Gartenarbeit zur Hand zu gehen oder Einkäufe zu erledigen, freuen sie sich bestimmt.
Durch euren freiwilligen Einsatz lernt ihr viel für euer eigenes Leben. „Ich würde später gerne eine Ausbildung zum Feuerwehrmann machen." Für Denniz kann sein Engagement in der Jugendfeuerwehr so zum Sprungbrett für seinen späteren Beruf werden. Sein größter Wunsch ist es, anderen Menschen zu helfen.

*guter Hinweis!*
*Ausblick für später*

**Warum machst du das – aktiv mithelfen?**
(Mehrfachnennungen möglich)

*Anschauungsmaterial:*
*zeigt, warum sich Jugendliche engagieren*

Alle Angaben in Prozent n = 917

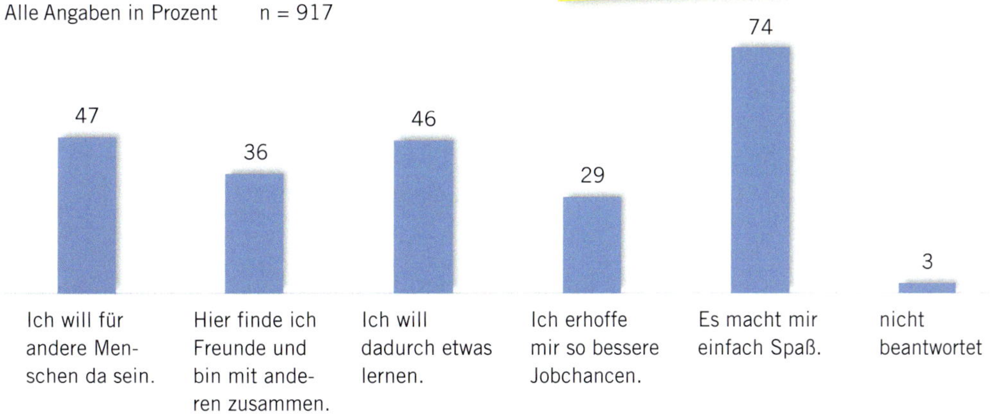


**6** Bei manchen Seiten, die ihr im Internet gefunden habt, seid ihr vielleicht noch unsicher, ob ihr sie verwenden könnt. Dann gibt es die Möglichkeit, diese als „Favoriten" zu speichern. Geht dabei vor wie im Methodenkasten beschrieben.

**Methode** **Internetseiten speichern: Favoriten oder Lesezeichen anlegen**

Wenn ihr eine Internetseite gefunden habt, die ihr später noch einmal aufrufen möchtet, legt ihr sie als Favoriten oder Lesezeichen an:

1 Klickt oben im Browser auf Favoriten oder Lesezeichen.
2 Hier findet ihr die Funktion Zu Favoriten hinzufügen (beim Browser Internet Explorer) oder Lesezeichen hinzufügen (beim Browser Mozilla Firefox).
   - **Zu Favoriten hinzufügen:** Klickt auf Neuer Ordner und gebt dem Ordner einen aussagekräftigen Namen, z. B.: „Klimaschutzmaßnahmen". Klickt dann auf Erstellen, danach auf Hinzufügen.
   - **Lesezeichen hinzufügen:** Klickt auf den Pfeil neben dem Fenster Ordner → dann auf Wählen → Neuer Ordner. Gebt dem Ordner einen aussagekräftigen Namen, z. B. „Klimaschutzmaßnahmen", und klickt dann auf Fertig.

# 14.2 Mach mit! – Aufrufe verfassen und überarbeiten

*Hey Leute!*

*Es nervt, dass alle über soziales Engagement immer nur reden! Es gibt so viele Möglichkeiten, sich für andere einzusetzen: Seniorenheime, Kindergärten, Tierheime – alle freuen sich über Unterstützung! Aber nur wenige sind bereit, ihre Zeit in eine gute Sache zu investieren.*
*Wenn ihr das auch blöd findet, dann macht mit! Jeder kann sich engagieren!*
*Wer dazu Infos braucht, kann sich bei uns melden.*

*Hannah und Tim*

**Helfen ist Ehrensache!**

Du möchtest dich einbringen und Gutes für dich und andere tun?
Viele soziale Einrichtungen, z. B.:
- Seniorenheime oder Kindergärten,
- Tierheime,
- Vereine und Verbände freuen sich über deinen engagierten Einsatz.

**Das könntest du tun:**
- Informiere dich über die Möglichkeiten im direkten Umfeld.
- Nimm Kontakt auf mit einer sozialen Einrichtung!
- Sprich mit engagierten Leuten über Art und Umfang deines Einsatzes!
- Begeistere andere, sich ebenfalls sozial zu engagieren!

**Die Welt lebt von Menschen, die mehr tun als ihre Pflicht!** (Ewald Balsav)

Wer mehr erfahren möchte, kann uns gerne ansprechen. Wir freuen uns auf euch!

Hannah Schmidt (7 a)
Tel.: 0176-672 90 ...
E-Mail: hannah@xy.de

und

Tim Bergmann (7 a)
Tel.: 0152-938 26 ...
timbergmann@xy.de

**1** Zusätzlich zu eurem Portfolio sollen auch Aufrufe als Plakate in der Schule ausgestellt werden.

a Überlegt, an wen sich die Plakate richten und wozu sie jeweils auffordern sollen.

b Vergleicht und beurteilt die beiden Aufrufe. Teilt euch dazu in vier Gruppen auf:

*Gruppe 1: Inhalt*
...

*Gruppe 2: sprachliche Gestaltung*
...

*Gruppe 3: Aufbau (Gliederung)*
...

*Gruppe 4: optische Gestaltung (Layout)*
...

c Tragt eure Ergebnisse zusammen. Sammelt die Merkmale eines guten Aufrufs in Stichworten.

**2** Überarbeitet den ersten Aufruf von Seite 274 mit Hilfe eurer Merkmalliste aus Aufgabe 1c (▶ S. 274).

**3** Bildet Gruppen und besprecht eure Texte nun in einer Schreibkonferenz.
Nehmt die folgende Checkliste zu Hilfe und geht so vor wie im Merkkasten unten beschrieben.

| Checkliste zum Verfassen eines Aufrufs | Lob, Kritik | Vorschläge |
|---|---|---|
| **Inhalt**<br>▪ Ziel wird deutlich<br>▪ Informationen sind klar formuliert | … | … |
| **Sprachliche Gestaltung**<br>▪ Ausdruck, Rechtschreibung und Zeichensetzung sind korrekt | … | |
| **Aufbau und Gestaltung**<br>▪ sinnvolle Gliederung<br>▪ ansprechendes Layout | … | |

**4** Tragt zusammen, wie ihr euch in eurer direkten Umgebung sozial engagieren könnt, z. B.:
- im Seniorenheim vorlesen,
- im Kindergarten Spielenachmittage abhalten,
- für die Nachbarn einkaufen gehen,
- …

Im Internet könnt ihr recherchieren, wie und wo ihr euch sozial engagieren könnt. Verwendet z. B. die Suchbegriffe „mitmachen", „Ehrensache", „engagieren" …

**5**
**a** Bildet Gruppen und verfasst jeweils einen Aufruf zu einem sozialen Projekt, den ihr in eurer Schule aushängen könnt.
**b** Überarbeitet eure Texte in einer Schreibkonferenz.

**Methode** **Texte überarbeiten: Eine Schreibkonferenz durchführen**

In einer Schreibkonferenz tauscht ihr eure Texte aus, korrigiert Fehler und gebt euch gegenseitig Tipps für die Überarbeitung.
1. Setzt euch in kleinen Gruppen zusammen.
2. Einer von euch liest seinen Text vor, die anderen hören aufmerksam zu.
3. Anschließend gebt ihr dem Verfasser oder der Verfasserin eine Rückmeldung, was euch besonders gut gefallen hat.
4. Dann wird der Text in der Gruppe Satz für Satz besprochen und die Verbesserungsvorschläge werden schriftlich festgehalten.
   Korrigiert auch die Rechtschreibung und die Zeichensetzung.
5. Zum Schluss überarbeitet der Verfasser oder die Verfasserin den eigenen Text.

# Portfolioseiten anlegen und bewerten

Haustiere landen oft im Tierheim

Etwa 30 % der deutschen Haushalte haben ein Haustier. Am beliebtesten ist unter den Haustieren die Katze. Den zweiten Platz teilen sich Hunde und Kleinsäuger wie zum Beispiel das Zwergkaninchen. Danach folgen Ziervögel, Fische und Reptilien wie Schlangen und Echsen.

Es gibt viele Gründe, warum Menschen sich ein Haustier wünschen: Manche möchten einen Begleiter haben, weil sie sich einsam fühlen, Kinder haben einen Spielgefährten und lernen Respekt vor anderen Lebewesen. Anderen Menschen gibt ein Hund ein Gefühl von Sicherheit und die regelmäßige Bewegung beim täglichen Spaziergang ist gut für die Gesundheit. Häufig treffen sogar mehrere Gründe gleichzeitig zu.

Aber mit einem Haustier übernimmt man auch viel Verantwortung. Man muss sich um das Tier kümmern. Das kostet viel Zeit und auch Geld, für Nahrung oder den Tierarzt. Auch der Urlaub ist nicht mehr so leicht organisiert. Das Tier muss versorgt werden, aber es kann nicht immer mitkommen. Tierbesitzer merken manchmal erst zu spät, dass sie sich mit der Verantwortung übernommen haben.

Viele Tiere landen dann im Tierheim. Entweder werden sie dort abgegeben oder sie werden irgendwo ausgesetzt. Die Tierpfleger im Tierheim versorgen die Tiere, die manchmal völlig verwahrlost dort aufgenommen werden. Sie werden gewaschen, von einem Tierarzt untersucht und sie bekommen Futter. Die Tierheime und Tierpfleger machen es sich zum Ziel, möglichst schnell ein neues und gutes Zuhause für die abgegeben Tiere zu finden. Die neue Besitzerin oder der neue Besitzer soll ein echtes Interesse an dem Tier und der Verantwortung haben. Bis dahin kümmern sich die Mitarbeiter im Tierheim darum, dass es den Tieren gut geht und sie gesund sind.

**1** a Tim hat sich den Schwerpunkt „soziales Engagement im Tierheim" ausgesucht und in seinem Portfolio eine Seite zu Haustieren im Tierheim angelegt. Lest die Seite aufmerksam.

b Im Nachhinein ist Tim kritisch mit sich. Er wertet seine Portfolioseite nach dem folgenden Bewertungsbogen aus. Was würdet ihr hinzufügen? Ergänzt den Bogen in eurem Heft.

| **Was ich gelernt habe:** | **Darüber weiß ich Bescheid:** | | | **Was mir geholfen hat:** | **Vertiefen sollte ich noch:** |
|---|---|---|---|---|---|
| | ☺ | 😐 | ☹ | | |
| *die hohe Anzahl der Haustiere in Deutschland* | … | … | … | *das Gespräch mit der Leiterin des Tierheims* | … |
| … | … | … | … | … | … |

# Änderungen annehmen – Texte am Computer bearbeiten

Tim hat seine Portfolioseite mit Hilfe der Rechtschreibkorrektur am Computer überarbeitet. Dazu hat er das Rechtschreib- und Grammatikprogramm des Computers aktiviert. Dieses zeigt ihm Rechtschreibfehler rot und Grammatikfehler grün an. Durch einen Klick auf die rechte Maustaste werden Alternativen zur Schreibung aufgezeigt.

VORSICHT FEHLER!

Haustiere landen oft im Tierheim

Etwa dreisig Prozent der deutschen Haushalte haben ein Haustier. Am Beliebtesten sind unter den Haustieren die Katze. Den zweiten Platz teilen sich Hunde und Kleinseuger wie zum Beispiel dass Zwergkanninchen. Danach folgen Ziervögel, Fische und Reptilien wie Schlangen und Echsen.

**1** a Das Programm findet nicht alle Fehler. Welche Wörter sind falsch geschrieben und wurden nicht als Fehlerwörter gekennzeichnet?
b Prüft bei jedem gekennzeichneten Wort, ob es sich wirklich um einen Rechtschreibfehler handelt.

**2** Tippt eure Portfoliotexte und auch eure Aufrufe am Computer.
a Korrigiert zunächst die Rechtschreibung mit Hilfe des Textverarbeitungsprogramms.
b Tauscht dann die Texte untereinander aus und gebt euch eine inhaltliche Rückmeldung. Fügt dazu Kommentare über die Kommentarfunktion ein.
c Prüft dann – nach einem erneuten Texttausch –, ob ihr die Kommentare in eurem Text annehmen oder ablehnen wollt.

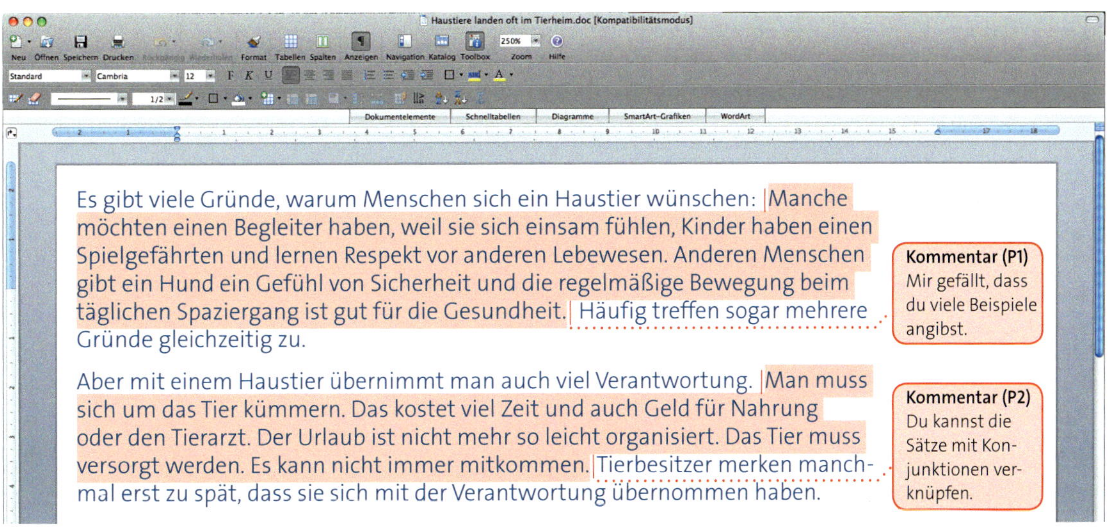
Es gibt viele Gründe, warum Menschen sich ein Haustier wünschen: Manche möchten einen Begleiter haben, weil sie sich einsam fühlen, Kinder haben einen Spielgefährten und lernen Respekt vor anderen Lebewesen. Anderen Menschen gibt ein Hund ein Gefühl von Sicherheit und die regelmäßige Bewegung beim täglichen Spaziergang ist gut für die Gesundheit. Häufig treffen sogar mehrere Gründe gleichzeitig zu.

**Kommentar (P1)** Mir gefällt, dass du viele Beispiele angibst.

Aber mit einem Haustier übernimmt man auch viel Verantwortung. Man muss sich um das Tier kümmern. Das kostet viel Zeit und auch Geld für Nahrung oder den Tierarzt. Der Urlaub ist nicht mehr so leicht organisiert. Das Tier muss versorgt werden. Es kann nicht immer mitkommen. Tierbesitzer merken manchmal erst zu spät, dass sie sich mit der Verantwortung übernommen haben.

**Kommentar (P2)** Du kannst die Sätze mit Konjunktionen verknüpfen.

**Methode** **Die Kommentarfunktion am Computer nutzen**

Das Textverarbeitungsprogramm „Word“ erlaubt euch auch, Kommentare zu erstellen und zu überprüfen. Markiert das Wort oder den Absatz, den ihr kommentieren wollt. Aktiviert dann im Menü Überprüfen → Neuer Kommentar.
Bearbeitet euren Text anhand des Kommentars und löscht diesen dann anschließend.

# 14.3 Der Museumsgang – Gemeinsam präsentieren

In eurem Portfolio habt ihr viele Materialien zum sozialen Engagement zusammengetragen und damit eure Arbeit dokumentiert.
Um nun eure Fotos, Bilder, Tabellen, Grafiken und Texte auch anderen zugänglich zu machen, könnt ihr die Informationen auf Stellwänden präsentieren und Interessierte in einem so genannten Museumsgang durch die Ausstellung führen.
Ein Flyer sorgt für Werbung und neugierige Besucherinnen und Besucher.

**Präsentationstechnik Museumsgang**
- In einem „Museumsgang“ kann man Arbeitsergebnisse (Projekte, Umfrage, Portfolio ...) vollständig oder in Teilen wie in einer Ausstellung präsentieren.
- Der Museumsgang kann „stumm“ oder „geführt“ sein.

**1** Seht eure Portfoliomappe durch und prüft, welche Seiten sich für eine Ausstellung eignen.

**2** Überlegt euch eine sinnvolle Reihenfolge für die Seiten.

**Präsentationstipps**
- Befestigt zusammenhängende Seiten auf (farbigem) Karton.
- Vergrößert Überschriften, Abbildungen, Tabellen ...
- Zeigt auch eine Seite im Entwurf, in der Überarbeitung und in „Reinschrift“.
- Markiert Anfang, Ende und die einzelnen Teile eurer Ausstellung (z. B. mit Nummern, Fußbodenpfeilen ...).

**3** Ihr entschließt euch zu einer „geführten“ Ausstellung:
– Welche Seiten/Poster wollt ihr erläutern?
– Legt dazu (nummerierte) Karteikärtchen mit Hinweisen in Stichpunkten an.

**Wörterliste** ► S. 313

| | | | |
|---|---|---|---|
| Team | Suchmaschine | Material | präsentieren |
| Engagement | karitativ | Konferenz | recherchieren |
| ehrenamtlich | Termin | Datei | korrigieren |

# Orientierungswissen

## Sprechen und Zuhören

### Gesprächsregeln

▶ S. 35; 74

Gespräche, in denen verschiedene Meinungen oder Wortbeiträge ausgetauscht werden, sollten nach bestimmten Regeln ablaufen, damit die Verständigung erleichtert wird.
Die wichtigsten Gesprächsregeln sind:

- Jede/-r äußert sich nur zu dem Thema, um das es geht.
- Wir melden uns zu Wort und reden nicht einfach los.
- Wir hören den anderen Gesprächsteilnehmern aufmerksam zu.
- Wir fallen den anderen Gesprächsteilnehmern nicht ins Wort.
- Niemand wird wegen seiner Äußerungen beleidigt, verspottet oder ausgelacht.
- Wir befolgen die Hinweise des Gesprächsleiters oder der Gesprächsleiterin.

### Die eigene Meinung überzeugend begründen

▶ S. 32–37

In einer Diskussion können verschiedene Meinungen aufeinanderprallen. Um andere für seine Interessen zu gewinnen, muss man seine Meinung überzeugend begründen. Das nennt man Argumentieren. Beim Argumentieren stellt man eine Behauptung auf, die man durch Begründungen stützt und durch Beispiele veranschaulicht bzw. erklärt, z. B.:

- **Behauptung:** *Bei einem persönlichen Gespräch sollte man das Handy ausschalten.*
- **Begründung:** ..., *weil es unhöflich ist, wenn man sich durch das Handy ablenken lässt.*
- **Beispiel:** *Als mein Handy neulich nicht funktionierte, konnte ich mich viel besser auf meinen Gesprächspartner konzentrieren und aufmerksamer zuhören.*

**Tipp:** Begründungen könnt ihr mit den folgenden Konjunktionen einleiten: *weil, da, denn.*

**Einwände entkräften**
Wenn ihr einen möglichen Einwand vorwegnehmt und entkräftet, nehmt ihr euren „Gegnern" sozusagen den Wind aus den Segeln, z. B.:
*Es stimmt schon, dass ..., aber ...*
*Wir können verstehen ... Dennoch ...*

**Gesprächsverhalten:** Eine Diskussion kann man durch sein Verhalten fördern oder blockieren. Zu einer guten Diskussion gehören das **Einhalten von Gesprächsregeln,** das Nachfragen, wenn man etwas nicht verstanden hat, und das **Vermeiden von Killerphrasen,** die den Gesprächspartner unter Druck setzen, z. B.:
*Du immer mit deinem ...* • *Jedes Kind weiß doch, dass ...*

# Schreiben

## Stellung nehmen in einem Leserbrief

▸ S. 38–41; 47–48

In einem Leserbrief nehmt ihr persönlich Stellung zu einem Thema oder einem Artikel aus einer Zeitung, einer Zeitschrift oder einem Internetbeitrag.

**Einleitung:**
Hier stellt ihr knapp den Anlass des Leserbriefes dar. Dann leitet ihr zum Hauptteil über, indem ihr eure Meinung zum Thema formuliert.

**Hauptteil:**
Im Hauptteil begründet ihr eure Meinung mit Hilfe vollständiger Argumente (= Behauptung, Begründung, Beispiel). Entwickelt eine Argumentationskette, indem ihr die Argumente sprachlich gut einleitet und miteinander verknüpft (▸ Formulierungshilfen, S. 281).

- Eure Argumentation wird noch überzeugender, wenn ihr auf die Anordnung der Argumente achtet. So kann z. B. das erste oder das letzte Argument besonders schlagkräftig sein.
- Mögliche Einwände (Gegenargumente) könnt ihr nennen, um sie zu entkräften.

**Schluss:**
Fasst zum Schluss noch einmal euren Standpunkt zusammen oder formuliert einen Vorschlag oder einen Wunsch für die Zukunft (einen Appell).

**Tipp:** Der Leserbrief ist übersichtlicher, wenn ihr zwischen Einleitung, Hauptteil und Schluss Absätze setzt. Wie andere sachliche Briefe enthält er meist eine Betreffzeile (Bezug zum Zeitungsartikel), eine Anrede und endet mit einer Grußformel und eurer Unterschrift.

| | |
|---|---|
| Betreffzeile | – Artikel „Oma und Opa …?“,<br>Stuttgarter Zeitung vom 15. 3. 2012 |
| Anrede | – Sehr geehrte Redaktion, / Sehr geehrte Damen und Herren, |
| **Einleitung**<br>Anlass des Leserbriefs<br>(Überleitung zum Hauptteil) | – ich habe mit Interesse Ihren Artikel über … gelesen, in dem …<br>– In dem Artikel … vertritt … die Meinung, dass …<br>– Weil ich selbst …, möchte ich Ihnen meine Position … |
| **Hauptteil**<br>Argumente (= Behauptung, Begründung, Beispiel)<br>(Einwand entkräften) | – Ich vertrete die Auffassung, dass …<br>– Ein wichtiges Argument für/gegen … ist, dass …<br>– Hinzu kommt, dass …<br>– Zwar …, aber … |
| **Schluss**<br>Zusammenfassung, Vorschlag | – Aus diesen Gründen bin ich der Meinung, …<br>– Ich fände es gut, wenn … |
| Grußformel<br>Unterschrift | – Viele Grüße/Mit freundlichen Grüßen<br>… |

## Formulierungshilfen für die Argumentation

▶ S. 40

**Einleitungen und Überleitungen**

- Ein Beispiel für ... ist ...
- Hinzu kommt, dass ...
- Ein weiterer Grund für/gegen ... ist ...
- Besonders wichtig ist ...
- zudem/außerdem/darüber hinaus/daher/deshalb/weil/da/denn
- Für/Gegen spricht außerdem die Tatsache, dass ...
- Es darf nicht übersehen werden, dass ...
- Außerdem sollte man bedenken, dass ...
- Noch wichtiger ist ...

**Einwände entkräften**

- Sicherlich kann man einwenden, dass ... Dennoch habe ich die Erfahrung gemacht, dass ...
- Obwohl ... denken, dass ..., muss man berücksichtigen, dass ...
- Es ist schon richtig, dass ... Es darf aber nicht übersehen werden, dass ...

## Einen Bericht verfassen

▶ S. 70–75; 79–82

Ein Bericht **informiert knapp und genau** über ein vergangenes Ereignis. Er beschränkt sich auf die **wesentlichen Informationen** und beantwortet die **W-Fragen.**

**Aufbau:**

- In der **Einleitung** informiert ihr knapp darüber, worum es geht. (Was ist geschehen? Wann geschah es? Wo geschah es? Wer war beteiligt?)
- Im **Hauptteil** stellt ihr den Ablauf der Ereignisse in der zeitlich richtigen Reihenfolge dar. (Wie lief das Ereignis ab? Warum?)
- Im **Schlussteil** nennt ihr die Folgen des Ereignisses (Welche Folgen?) oder gebt einen Ausblick.
- Findet eine knappe und treffende **Überschrift,** die das Ereignis genau benennt.

**Sprache:**

- Schreibt **sachlich und nüchtern.** Vermeidet erzählende Ausschmückungen, Umgangssprache oder Vermutungen.
- Verwendet als Tempus das **Präteritum** *(startete, begann).* Verwendet das Plusquamperfekt, wenn etwas vorher passiert ist, z. B.: *Nachdem ein Pfiff den Startschuss gegeben hatte, begann die Kissenschlacht.*
- Macht die **Reihenfolge der Ereignisse** deutlich, z. B.: *Als Erstes ..., Zuerst ..., Anschließend ..., Danach ..., Später ..., Zum Schluss ...*
- Verdeutlicht die Zusammenhänge, indem ihr die Sätze durch **treffende Verknüpfungswörter** verbindet, z. B.: *weil, und, obwohl, sodass, da, aber, jedoch, denn.*

**Tipp:** Überlegt, zu welchem **Zweck** ihr den Bericht schreibt. Wenn ihr z. B. einen Unfallbericht für die Polizei schreibt, beschränkt ihr euch auf die nötigsten Informationen. Schreibt ihr einen Bericht für die Schülerzeitung, könnt ihr auch eure persönliche Meinung wiedergeben.

# Beschreiben

## Eine Person beschreiben

▶ S. 52–53; 59; 65–66

- **Einleitung:** Macht in der Einleitung allgemeine Angaben zur Person (z. B. Geschlecht, Alter, Nationalität).
- **Hauptteil:** Beschreibt im Hauptteil das Aussehen der Person in einer geordneten Reihenfolge, z. B. von oben nach unten.
- **Schluss:** Hier könnt ihr beschreiben, wie die Person auf euch wirkt.
- Sucht **aussagekräftige Adjektive,** um die Person zu beschreiben, z. B.: *schlank, tiefschwarz.*
- Verwendet an Stelle der Wörter „ist", „sind", „hat" und „haben" **treffende Verben,** z. B.: *tragen, aussehen, besitzen, aufweisen, wirken, umgeben.*
- **Vermeidet persönliche Wertungen** wie *schön, süß, lieb* oder *hässlich.*
- Schreibt im **Präsens.**

## Bilder beschreiben

▶ S. 56–57

- **Einleitung:** Macht Angaben zum Titel, zur Künstlerin oder zum Künstler, zum Erscheinungsjahr, zur Technik (z. B. Aquarell, Öl auf Leinwand), zum Format des Bildes (Hochformat oder Querformat) sowie allgemeine Angaben zum Bildinhalt.
- **Hauptteil:** Geht vom **Gesamteindruck** des Bildes oder vom **Hauptmotiv** aus (was ist abgebildet?). Dann erwähnt ihr die **Einzelheiten.** Geht dabei geordnet vor, ohne zu springen: von der linken zur rechten Bildhälfte, von oben nach unten oder von vorne (Vordergrund) über die Mitte (Mittelgrund) nach hinten (Hintergrund). Macht auch genaue Angaben zur **Farbgestaltung** (Überwiegen helle oder dunkle Farbtöne? Welche Farben liegen vor und wie sind sie verteilt?) und eventuell zu den Formen (z. B. rund, eckig, weich).
- **Schluss:** Hier könnt ihr beschreiben, wie das Bild insgesamt auf euch wirkt.

Die Bildbeschreibung wird im **Präsens** und in einer **sachlichen Sprache** verfasst.

## Einen Gegenstand beschreiben

▶ S. 54–55

- **Einleitung:** In der Einleitung nennt ihr den Anlass der Beschreibung (z. B.: Verlustanzeige, Verkaufsanzeige, Vorstellung eines neuen Gegenstands, z. B. eines neuen Sportgeräts).
- **Hauptteil:** Hier beschreibt ihr den Gegenstand genau. Achtet dabei auf eine Ordnung:
  - Benennt zuerst den Gegenstand (Name / Art des Gegenstands) und beschreibt den Gesamteindruck, z. B.: *ein zweimastiges Piratenschiff.*
  - Beschreibt dann die einzelnen Merkmale des Gegenstands (z. B.: Material, Form, Farbe, besondere Kennzeichen) in einer sinnvollen Reihenfolge, z. B.: *von oben nach unten, von links nach rechts, vom Allgemeinen zum Besonderen.*
- **Schluss:** Je nach Anlass der Beschreibung formuliert ihr zum Schluss eine Bitte, sich zu melden, wenn der Gegenstand gefunden wird (z. B. bei einer Suchanzeige), oder ihr gebt weiterführende Informationen, z. B. zur Funktion des Gegenstands.

## Einen Vorgang beschreiben

▶ S. 58

- **Einleitung:** Nennt die notwendigen **Materialien** und/oder **Vorbereitungen,** z. B.: *Man braucht 500 Gramm Mehl, einen Viertelliter Wasser, 350 Gramm ...*
- **Hauptteil:** Beschreibt **Schritt für Schritt den Ablauf des Vorgangs,** z. B.: *Zuerst werden Mehl und Wasser zu einem Teig verarbeitet. Danach ...*
- **Schluss:** Hier könnt ihr einen weiterführenden Hinweis geben, z. B.: *Manchmal wird in einer der Teigtaschen eine Münze versteckt, die dem Finder Glück bringen soll.*
- Verwendet nur **eine Form der Ansprache:** *Man springt ...* oder *Du springst ...*
- Wechselt zwischen Aktiv- und Passivformulierungen, dann wird eure Beschreibung abwechslungsreicher, z. B.: *Der Teig wird geknetet. Danach lässt man ihn eine Stunde ruhen.*
- Wählt passende Wörter, die die **Reihenfolge** der einzelnen Schritte **deutlich machen,** z. B.: *zuerst, dann, danach, zum Schluss ...*
- Schreibt im **Präsens.**

# Texte zusammenfassen

## Inhaltsangabe eines literarischen Textes

▶ S. 87–96

Eine Inhaltsangabe fasst den Inhalt eines Textes knapp und sachlich zusammen, sodass andere, die den Text nicht gelesen haben, über das Wesentliche informiert werden.

**Aufbau**

- In der **Einleitung** nennt ihr die Art des Textes (z. B. Fabel, Erzählung), den Titel, den Namen des Autors/der Autorin und das Thema des Textes.
- Im **Hauptteil** fasst ihr die wichtigsten Ereignisse der Handlung (Handlungsschritte) in der zeitlich richtigen Reihenfolge zusammen. Mögliche Rückblenden oder Vorausdeutungen werden in den zeitlich richtigen Handlungsverlauf eingeordnet und zusammengefasst.
  - Verzichtet auf die Darstellung von Einzelheiten und beschränkt euch auf das Wesentliche.
  - Macht die Zusammenhänge der Handlung (z. B. zeitliche Zusammenhänge) durch passende Satzverknüpfungen und Satzanfänge deutlich, z. B.: *Nachdem beide versichern, die Wahrheit zu sagen, kommen sie vor den Richter. Dieser entscheidet schnell, denn er durchschaut den Besitzer.*
- Im **Schluss** könnt ihr eure eigene Meinung zum Text mitteilen, auf die Wirkung des Textes eingehen oder den Text in Bezug zu euren eigenen Erfahrungen bringen.

**Sprache**

- Schreibt **sachlich und nüchtern,** vermeidet ausschmückende Formulierungen.
- Formuliert **in eigenen Worten** und übernehmt keine Passagen aus dem Originaltext.
- Verwendet als Zeitform das **Präsens** (bei Vorzeitigkeit das Perfekt), z. B.: *Er sieht die Blicke der anderen Restaurantbesucher.*
- Verwendet **keine wörtliche Rede.** Besonders wichtige Äußerungen von Figuren werden in der indirekten Rede (▶ S. 297) wiedergegeben oder umschrieben, z. B.: *„Und dir, da weiß ich keinen Rat."* (wörtliche Rede)
  → *Er sagt, ihm wisse er keinen Rat.* (indirekte Rede im Konjunktiv)
  → *Er kann ihm keinen Rat geben.* (Umschreibung)

## Sachtext zusammenfassen

▶ S. 162–163

In einer Textzusammenfassung informiert ihr andere, die den Text nicht gelesen haben, knapp und sachlich über den Inhalt des Textes.

- In der **Einleitung** nennt ihr den Titel, den Namen des Verfassers / der Verfasserin (evtl. auch die Quelle, z. B. Name der Zeitung) und das Thema des Textes.
- Im **Hauptteil** fasst ihr die wichtigsten Textinformationen knapp, sachlich und in eigenen Worten zusammen. Verwendet als Zeitform das **Präsens** (bei Vorzeitigkeit das Perfekt).
- Verzichtet auf die Darstellung von Einzelheiten und beschränkt euch auf das Wesentliche.
- Macht die Zusammenhänge der Informationen (Ursache, Wirkung, zeitliche Zusammenhänge) durch passende Satzverknüpfungen deutlich (Satzverknüpfungen ▶ S. 226).

**Sprache**

- Schreibt **sachlich und nüchtern,** vermeidet ausschmückende Formulierungen.
- Formuliert **in eigenen Worten** und übernehmt keine Passagen aus dem Originaltext.

# Texte und Medien

## Erzählende Texte (Epik)

▶ S. 84–106

Die erzählenden Texte (Epik) sind neben den Gedichten (Lyrik) und den dramatischen Texten (Dramatik) eine der drei Gattungen der Dichtung (Epik, Lyrik, Dramatik). Erzählende Texte gliedern sich in eine Vielzahl von Textsorten auf, z. B.: Märchen, Fabel, Erzählung (▶ S. 286), Anekdote, Kalendergeschichte, Roman usw.
Folgende Elemente sind für erzählende Texte kennzeichnend:

### Der Erzähler / die Erzählerin

▶ S. 110

Das **wesentliche Merkmal** für einen erzählenden (epischen) Text **ist der Erzähler / die Erzählerin,** der/die nicht mit dem Autor / der Autorin gleichgesetzt werden darf. Ein erwachsener Autor kann zum Beispiel eine Geschichte von einem Kind, ein männlicher Autor eine Geschichte von einer Frau erzählen lassen oder umgekehrt. Immer ist der Erzähler / die Erzählerin eine vom Autor erfundene Figur und gehört zur Welt der erzählten Geschichte.

### Erzählformen: Ich-Erzähler oder Er-/Sie-Erzähler

▶ S. 110

Die Autorin oder der Autor einer Erzählung entscheidet sich für eine Erzählform:

- Der **Ich-Erzähler** (oder die Ich-Erzählerin) ist selbst als handelnde Figur in das Geschehen verwickelt. Der Ich-Erzähler schildert die Ereignisse aus der persönlichen Sicht, z. B.: *Aus der Ferne sah ich ein kleines Boot.*
- Der **Er-/Sie-Erzähler** ist nicht am Geschehen beteiligt und erzählt von allen Figuren in der Er-Form bzw. in der Sie-Form, z. B.: *Aus der Ferne sah sie das kleine Boot.*

### Die Figuren einer Geschichte

▶ S. 111–113; 117

Die **Personen,** die **in einer Geschichte** vorkommen bzw. handeln, **nennt man Figuren.** Sie haben ein bestimmtes Aussehen, bestimmte Eigenschaften, Gefühle, Gedanken und Absichten. In vielen Geschichten gibt es eine **Hauptfigur,** über die der Leser besonders viel erfährt. Um eine Geschichte zu verstehen, solltet ihr euch ein klares Bild von den einzelnen Figuren machen.
Auch Tiere können handelnde Figuren in Erzähltexten sein, z. B. in einem Märchen.

### Eine literarische Figur untersuchen

▶ S. 111–117

In literarischen Texten werden die Figuren durch eine Reihe von Merkmalen und Eigenschaften beschrieben. Wenn ihr eine Figur beschreiben wollt, geht ihr so vor:
Sammelt zuerst aus dem Text Informationen über die Figur, z. B. über ihr Aussehen, ihre Lebensumstände, ihre Verhaltensweisen, Eigenschaften, Gefühle und ihr Verhältnis zu den anderen Figuren.

- **Einleitung:** Nennt allgemeine Informationen zur Figur, z. B.: Name, Alter, Beruf.
- **Hauptteil:** Beschreibt die Figur anschaulich und genau, z. B.: ihr Aussehen, ihre Verhaltensweisen, ihre Eigenschaften und ihr Verhältnis zu den anderen Figuren.
- **Schluss:** Hier könnt ihr angeben, wie die Figur auf euch wirkt (persönliche Einschätzung).
  Verwendet als Tempus das **Präsens.** Formuliert sachlich und anschaulich.

### Äußere und innere Handlung

In einer Geschichte wird nicht nur die äußere Handlung (das, was geschieht; das, was man von außen sehen kann) dargestellt, sondern es wird vor allem erzählt, **was die Figuren in einer Situation denken und fühlen (innere Handlung).** So können sich die Leser besser in die Figuren hineinversetzen und erhalten einen Einblick, was in einer Figur vorgeht, z. B. Angst, Wut, Freude, Verzweiflung.

- Beispiel für äußere Handlung: *Während die halbe Klasse auf dem Gang versammelt war, schrie Klaus aus dem Klassenraum um Hilfe.*
- Beispiel für innere Handlung: *Als ich Klaus' Hilfeschrei hörte, drehte sich mir der Magen um. Wie sollte ich Klaus bloß helfen?*

## Texte ausgestalten und weitererzählen

▶ S. 118–121

Um **einen Text stimmig fortsetzen** zu können, muss man ihn gut verstanden haben:

- **Wo** spielt die Geschichte und **wann?**
- **Aus welcher Sicht** wird erzählt? Oder gibt es einen **Er-/Sie-Erzähler?**
- Was erfährt man über die Stimmung oder Eigenschaften der Hauptfigur?
- Gibt es andere **wichtige Figuren?**

Gehört der Text einer bestimmten **Textsorte** an? Ist er z. B. ein Märchen, müssen in eurer Fortsetzung natürlich auch **typische Merkmale** der Textsorte vorkommen.

## Literarische Textsorten

Erzählende Texte gliedern sich in eine Vielzahl von Textsorten auf, z. B.: Erzählung, Anekdote, Jugendroman usw.

### Erzählung

▶ S. 83–106

„Erzählung" ist ein **Sammelbegriff für unterschiedliche Kurzformen des Erzählens,** die nicht genauer durch bestimmte Textmerkmale gekennzeichnet sind. Im Unterschied zum Roman ist die Erzählung knapper und überschaubarer.

## Gedichte (Lyrik)

▶ S. 123–140

**Vers:** Die Zeilen eines Gedichts heißen Verse.

**Strophe:** Eine Strophe ist ein Gedichtabschnitt, der aus mehreren Versen besteht. Die einzelnen Strophen eines Gedichts sind durch eine Leerzeile voneinander getrennt. Häufig bestehen Gedichte aus mehreren, gleich langen Strophen.

**Reim:**
Oft werden die einzelnen Verse (Gedichtzeilen) durch einen Reim miteinander verbunden.
Zwei Wörter reimen sich, wenn sie vom letzten betonten Vokal an gleich klingen, z. B.:
*Haus – Maus, singen – entspringen.*
Die regelmäßige Abfolge von Endreimen ergibt verschiedene Reimformen. Dabei werden Verse, die sich reimen, mit den gleichen Kleinbuchstaben gekennzeichnet, z. B.:

- **Paarreim:** Wenn sich zwei aufeinanderfolgende Verse reimen, sprechen wir von einem Paarreim (aa bb):
  ... Katertier a
  ... Kavalier a
  ... Garten b
  ... erwarten b
- **Kreuzreim:** Reimen sich – über Kreuz – der 1. und der 3. sowie der 2. und der 4. Vers, dann nennt man das Kreuzreim (a b a b).
  ... verschieden a
  ... Bauch b
  ... zufrieden a
  ... auch b
- **umarmender Reim:** Wird ein Paarreim von zwei Versen umschlossen (umarmt), die sich ebenfalls reimen, heißt dies umarmender Reim (a bb a).
  ... springen a
  ... Traum b
  ... Raum b
  ... singen a

**Metrum (Versmaß):**
In den Versen (Zeilen) eines Gedichts wechseln sich häufig betonte (X́) und unbetonte Silben (X) regelmäßig ab. Wenn die **Abfolge von betonten und unbetonten Silben** (Hebungen und Senkungen) einem bestimmten Muster folgt, nennt man dies **Metrum** (Versmaß). Die wichtigsten Versmaße sind:

**Jambus** (X X́): X X́ X X́ X X́ X X́
*Die Mitternacht zog näher schon* (Heinrich Heine)

**Trochäus** (X́ X): X́ X X́ X X́ X X́ X
*O du Ausgeburt der Hölle!* (Johann Wolfgang Goethe)

**Daktylus** (X́ X X): X́ X X X́ X X X́ X X X́ X
*Pfingsten, das liebliche Fest, war gekommen* (Johann Wolfgang Goethe)

**Anapäst** (X X X́): X X X́ X X X́
*Wie mein Glück, ist mein Lied* (Friedrich Hölderlin)

Manchmal werden auch zwei Versmaße miteinander kombiniert, z. B.: *Er hát uns geréttet, er trắgt die Krón'* (Kombination aus Jambus und Anapäst; Theodor Fontane).
Beim Vortrag müsst ihr die Abfolge von betonten und unbetonten Silben zwar beachten, ihr dürft aber nicht leiern. Dies gibt eurem Vortrag einen besonderen **Rhythmus.**
Häufig bildet eine unbetonte Silbe am Versanfang den Auftakt.

**Stilmittel von Gedichten**
In lyrischen Texten werden häufig Bilder durch Sprache entfaltet (z. B. durch Vergleiche, Metaphern oder Personifikationen) oder einzelne Wörter klanglich hervorgehoben (Lautmalerei). Solche sprachlichen Mittel sind besonders geeignet, um Gefühle und Stimmungen auszudrücken oder eine bestimmte Atmosphäre entstehen zu lassen. So werden zur Darstellung von Liebe, Freude, Angst oder Einsamkeit z. B. oft Bilder aus dem Bereich der Natur verwendet.

- **Vergleich:** Bei einem Vergleich werden zwei verschiedene Vorstellungen durch ein „wie" oder ein „als ob" miteinander verknüpft, z. B.: *Das Meer glänzte schwarz <u>wie</u> die Nacht. In meinem Zimmer sah es aus, <u>als ob</u> ein Orkan durchgezogen wäre.*
- **Metapher:** Bei einer Metapher wird ein **Wort** nicht wörtlich, sondern **in einer übertragenen (bildlichen) Bedeutung** gebraucht, z. B.: *<u>Nussschale</u> für ein kleines Boot, <u>Suppe</u> für Nebel.*
  Im Unterschied zum direkten Vergleich fehlt bei der Metapher das Vergleichswort „wie", z. B.: *Wolken sind (wie) flockige Länder.*
- **Personifikation:** Die Personifikation (Vermenschlichung) ist eine besondere Form der Metapher. Leblose Gegenstände, Begriffe oder die Natur werden vermenschlicht, d. h., ihnen werden menschliche Verhaltensweisen und Eigenschaften zugesprochen, z. B.: *die Natur schläft, das Glück lacht, der Tag verabschiedet sich, das Veilchen träumt.*
- **Lautmalerei:** Mit den Klängen von Wörtern werden Naturlaute oder Geräusche nachgeahmt, z. B.: *klirren, rascheln, zischen.*

## Gedichtformen

Neben den thematischen Schwerpunkten, die es in der Lyrik gibt (z. B. Liebeslyrik, Naturlyrik), haben sich im Laufe der Zeit auch verschiedene Gedichtformen (Gedichtarten) entwickelt, die sich in ihren Gestaltungselementen voneinander unterscheiden, z. B.:

### Der Haiku

Der Haiku ist eine Gedichtform, die **in Japan entstanden** ist und aus drei Versen zu fünf, sieben und fünf Silben besteht. Mit insgesamt 17 Silben **gehört er zu den kürzesten Gedichten.** Traditionell geben Haikus Eindrücke und Beobachtungen über die Natur wieder.

### Die Ballade

▶ S. 123–140

Die Ballade ist meist ein längeres Gedicht über ein ungewöhnliches oder spannendes Ereignis. Dieses Ereignis kann erfunden oder wirklich passiert sein. Im Mittelpunkt der Ballade steht oft eine Figur, die eine gefahrvolle Situation meistern muss.

- Wie andere Gedichte sind auch Balladen meist in **Strophen** (▶ S. 286) gegliedert, besitzen eine **Reimform** (▶ S. 287) und haben ein bestimmtes **Metrum** (▶ S. 287).
- Viele Balladen haben einen Aufbau, den man mit Hilfe einer Spannungskurve darstellen kann: Nach der Einleitung spitzt sich die **Handlung dramatisch** bis zum **Höhepunkt** zu, zum Schluss folgt die Auflösung.
- Balladen enthalten oft **wörtliche Rede** der Figuren (Monologe, Dialoge), die an die Szenen eines Theaterstücks erinnern.

In ihrer Wirkung setzen Balladen auf Spannung, sie können aber auch belehrend oder lustig sein.
Die Ballade enthält Elemente aus

- der Lyrik (Metrum, Strophe, Reim),
- der Epik (abgeschlossene Geschichte wird erzählt) und
- dem Drama (dramatischer Handlungsverlauf, Dialoge und Monologe der Figuren).

Deshalb bezeichnete Goethe (1749–1832) sie als Ur-Ei der Dichtkunst, weil sie alle Gattungen (Lyrik, Epik, Drama) in sich vereint.
Viele Balladen sind vertont worden. Die Tradition der gesungenen Ballade hat in der Rock- und Popmusik ihre Fortsetzung gefunden.

### Die Moritat

▶ S. 134

Auf Jahrmärkten wurden früher besondere Ereignisse, oft waren dies schaurige Verbrechen, von Bänkelsängern vorgetragen. Diese **Moritaten** wurden meist durch eine Drehorgel begleitet und auch gesungen. Zudem waren siemit einer Moral, einer Lehre, versehen.

## Theater (Drama)

▶ S. 141–154

Die dramatischen Texte (Theater/Drama) sind neben den Gedichten (Lyrik) und den erzählenden Texten (Epik) eine der drei Gattungen der Dichtung (Lyrik, Epik, Dramatik).
In einem Theaterstück gibt es Rollen, die von Schauspielerinnen und Schauspielern gespielt werden. Die Handlung wird durch die Gespräche zwischen den Personen auf der Bühne (Dialoge) oder durch

das Selbstgespräch (Monolog) einer Figur ausgedrückt. Im Theater sprechen die Schauspieler aber nicht nur ihren Text, sie gebrauchen auch ihre Stimme (Sprechweise und Betonung), ihre Körpersprache (Gestik) und ihren Gesichtsausdruck (Mimik), um Gefühle und Stimmungen auszudrücken.
Wichtige Theaterbegriffe:

- **Rolle:** Rolle nennt man die Figur, die eine Schauspielerin oder ein Schauspieler in einem Theaterstück verkörpert, z. B. die Rolle des Löwen, die Rolle des Ritters usw.
- **Szene:** Eine Szene ist ein kurzer, abgeschlossener Teil eines Theaterstücks. Eine Szene endet, wenn neue Figuren auftreten und/oder Figuren abtreten. Meistens erlischt am Ende einer Szene auch die Bühnenbeleuchtung.
- **Regieanweisungen:** Von der Autorin / vom Autor im Dramentext zusätzlich zu den Rollentexten bereits mitgelieferte Anregungen, wie sich die Figuren bewegen *(steht auf)*, wie sie schauen und sprechen sollten *(schaut Konrad an, seufzt)* und wie die Handlung auf der Bühne dargestellt werden sollte *(Frau Bartolotti entfernt die Kiste, die Riesenkonserve kommt zum Vorschein)*.
- **Dialog:** Gespräch von zwei oder mehr Figuren. Sein Gegensatz ist der Monolog.
- **Monolog:** Selbstgespräch einer Figur (im Gegensatz zum Dialog).

## Sachtexte

▶ S. 155–172

Sachtexte unterscheiden sich von literarischen Texten (z. B. einer Erzählung, einem Märchen oder einem Gedicht) dadurch, dass sie sich vorwiegend mit wirklichen (realen) Ereignissen und Vorgängen beschäftigen und **informieren wollen.**
Es gibt **verschiedene Formen von Sachtexten,** z. B.: Lexikonartikel, Sachbuchtexte, Zeitungs- oder Zeitschriftenartikel, Beschreibungen eines Vorgangs (Gebrauchsanleitungen, Kochrezepte usw.).
Häufig findet man in Sachtexten Tabellen oder Grafiken (z. B. eine Landkarte, ein Balkendiagramm), Fotos oder andere Abbildungen.

### Einen Sachtext lesen (Fünf-Schritt-Lesemethode)

▶ S. 158

**1. Schritt: Einen Überblick gewinnen**
Lest die Überschrift(en), hervorgehobene Wörter und die ersten Zeilen des Textes, betrachtet die Abbildungen.

**2. Schritt: Den Text zügig lesen und Fragen stellen**
Stellt W-Fragen an den Text. Arbeitet mit einer Kopie des Textes:
Kreist unbekannte Wörter ein. Macht euch klar, was das Thema des Textes ist.

**3. Schritt: Textstellen klären und Schlüsselwörter markieren**
Klärt unbekannte Wörter und Textstellen aus dem Textzusammenhang oder durch Nachschlagen (▶ mehr Informationen hierzu auf Seite 159). Markiert die Schlüsselwörter farbig.

**4. Schritt: Den Text sorgfältig lesen und bearbeiten**
Gliedert den Text in Sinnabschnitte ⌐und notiert ein Fragezeichen ? am Rand, wenn euch eine Textstelle unklar ist.
Findet Überschriften für die einzelnen Abschnitte.

**5. Schritt: Informationen zusammenfassen, einen Stichwortzettel anlegen**
Erstellt aus den Zwischenüberschriften und den Schlüsselwörtern einen Stichwortzettel.

## Grafiken entschlüsseln

▶ S. 160–161

Beim Entschlüsseln einer Grafik könnt ihr so vorgehen:

**1** Stellt fest, worum es in der Grafik geht. Hierbei hilft euch die Überschrift, wenn es eine gibt.

**2** Untersucht, was in der Grafik dargestellt wird: Erklärt sie einen Vorgang, den Aufbau oder die Funktion von etwas oder verdeutlicht sie eine Lage, wie z. B. eine Landkarte?

**3** Prüft, ob die Grafik Farben, Beschriftungen oder Symbole enthält, die erklärt werden.

**4** Schreibt auf, worüber die Grafik informiert.

## Diagramme verstehen und auswerten

▶ S. 161

Ein Diagramm ist eine anschauliche Darstellung von Daten und Informationen. Um ein Diagramm auszuwerten, geht ihr so vor:

- Schaut euch das Diagramm genau an. Lest die Überschrift und die übrigen Angaben und Erklärungen.
- Stellt fest, worüber das Diagramm informiert. Welche Maßeinheiten werden verwendet, z. B. Prozentzahlen (%), Kilo (kg), Euro (€)?
- Vergleicht die Angaben miteinander (höchster und niedrigster Wert, gleiche Werte).
- Fasst zusammen, was im Diagramm gezeigt wird. Was lässt sich ablesen?

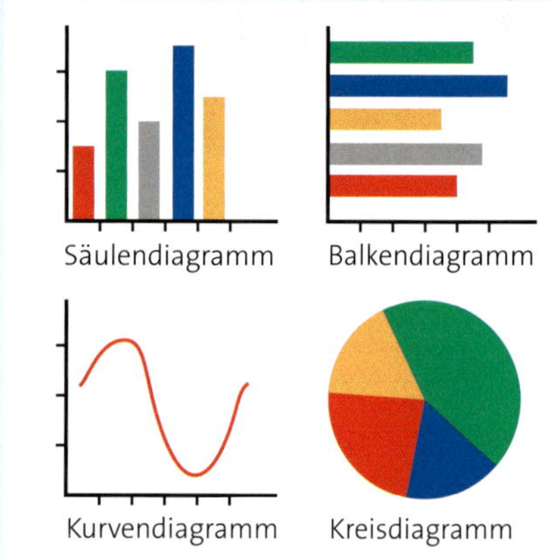


## Werbung

▶ S. 173–188

Werbetexte sind appellative Texte. Sie wollen den Betrachter zu etwas auffordern, meist zum Kauf eines Produkts. Weil Werbung im Durchschnitt nur zwei Sekunden lang wahrgenommen wird, muss sie auf das Wesentliche reduziert und einprägsam sein.

**1 Aufbau und Gestaltung von Werbeanzeigen:** Werbeanzeigen und -plakate enthalten meist ein Bild und verschiedene Textteile, z. B.:

- **Headline:** Schlagzeile (meist Überschrift) einer Anzeige; sie soll den Betrachter auf die gesamte Anzeige aufmerksam machen und ist neben dem Bild das wichtigste Element einer Werbeanzeige.
- **Bild:** Foto (evtl. Abbildung), das mit dem Produkt in Verbindung gebracht werden soll.
- **Informationstext:** Text, der das Produkt näher beschreibt oder Zusatzinformationen gibt.
- **Slogan:** einprägsamer Werbespruch, der fest zu einer Marke oder Firma gehört, z. B.: *Just do it! (Nike); Come in and find out (Douglas).*
- **Logo:** symbolische Darstellung des Firmennamens, z. B.: f adidas S

Auch die **Farbgestaltung** spielt in der Werbung eine wichtige Rolle. Die Farben Weiß oder Hellblau können in einer Waschmittelwerbung besonders rein und sauber wirken, Grün kann für Natürlichkeit stehen und Schwarz kann Stärke, Exklusivität oder das Geheimnisvolle vermitteln.

**2 Zielgruppe:** Werbung ist meist auf eine bestimmte Zielgruppe ausgerichtet, z. B.: Jugendliche, preisbewusste Kunden, sportbegeisterte Personen, die Bewohner einer Stadt.

**3 Sprachliche Gestaltung:** Durch die Verwendung bestimmter sprachlicher Mittel (▶ siehe Merkkasten auf Seite 178) ist die Werbesprache auffällig und einprägsam.

**4 Wie Werbung funktioniert (AIDA-Formel):** Die wichtigsten Aufgaben von Werbung werden mit der AIDA-Formel zusammengefasst:
- **A**ttention (engl.: Aufmerksamkeit): Die Aufmerksamkeit soll erregt werden, z. B. durch ein witziges Bild, eine grelle Farbe.
- **I**nterest (engl.: Interesse): Das Interesse soll geweckt werden, z. B. durch einen witzigen Text.
- **D**esire (engl.: Wunsch, Begierde): Es soll der Wunsch geweckt werden, das Produkt zu kaufen, z. B. indem bestimmte Vorteile des Produkts genannt werden.
- **A**ction (engl.: Handlung): Das Produkt soll bald gekauft werden, z. B. durch befristete Sonderangebote.

## Film, Fernsehen, Radio

### Die Einstellungsgrößen

▶ S. 183–188

Die Einstellungsgröße legt die Größe des Bildausschnitts fest. Je kleiner der Bildausschnitt ist, desto näher scheint der Betrachter am Geschehen zu sein. Je nachdem, wie nah die Kamera an das Geschehen heranführt oder wie weit sie entfernt bleibt, entstehen unterschiedliche Wirkungen.

**Totale**

Eine Einstellung, in der die Figur / die Figuren in einer größeren Umgebung gezeigt wird/werden. Man erhält einen Überblick über den gesamten Schauplatz.

**Halbnah**

Die Figuren werden etwa vom Knie an aufwärts gezeigt. Die unmittelbare Umgebung ist erkennbar.

**Nah**

Man sieht Kopf und Schultern von Figuren. Die Einstellung wird häufig bei Dialogen verwendet.

**Groß**

Der Kopf einer Figur wird bildfüllend dargestellt. So kann man die Gefühle an der Mimik genau ablesen.

## Die Kameraperspektiven

▶ S. 183–188

Der Standpunkt der Kamera und – damit verbunden – ihr Blickwinkel wird als Kameraperspektive bezeichnet. Man unterscheidet:

Vogelperspektive

Normalperspektive

Froschperspektive

- **Vogelperspektive** (Aufsicht): Kamera von oben
- **Normalperspektive** (Normalsicht): Kamera auf Augenhöhe
- **Froschperspektive** (Untersicht): Kamera von unten

## Schnitt und Montage: Anordnung und Zusammenstellung der Filmszenen

▶ S. 185–186

Nach den Dreharbeiten mit der Kamera folgt die Bearbeitung des Filmmaterials, der so genannte **Filmschnitt** und die **Montage.** Das Rohmaterial wird in einzelne Szenen zerlegt, überflüssige Szenen werden z. B. herausgeschnitten, einzelne Szenen umgestellt und neu angeordnet. Je nachdem, wie die einzelnen Filmbilder oder -sequenzen wieder aneinandergefügt (montiert) werden, wird die **Handlung des Films** erzählt und **dramaturgisch gestaltet.** Man kann zum Beispiel:

- Handlungen, die zeitgleich an verschiedenen Orten spielen, gleichzeitig zeigen, indem man zwischen den Szenen hin- und herspringt, z. B.: Ein Einbrecher knackt einen Tresor. – *Schnitt:* Die Polizei nähert sich. – *Schnitt:* Der Einbrecher lauscht. – *Schnitt:* ...
- in einer Rückblende ein Ereignis aus der Vergangenheit zeigen, z. B.: Eine erwachsene Figur erinnert sich – *Schnitt:* Die Kindheit der Figur wird gezeigt.

Die Begriffe „Schnitt" und „Montage" stammen aus einer Zeit, als das Filmmaterial noch auf Band aufgenommen wurde. Das Filmband wurde tatsächlich mit einem Messer oder einer Schere zerschnitten, z. B. um eine Szene herauszuschneiden, und dann wieder zusammengeklebt (montiert). Heute werden Schnitt und Montage meist am Computer vorgenommen.

# Sprachgebrauch und Sprachreflexion

## Wortarten

▶ S. 189–204

Wörter unserer Sprache lassen sich in Woortarten unterteilen. Man kann sie einordnen nach ihrer
- **Bedeutung,** z. B.: Nomen sind Namenwörter,
- **Form,** z. B.: Verben werden gebeugt
- **Verwendung im Satz:** Artikel begleiten Nomen.

### Das Nomen (das Hauptwort/Substantiv; Plural: die Nomen)

▶ S. 190

Die meisten Wörter in unserer Sprache sind Nomen. Sie werden immer **großgeschrieben.**
Nomen bezeichnen:
- **Lebewesen,** z. B.: *Biber, Eule, Zwerg,*
- **Gegenstände,** z. B.: *Schatz, Stadt,*
- **Begriffe** (Gedanken, Gefühle, Zustände ...), z. B.: *Angst, Mut, Freude, Ferien, Freundschaft.*

Sie werden häufig von **Wörtern begleitet,** an denen wir sie erkennen können, z. B. einem **Artikel** *(der Hase, eine Uhr)* oder einem Adjektiv *(blauer Himmel, fröhliche Menschen).*

#### Genus (das grammatisches Geschlecht; Plural: die Genera)

▶ S. 190

**Jedes Nomen hat ein Genus** (ein grammatisches Geschlecht), das man **an** seinem **Artikel erkennen** kann. Ein Nomen ist entweder:
- ein **Maskulinum** (männliches Nomen), z. B.: *der Zwerg, der Schatz,*
- ein **Femininum** (weibliches Nomen), z. B.: *die Hexe, die Unterwelt* oder
- ein **Neutrum** (sächliches Nomen), z. B.: *das Ungeheuer, das Hexenhaus.*

Das **grammatische Geschlecht** eines Nomens stimmt **nicht immer** mit dem **natürlichen Geschlecht** überein, z. B.: *das Mädchen, das Kind.*

#### Numerus (die grammatische Zahl; Plural: die Numeri)

Nomen haben einen Numerus, d. h. eine Anzahl. Sie stehen entweder im
- **Singular** (Einzahl), z. B.: *der Wald, die Hexe, das Einhorn,* oder im
- **Plural** (Mehrzahl), z. B.: *die Wälder, die Hexen, die Einhörner.*

Nur bei wenigen Wörtern ist entweder nur eine Singularform oder eine Pluralform möglich, z. B.: *der Regen, die Ferien.*

#### Kasus (der Fall; Plural: die Kasus, mit langem *u* gesprochen)

▶ S. 190

In Sätzen erscheinen Nomen immer in einem bestimmten Kasus, das heißt in einem grammatischen Fall. **Im Deutschen gibt es vier Kasus.** Nach dem Kasus richten sich die Form des Artikels und die Endung des Nomens. Man kann den **Kasus** eines Nomens **durch Fragen ermitteln.**

| **Numerus** Anzahl | **Nominativ** (1. Fall) *Wer? Was?* | **Genitiv** (2. Fall) *Wessen?* | **Dativ** (3. Fall) *Wem?* | **Akkusativ** (4. Fall) *Wen? Was?* |
|---|---|---|---|---|
| **Singular** Einzahl | *der Bär*<br>*die Biene*<br>*das Insekt* | *des Bären*<br>*der Biene*<br>*des Insekts* | *dem Bären*<br>*der Biene*<br>*dem Insekt* | *den Bären*<br>*die Biene*<br>*das Insekt* |
| **Plural** Mehrzahl | *die Bären*<br>*die Bienen*<br>*die Insekten* | *der Bären*<br>*der Bienen*<br>*der Insekten* | *den Bären*<br>*den Bienen*<br>*den Insekten* | *die Bären*<br>*die Bienen*<br>*die Insekten* |

Meist ist der Kasus am veränderten Artikel des Nomens erkennbar, manchmal auch an der Endung des Nomens, z. B: *des Mannes, des Mädchens, den Kindern.*
Wenn man ein Nomen in einen Kasus setzt, nennt man das **deklinieren** (beugen).

## Der Artikel (der Begleiter, das Geschlechtswort; Plural: die Artikel)

Das Nomen wird häufig von einem Artikel begleitet. Man unterscheidet zwischen dem bestimmten Artikel *(der, die, das)* und dem unbestimmten Artikel *(ein, eine, ein)*, z. B.:

| | **bestimmter Artikel** | **unbestimmter Artikel** |
|---|---|---|
| **männlich** | *der Schneider* | *ein Schneider* |
| **weiblich** | *die Bauerstochter* | *eine Bauerstochter* |
| **sächlich** | *das Dorf* | *ein Dorf* |

## Das Adjektiv (das Eigenschaftswort; Plural: die Adjektive) ► S. 193

Adjektive drücken aus, **wie** etwas ist. Mit Adjektiven können wir die **Eigenschaften** von Lebewesen, Dingen, Vorgängen, Gefühlen und Vorstellungen **genauer beschreiben,** z. B.:
*der starke Wind, der schwache Wind, der eiskalte Wind.*
Adjektive werden **kleingeschrieben.** Adjektive, die vor einem Nomen stehen, haben den gleichen Kasus wie das Nomen: *der kalte See, die kalten Seen, des kalten Sees.*

- **Steigerung der Adjektive**
  Die meisten Adjektive kann man steigern (z. B.: *schön – schöner – am schönsten*). So kann man, z. B. Dinge und Lebewesen miteinander vergleichen. Es gibt drei Steigerungsstufen:

| Grundstufe: **der Positiv** | Höherstufe: **der Komparativ** | Höchststufe: **der Superlativ** |
|---|---|---|
| *Deine Stimme ist so tief wie meine.* | *Nein, deine Stimme ist tiefer als meine.* | *Na ja, aber Sonjas Stimme ist am tiefsten von allen.* |

Nicht alle Adjektive lassen sich steigern, z. B.: *tot, nackt, ganz, grün ...*

## Die Konjunktion (das Bindewort; Plural: die Konjunktionen)

▶ S. 224–226

Konjunktionen **verbinden Satzteile oder Teilsätze** miteinander, z. B.:
*Es gab Donner und Blitz.*
*Er konnte nicht an der Wanderung teilnehmen, weil er sich den Fuß verstaucht hatte.*
Die **häufigsten Konjunktionen** sind: *und, oder, weil, da, nachdem.*
Konjunktionen sind **nicht veränderbar:** Man kann sie nicht beugen (in einen Kasus oder eine Personalform setzen).
Man unterscheidet zwischen nebenordnenden und unterordnenden Konjunktionen.

**nebenordnende Konjunktionen**
*Peter schwimmt im See, denn es ist sehr heiß.*
—— Hauptsatz 1 —— Konjunktion — Hauptsatz 2 —

**unterordnende Konjunktionen**
*Ich sprang heute vom 3-Meter-Brett, obwohl ich etwas Angst hatte.*
—— Hauptsatz 1 ——
Konjunktion —— Nebensatz ——

## Das Pronomen (das Fürwort; Plural: die Pronomen)

▶ S. 191–192

Das Pronomen ist **ein Stellvertreter oder Begleiter; es vertritt oder begleitet ein Nomen.**
Es gibt verschiedene Arten von Pronomen:

- **Das Personalpronomen** (persönliches Fürwort)
  Mit den **Personalpronomen** *(ich, du, er, sie, es, wir, ihr, sie)* kann man **Nomen und Namen ersetzen,** z. B.:

  *Die Piraten planen einen Überfall. Sie bereiten sich vor. Sofort wehrt das Frachtschiff sie ab.*

  *Störtebecker hat keine Angst. Er ist mutig und weiß, dass keiner ihn fängt.*

  Personalpronomen werden wie die Nomen **dekliniert** (gebeugt):

| | **Singular** | | | **Plural** | | |
|---|---|---|---|---|---|---|
| **Kasus** | **1. Pers.** | **2. Pers.** | **3. Pers.** | **1. Pers.** | **2. Pers.** | **3. Pers.** |
| 1. Fall: **Nominativ** | *ich* | *du* | *er/sie/es* | *wir* | *ihr* | *sie* |
| 2. Fall: **Genitiv** | *meiner* | *deiner* | *seiner/ihrer/seiner* | *unser* | *euer* | *ihrer* |
| 3. Fall: **Dativ** | *mir* | *dir* | *ihm/ihr/ihm* | *uns* | *euch* | *ihnen* |
| 4. Fall: **Akkusativ** | *mich* | *dich* | *ihn/sie/es* | *uns* | *euch* | *sie* |

- **Das Possessivpronomen** (besitzanzeigendes Fürwort)
  **Possessivpronomen** *(mein/meine – dein/deine – sein/seine, ihr/ihre – unser/unsere – euer/eure – ihr/ihre)* **geben an, zu wem etwas gehört,** z. B.: *mein Schiff, deine Tasche, unsere Flagge.*
  Possessivpronomen begleiten meist Nomen und stehen dann in dem gleichen Kasus (Fall) wie das dazugehörige Nomen, z. B.:
  *Ich gebe meiner Mannschaft das Kommando.* (Wem ...? → Dativ)

- **Das Indefinitpronomen** (unbestimmtes Fürwort)
  **Indefinitpronomen** beziehen sich auf etwas, das nicht näher bestimmt ist.
  Das können Personen: *man, jemand, jede/-r, eine/-r, keine/-r, wenige, andere, manche, viele* oder Dinge sein: *nichts, alles, etwas, irgendetwas.*
  Indefinitpronomen begleiten oder ersetzen Nomen und werden auch dekliniert, z. B.:
  *Einer aus der Menge kam auf Gulliver zu.* (Stellvertreter; Nominativ)
  *Einigen Menschen kam das komisch vor.* (Begleiter; Dativ)
- **Das Demonstrativpronomen** (hinweisendes Fürwort)
  **Demonstrativpronomen** weisen auf ein Ereignis, eine Person oder Sache hin. Sie können dabei sowohl Stellvertreter als auch Begleiter sein und werden wie Nomen dekliniert, z. B.:
  *Die ist doch großartig.* (Stellvertreter für das Nomen „Idee")
  *Diese Idee ist doch großartig.* (Begleiter des Nomens „Idee")
  Demonstrativpronomen sind:
  - **der, die, das,** wenn sie im Unterschied zum Artikel betont sind, z. B.: *Das ist nicht so einfach.*
  - **dieser, diese, dieses,** z. B.: *Dieser Wissenschaftler hat dies nicht bedacht.*
  - **jener, jene, jenes,** z. B.: *Was soll ich mit jenen Aufgaben anfangen?*

## Die Präposition (das Verhältniswort; Plural: Die Präpositionen)

▶ S. 201–203

**Präpositionen** geben die Beziehung an zwischen Menschen, Tieren und Dingen. Sie stehen in der Regel vor Nomen und Pronomen. Präpositionen sind **nicht flektierbar** (veränderbar) und bestimmen den Kasus des nachfolgenden Wortes / der nachfolgenden Wortgruppe. So folgt

- auf die Präposition *nach* immer der Dativ, z. B.: *nach dem Regen,*
- auf die Präposition *für* der Akkusativ, z. B.: *für den Regen,*
- auf *wegen* der Genitiv, z. B.: *wegen des Regens.*

Nach einer Präposition folgt nie der Nominativ.

## Wechselpräpositionen

▶ S. 202

Die neun **Wechselpräpositionen** *in, auf, vor, hinter, unter, über, neben, an, zwischen* fordern manchmal den **Dativ,** manchmal den **Akkusativ.** Antwortet der Satz auf die Frage **„Wo?",** steht der **Dativ,** bei der Frage **„Wohin?"** steht der Akkusativ, z. B.:
*Ich lege das Buch auf **den** Tisch. / Er sprang hinter **die** Mauer. (Wohin?* → Akkusativ)
*Das Buch liegt auf **dem** Tisch. / Er saß hinter **der** Mauer. (Wo?* → Dativ)

## Das Adverb (Umstandswort; Plural: die Adverbien)

▶ S. 199–200

**Adverbien** *(dort, oben, hier, jetzt, kürzlich, heute, kaum, sehr, vergebens, gern, leider, deshalb, nämlich)* **machen nähere Angaben zu einem Geschehen.** Sie erklären genauer, **wo, wann, wie und warum** etwas geschieht, z. B.: *Hier sitze ich gern. Dieser Platz gefällt mir nämlich am besten.*

- Adverbien werden **kleingeschrieben.**
- Die Wortart des Adverbs kann man leicht mit dem Adjektiv verwechseln. Das **Adverb** ist aber im Gegensatz zum Adjektiv **nicht veränderbar** (nicht flektierbar).

## Das Verb (das Tätigkeitswort; Plural: die Verben)

▶ S. 194–198

Mit Verben gibt man an, **was jemand tut** (z. B. *laufen, reden, lachen*), **was geschieht** (z. B.: *regnen, brennen*) oder **was ist** (z. B.: *haben, sein, bleiben*). Verben werden kleingeschrieben.

- Der **Infinitiv** (die Grundform) eines Verbs endet auf *-en* oder *-n*, z. B.: *rennen, sagen, antworten, rudern, lächeln.*
- Wenn man ein Verb in einem Satz verwendet, bildet man **die Personalform des Verbs.** Das nennt man **konjugieren (beugen),** z. B.: *such-en* (Infinitiv) → *Ich such-e den Schlüssel* (1. Person Singular). Die Personalform des Verbs wird aus dem Infinitiv des Verbs gebildet. An den Stamm des Verbs wird dabei die passende Personalendung gehängt, z. B.: *sprech-en* (Infinitiv) → *Er spricht* (3. Person Singular).

### Der Imperativ (Befehlsform)

Die Befehlsform des Verbs ist der **Imperativ.** Er kann an eine Person oder an mehrere Personen gerichtet werden: *Geh(e)! Geht!*

- Sprecht ihr eine Person an, bildet ihr den **Imperativ aus der 2. Person Singular,** z. B.: *nehmen, du nimmst* → Imperativ: *Nimm!*
- Sprecht ihr mehrere Personen an, bildet ihr den **Imperativ aus der 2. Person Plural,** z. B.: *nehmen, ihr nehmt* → Imperativ: *Nehmt!*

Das Verb im Imperativ steht immer am Satzanfang und braucht kein Personalpronomen, z. B.: *Nehmt das Papier aus dem Regal!*

### Das Verb und seine Modi

▶ S. 194

**Indikativ** und **Konjunktiv** sind zwei **Aussageweisen** in Sätzen, die anzeigen, wie wirklich und sicher eine Aussage ist.

- **Eindeutige Aussagen** und klare Sachverhalte stehen im **Indikativ,** der Wirklichkeitsform, z. B.: *Die Erde ist rund.*
- Gibt man wieder, **was jemand gesagt hat** oder **ungewiss** ist, verwendet man die indirekte Rede, das Verb steht dann im **Konjunktiv I,** der Möglichkeitsform, z. B.:
  *Der Forscher behauptet, er habe es mit eigenen Augen gesehen.*
- Beim Konjunktiv I wird an den Stamm des Verbs (= Infinitiv ohne „en") die entsprechende Personalendung angefügt, z. B.:
  *ich komm-e, du komm-est, er/sie/es komm-e, wir komm-en, ihr komm-et, sie komm-en.*

### Die Tempora (Zeitformen) der Verben

▶ S. 195–198

Verben kann man in verschiedenen Zeitformen (Tempora) verwenden, z. B.: im Präsens, im Präteritum, im Futur. Die Zeitformen (Tempora; Sg.: das Tempus) der Verben sagen uns, wann etwas passiert, z. B.: in der Gegenwart, in der Vergangenheit oder in der Zukunft.

- **Das Präsens** (die Gegenwartsform)
  1 Das Präsens wird verwendet, wenn etwas in der **Gegenwart** (in diesem Augenblick) geschieht, z. B.: *Er schreibt gerade einen Brief.* (Es geschieht in diesem Augenblick.)
  2 Im Präsens stehen auch **Aussagen, die immer gelten,** z. B.: *Suppe isst man mit dem Löffel.* (Es ist immer gültig.)
  3 Man kann das Präsens auch verwenden, **um etwas Zukünftiges auszudrücken.** Meist verwendet man dann eine Zeitangabe, die auf die Zukunft verweist, z. B.: *Morgen gehe ich ins Kino.*

- **Das Futur** (die Zukunftsform)
  Das Futur wird verwendet, um ein zukünftiges Geschehen auszudrücken, z. B.: *In den Sommerferien werde ich häufig ins Freibad gehen.*
  – **Das Futur I** wird gebildet durch: Personalform von *werden* im **Präsens + Infinitiv** des Verbs, z. B.: *Ich werde anrufen, du wirst anrufen ...*
  – **Das Futur II** wird gebildet durch: Personalform von *werden* im **Präsens + Perfektform** des Verbs. Mit dieser selten gebrauchten Zeitform drücken wir aus, dass etwas in der Zukunft abgeschlossen sein wird, z. B.: *Bis morgen werde ich das Bild fertig gemalt haben.*
- **Das Perfekt** (2. Vergangenheit)
  Wenn man mündlich von etwas Vergangenem erzählt oder berichtet, verwendet man häufig das Perfekt, z. B.: *Ich habe gerade etwas gegessen. Er ist nach Hause gekommen.*
  Das Perfekt ist eine **zusammengesetzte Vergangenheitsform,** weil es mit einer Form von *haben* oder *sein* im Präsens (z. B.: *hast, sind*) und dem **Partizip II des Verbs** (z. B.: *gesehen, aufgebrochen*) gebildet wird.
  - Das Partizip II beginnt meist mit *ge-*, z. B.: *lachen → gelacht; gehen → gegangen.*
  - Wenn das Verb schon eine Vorsilbe hat (*ge-*, *be-* oder *ver-*), bekommt das Partizip II keine mehr, z. B.: *gelingen → gelungen; beschweren → beschwert; verlieren → verloren.*
- **Das Präteritum** (1. Vergangenheit)
  Das Präteritum ist eine **einfache Zeitform der Vergangenheit.** Diese Zeitform wird vor allem in schriftlichen Erzählungen (z. B. in Märchen, in Geschichten) und in Berichten verwendet, z. B.: *Sie lief schnell nach Hause, denn es regnete in Strömen.*
  Man unterscheidet:
  - **regelmäßige** (schwache) **Verben:** Bei den regelmäßigen Verben ändert sich der Vokal *(a, e, i, o, u)* im Verbstamm nicht, wenn das Verb ins Präteritum gesetzt wird, z. B.: *ich lache* (Präsens) → *ich lachte* (Präteritum),
  - **unregelmäßige** (starke) **Verben:** Bei den unregelmäßigen Verben ändert sich im Präteritum der Vokal *(a, e, i, o, u)* im Verbstamm, z. B.: *ich singe* (Präsens) → *ich sang* (Präteritum); *ich laufe* (Präsens) → *ich lief* (Präteritum).
- **Das Plusquamperfekt** (3. Vergangenheit)
  Wenn etwas vor dem passiert, wovon im Präteritum oder im Perfekt erzählt wird, verwendet man das Plusquamperfekt. Das Plusquamperfekt wird deshalb auch **Vorvergangenheit** genannt, z. B.: *Nachdem er den Computer ausgeschaltet hatte, verließ er das Zimmer.*
  Das Plusquamperfekt ist wie das Perfekt (▶ S. 218) eine **zusammengesetzte Vergangenheitsform,** weil es mit einer Form von *haben* oder *sein* im Präteritum (z. B. *hatte, war*) und dem **Partizip II des Verbs** (z. B. *gelesen, aufgebrochen*) gebildet wird, z. B.: *Nachdem wir etwas gegessen hatten, gingen wir in den Zoo. Nachdem wir alle pünktlich angekommen waren, ging es los.*
  **Tipp:** Die Konjunktion *nachdem* leitet oft einen Satz im Plusquamperfekt ein.

### Partizip I und II

Das **Partizip I** (Partizip Präsens) setzt sich aus **Verbstamm + (e)nd** zusammen, z. B.: *gehend, zitternd.*
- Mit Hilfe des Partizips I können **gleichzeitig ablaufende Handlungen** beschrieben werden, z. B.: *Die Frau sitzt lesend im Sessel.*
- Das Partizip I kann vor einem Nomen wie ein Adjektiv verwendet werden. Es passt sich dann in Genus, Numerus und Kasus an das Nomen an, das es begleitet, z. B.: *Die lesende Frau sitzt im Sessel. Ein dampfender Tee steht neben ihr auf dem Tisch.*

- Das **Partizip II** (Partizip Perfekt) setzt sich zusammen aus **ge + Verbstamm + (e)t oder en,** z. B.: *gezittert, gelaufen.*
- Das Partizip II wird für die **Bildung von zusammengesetzten Zeitformen (Perfekt und Plusquamperfekt)** verwendet, z. B.: *ich habe gelacht* (Perfekt), *ich bin angekommen* (Perfekt); *ich hatte gelacht* (Plusquamperfekt), *ich war angekommen* (Plusquamperfekt).
- Viele Perfektpartizipien können vor einem Nomen wie ein Adjektiv verwendet werden. Sie passen sich dann in Genus, Numerus und Kasus an das Nomen an, das sie begleiten, z. B.: *Die verblühten Rosen stehen auf dem Tisch.*

## Aktiv und Passiv

▶ S. 205–209

- **Aktiv und Passiv der Verben**
  - Das Aktiv und das Passiv sind zwei Verbformen, die man bei der Darstellung von Handlungen und Vorgängen unterscheidet. Man kann aus zwei Perspektiven schauen:
    - **Aktiv:** Der Handlungsträger (Handelnde) wird betont, z. B.: *Der Zauberer hält einen Kochlöffel in der Hand.*
    - **Passiv:** Die Handlung / der Vorgang wird betont, z. B.: *Der Kochlöffel wird in der Hand gehalten.*
  - Im **Aktiv** ist wichtig, **wer** handelt / etwas tut. Im **Passiv** wird betont, **was geschieht.**
  - Das **Passiv** wird meist mit einer Form von **„werden“** und dem **Partizip II des Verbs** gebildet, z. B.: *wird gehalten; werden aufgeteilt.*
  - Im Passivsatz kann der Handlungsträger ergänzt werden, z. B.: *Der Kochlöffel wird von dem Zauberer in der Hand gehalten.*

  Sätze, in denen der Handlungsträger als Subjekt des Satzes erscheint, stehen in der Verbform Aktiv. Bei der Umwandlung eines Aktivsatzes in einen Passivsatz wird das **Akkusativobjekt** des Aktivsatzes zum **Subjekt** des Passivsatzes, z. B.:

  Aktiv: *Silke führt einen Zaubertrick vor.* (einen Zaubertrick: Akkusativobjekt) → Passiv: *Der Zaubertrick wird (von Silke) vorgeführt.* (Der Zaubertrick: Subjekt)

- **Passiv aus Informationsmangel / als Informationsriegel**
  - In einem Passivsatz kann der Handlungsträger ergänzt werden, z. B.: *Die Schüler wurden von Herrn Schweppenstette zur Stellungnahme aufgefordert.*
  - In einem **Passivsatz** kann der **Handlungsträger** aber auch **völlig weggelassen werden,** z. B.
    - wenn er unbekannt ist (Passiv aus Informationsmangel): *Mein Fahrrad wurde gestohlen.*
    - wenn der Handelnde aus bestimmten Gründen nicht genannt werden soll (Passiv als Informationsriegel), zum Beispiel um eine betroffene Person zu schützen oder die verantwortlichen Personen oder Täter zu verschleiern: *Beim Fußballspiel wurde ein Fenster beschädigt.*

- **Zeitformen im Aktiv und Passiv**

| | **Aktiv:** Verb *(bewundern)* in der entsprechenden Tempusform | **Passiv:** „werden“ in der entsprechenden Tempusform + Partizip II des Verbs *(bewundern)* |
|---|---|---|
| **Präsens** | *Jens bewundert den Zauberer.* | *Der Zauberer wird bewundert.* |
| **Futur I** | *Jens wird … bewundern.* | *… wird bewundert werden.* |
| **Präteritum** | *Jens bewunderte …* | *… wurde bewundert.* |
| **Perfekt** | *Jens hat … bewundert.* | *… ist bewundert worden.* |
| **Plusquamperfekt** | *Jens hatte … bewundert.* | *… war bewundert worden.* |

# Wortbildung

## Umgang mit Begriffen

**Ober- und Unterbegriffe unterscheiden**

Ein **Oberbegriff** fasst mehrere Gegenstände, Eigenschaften, Begriffe zusammen, die gemeinsame Merkmale haben, z. B.: **Oberbegriff:** *Wassersportarten*
**Unterbegriffe:** *Schwimmen, Tauchen, Surfen, Rudern, Segeln ...*
Oft lassen sich die Unterbegriffe weiter unterteilen. → *Regattasegeln, Fahrtensegeln, ...*
Die Über- und Unterordnung von Begriffen kann man zum Beispiel in einer Mind-Map darstellen. Von einem Ast (Oberbegriff) können mehrere Zweige (Unterbegriffe) abgehen.

## Wortbildung: Zusammensetzung und Ableitung

### Wortzusammensetzungen

Die **Wortzusammensetzung** ist in der deutschen Sprache eine wichtige **Methode, um neue Wörter zu bilden.** Mit Hilfe dieser neu gebildeten Wörter kann man Dinge und Sachverhalte genauer und oft auch unkompliziert beschreiben, z. B.:
*Kupfer + Kessel = Kupferkessel* (Nomen + Nomen), *tief + rot = tiefrot* (Adjektiv + Adjektiv), *bunt + Specht = Buntspecht* (Adjektiv + Nomen), *schneiden + Brett = Schneidebrett* (Verb + Nomen). *Blitz + schnell = blitzschnell* (Nomen + Adjektiv),
Die Teile einer **Zusammensetzung** heißen **Grundwort** und **Bestimmungswort.** Das Grundwort steht immer an letzter Stelle, z. B.: *Suppenlöffel, Teelöffel, Rührlöffel.* Das Grundwort wird durch das Bestimmungswort näher beschrieben. **Die Wortart** der Zusammensetzung wird durch das **Grundwort bestimmt.**

### Ableitungen

**Mit Präfixen** (Vorsilben) und **Suffixen** (Nachsilben) kann man aus vorhandenen Wörtern **neue Wörter** ableiten. Diese neuen Wörter haben auch eine **neue Bedeutung** und helfen daher dabei, sich genau auszudrücken.

- **Neue Verben** bildet man z. B. mit den Präfixen *be-, ent-, er-, ge-, miss-, ver-, zer-.*
- **Neue Adjektive** bildet man z. B. mit den Suffixen *-ig, -bar, -lich, -sam, -isch.*
- **Neue Nomen** bildet man z. B. mit den Suffixen *-nis, -heit, -keit, -ung, -schaft, -tum.*

Achtung: Die Suffixe bestimmen die Wortart. Die Groß- und Kleinschreibung kann sich daher ändern.

## Wortfamilie

Wörter, die den **gleichen Wortstamm** (Grundbaustein) haben, gehören zu einer **Wortfamilie,** z. B.: *fahren, Fahrbahn, befahren, verfahren.*
Wörter einer Wortfamilie werden durch Ableitungen *(befahren, fahrbar)* und Zusammensetzungen *(Fahrbahn)* gebildet.
Der Wortstamm wird in allen verwandten Wörtern gleich oder ähnlich geschrieben, z. B.: *reisen → abgereist, verreisen, die Reise.*

# Wortbedeutung

## Synonyme

**Synonyme:** Wörter mit **(fast) gleicher Bedeutung** bezeichnet man als Synonyme. Mit Hilfe von Synonymen können wir **Wiederholungen** (z. B. in einem Text) **vermeiden,** indem wir ein anderes, ähnliches Wort verwenden, z. B.: statt *sagen: reden, mitteilen, sprechen.*

## Wortfeld

Wörter oder Wendungen, die eine **ähnliche Bedeutung** haben, bilden ein Wortfeld. Je mehr Wörter eines Wortfeldes man kennt, desto größer ist der eigene Sprachschatz, z. B.:
*klein: winzig, zwergenhaft, gering …*
*fliegen: schweben, flattern, gleiten …*

# Bildlicher Sprachgebrauch

## Vergleiche

Bei einem Vergleich werden zwei verschiedene Vorstellungen durch ein „wie" oder ein „als ob" miteinander verknüpft, z. B.: *Das Meer glänzte schwarz wie die Nacht. In meinem Zimmer sah es aus, als ob ein Orkan durchgezogen wäre.*

## Metaphern

Bei einer Metapher wird ein **Wort** nicht wörtlich, sondern **in einer übertragenen (bildlichen) Bedeutung** gebraucht, z. B.: *Nussschale für ein kleines Boot, Suppe für Nebel.* Im Unterschied zum direkten Vergleich fehlt bei der Metapher das Vergleichswort „wie", z. B.: *Wolken sind (wie) flockige Länder.*

## Personifikation

Die Personifikation (Vermenschlichung) ist eine besondere Form der Metapher: Leblose Gegenstände, Begriffe oder die Natur werden vermenschlicht, d. h., ihnen werden menschliche Verhaltensweisen und Eigenschaften zugesprochen, z. B.: *die Natur schläft, das Glück lacht, der Tag verabschiedet sich, das Veilchen träumt.*

# Satzglieder

## Wortart und Satzglied

Beachtet den Unterschied zwischen Wortarten und Satzgliedern: Einzelne Wörter kann man nach ihrer Wortart bestimmen, **Satzglieder sind die Bausteine in einem Satz:**

| | | | | | |
|---|---|---|---|---|---|
| Nomen | Verb | Pronomen | Präposition | Nomen | **Wortarten** |
| *Thomas* | *trifft* | *ihn* | *zu* | *Hause.* | |
| Subjekt | Prädikat | Akkusativobjekt | adverbiale Bestimmung des Ortes | | **Satzglieder** |

## Satzglieder erkennen: Die Umstellprobe

▶ S. 212

**Ein Satz besteht aus verschiedenen Satzgliedern.** Diese Satzglieder können aus einem einzelnen Wort oder aus mehreren Wörtern (einer Wortgruppe) bestehen.
Mit der **Umstellprobe** könnt ihr feststellen, wie viele Satzglieder ein Satz hat. Wörter und Wortgruppen, die bei der Umstellprobe immer zusammenbleiben, bilden ein Satzglied, z. B.:
Phelps findet im Notizbuch einen entscheidenden Hinweis.
Im Notizbuch findet Phelps einen entscheidenden Hinweis.

## Der Aufbau eines Satzes: Das Feldermodell

▶ S. 212

Der Aufbau eines Satzes lässt sich mit dem **Feldermodell** darstellen. Dabei bildet ein mehrteiliges Prädikat (Prädikat, ▶ S. 312) eine **Satzklammer.** Durch die Satzklammer ergeben sich drei Felder, in denen die einzelnen Satzglieder stehen können:

| *Der Räuber* | *jagte* | *Phelps* | *nach.* | – |
|---|---|---|---|---|
| **Vorfeld** | **linke Satzklammer** (= 1. Teil des Prädikats) | **Mittelfeld** | **rechte Satzklammer** (= 2. Teil des Prädikats) | **Nachfeld** |

Im **Vorfeld** kann jede Art von Satzglied stehen (Umstellprobe, ▶ S. 312).

## Das Prädikat (Plural: die Prädikate)

▶ S. 213

Der **Kern des Satzes** ist das Prädikat (Satzaussage). Prädikate werden durch Verben gebildet. In einem Aussagesatz steht die Personalform des Verbs (der gebeugte Teil, ▶ S. 213) **immer an zweiter Satzgliedstelle,** z. B.: *Cornelius Phelps suchte das geheimnisvolle Zentha.*
**Prädikate** können **aus mehreren Teilen** bestehen, z. B. aus:
- **einem Verb,** das in **zwei Bestandteile** getrennt ist: *Nick Carnavon fiel etwas Seltsames auf.*
- **Personalform** und **Partizip:** *Zunächst hat er an einen Scherz geglaubt.*
- **zwei Verben:** *Sein Assistent kam ihn zu unterstützen.*

## Die Objekte (Singular: das Objekt)

▶ S. 213–215

- **Akkusativobjekt:** Das Objekt, das im Akkusativ steht, heißt Akkusativobjekt. Ihr ermittelt es mit der Frage: **„Wen ... oder was ...?“**, z. B.: *Wen oder was leiht sie mir? Sie leiht mir das Buch.*
- **Dativobjekt:** Das Objekt, das im Dativ steht, heißt Dativobjekt. Ihr ermittelt es mit der Frage: **„Wem ...?“**, z. B.: *Wem leiht sie das Buch? Sie leiht das Buch mir.*
- **Genitivobjekt:** Das Objekt, das im Genitiv steht, heißt Genitivobjekt. Ihr ermittelt es mit der Frage: **„Wessen ...?“**, z. B.: *Wessen gedachten sie? Sie gedachten der Opfer.*
- **Präpositionalobjekt:** Das Präpositionalobjekt steht nach Verben, die fest mit einer Präposition verbunden sind, z. B.: *lachen über, achten auf, denken an, warten auf.*
  Diese Präposition ist auch im Fragewort enthalten, z. B.:
  *Die Einbrecher hoffen **auf** eine reiche Beute. → Wor**auf** hoffen die Einbrecher?*
  *Sie fürchten sich **vor** der Polizei. → Wo**vor** fürchten sie sich?*
  Nach den Präpositionalobjekten fragt man z. B. mit: Wofür ...? Wonach ...? Womit ...? Wovon ...? Worüber ...? Woran ...?

Objekte können aus einem oder aus mehreren Wörtern bestehen.

## Proben

▶ S. 212; 221

- **Umstellprobe: Satzanfänge abwechslungsreich gestalten**
  Durch die Umstellprobe könnt ihr eure Texte abwechslungsreicher gestalten. Ihr stellt z. B. die Satzglieder so um, dass die Satzanfänge nicht immer gleich sind, z. B.:
  *Ich habe mir heute eine Überraschung ausgedacht. Ich will eine Schatzsuche veranstalten.*
  *→ Heute habe ich mir eine Überraschung ausgedacht. Ich will eine Schatzsuche veranstalten.*
- **Ersatzprobe: Wortwiederholungen vermeiden**
  Mit der Ersatzprobe könnt ihr Satzglieder, die sich in eurem Text häufig wiederholen, durch andere Wörter ersetzen, z. B.:
  *Ich kenne ein Spiel. ~~Das Spiel~~ (→ Es) kommt aus Indien.*
  *Zuerst zeichnet man ein Spielbrett. Danach ~~zeichnet~~ (→ erstellt) man die Spielsteine.*
- **Weglassprobe: Texte straffen, Wiederholungen vermeiden**
  Mit der Weglassprobe könnt ihr prüfen, welche Wörter in einem Text gestrichen werden sollten, weil sie überflüssig sind oder umständlich klingen, z. B.:
  *Als wir den Schatz fanden, jubelten wir vor Freude ~~über den gefundenen Schatz~~.*
- **Erweiterungsprobe: Genau und anschaulich schreiben**
  Mit der Erweiterungsprobe könnt ihr prüfen, ob eine Aussage genau genug oder anschaulich genug ist oder ob ihr noch etwas ergänzen solltet, z. B.:
  *✓ Ich wünsche mir ein Buch ✓. → Zum Geburtstag wünsche ich mir ein Buch über Piraten.*
  Wann? Worüber?

## Die adverbialen Bestimmungen (auch: Adverbialien)

▶ S. 216–218

- Adverbiale Bestimmungen (Umstandsbestimmungen) sind Satzglieder, die man z. B. mit den Fragen **Wann ...?, Wo ...?, Warum ...?, Wie ...?** ermittelt. Sie liefern zusätzliche **Informationen über den Ort** (lokale a. B.), **über die Zeit** (temporale a. B.), **über den Grund** (kausale a. B.) und **über die Art und Weise** (modale a. B.) eines Geschehens oder einer Handlung.
- Adverbiale Bestimmungen können aus einem oder aus mehreren Wörtern bestehen.
- Durch die **Frageprobe** kann man ermitteln, welche adverbiale Bestimmung vorliegt.

| Frageprobe | Satzglied | Beispiel |
|---|---|---|
| Wo? Wohin?<br>Woher? | **lokale adverbiale Bestimmung** | *Wo liegt der Schatz?*<br>*Der Schatz liegt hinter der Holzhütte.* |
| Wann? Wie lange?<br>Seit wann? | **temporale adverbiale Bestimmung** | *Wann wurde der Schatz versteckt?*<br>*Der Schatz wurde vor 200 Jahren versteckt.* |
| Warum?<br>Weshalb? | **kausale adverbiale Bestimmung** | *Warum brachen sie die Schatzsuche ab?*<br>*Wegen der Dunkelheit brachen sie sie ab.* |
| Wie? Auf welche<br>Weise? Womit? | **modale adverbiale Bestimmung** | *Wie werden sie die Schatztruhe öffnen?*<br>*Sie werden die Schatztruhe gewaltsam öffnen.* |

## Die Attribute (Beifügungen)

▶ S. 219–220

Attribute **bestimmen ein Bezugswort** (meist ein Nomen) **näher.** Sie **sind immer Teil eines Satzglieds** und bleiben bei der Umstellprobe mit ihren Bezugswörtern verbunden z. B.:
*Der skrupellose Jäger sucht die Tempelstadt.*
*Die Tempelstadt sucht der skrupellose Jäger.*

Attribut Bezugswort

Attribute stehen **vor oder nach ihrem Bezugswort.** Man kann sie mit „Was für ...?" erfragen.

Es gibt verschiedene Formen des Attributs:

- **Adjektivattribut:** z. B.: *der versteckte Tempel*
- **Genitivattribut:** z. B.: *das Tagebuch des Professors*
- **präpositionales Attribut:** z. B.: *die Reise nach Tibet*
- **Apposition** (nachgestelltes Nomen im gleichen Kasus wie das Bezugswort): z. B.: *Das Geheimnis, der versteckte Tempel, war gelüftet.*

# Sätze

## Satzarten

Je nachdem, ob wir etwas aussagen, fragen oder jemanden auffordern wollen, verwenden wir unterschiedliche Satzarten: **Aussagesatz, Fragesatz** und **Aufforderungssatz.**

## Die Satzreihe: Hauptsatz + Hauptsatz

► S. 223

- Hauptsätze haben folgende Kennzeichen:
  - Ein **Hauptsatz** ist ein selbstständiger Satz. Er kann allein stehen.
  - Er enthält mindestens zwei Satzglieder, nämlich **Subjekt und Prädikat,** z. B.: *Phelps sammelt.*
  - Die Personalform des Verbs (das gebeugte Verb ► S. 297) steht im Hauptsatz in der Regel an zweiter Satzgliedstelle, z. B.: *Phelps sammelt seit Jahren Fakten.* Man spricht daher auch von **Verbzweitsätzen,** z. B.:

| Vorfeld | linke Satzklammer | Mittelfeld | rechte Satzklammer | Nachfeld |
|---|---|---|---|---|
| *Viele Forscher* | *haben* | *nach Timbuktu* | *gesucht.* | – |

- Ein **Satz,** der **aus zwei oder mehr Hauptsätzen** besteht, wird **Satzreihe** genannt. Die einzelnen Hauptsätze einer Satzreihe werden durch ein **Komma** voneinander getrennt.
- Häufig werden die Hauptsätze durch die nebenordnenden **Konjunktionen** (Bindewörter) *und, oder, aber, denn, doch* verbunden, z. B.: *Carnavon forscht in Tibet, denn er sucht seinen Kollegen Phelps.* Nur vor den Konjunktionen *und* bzw. *oder* darf das Komma wegfallen.

## Satzgefüge: Hauptsatz + Nebensatz

► S. 224

Einen **Satz,** der **aus** mindestens einem **Hauptsatz und** mindestens einem **Nebensatz** besteht, nennt man **Satzgefüge.** Zwischen Hauptsatz und Nebensatz muss **immer ein Komma** stehen, z. B.:
*Buckett verfolgt Carnavon, weil er in Besitz wichtiger Informationen ist.*
Hauptsatz | Nebensatz

**Nebensätze haben folgende Kennzeichen:**

- Ein Nebensatz kann **nicht ohne** einen **Hauptsatz** stehen.
- Der Nebensatz **ist dem Hauptsatz untergeordnet** und wird durch eine unterordnende **Konjunktion** (Bindewort) **eingeleitet,** z. B.: *weil, da, obwohl, damit, dass, sodass, nachdem, während.*
- Die **Personalform des Verbs** steht im Nebensatz immer **an letzter Satzgliedstelle.** Man spricht daher auch von **Verbletztsätzen.**
- Auch Nebensätze lassen sich mit dem Feldermodell erfassen. Die einleitende Konjunktion besetzt dabei die Stelle der linken Satzklammer. Das Vorfeld bleibt leer.

| Vorfeld | linke Satzklammer | Mittelfeld | rechte Satzklammer | Nachfeld |
|---|---|---|---|---|
| – | *weil* | *er Timbuktu* | *entdecken will.* | – |

## Formen von Nebensätzen

▶ S. 223–228

### Der Relativsatz

▶ S. 227

Relativsätze sind Nebensätze, die ein vorausgehendes Bezugswort (Nomen oder Pronomen) näher erklären. Sie werden mit einem **Relativpronomen** eingeleitet, z. B.:
*der, die, das* oder *welcher, welche, welches.*

Ein Relativsatz wird **immer** durch ein **Komma** vom Hauptsatz abgetrennt. Wird er in einen Hauptsatz eingeschoben, dann setzt man vor und hinter den Relativsatz ein Komma.

*Daniel Düsentrieb ist eine Comicfigur, die von Carl Barks erfunden wurde.*

Relativsätze nehmen im Satz die **Rolle eines Attributs ein** und werden deshalb auch Attributsätze genannt.

### Adverbialsätze

▶ S. 225–226

Je nach Funktion im Satz unterscheidet man unterschiedliche Arten von Nebensätzen. Nebensätze können die Stelle von Satzgliedern übernehmen. Man nennt sie dann auch Gliedsätze. **Adverbialsätze** sind Gliedsätze, weil sie die **Stelle einer adverbialen Bestimmung einnehmen**, z. B.:

*Nach dem Experiment sprachen wir über unsere Beobachtungen.*
adverbiale Bestimmung

*Nachdem wir das Experiment beendet hatten, sprachen wir über unsere Beobachtungen.*
Adverbialsatz

Adverbialsätze werden mit einer **Konjunktion** eingeleitet. Sie können nicht ohne Hauptsatz stehen und werden durch ein **Komma** von diesem abgetrennt. Wie die adverbialen Bestimmungen können auch die Adverbialsätze mit Hilfe der Frageprobe näher bestimmt werden.

| Adverbialsatz | Frageprobe | Konjunktionen | Beispiel |
|---|---|---|---|
| **Temporalsatz** (Zeit) | Wann ...? Seit wann ...? Wie lange ...? | nachdem, als, während, bis, bevor, solange, sobald ... | *Solange der Luftballon verschlossen ist, bewegt er sich nicht.* |
| **Kausalsatz** (Grund) | Warum ...? | weil, da | *Weil die Luft entweicht, bewegt sich der Ballon.* |
| **Konditionalsatz** (Bedingung) | Unter welcher Bedingung ...? | wenn, falls, sofern | *Wenn der Ballon mehr Luft enthält, legt er eine größere Strecke zurück.* |
| **Konsekutivsatz** (Folge) | Mit welcher Folge ...? | sodass (auch: so ..., dass) | *Die Schnur wird gespannt, sodass der Ballon gleiten kann.* |
| **Finalsatz** (Absicht, Zweck) | Wozu ...? | damit | *Wir lesen die Versuchsbeschreibung genau, damit das Experiment gelingt.* |

### Subjektsätze und Objektsätze

Nebensätze können die Stelle von Satzgliedern übernehmen. Man nennt sie dann auch Gliedsätze.
**Subjektsätze und Objektsätze** sind Gliedsätze, weil sie **die Rolle des Subjekts bzw. des Objekts** für den Hauptsatz übernehmen. Sie lassen sich wie das Subjekt oder das Objekt mit Hilfe der Frageproben ermitteln.
Subjekt- und Objektsätze sind Nebensätze und können nicht ohne Hauptsatz stehen.
Sie werden durch ein **Komma** vom Hauptsatz abgetrennt.
**Subjektsatz:** Das Subjekt eines Satzes kann von einem Nebensatz gebildet werden, z. B.:
*Der interessante Versuch überraschte Ben.* → *Dass der Versuch interessant war, überraschte Ben.*
Subjekt — Subjektsatz (Wer oder was überraschte Ben?)

**Objektsatz:** Das Objekt eines Satzes kann von einem Nebensatz gebildet werden, z. B.:
*Amina erklärt den Versuch.* → *Amina erklärt, wie der Versuch funktioniert.*
Objekt — Objektsatz (Wen oder was erklärt Amina?)

Subjekt- und Objektsätze können unterschiedliche Gestalt annehmen, z. B.:

| Satzform | Subjektsatz | Objektsatz |
|---|---|---|
| indirekter Fragesatz | *Wer diesen Versuch erklären kann,* hat ihn genau beobachtet. | Tom ahnte, *wie das Experiment ausgehen würde*. |
| dass-Satz | *Dass der Versuch gelang,* erfreute uns alle. | Er sagte, *dass er den Versuch erklären könne*. |

# Zeichensetzung

## Satzschlusszeichen

- Nach einem **Aussagesatz** steht ein **Punkt,** z. B.:
  *Ich gehe jetzt ins Schwimmbad.*
- Nach einem **Fragesatz** steht ein **Fragezeichen,** z. B.:
  *Hast du heute Nachmittag Zeit?*
- Nach einem **Ausrufe- oder Aufforderungssatz** steht meist ein **Ausrufezeichen,** z. B.:
  *Vergiss die Sonnencreme nicht! Beeilt euch!*

## Das Komma zwischen Sätzen

▶ S. 253–255

Die einzelnen **Hauptsätze einer Satzreihe** werden durch ein **Komma** voneinander getrennt, z. B.:
*Peter schwimmt im See, Philipp kauft sich ein Eis.*
Nur vor den Konjunktionen *und* bzw. *oder* darf das Komma wegfallen, z. B.:
*Peter schwimmt im See und Philipp kauft sich ein Eis.*
**Zwischen Hauptsatz und Nebensatz** (Satzgefüge) muss **immer ein Komma** stehen, z. B.:
*Wir gehen heute ins Schwimmbad, weil die Sonne scheint.*

Der Nebensatz kann vor, zwischen oder nach dem Hauptsatz stehen. Zwischen Hauptsatz und Nebensatz muss **immer ein Komma** stehen, z. B.:
*Wenn wir verreisen, möchte ich nicht allzu lange im Auto sitzen.*
*Die Sommerferien, die ich in diesem Jahr zu Hause verbracht habe, waren schön.*

Ein **Satzgefüge kann mehrere Nebensätze** enthalten. Alle Nebensätze werden mit einem **Komma** abgetrennt, z. B.:
*Weil ich gerne reise, fahre ich weg, wann immer es geht.*
*Ich glaube, dass man auch zu Hause schöne Urlaubstage verbringen kann, weil ich zu den Leuten gehöre, die gerne lesen und ins Freibad gehen.*

**Folgende Wörter können Nebensätze einleiten:**

| | | |
|---|---|---|
| unterordnende **Konjunktionen** | nachdem, wenn, obwohl, weil, dass, indem ... | ***Weil** die Sonne scheint, gehen wir ins Freibad.* |
| **Fragewörter** und **ob** | wann, woher, warum, weshalb, wie, wo, ob ... | *Ich weiß nicht genau, **wann** er kommen wird.* |
| **Relativpronomen** | der, die, das, welcher, welche, welches | *Der Junge, **der** dort vorne steht, heißt Peter.* |

## Das Komma bei Aufzählungen

▶ S. 252

Wörter und Wortgruppen in Aufzählungen werden **durch Kommas abgetrennt,** z. B.:
*Mit Wolle, Garn, Stoffen, Perlen kann man immer etwas anfangen.*
Dies gilt auch, wenn das Wort oder die Wortgruppe durch eine einschränkende Konjunktion wie *aber, jedoch, sondern, doch* eingeleitet wird, z. B.: *Dieses Spiel ist kurz, aber sehr lustig.*
**Achtung: Kein Komma** steht vor den nebenordnenden Konjunktionen *und, oder, sowie, entweder ... oder, sowohl ... als auch, weder ... noch,* z. B.: *Hier gibt es sowohl Sportkleidung als auch Sportgeräte.*

## Das Komma bei Appositionen und nachgestellten Erläuterungen

1 Die **Apposition** ist eine besondere Form des Attributs und besteht in der Regel aus einem Nomen oder einer Nomengruppe. Sie folgt ihrem Bezugswort (meist ein Nomen) und wird **durch Kommas abgetrennt,** z. B.:
*Berlin, unsere Hauptstadt, ist ein beliebtes Reiseziel für Schulklassen.*
Die Apposition steht im gleichen Kasus wie ihr Bezugswort (hier: Nominativ).

2 Die **nachgestellte Erläuterung** wird oft mit Wörtern wie *nämlich, und zwar, vor allem, das heißt (d. h.), zum Beispiel (z. B.)* eingeleitet. Sie wird **durch Kommas abgetrennt,** z. B.:
*Das Reichstagsgebäude, also der Sitz des Bundestags, besitzt eine Kuppel aus Glas.*

## Zeichensetzung bei der wörtlichen Rede

► S. 256–257

Die wörtliche Rede steht in einem Text in Anführungszeichen. Die Satzzeichen ändern sich, je nachdem, ob der Redebegleitsatz vor, nach oder zwischen der wörtlichen Rede steht.

- Der **Redebegleitsatz vor der wörtlichen Rede** wird durch einen Doppelpunkt von der wörtlichen Rede abgetrennt, z. B.: *Ich fragte: „Wohin sollen wir verreisen?“*
- Der **Redebegleitsatz nach der wörtlichen Rede** wird durch ein Komma von der wörtlichen Rede abgetrennt, z. B.: *„Ich würde gerne ans Meer fahren!“, rief Jana. „Sollen wir ans Meer fahren?“, fragte Jana. „Ich möchte ans Meer“, sagte Jana.*
  In der wörtlichen Rede entfällt der Punkt; Frage- und Ausrufezeichen bleiben aber erhalten.
- Der **Redebegleitsatz zwischen der wörtlichen Rede** wird durch Kommas von der wörtlichen Rede abgetrennt, z. B.: *„Oh weh“, rief Tina, „der Papagei!“*

# Rechtschreibstrategien

► S. 233–251

## Das Schwingen

► S. 234

- **Vor** dem Schreiben: **Sprecht** die Wörter **deutlich in Silben.** Zeichnet Silbenbögen in die Luft.
- **Beim** Schreiben: Sprecht die Silben leise mit. Sprecht nicht schneller, als ihr schreibt.
- **Nach** dem Schreiben: Prüft, ob ihr richtig geschrieben habt. Zeichnet dazu Silbenbögen unter jede Silbe und sprecht dabei leise mit.

### Offene und geschlossene Silben

- Enden Silben mit einem **Vokal,** nennt man sie **offen,** z. B.: Blu se.
- Enden Silben mit einem **Konsonanten**, nennt man sie **geschlossen,** z. B.: Klas sen.

## Das Verlängern

► S. 234

- Beim Schwingen kann man in der Regel jeden Buchstaben deutlich hören, z. B.: *der Som mer.*
- Bei Einsilbern und am Wortende kann man Buchstaben aber nicht immer sicher zuordnen, z. B.: *der Ber**g**, der Ta**g**.* Dann hilft die Strategie **„Verlängern“: Fügt an das Wortende eine Silbe an,** z. B.:

  *der Ber**g** – denn: die Ber **g**e, der Ta**g** – denn: die Ta **g**e.*

  - **Nomen** setzt man in die Mehrzahl: *der Stall – **die** Ställe*
  - **Verben** setzt man in eine andere Personalform: *schwimmt – **wir** schwimmen*
  - **Adjektive** steigert man: *still – stil**ler als***

## Das Zerlegen, Bausteine abtrennen

▶ S. 235

- Unklare Laute in zusammengesetzten Wörtern findet man, indem man sie **zerlegt,** z. B.:

  *das Schwi**mm** | ba**d** — denn: schwi**mm**en, die Bä**d**er.*
- Auch wenn man **Vor- und Nachsilben abtrennt,** kann man Verlängerungsstellen finden, z. B.: *en**d**los, en**d**lich – denn: das En**d**e; gepa**ck**t – denn: pa**ck**en*

## Das Ableiten

▶ S. 236

**Ableiten** heißt: **verwandte Wörter mit *ä* und *äu* finden.**

- **Normalerweise** schreibt man ***e*** oder ***eu.***
- Wenn es **verwandte Wörter mit *a* oder *au*** gibt, dann schreibt man ***ä* oder *äu,*** z. B.:

  *die W**e**lt – aber: er tr**ä**gt, denn: tr**a**gen*   *die L**eu**te – aber: l**äu**ten, denn: l**au**t*

## Nomen erkennen

▶ S. 243

**Nomen schreibt man groß.**

Wörter mit den **Endungen *-heit, -keit, -nis, -schaft, -tum, -ung*** sind Nomen.

In Texten erkennt man sie mit Hilfe von **Proben.**

- **Artikelprobe:** Vor Nomen kann man einen Artikel setzen, z. B.: ***die*** *Ziege,* ***der*** *Zucker,* ***ein*** *Pferd.*
  Artikel können sich auch „verstecken", z. B.: *zur (= zu der), beim (= bei dem), zum (= zu dem)* usw.
- **Zählprobe:** Nomen kann man zählen, z. B.: ***zwei, drei, zehn, viele, einige*** *Ziegen.*
- **Adjektivprobe:** Nomen kann man durch Adjektive näher beschreiben, z. B.: *die* ***zickige*** *Ziege.*
- **Pronomenprobe:** Vor Nomen kann man ein Pronomen setzen, z. B.: ***meine*** *Ziege,* ***dieser*** *Sohn.*

### Die Nominalisierung

▶ S. 244–245

- **Verben** können **in ihrer Grundform** wie ein Nomen gebraucht werden.
  Man nennt das Nominalisierung. **Nominalisierte Verben schreibt man groß.**
- Nominalisierte Verben kann man mit Hilfe der **Artikelprobe** und der **Adjektivprobe** erkennen, z. B.: ***das*** *Lachen,* ***beim*** *Lachen,* ***lautes*** *Lachen,* ***das laute*** *Lachen.*
- Auch **Adjektive** können wie ein Nomen gebraucht werden.
  Man kann sie durch die **Artikelprobe** erkennen, z. B.: ***die*** *Schöne,* ***im (in dem)*** *Besonderen.*
- Oft werden nominalisierte Adjektive durch **unbestimmte Zahlwörter** (Numerale) oder Indefinitpronomen begleitet:
  ***viel, wenig*** *Schönes,* ***manches, alles*** *Schöne.*

### Im Wörterbuch nachschlagen

- Bei **Nomen** sucht ihr die **Einzahl** (den Singular), z. B.: *die Häuser* → *das Haus.*
- Bei **Verbformen** sucht ihr die **Grundform** (Infinitiv), z. B.: *bellt* → *bellen.*
- Bei **Adjektiven** sucht ihr die **Grundform,** z. B.: *kälter* → *kalt.*

### Partnerdiktat

▶ S. 250; 258

- Lest zuerst den gesamten Text durch und achtet auf schwierige Wörter.
- Diktiert euch abwechselnd den ganzen Text, am besten in Wortgruppen.
- Jeder überprüft am Ende seinen eigenen Text auf Rechtschreibfehler und verbessert sie.
- Tauscht dann eure Texte und korrigiert sie gegenseitig.
- Verbessert zum Schluss die Fehler in euren Texten.

## Rechtschreibregeln

▶ S. 238–250

### Wörter mit doppelten Konsonanten

▶ S. 238–239

- **Doppelte Konsonanten** schreibt man **nur,** wenn die **erste Silbe** geschlossen ist.
- Stehen an der **Silbengrenze zwei verschiedene Konsonanten, verdoppelt** man **nicht,** z. B.: *die Bremse* – aber: *der Brummer.*
- Prüft die Regel: Verlängert Einsilber und zerlegt zusammengesetzte Wörter.

### Wörter mit *i* oder *ie*

▶ S. 240

- Die **meisten Wörter** mit i-Laut schreibt man mit einfachem ***i.***
  Man schreibt **immer *i,*** wenn die **erste Silbe** geschlossen ist, z. B.: *die Sil be.*
- Man schreibt ***ie,*** wenn die **erste Silbe** offen ist, z. B.: *vie le.*
  Diese Regel gilt **nur für zweisilbige deutsche Wörter,** nicht bei Fremdwörtern.
- Die Personalpronomen *ihr, ihnen, ihm, ihn, ihre* werden mit *ih* geschrieben.

### Wörter mit s-Laut: *ß – s – ss*

▶ S. 241

- Man schreibt ***ß,*** wenn die **erste Silbe** offen ist und man den **s-Laut zischend** spricht, z. B.: ***drau ß**en.*
- Man schreibt ***s,***
  - wenn die **erste Silbe** offen ist und man den **s-Laut summend** spricht, z. B.: *die **Ro** se,*
  - wenn die **erste Silbe** geschlossen ist und **zwei verschiedene Konsonanten** an der **Silbengrenze** stehen, z. B.: *die **Res te**, die **Wes pe**.*
- Man schreibt ***ss,*** wenn die **erste Silbe** geschlossen ist, z. B.: *die **Ros se**.*

**Tipp:** Um diese Regeln für den s-Laut anzuwenden, braucht man das zweisilbige Wort.

## Wörter mit *h*

- Bei einsilbigen Wörtern kann man das ***h*** nicht hören. **Verlängert** man sie, steht das ***h*** in der **zweiten Silbe.** Es **öffnet** die zweite Silbe **hörbar,** z. B.: *ge hen.*
- Steht das ***h*** in der **ersten Silbe,** ist es **nicht hörbar.** Diese Wörter sind **Merkwörter,** z. B.: *woh nen.*

## Die Großschreibung und die Kleinschreibung

▶ S. 243–246

**Satzanfänge, Nomen** und **Nominalisierungen** werden großgeschrieben.
Wörter, die auf *-heit, -keit, -nis, -schaft, -tum, -ung* enden, sind immer Nomen.
Klein schreibt man

- alle **Verben,** z. B.: *malen, tanzen, gehen,*
- alle **Adjektive,** z. B.: *freundlich, sonderbar, rostig,*
- alle **Pronomen** (Fürwörter), z. B.: *ich, du, er/sie/es, wir, ihr, sie, mich, dich, mein, dein, ...*

  **Tipp:** Eine Sonderregelung gibt es bei den **Anredepronomen in Briefen und E-Mails:**
  – Wenn ihr jemanden **siezt,** schreibt ihr die Anredepronomen **groß,** z. B.: *Sie, Ihnen, Ihr.*
  – Die vertraute Anrede **du** kann man **kleinschreiben,** z. B.: *du, dir, dein, euch, euer.*

## Die Zusammenschreibung

▶ S. 247; 250

Zusammen schreibt man folgende **Verbindungen:**

- **aus Nomen und Nomen,** z. B.: *Blumen + Kasten = der Blumenkasten,*
- **mit Adjektiven,** z. B.: *Himmel + blau = himmelblau, hell + blau = hellblau,*
- **von Verben mit unveränderlichen Wörtern,** z. B.: *hin + gehen = hingehen.*

**Tipp:** Wenn man bei Verben das erste Wort nicht verlängern kann, schreibt man zusammen.

## Die Getrenntschreibung

▶ S. 248; 250

Getrennt schreibt man in der Regel folgende **Verbindungen:**

- **von Nomen und Verben,** z. B.: *Aufgaben machen, Fußball spielen, ...*
- **von Verben und Verben,** z. B.: *einkaufen gehen, arbeiten müssen, ...*
- **alle Zusammenstellungen mit „sein“,** z. B.: *da sein, weg sein, erfreut sein, ...*

## Mit den Wörterlisten üben

Im „Deutschbuch“ findet ihr am Ende der meisten Kapitel eine Liste mit „Schreibwörtern“. Die Schreibung dieser Wörter könnt ihr mit Hilfe der Strategien einüben.

### Rechtschreibung mit einem Faltblatt üben

- Faltet ein Blatt der Länge nach zweimal, sodass vier Spalten entstehen.
- Schreibt die Wörter, die ihr üben möchtet, untereinander in die 1. Spalte.
- Prägt euch drei Wörter ein, klappt die 1. Spalte um und schreibt die Wörter in die 3. Spalte.
- Deckt auf und vergleicht die Wörter.
- Richtig geschriebene Wörter könnt ihr abhaken. Falsch geschriebene Wörter müsst ihr durchstreichen und richtig in die 2. Spalte schreiben.
- Übt, die Wörter aus Spalte 2. Tragt sie in die Spalte 4 ein. Wendet die Strategien an (► Schritt 1–4).

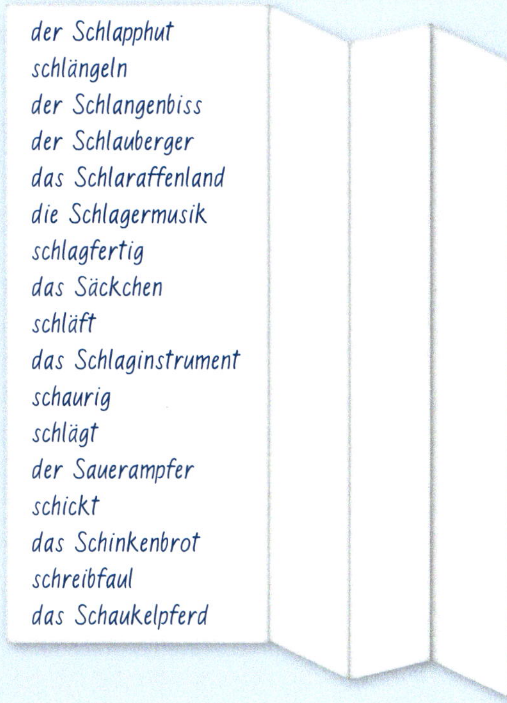


**1. Schritt: Lest die Wörter eurer Liste laut in Silben.**
- Achtet darauf, wo man anders schreibt, als man spricht.

**2. Schritt: Legt in eurem Heft vier Spalten mit diesen vier Strategiezeichen an:**
- Tragt eure Problemwörter in die Spalte ein, mit der man die Schreibung beweisen kann.
  **Tipp:** Manche Wörter muss man in mehrere Spalten einordnen.
- Schreibt Beweiswörter zu den Wörtern, die man verlängern, zerlegen oder ableiten muss, z. B.:
  *er schlägt – denn: schlagen*   *die Schlag|sahne – denn: schlagen*

**3. Schritt: Ordnet die Wörter in der vierten Spalte eures Faltblatts nach dem Alphabet.**

**4. Schritt: Bei falsch geschriebenen Wörtern könnt ihr die richtige Schreibweise auch wie folgt üben:**
- Bildet bei Nomen die Mehrzahl.
- Bildet bei Verben die Grundform.
- Markiert Stellen, die man mit keiner Strategie erklären kann.
- Bildet Wortfamilien, z. B.: *sauer, der Sauerteig, die Sauermilch, der Sauerstoff, ...*
- Sucht Reimwörter, z. B.: *sauer – der Bauer – genauer – die Trauer – ...*
- Bildet mit den Wörtern vollständige Sätze.

# Arbeitstechniken und Methoden

## Informationen beschaffen

▶ S. 168

Wenn ihr Informationen über ein bestimmtes Thema sucht oder etwas nachschlagen wollt, stehen euch verschiedene Informationsquellen zur Verfügung.
Die wichtigsten **Informationsquellen** sind **Bücher** (Lexika, Sach- oder Fachbücher), **Zeitschriften** und das **Internet.**

### In Büchern und Zeitschriften recherchieren

▶ S. 165–168

Bücher und Zeitschriften findet ihr in der Bibliothek (Bücherei), z. B. in der Schul-, der Stadt- oder der Gemeindebibliothek.
So könnt ihr mit Hilfe des Computers in einer Bibliothek nach Büchern und anderen Medien suchen:

**1. Schritt:** Gebt in das entsprechende Feld der Suchmaske einen Suchbegriff ein, z. B. den Namen des Autors / der Autorin, den Titel des Buches, einen Sachbegriff / ein Schlagwort (z. B. Dinosaurier, Abenteuerbuch). Verfeinert, wenn möglich, die Suche, indem ihr eine bestimmte Medienart (z. B. Buch, CD, DVD) auswählt.

**2. Schritt:** Startet die Suche, indem ihr die Enter-Taste des Computers drückt oder mit einem Mausklick das Feld für die Suche anklickt.

**3. Schritt:** Ihr erhaltet nun Angaben zu dem gesuchten Titel oder eine Liste mit Suchergebnissen. Klickt den Titel an, zu dem ihr genauere Informationen haben wollt, z. B. eine Kurzbeschreibung des Inhalts, Angaben darüber, ob das Buch vorhanden oder ausgeliehen ist.

**4. Schritt:** Wenn ihr den gesuchten Titel gefunden habt, müsst ihr euch die Signatur aufschreiben, z. B.: *Ab 24 Tw.* Sie gibt euch den Standort des Buches, der CD etc. in der Bibliothek an.

**5. Schritt:** Orientiert euch in der Bibliothek, in welchem Regal ihr euer Buch, die CD etc. findet, z. B.: *Ab 24 Tw* (Ab = Abenteuer; 24 = Regalstellplatz; Tw = Autor, hier Mark Twain).

### Im Internet recherchieren

▶ S. 165–168

Für die Recherche im Internet verwendet man so genannte Suchmaschinen, z. B. google.de.
Durch die Eingabe von Suchbegriffen wird die Suche sinnvoll eingeschränkt.
Es gibt verschiedene Möglichkeiten:

- Eingabe eines Suchbegriffs, z. B. *Biber:* Internetseiten, die dieses Wort enthalten, werden angezeigt.
- Eingabe mehrerer Suchbegriffe, z. B. *Biber + Lebensraum:* Die Suche beschränkt sich auf die Seiten, die beide Begriffe enthalten.
- Eingabe eines Themas oder eines Namens in Anführungszeichen, z. B. *„europäischer Biber“:* Der genaue Wortlaut oder der vollständige Name wird gesucht.

### Suchergebnisse beurteilen

▶ S. 270

1 Lest den Titel der Seite und den Textauszug aus dem Internetbeitrag. Geben sie Hinweise darauf, dass diese Internetseite die gesuchten Informationen enthält?
2 Prüft die Internetadresse. Scheint der Betreiber der Seite zuverlässig? Weist die Seite auf einen Onlineshop (z. B. Amazon, eBay) hin, findet ihr keine geeigneten Informationen.
3 Überfliegt den Inhalt der aufgerufenen Internetseite und entscheidet, ob euch der Beitrag tatsächlich brauchbare Informationen zum Thema oder zu euren Fragen liefert.
4 Wenn ihr sicher seid, dass die Informationen auf der Seite hilfreich sind, nehmt ihr sie in eure Materialsammlung auf. Hierzu könnt ihr die Seite ausdrucken oder speichern.

### Internetseiten speichern: Favoriten oder Lesezeichen anlegen

▶ S. 273

Wenn ihr eine Internetseite gefunden habt, die ihr später noch einmal aufrufen möchtet, legt ihr sie als Favoriten oder Lesezeichen ab. Geht so vor:

**1 Klickt oben im Browser auf „Favoriten" oder „Lesezeichen".**
2 Hier findet ihr die Funktion „Zu Favoriten hinzufügen" (beim Browser Internet Explorer) oder „Lesezeichen hinzufügen" (beim Browser Mozilla Firefox)
- **Zu Favoriten hinzufügen:** Klickt auf „Neuer Ordner" und gebt dem Ordner einen aussagekräftigen Namen, z. B.: Klimaschutz Maßnahmen. Klickt dann auf „Erstellen", danach auf „Hinzufügen".
- **Lesezeichen hinzufügen:** Klickt auf den Pfeil neben dem Fenster Ordner → dann auf „Wählen" → „Neuer Ordner". Gebt dem Ordner einen aussagekräftigen Namen, z. B.: Klimaschutz Maßnahmen, und klickt dann auf „Fertig".

### Quellenangaben machen

▶ S. 168

Es ist wichtig, zu allen Materialien Quellenangaben zu machen, damit man die Informationen noch einmal nachlesen oder überprüfen kann:
- **Buch:** Autor/-in, Buchtitel, Seitenangabe, z. B.: *Edwin Klein: Die Olympischen Spiele, S. 33.*
- **Zeitung/Zeitschrift:** Verfasser/-in, Titel des Textes, Name der Zeitschrift/Zeitung, Ausgabe (z. B. *Nr. 2/2013*), Seitenangabe, z. B.: *Felix Muster: Zwischenfälle bei den Olympischen Spielen. In: Olympiade heute, Nr. 33/2012, S. 33–36.*
- **Internet:** Internetadresse und Datum, an dem ihr die Seite aufgerufen habt, z. B.: *www.helles-koepfchen.de/artikel/2673.html (03. 08. 2016)*

## Informationen auswerten

▶ S. 163

Bei euren Recherchen werdet ihr meist mehrere Texte zu einem Thema finden.
Dann müsst ihr die Informationen auswählen und ordnen. Geht so vor:

1 Unterstreicht auf einer Kopie oder einem Textausdruck die wichtigsten Informationen.
2 Notiert am Textrand, zu welchen Oberbegriffen oder Teilthemen die markierten Informationen gehören, z. B.: Wiedereinführung (der Olympischen Spiele), Grundidee ...
3 Tragt die wichtigsten Informationen zusammen, indem ihr sie nach Oberbegriffen ordnet.

## Einen Kurzvortrag halten

▶ S. 169

**1 Den Kurzvortrag vorbereiten**

Ein gelungener Vortrag muss gut vorbereitet werden:

- Ordnet die Informationen für euren Kurzvortrag, z. B. nach Unterthemen, und bringt sie in eine sinnvolle Reihenfolge.
- Notiert zu jedem Unterthema wichtige Stichworte, z. B. auf Karteikarten.
- Nummeriert die Karteikarten in der entsprechenden Reihenfolge.
- Überlegt, zu welchen Informationen eures Vortrags ihr welches Anschauungsmaterial zeigen könnt, und sucht nach geeignetem Material, z. B.: Bilder, Fotos, Landkarten, Grafiken, Gegenstände, Anschauungsobjekte.

**2 Den Kurzvortrag gliedern**

**1. Einleitung:**
Die Einleitung eines Kurzvortrags soll das Interesse eurer Zuhörerinnen und Zuhörer wecken und in das Thema einführen. Es gibt verschiedene Einstiegsmöglichkeiten, z. B. ein Bild zum Thema, ein passendes Zitat, ein interessantes Ereignis.

**2. Hauptteil:**
Im Hauptteil werden die Informationen in einer sinnvollen Reihenfolge wiedergegeben. Beantwortet hierbei die W-Fragen (Was? Wo? Wie? Warum? ...).

**3. Schluss:**
Der Schluss rundet den Vortrag ab. Ihr könnt wichtige Informationen zusammenfassen oder eine persönliche Meinung zum Thema formulieren.

**3 Tipps für den Vortrag**

- Sprecht langsam und deutlich, sonst können euch eure Zuhörer/-innen nicht folgen.
- Versucht, möglichst frei vorzutragen. Lest wenig ab, schaut euer Publikum an und gebt ihm Gelegenheit, Fragen zu stellen.

## Ideen sammeln: Der Cluster

▶ S. 21; 50; 120; 187

Der Cluster (engl. = Traube, Schwarm) hilft euch, Ideen zu einem bestimmten Thema zu finden.

- Schreibt das Thema in die Mitte eines Blattes.
- Notiert dann Stichpunkte (Gedanken, Ideen, Angaben, Merkmale) zu dem Thema und verbindet sie mit Linien mit dem Thema (Ausgangskreis). Zu jedem Stichpunkt könnt ihr wiederum weitere Einfälle notieren.

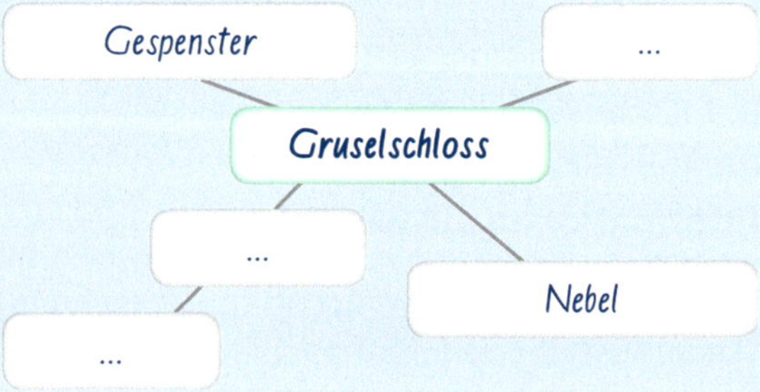

## Ideen sammeln und ordnen: Die Mind-Map

▶ S. 163

Die Mind-Map (engl. = Gedankenlandkarte) ist im Gegensatz zum Cluster (▶ S. 316) dazu geeignet, die Ideen zu ordnen.

- Schreibt in die Mitte eines Blattes das Thema.
- Ergänzt dann um das Thema Oberpunkte (Hauptthemen).
- Erweitert diese Oberpunkte um Unterpunkte (Unterthemen).

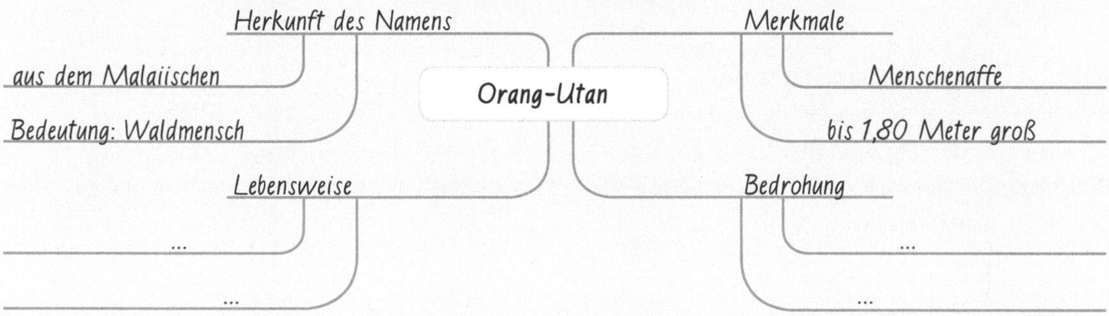


## Schreibkonferenz durchführen

▶ S. 78; 119; 275

- Setzt euch in kleinen Gruppen (höchstens zu viert) zusammen.
- Einer liest seinen Text vor, die anderen hören gut zu.
- Anschließend geben die anderen eine Rückmeldung, was ihnen besonders gut gefallen hat.
- Nun wird der Text in der Gruppe Satz für Satz besprochen. Die Überarbeitungsvorschläge werden abgestimmt und schriftlich festgehalten.
- Korrigiert auch die Rechtschreibung und die Zeichensetzung.
- Zum Schluss überarbeitet die Verfasserin oder der Verfasser den eigenen Text.

Legt gemeinsam fest, wie ihr die Texte korrigieren wollt, z. B.:

- Anmerkungen nur mit Bleistift lesbar an den Rand schreiben.
- Folgende Korrekturzeichen verwenden:
  **R** = Rechtschreibfehler (Wort in der richtigen Schreibweise am Rand notieren)
  **Z** = Zeichenfehler (Satzzeichen einfügen bzw. streichen)
  **T** = Tempusfehler (richtiges Tempus notieren)
  **?** = hier ist etwas unklar (= Bitte um Rücksprache)
  **+** = hier ist etwas besonders gut gelungen
  **–** = hier ist etwas nicht gut formuliert (Formulierungsvorschlag notieren)

## Texte mit Hilfe der Textlupe überarbeiten

► S. 40; 75

Mit der Textlupe helft ihr euch gegenseitig, eure Texte zu überarbeiten. Auf einem Arbeitsblatt (der Textlupe) tragt ihr ein, was ihr bei euren Texten genauer „unter die Lupe" nehmen wollt, z. B. die Überschrift, den Aufbau, die Rechtschreibung ...

**1. Schritt:** Bildet Vierer- oder Fünfergruppen. Jeder von euch hat seinen eigenen Text sowie eine Textlupe. Beides reicht er an seinen Nachbarn weiter.
**2. Schritt:** Der Nachbar liest den Text sorgfältig und hält dann Lob, Kritik und seine Verbesserungsvorschläge auf dem Arbeitsblatt fest. Dann werden Text und Arbeitsblatt wieder weitergereicht usw.
**3. Schritt:** Am Ende hat jeder die Texte seiner Gruppenmitglieder überprüft und erhält seinen eigenen Text sowie das Arbeitsblatt mit den Anmerkungen der anderen zurück.
**4. Schritt:** Überarbeitet eure Texte mit Hilfe der Verbesserungsvorschläge auf dem Arbeitsblatt.

## Vortragen / Sinngestaltendes Vorlesen

► S. 127

Vortragen oder sinngestaltendes Vorlesen bedeutet, dass ihr einen Text (z. B. eine Geschichte, ein Theaterstück oder ein Gedicht) ausdrucksvoll vortragt und eure Stimme dem Geschehen anpasst. Zum Beispiel kann eure Stimme ängstlich, wütend, feierlich, raunend, aufgeregt ... klingen und ihr könnt laut oder leise, langsamer oder schneller sprechen.
Überlegt, wie ihr welche Textstelle sprechen wollt, welche Wörter ihr besonders betonen wollt und wo es sinnvoll ist, eine Pause zu machen. Markiert dann den Text mit entsprechenden Betonungszeichen.

**Betonungszeichen**

| | | | |
|---|---|---|---|
| ◄ (lauter) | → (schneller) | ‖ (lange Pause) | ___ (Betonung) |
| ► (leiser) | ← (langsamer) | \| (kurze Pause) | ↷ Pfeil (Zeilensprung) |

## Beziehungen von Figuren beschreiben (Figurenskizze)

► S. 114–116

Die Beziehung von Figuren (z. B. Abneigung, Freundschaft, Abhängigkeiten usw.) könnt ihr in einer Figurenskizze darstellen:

- Zeichnet für jede Figur/Figurengruppe einen Kasten. Schreibt in jeden Figurenkasten den Namen und evtl. auch die Eigenschaften der jeweiligen Figur.
- Bestimmt die Beziehungen der Figuren, indem ihr die Kästen durch Pfeile verbindet und diese mit einem aussagefähigen Wort beschriftet (z. B. *verliebt, fremd, gleichgültig, befreundet, verfeindet*).

## Mit dem Schreibprogramm des Computers umgehen

### Eine Datei anlegen

Wenn man einen Text am Computer schreiben möchte, muss man zunächst eine Datei anlegen, und das geht so:

- Computer starten, Textprogramm (z. B. Word) auswählen,
- in der Menüleiste auf **Datei** und **Neu** klicken,
- Text schreiben und die Datei unter einem Namen speichern (in der Menüleiste **Datei** anklicken und **Speichern unter** auswählen).

### Einen Text am Computer gestalten

In der Menüleiste eures Computers findet ihr die folgenden Befehle, mit denen ihr einen Text gestalten könnt:

**Ausschneiden und einfügen:** Text mit der Maus markieren, auf die Schaltfläche Ausschneiden klicken und an anderer Stelle wieder einfügen (Symbol „Einfügen").

**Kopieren:** Text markieren, auf die Schaltfläche Kopieren klicken und an anderer Stelle wieder einfügen (Symbol „Einfügen").

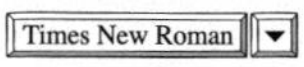


**Schriftart verändern:** Text/Textstelle markieren, auf den Pfeil neben dem Auswahlfeld für Schriftarten klicken und Schriftart durch Anklicken auswählen.

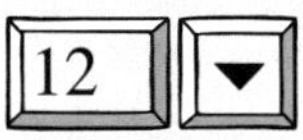


**Schriftgröße verändern:** Text/Textstelle markieren, auf den Pfeil neben dem Auswahlfeld für Schriftgröße klicken und Schriftgröße durch Anklicken auswählen.

**Fett,** *kursiv* schreiben und <u>unterstreichen</u>: Text/Textstelle markieren, dann auf die Schaltfläche für fette, kursive oder unterstrichene Schrift klicken.

**Textausrichtung festlegen:** Text markieren, dann auf die Schaltfläche für linksbündige, zentrierte oder rechtsbündige Textausrichtung klicken oder Blocksatz auswählen.

**Schriftfarbe festlegen:** Text markieren, dann auf die Schaltfläche für die Schriftfarbe klicken und die Farbe durch Anklicken auswählen.

### Die Kommentarfunktion am Computer nutzen

Das Textverarbeitungsprogramm „Word" erlaubt euch auch, Kommentare zu erstellen und zu überprüfen. Markiert das Wort oder den Absatz, den ihr kommentieren wollt. Aktiviert dann im Menü Überprüfen → Kommentar.
Bearbeitet euren Text anhand des Kommentars und löscht diesen dann anschließend.

## Die Rechtschreibprüfung am Computer nutzen

▶ S. 277

Das Textverarbeitungsprogramm „Word" hilft euch auch, bei einem Text falsch geschriebene Wörter zu finden und zu korrigieren:

- Aktiviert das Rechtschreib- und Grammatikprogramm des Computers. Wählt hierzu im Menü Überprüfen das Werkzeug Rechtschreibung und Grammatik aus. Das Programm markiert nun mögliche Rechtschreibfehler rot und mögliche Grammatikfehler grün.
- Überprüft bei den rot und grün markierten Wörtern, ob diese tatsächlich falsch geschrieben wurden. Wählt dann aus dem Fenster Vorschläge das richtige Wort aus und klickt auf Ändern. Das Wort wird korrigiert und „Word" springt dann automatisch zum nächsten falsch geschriebenen Wort.

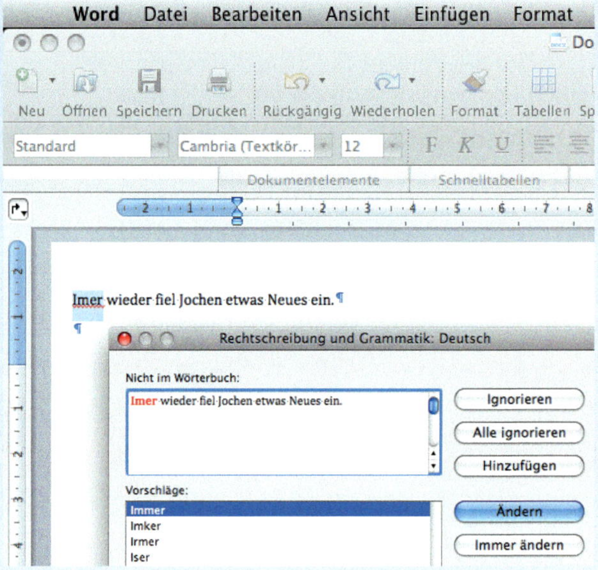


**Beachtet:** Das Programm kann nicht alle Fehler finden und ist nicht immer zuverlässig. Zeichensetzungsfehler sind z. B. mit dem Programm nicht aufzuspüren und auch „das/dass-Fehler" werden nicht gefunden.
Umgekehrt kann es vorkommen, dass korrekt geschriebene Wörter (z. B. Eigennamen) als Fehler markiert werden. Schlagt in Zweifelsfällen in einem Wörterbuch nach.

## Den Thesaurus am Computer nutzen

Der „Thesaurus" (griech. = Wortschatz) ist eine Art Wörterbuch sinnverwandter Wörter, mit dessen Hilfe man häufig benutzte Wörter wie „sagen" durch sinnverwandte Wörter ersetzen kann:

- Markiert das Wort, zu dem ihr bedeutungsähnliche Wörter ermitteln wollt. Aktiviert dann den Thesaurus, ihr findet ihn im Menü Überprüfen → Thesaurus.
- Um das markierte Wort zu ersetzen, klickt ihr mit der rechten Maustaste auf ein Wort, das das Programm vorschlägt.

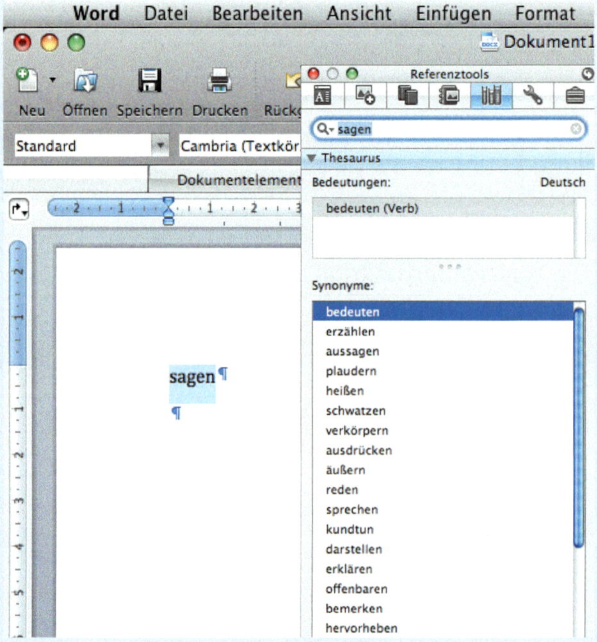


**Beachtet:** Nur manche Wörter, die das Programm vorschlägt, entsprechen dem Wort, das ihr ersetzen wollt. Überprüft genau, ob das Wort wirklich passt.

# Lösungen zu den einzelnen Aufgaben

**Seite 59**

1 Das Lösungswort lautet: MANGO

**Seite 96**

1 Das Lösungswort lautet: EINLEITUNG

2 Die richtige Zuordnung ist: H – S – E

**Seite 131**

1 Die richtige Reihenfolge der Strophen lautet:
1. Strophe = A; 2. Strophe = C; 3. Strophe = F; 4. Strophe = B; 5. Strophe = E; 6. Strophe = D

2 **Gedicht:** Die Ballade besteht aus 6 Strophen mit je zwei Versen, die jeweils einen Paarreim aufweisen.
**Erzählung:** Merkmale: Es gibt einen Erzähler, die Handlung hat mehrere Handlungsschritte und ist abgeschlossen. Inhalt: In der Ballade „Die Rache“ von Ludwig Uhland tötet ein Knecht seinen Herrn, weil er selbst ein Ritter sein möchte. Der Knecht legt sich die Rüstung seines Herrn an und besteigt das Pferd des Ritters, das ihn jedoch auf einer Brücke abwirft. Der Knecht ertrinkt im Fluss und wird so für den Mord an seinem Herrn bestraft.
**Theaterstück:** Die Handlung weist in der 2. Strophe einen Höhepunkt auf, als der Knecht den Herrn ersticht. Einen weiteren Höhepunkt gibt es in Strophe 5, als das Pferd ihn abwirft.

**Seite 149**

1 **Dialog:** Gespräch von zwei oder mehr Figuren; **Monolog:** Selbstgespräch einer Figur; **Szene:** Kurzer abgeschlossener Teil eines Theaterstücks; **Regieanweisung:** Anregung, wie die Handlung auf der Bühne eingerichtet werden sollte, z. B. wie die Figuren sich bewegen, sprechen sollten; **Spiel im Spiel:** Eine Figur spielt auf der Bühne eine andere Rolle; **Rollenbiografie:** Darstellung einer Figur in ihrer Lebenssituation.

2 zum Beispiel: **Nico:** Lebt mit seinem Vater zusammen. Er schauspielert gern und träumt davon, durch eine Karriere im Film- oder Fernsehgeschäft reich und berühmt zu werden; **Oliver:** Er kommt aus einem reichen Elternhaus, ist neu an der Schule und freundet sich mit Nico an. Sein Vater arbeitet in einer Filmfirma, die Werbefilme dreht; **Sonja:** Sie ist eine Schulfreundin von Nico; **Pia:** Pia ist Olivers Schwester; **Monika:** Sie ist die neue Frau von Olivers Vater. Sie möchte, dass Olvier und Pia nach den Sommerferien ein Internat besuchen; **Herr Hannemann:** Er ist Nicos Vater und lebt mit ihm allein, längere Zeit war er arbeitslos und arbeitet jetzt als Fahrradkurier.

4 Der Konflikt „Arme – Reiche“ kündigt sich an, denn Nicos Vater verdient als Fahrradkurier nicht viel Geld, während Oliver aus einem reichen Elternhaus kommt. Nico ist aber nicht nur beeindruckt von Olivers luxuriösen Lebensumständen, sondern auch vom Beruf von Olivers Vater – Chef bei einer Filmfirma. Nico wittert die Chance, durch Olivers Vater eine Karriere im Film- und Fernsehgeschäft machen zu können.
Es könnte sich aber auch der Konflikt „Eltern – Kinder“ ankündigen, denn Monika (die neue Frau von Olivers Vater) möchte, dass Oliver und Pia ein Internat besuchen, was Pia und Oliver ablehnen.
Auch zwischen Nico und seinem Vater könnte sich ein Konflikt ergeben, denn Nico träumt von einem Leben (z. B. einer Urlaubsreise auf einem Kreuzfahrtschiff), das ihm sein Vater nicht bieten kann.

**Seite 164**

**2** Das Lösungswort lautet: ARTIKEL

**Seite 204**

**1** Das Lösungswort lautet: PERSONALPRONOMEN

**2** ihr hattet gelacht → 2. Person Plural Plusquamperfekt
sie haben geworfen → 3. Person Plural Perfekt
ich wünschte → 1. Person Singular Präteritum
du warst → 2. Person Singular Präteritum
wir sind gekommen → 1. Person Plural Perfekt
sie wird denken → 3. Person Singular Futur I

**3** Richtige Reihenfolge der Wörter im Lückentext: vieles – jedes – unverwechselbare – dies – von – nach – ein – Präpositionen – daher

**Seite 251**

**1** Das Lösungswort lautet: SUPER

# Textartenverzeichnis

# Autoren- und Quellenverzeichnis

WALITZEK-SCHMIDTKO, EVA
156 Erfindungen aus Baden-Württemberg
aus: URL:
http://mint-magazin.net/artikel/erfindungen-aus-baden-wuerttemberg-201471
(Stand: 01.08.2016)

**Unbekannte/Ungenannte Autoren und Autorinnen:**
76 Plant-for-the-Planet: Kinder pflanzen für ihre Zukunft
nach: URL:
http://www.augsburger-allgemeine.de/bayern/Bayerischer-Bub-hat-grossen-Auftritt-in-New-York-id9616631.html
(Stand: 20.08.2013)
160 Patent
aus: URL:
http://neuneinhalb.wdr.de/lexikon/P/patent.php5 (Stand: 01.08.2016)
160 Patentanmeldungen nach Bundesländern 2015
nach: Deutsches Patent- und Markenamt, 2015. URL:
https://presse.dpma.de/presseservice/datenzahlenfakten/statistiken/patente/index.html
(Stand: 02.08.2016)
161 Top 10 der Patentanmelder 2015
nach: Deutsches Patent- und Markenamt, 2015. URL:
https://presse.dpma.de/docs/patentanmeldungendpma2015aktiv-steunternehmenundinstitutionen.csv
(Stand: 02.08.2016)
162 Graf Zeppelin, der Erfinder der Luftschiffe
aus: URL:
http://www.wasistwas.de/archiv-technik-details/graf-zeppelin-der-erfinder-der-luftschiffe.html
(Stand: 06.10.2016)
165 Rad. Vom Schlitten zum Wagen
aus: Die 100 wichtigsten Erfindungen. In: GEO kompakt Nr. 18. Die Grundlage des Wissens. Gruner und Jahr 2009, S. 31
166 Dampfmaschine. Die Kunst, Hitze in Arbeit zu verwandeln
aus: Die 100 wichtigsten Erfindungen. In: GEO kompakt Nr. 18. Die Grundlage des Wissens. Gruner und Jahr 2009, S. 80
167 Computer. Ein Kosmos aus Einsen und Nullen
aus: Die 100 wichtigsten Erfindungen. In: GEO kompakt Nr. 18. Die Grundlage des Wissens. Gruner und Jahr 2009, S. 131
170 oben: Otto Lilienthal
aus: URL:
http://www.naturdetektive.de/natdet-wochenwettbwerb_2010-19.html (Stand: 06.10.2016)
180 Capri-Sonne erhält den „Goldenen Windbeutel"
aus: URL:
http://www.rp-online.de/leben/gesundheit/news/capri-sonne-erhaelt-den-goldenen-windbeutel-aid-1.3401340 (Stand: 06.10.2016)
239 Niger – Ein Tag im Leben von Tanalher
nach: URL:
http://www.younicef.de/fileadmin/Medien/PDF/Tanalher_Bildung.pdf
(Stand: 01.12.2016)
240 Gesundheitsvorsorge als Schulfach
frei nach : Sabine Christiansen und Janosch: Gibt es hitzefrei in Afrika? cbj, München 2008, S. 167f.
246 Suman, die Kohlesammlerin
nach: Geolino 2/2012, S. 24–28
249 Für einen Monat Rollen tauschen
nach: Geolino 11/2011, S. 62–65
252 Die Comic-Figur Meena
nach : Sabine Christiansen und Janosch: Gibt es hitzefrei in Afrika? cbj, München 2008, S. 177f.
254 Schuhputzer
nach : Sabine Christiansen und Janosch: Gibt es hitzefrei in Afrika? cbj, München 2008, S. 202f.
259 Djamilia
nach: UNICEF vom 18./19. Februar 2012
260 Kinder haben das Recht auf Bildung
nach : Sabine Christiansen und Janosch: Gibt es hitzefrei in Afrika? cbj, München 2008, S. 167f.
267 Ehrenamtliches Engagement – Kleine Hilfen sind groß!
nach: URL:
http://reset.org/act/ehrenamtliches-engagement-kleine-hilfen-sind-gross
(Stand: 06.10.2016)

# Bildquellenverzeichnis

**S. 4 o., 15:** mauritius images / imageBROKER / uwe umstätter; **S. 4 u., 6, 9 o., 14, 29, 31, 32, 34, 67, 68, 71, 83, 134 u., 141–146, 149, 150, 152, 172, 188, 265, 278:** Thomas Schulz, Teupitz; **S. 5, 49:** Getty Images / Martin Harvey; **S. 9 u., 155 o. r.:** mauritius images / imageBROKER / Ulrich Niehoff; **S. 10, 173:** © DRK, 2007; **S. 11, 189 o. l.:** Fotolia / Alexander Potapov; **S. 13, 233:** friedrich-stark.de; **S. 16:** Collage: Maja Bohn, Berlin, Fotolia / mariesacha (Luca), Fotolia / junpinzon (Luis); **S. 17 o.:** Ruth Krämer, Berlin, Freunde: Fotolia / creative studio, Fotolia/meerisusi, Fotolia/kameel, Fotolia/poco_bw, Fotolia/Patryssia, Fotolia/Elenathewise; **S. 19:** JIM-Studie 2015; **S. 20:** Dr. Joachim Schalk; **S. 21:** Collage: Maja Bohn, Berlin, © Verlag Friedrich Oetinger, Hamburg (Buchcover), Fotolia / Wrangler (Teenager), Fotolia / vectorfusionart (Familie), Dr. Joachim Schalk (Hintergrund); **S. 38:** action press / STEFAN GREGOROWIUS; **S. 39:** Cornelsen Verlag; **S. 50 o. l.:** Getty Images / omer sukru goksu, **o. M.:** Fotolia/paylessimages, **o. r.:** Fotolia / Mariusz Prusaczyk; **S. 52 l.:** mauritius images / Tetra Images / Daniel G, **r.:** picture-alliance/OKAPIA; **S. 55:** Getty Images / Cultura Travel / Philip Lee Harvey; **S. 56:** akg-images / Roland and Sabrina Michaud; **S. 59:** Getty Images / Dhiraj Sapru; **S. 65:** REUTERS / Danish Siddiqui; **S. 73 l.:** Bundesministerium für Arbeit und Soziales; **S. 76:** Plant-for-the-Planet; **S. 125 o., 156 u. l., 162, 171, 206:** akg-images; **S. 155 o./M. l.:** Fotolia/hjschneider, **o./u. M.:** Colourbox, **M. r.:** mauritius images / imageBROKER / Jochen Tack, **u. l.:** Fotolia/tech_studio, **u. r.:** Fotolia / Angela Rohde; **S. 156 o. l.:** akg-images/Leitz, **r.:** akg-images / © Sotheby's; **S. 159:** Fotolia / Andrzej Tokarski; **S. 160:** picture alliance / Sueddeutsche Zeitung Photo; **S. 165:** Getty Images / Stockbyte; **S. 166:** akg-images / Ulrich Mattner; **S. 174:** Mit freundlicher Genehmigung der BSR. © Berliner Stadtreinigung (2016) / © HEYMANN BRANDT DE GELMINI; **S. 175 o. l.:** Lichtenauer Mineralquellen GmbH, **r.:** Fachingen Heil- und Mineralbrunnen GmbH, **S. 175 u., 290:** © Facebook Inc, © 2016 adidas® Originals, Sparkasse; **S. 176:** picture-alliance / dpa / dpaweb / © Dove / Unilever Deutschland Holding GmbH; **S. 177:** Künnemann und Sohn, Kiel; **S. 179:** Colourbox; **S. 180, 208 o., 244:** picture alliance / dpa; **S. 182:** Brot für die Welt; **S. 183, 291:** © 2012 Daimler AG. Alle Rechte vorbehalten.; **S. 189 o. r.:** Fotolia/DanBu.Berlin, **u. l.:** Fotolia/magann. **u. r.:** Fotolia/miket; **S. 192:** Fotolia / Brian Jackson; **S. 193 l.:** Fotolia/rm, **M.:** Fotolia/Carsten, **r.:** Fotolia / Mariusz Prusaczyk; **S. 194:** Fotolia / Amir Kaljikovic; **S. 197:** Fotolia / Andreas Meyer; **S. 198:** picture alliance / ZUMAPRESS; **S. 199:** picture alliance / fStop; **S. 201:** Fotolia/Beboy; **S. 203:** picture-alliance / dpa Grafik; **S. 205:** picture-alliance /dieKLEINERT.de / Alfred Schüssle; **S. 208 u.:** Imago; **S. 209:** Fotolia/kwasny221; **S. 210:** akg-images / Science Photo Library; **S. 237 M.:** LOOK-foto / The Travel Library; **S. 239:** picture-alliance/ZB; **S. 242 u.:** mauritius images / Bill Bachman / Alamy; **S. 245:** Getty Images / Matthew M. Schoenfelder; **S. 260:** Fotolia / Thomas Jansa; **S. 267 o. l.:** Fotolia / Tino Hemmann, **o. r.:** Fotolia / Alexander Raths; **S. 268:** Fotolia / Robert Kneschke; **S. 270 o.:** Screenshot der Google-Startseite: Google und das Google-Logo sind eingetragene Marken von Google Inc., Verwendung mit Genehmigung/© Microsoft Corporation, **M.:** mauritius images / imageBROKER / Oskar Eyb; **S. 274:** Fotolia / Bertold Werkmann; **S. 275:** Fotolia / Franz Pfluegl; **S. 276:** Shutterstock / Annette Shaff; **S. 277, 319, 320:** © Microsoft Corporation

# Sachregister

## Knifflige Verben im Überblick

| Infinitiv | Präsens | Präteritum | Perfekt |
|---|---|---|---|
| befehlen | du befiehlst | er befahl | er hat befohlen |
| beginnen | du beginnst | sie begann | sie hat begonnen |
| beißen | du beißt | er biss | er hat gebissen |
| bieten | du bietest | er bot | er hat geboten |
| bitten | du bittest | sie bat | sie hat gebeten |
| blasen | du bläst | er blies | er hat geblasen |
| bleiben | du bleibst | sie blieb | sie ist geblieben |
| brechen | du brichst | sie brach | sie hat gebrochen |
| brennen | du brennst | es brannte | es hat gebrannt |
| bringen | du bringst | sie brachte | sie hat gebracht |
| dürfen | du darfst | er durfte | er hat gedurft |
| einladen | du lädst ein | sie lud ein | sie hat eingeladen |
| erschrecken | du erschrickst | er erschrak | er ist erschrocken |
| essen | du isst | er aß | er hat gegessen |
| fahren | du fährst | sie fuhr | sie ist gefahren |
| fallen | du fällst | er fiel | er ist gefallen |
| fangen | du fängst | sie fing | sie hat gefangen |
| fliehen | du fliehst | er floh | er ist geflohen |
| fließen | du fließt | es floss | es ist geflossen |
| frieren | du frierst | er fror | er hat gefroren |
| gelingen | es gelingt | es gelang | es ist gelungen |
| genießen | du genießt | sie genoss | sie hat genossen |
| geschehen | es geschieht | es geschah | es ist geschehen |
| greifen | du greifst | sie griff | sie hat gegriffen |
| halten | du hältst | sie hielt | sie hat gehalten |
| heben | du hebst | er hob | er hat gehoben |
| heißen | du heißt | sie hieß | sie hat geheißen |
| helfen | du hilfst | er half | er hat geholfen |
| kennen | du kennst | sie kannte | sie hat gekannt |
| kommen | du kommst | sie kam | sie ist gekommen |
| können | du kannst | er konnte | er hat gekonnt |
| lassen | du lässt | sie ließ | sie hat gelassen |
| laufen | du läufst | er lief | er ist gelaufen |
| leiden | du leidest | sie litt | sie hat gelitten |
| lesen | du liest | er las | er hat gelesen |